Betriebsverfassungsgesetz
Basiskommentar

Albert Gnade, Karl Kehrmann,
Wolfgang Schneider,
Hermann Blanke, Thomas Klebe

Betriebsverfassungs-gesetz

Basiskommentar

Vierte, überarbeitete Auflage
mit neuer Wahlordnung

Bund-Verlag

CIP-Titelaufnahme der Deutschen Bibliothek
Betriebsverfassungsgesetz: Basiskommentar; mit neuer Wahlordnung / Albert
Gnade . . . – 4., überarb. Aufl. – Köln: Bund-Verl., 1990
    ISBN 3-7663-2176-5
NE: Gnade, Albert [Mitverf.]

© 1990 by Bund-Verlag GmbH, Köln
Lektorat Dr. Heribert Kohl
Umschlag: Roberto Patelli, Köln
Herstellung: Heinz Biermann
Satz: Satzbetrieb Schäper GmbH, Bonn
Druck: Ebner, Ulm
Printed in Germany 1990
ISBN 3-7663-2176-5

Vorwort

Die vorangegangenen Auflagen dieses Basiskommentars haben eine weite Verbreitung gefunden, vor allem in der betrieblichen Praxis. Die nunmehr vorliegende dritte Auflage erscheint zu einem Zeitpunkt, in dem wesentliche Weichenstellungen im Betriebsverfassungsrecht erfolgen. Die Regierungskoalition hat trotz aller gewerkschaftlichen Kritik Änderungen am Betriebsverfassungsgesetz vorgenommen, mit denen den Arbeitnehmern und ihren Betriebsvertretungen nicht nur der unbedingt notwendige Ausbau der Mitbestimmung vorenthalten wird, sondern die überdies die Gefahr einer Zersplitterung der betrieblichen Interessenvertretung und damit ihrer Schwächung mit sich bringen.

Die Erläuterungen der neuen gesetzlichen Bestimmungen, wie sie am 1. 1. 1989 in Kraft getreten sind, bilden einen Schwerpunkt dieser überarbeiteten und umfassend erweiterten Auflage. Dazu gehören insbesondere die geänderten Wahlvorschriften und die Bestimmungen, die sich auf die Besetzung von Ausschüssen des Betriebsrats sowie die Festlegung von Freistellungen der Betriebsratsmitglieder beziehen. Auch die bereits am 20. 7. 1988 wirksam gewordenen Regelungen zur Umwandlung der Jugendvertretung in die Jugend- und Auszubildendenvertretung sind in diesem Zusammenhang zu erwähnen.

Nicht zuletzt das Beispiel der neuen betriebsverfassungsrechtlichen Begriffsabgrenzung des leitenden Angestellten macht die Bedeutung der Gesetzesänderungen sichtbar. Diese Problematik war ebenso wie die Ausweitung der Minderheitenregelungen im Betriebsverfassungsrecht und das Gesetz zur Errichtung von Sprecherausschüssen politisch besonders umstritten. Die zu Beginn der jetzigen Legislaturperiode des Deutschen Bundestages zwischen CDU/CSU und FDP getroffenen Koalitionsvereinbarungen haben zur Definition des leitenden Angestellten lediglich eine Präzisierung vorgesehen. Eine solche Präzisierung findet sich allenfalls in der neuen Fassung des § 5 Abs. 3 Nr. 3 BetrVG. Dessen Regelungen gehen, auch wenn im einzelnen Kritik zu üben ist, zutreffend nach wie vor von einer funktionalen Abgrenzung des leitenden Angestellten aus. Der Kreis der leitenden Angestellten wird nach dieser Bestimmung ersichtlich nicht weiter gezogen. Daran vermag auch der juristisch höchst widersinnige und neu eingefügte Absatz 4 mit seinen formalen Hilfskriterien nichts zu ändern. Seine Anwendung könnte gleichwohl die Gefahr einer Ausweitung des Personenkreises der leitenden Angestellten mit sich bringen.

Ansonsten bilden die Regelungen, die sich auf die Einführung und

Anwendung neuer Techniken beziehen, einen weiteren Schwerpunkt der Erläuterungen. Seit Erscheinen der letzten Auflage sind in der Fachliteratur die Auseinandersetzungen über den Umfang der Rechte des Betriebsrats in diesen Fragen weitergegangen. Vor allem aber liegen zahlreiche arbeitsgerichtliche Entscheidungen zu den betriebsverfassungsrechtlichen Einzelaspekten dieses für die betriebliche Interessenvertretung so bedeutsamen Bereiches vor.

Auf eine Erläuterung der Bestimmungen zur Seeschiffahrt und zur Luftfahrt (§§ 114 bis 117) ist wiederum verzichtet worden. Ein Abdruck der §§ 122 bis 124 konnte unterbleiben, da sie Bestimmungen anderer Gesetze enthalten, die später geändert wurden und in ihrer ursprünglichen Fassung überholt sind.

Die wesentliche Rechtsprechung wurde – unter schwerpunktmäßiger Darstellung von Entscheidungen des Bundesarbeitsgerichts – bis zum 30. 11. 1988 berücksichtigt. Die gestraffte Darstellungsform der Erläuterungen ist beibehalten worden. Sie macht eine praxisgerechte schnelle Übersicht möglich. Das erheblich erweiterte Stichwortregister wird die Benutzung erleichtern.

Die Autoren hoffen, daß auch diese Auflage eine große Verbreitung findet, vor allem bei den Betriebsratsmitgliedern und den gewerkschaftlichen Vertrauensleuten. Sie sind sich bewußt, daß Rechtskenntnisse für sich allein nicht ausreichen. In der betrieblichen Praxis müssen Rechtsnormen, die zugunsten der Arbeitnehmer bestehen, häufig erst gegen den Widerstand der Arbeitgeber in die soziale Wirklichkeit umgesetzt werden. Die Autoren gehen davon aus, daß die Erläuterungen dieses Basiskommentars dazu beitragen, die berechtigten Belange der Betriebsvertretungen und damit der Arbeitnehmer durchzusetzen.

Die Verfasser

Inhalt

Gesetzestext mit Erläuterungen

Erster Teil: Allgemeine Vorschriften

Zweiter Teil: Betriebsrat, Betriebsversammlung, Gesamt- und Konzernbetriebsrat

Erster Abschnitt: Zusammensetzung und Wahl des Betriebsrats

Zweiter Abschnitt: Amtszeit des Betriebsrats

Dritter Abschnitt: Geschäftsführung des Betriebsrats

Vierter Abschnitt: Betriebsversammlung

Fünfter Abschnitt: Gesamtbetriebsrat

Sechster Abschnitt: Konzernbetriebsrat

Dritter Teil: Jugend- und Auszubildendenvertretung

**Erster Abschnitt: Betriebliche Jugend- und
Auszubildendenvertretung**

**Zweiter Abschnitt: Gesamt-Jugend- und
Auszubildendenvertretung**

**Vierter Teil: Mitwirkung und Mitbestimmung
der Arbeitnehmer**

Erster Abschnitt: Allgemeines

Zweiter Abschnitt: Mitwirkungs- und Beschwerderecht des Arbeitnehmers

Dritter Abschnitt: Soziale Angelegenheiten

Vierter Abschnitt: Gestaltung von Arbeitsplatz, Arbeitsablauf und Arbeitsumgebung

Fünfter Abschnitt: Personelle Angelegenheiten

Erster Unterabschnitt: Allgemeine personelle Angelegenheiten

Zweiter Unterabschnitt: Berufsbildung

**Dritter Abschnitt: Tendenzbetriebe und Religions-
gemeinschaften**

Sechster Teil: Straf- und Bußgeldvorschriften

Siebenter Teil: Änderung von Gesetzen

Achter Teil: Übergangs- und Schlußvorschriften

Anhang:

Abkürzungsverzeichnis

a. A.	anderer Auffassung
a.a.O.	am angeführten Ort
Abs.	Absatz
AFG	Arbeitsförderungsgesetz
AG	Arbeitgeber
AiB	»Arbeitsrecht im Betrieb« (Fachzeitschrift)
AktG	Aktiengesetz
AN	Arbeitnehmer
Ang.	Angestellter
Anm.	Anmerkung
AP	»Arbeitsrechtliche Praxis« (Nachschlagewerk des BAG)
AR	Aufsichtsrat
Arb.	Arbeiter
ArbG	Arbeitsgericht
ArbGG	Arbeitsgerichtsgesetz
ArbNErfG	Gesetz über Arbeitnehmererfindungen
ArbStättV	Arbeitsstättenverordnung
ArbuR	»Arbeit und Recht« (Fachzeitschrift)
ASiG	Gesetz über Betriebsärzte, Sicherheitsingenieure und andere Fachkräfte für Arbeitssicherheit
AT-Ang.	außertariflicher Angestellter
AÜG	Arbeitnehmerüberlassungsgesetz
Aufl.	Auflage
AVG	Angestelltenversicherungsgesetz
AZO	Arbeitszeitordnung
BA	Betriebsausschuß
BAG	Bundesarbeitsgericht
Bayr. ObLG	Bayerisches Oberstes Landesgericht
BayVGH	Bayerischer Verwaltungsgerichtshof
BB	»Betriebs-Berater« (Fachzeitschrift)
BBiG	Berufsbildungsgesetz
BDSG	Bundesdatenschutzgesetz
BErzGG	Gesetz über die Gewährung von Erziehungs-geld und Erziehungsurlaub
BeschFG	Beschäftigungsförderungsgesetz
BetrAVG	Gesetz zur Verbesserung der betrieblichen Altersversorgung
BetrR	Der Betriebsrat, Schriftenreihe für die Betriebs-räte der IG Chemie-Papier-Keramik
Betriebsversamml.	Betriebsversammlung

BetrVG	Betriebsverfassungsgesetz
BGB	Bürgerliches Gesetzbuch
BR	Betriebsrat
BRAGO	Bundesrechtsanwaltsgebührenordnung
BR-Drucks.	Drucksache des Deutschen Bundesrates
BSG	Bundessozialgericht
BT-Drucks.	Drucksache des Deutschen Bundestages
BUrlG	Bundesurlaubsgesetz
BV	Betriebsvereinbarung
BVerfG	Bundesverfassungsgericht
BVerwG	Bundesverwaltungsgericht
bzw.	beziehungsweise
CAD	Computer Aided Design (Computergestützte Konstruktion)
CAM	Computer Aided Manufacturing (Computergestützte Fertigung)
CNC	Computer Numerical Control (Numerische Steuerung durch Computer)
CR	»Computer und Recht« (Fachzeitschrift)
DB	»Der Betrieb« (Fachzeitschrift)
dgl.	dergleichen
d.h.	das heißt
DIN	Deutsche Industrie-Norm(en)
EDV	Elektronische Datenverarbeitung
einschl.	einschließlich
Erl.	Erläuterung(en)
ESt.	Einigungsstelle
evtl.	eventuell
EzA	Entscheidungssammlung zum Arbeitsrecht
f.	folgende Seite/folgender Paragraph
ff.	folgende Seiten/folgende Paragraphen
Fn.	Fußnote
GBA	Gesamtbetriebsausschuß
GBR	Gesamtbetriebsrat
GefStoffV	Verordnung über gefährliche Stoffe
gesetzl.	gesetzlich
gerichtl.	gerichtlich
Gew.	Gewerkschaft
GewO	Gewerbeordnung
GG	Grundgesetz
ggf.	gegebenenfalls
GJAV	Gesamtjugend- und Auszubildendenvertretung/-vertreter

GJV	Gesamtjugendvertretung
HansOLG	Hanseatisches Oberlandesgericht
Hess. VGH	Hessischer Verwaltungsgerichtshof
HGB	Handelsgesetzbuch
h.M.	herrschende Meinung
i.S.	im Sinne
i.V.m.	in Verbindung mit
JAV	Jugend- und Auszubildendenvertretung/ -vertreter
JAVG	Gesetz zur Bildung von Jugend- und Auszubildendenvertretungen in den Betrieben
JV	Jugendvertretung
KBR	Konzernbetriebsrat
KO	Konkursordnung
KSchG	Kündigungsschutzgesetz
LAG	Landesarbeitsgericht
leit.Ang.	leitende Angestellte
MB	Mitbestimmung
MBR	Mitbestimmungsrecht(e)
MitbGespr./Mitb.	»Das Mitbestimmungsgespräch«, ab 1982 »Die Mitbestimmung« (Fachzeitschrift)
Mitgl.	Mitglied(er)
MuSchG	Mutterschutzgesetz
m.w.N.	mit weiteren Nachweisen
NC	Numerical Control (Numerische Maschinensteuerung)
n.F.	neue Fassung
NJW	»Neue Juristische Wochenschrift« (Fachzeitschrift)
Nr./Nrn.	Nummer/Nummern
NZA	»Neue Zeitschrift für Arbeits- und Sozialrecht« (Fachzeitschrift)
OHG	Offene Handelsgesellschaft
OLG	Oberlandesgericht
OVG	Oberverwaltungsgericht
OWiG	Ordnungswidrigkeitengesetz
PC	Personal-Computer
PersVG	Personalvertretungsgesetz
PersR	»Der Personalrat« (Fachzeitschrift)
RdA	»Recht der Arbeit« (Fachzeitschrift)

RDV	»Recht der Datenverarbeitung« (Fachzeitschrift)
Rechtspr.	Rechtsprechung
Rn.	Randnummer/Randnummern
S.	Seite
SchwbG	Schwerbehindertengesetz
SGB	Sozialgesetzbuch
s.o.	siehe oben
sog.	sogenannte
SpA	Sprecherausschuß
SprAuG	Sprecherausschußgesetz
Stellvertr.	Stellvertreter/Stellvertretung
StGB	Strafgesetzbuch
StPO	Strafprozeßordnung
str.	strittig
TV	Tarifvertrag
u.a.	unter anderem
u.ä.	und ähnliches
UN	Unternehmen/Unternehmer
Urt.	Urteil
UVV	Unfallverhütungsvorschrift
v.	von/vom
VDI	Verein Deutscher Ingenieure
VerglO	Vergleichsordnung
Vertr.	Vertreter, Vertretung
Versamml.	Versammlung
VG	Verwaltungsgericht
VGH	Verwaltungsgerichtshof
vgl.	vergleiche
v.H.	vom Hundert
Vors.	Vorsitzender
WA	Wirtschaftsausschuß
WO	Wahlordnung
WV	Wahlvorstand
z.B.	zum Beispiel
ZIP	»Zeitschrift für Wirtschaftsrecht« (Fachzeitschrift)
ZPO	Zivilprozeßordnung

Betriebsverfassungsgesetz 1972

*Das Betriebsverfassungsgesetz vom 15. 1. 1972 (BGBl. I S. 13) in der
Neufassung der Bekanntmachung vom 23. 12. 1988 (BGBl. I [1989]
S. 1) wird nachstehend in einer den wesentlichen Gehalt der einzelnen
Bestimmungen darstellenden Weise erläutert. Soweit es die praxisbe-
zogene Anwendung erfordert, wurde die einschlägige Rechtsprechung
und Literatur berücksichtigt. Der Gesetzestext ist jeweils in halbfetter
Schrift gesetzt, die sich daran anschließenden Erläuterungen in mage-
rer Schrift. Die besonderen Vorschriften für die Schiffahrt und die
Luftfahrt (§§ 114 bis 117) sind lediglich im Wortlaut wiedergegeben
und nicht kommentiert. Auf einen Abdruck der §§ 122 bis 124 ist
gänzlich verzichtet worden. Sie enthalten Bestimmungen des Bürgerlichen Gesetzbuches, des Kündigungsschutzgesetzes und des Arbeitsge-
richtsgesetzes, die später geändert wurden und in ihrer ursprünglichen
Fassung überholt sind. Paragraphen ohne nähere Bezeichnung sind
solche des Betriebsverfassungsgesetzes. Ein Anhang enthält das Sprecherausschußgesetz. Zu diesem Gesetz wurden Anmerkungen nur insoweit vorgenommen, als die Verbindung zum Betriebsverfassungsgesetz aufgezeigt werden soll.*

Gesetzestext mit Erläuterungen

Erster Teil:
Allgemeine Vorschriften

§ 1
Errichtung von Betriebsräten

**In Betrieben mit in der Regel mindestens fünf ständigen wahlberech-
tigten Arbeitnehmern, von denen drei wählbar sind, werden Betriebsräte gewählt.**

Die Bestimmung gilt für alle Betriebe der **privaten Wirtschaft.** Nach **1**
der h. M. wird unter Betrieb die organisatorische Einheit verstanden, innerhalb derer ein AG allein oder mit seinen AN mit Hilfe von
technischen und immateriellen Mitteln bestimmte **arbeitstechnische
Zwecke** fortgesetzt verfolgt, die sich nicht in der Befriedigung von
Eigenbedarf erschöpfen (vgl. etwa BAG v. 13. 9. 84, AP Nr. 3 zu § 1
BetrVG 1972).

Ein Betrieb i. S. des Gesetzes liegt somit vor, wenn die in der Be-
triebsstätte vorhandenen materiellen und immateriellen Betriebs-

mittel für den oder für die verfolgten arbeitstechnischen Zwecke **zu-sammengefaßt, geordnet** und **gezielt** eingesetzt werden und der Einsatz der menschlichen Arbeitskraft von einem **einheitlichen Leitungsapparat** gesteuert wird (BAG v. 25. 9. 86, AP Nr. 7 zu § 1 BetrVG 1972).

2 **Das UN ist die wirtschaftliche, der Betrieb die technisch-organisatorische Einheit.** Zur Wahlberechtigung vgl. § 7, zur Wählbarkeit vgl. § 8.

3 Zwei oder mehrere UN können einen **gemeinsamen Betrieb** bilden. Ein solcher liegt nicht nur vor, wenn die beteiligten UN ausdrücklich eine rechtliche Vereinbarung über die einheitliche Leitung des gemeinsamen Betriebs geschlossen haben, sondern auch, wenn sich eine solche Vereinbarung aus den näheren Umständen des Einzelfalles ergibt (BAG v. 29. 1. 87, AP Nr. 6 zu § 1 BetrVG 1972). Voraussetzung ist allerdings, daß die AG-Funktionen im Bereich der sozialen, personellen und wirtschaftlichen Angelegenheiten von einem einheitlichen Leitungsapparat der beteiligten UN wahrgenommen werden (BAG v. 7. 8. 86, AP Nr. 5 zu § 1 BetrVG 1972 und BAG v. 14. 9. 88 – 7 ABR 10/87). Das Entstehen eines Gemeinschaftsbetriebs mehrerer UN kann die Folge einer UN-Aufspaltung sein.

§ 2
Stellung der Gewerkschaften und Vereinigungen der Arbeitgeber

(1) Arbeitgeber und Betriebsrat arbeiten unter Beachtung der geltenden Tarifverträge vertrauensvoll und im Zusammenwirken mit den im Betrieb vertretenen Gewerkschaften und Arbeitgebervereinigungen zum Wohl der Arbeitnehmer und des Betriebs zusammen.

(2) Zur Wahrnehmung der in diesem Gesetz genannten Aufgaben und Befugnisse der im Betrieb vertretenen Gewerkschaften ist deren Beauftragten nach Unterrichtung des Arbeitgebers oder seines Vertreters Zugang zum Betrieb zu gewähren, soweit dem nicht unumgängliche Notwendigkeiten des Betriebsablaufs, zwingende Sicherheitsvorschriften oder der Schutz von Betriebsgeheimnissen entgegenstehen.

(3) Die Aufgaben der Gewerkschaften und der Vereinigungen der Arbeitgeber, insbesondere die Wahrnehmung der Interessen ihrer Mitglieder, werden durch dieses Gesetz nicht berührt.

1 (1) Mit der angesprochenen Zusammenarbeit wird eine **gesetzliche Forderung** aufgestellt, keineswegs aber die betriebliche Wirklichkeit beschrieben. Dem BR muß bewußt sein, daß er AN-Interessen im betrieblichen Bereich zu vertreten hat. Bei der Austragung gegensätzlicher Interessen soll jedoch angestrebt werden, zum Wohl der AN und des Betriebs zusammenzuarbeiten. Im übrigen erstreckt sich die geforderte Zusammenarbeit nicht nur auf das Verhältnis zwischen AG und BR. Der BR ist darüber hinaus verpflichtet, in allen Fragen mit der Gew. zusammenzuarbeiten.

Die **Gew.-Eigenschaft** kommt nicht jeder AN-Vereinigung zu. Der **2** Gew.-Begriff deckt sich **nicht** mit dem Koalitionsbegriff des Art. 9 Abs. 3 GG, sondern ist **enger** zu verstehen. Die Gew.-Eigenschaft kommt bei Anwendung des § 2 und bei den gewerkschaftlichen Unterstützungs- und Beratungsfunktionen im Rahmen dieses Gesetzes nur den AN-Vereinigungen (Koalitionen) zu, die auch **tariffähig** sind (h. M.; vgl. etwa Sarge/Gester, AiB 88, 228 m. w. N.). Nach der Rechtspr. des BAG müssen Gew. **folgende Voraussetzungen** erfüllen: freiwilliger Zusammenschluß; unabhängig in ihrem Bestand vom Wechsel der Mitgl.; Gegnerfreiheit (in der Willensbildung von den AG unabhängig); Unabhängigkeit von Staat, Kirchen und Parteien; Eintreten für eine Verbesserung der Arbeits- und Wirtschaftsbedingungen der Mitgl. auf kollektivvertraglicher Basis; überbetriebliche Organisation; Bereitschaft zum Arbeitskampf und dabei soziale Mächtigkeit, damit auf die AG-Seite wirkungsvoller Druck ausgeübt werden kann (vgl. etwa BAG v. 6. 7. 56, AP Nr. 11 zu § 11 ArbGG 1953, 19. 1. 62, AP Nr. 13 zu § 2 TVG; vgl. aber auch BVerfG, DB 82, 231 zum Sonderfall eines Hausgehilfinnenverbandes). Zu Unrecht geht das BAG in seiner neueren Rechtspr. (BAG v. 25. 11. 86, AP Nr. 36 zu § 2 TVG) davon aus, daß unter **bestimmten Voraussetzungen** schon der Abschluß von **Anschluß-TV** ein Indiz für die erforderliche Durchsetzungskraft sein kann (vgl. dazu kritisch Zachert, ArbuR 86, 321 ff.). Gefälligkeits- oder Schein-TV führen allerdings auch nach Meinung des BAG in keinem Fall dazu, eine Organisation dem Kreis der tariffähigen Gew. zuzuordnen (BAG a. a. O.; LAG Köln v. 10. 10. 88 – 5 TaBV 27/88). Die Gew. muß im übrigen von ihrem **organisatorischen Aufbau** her in der Lage sein, die ihr gestellten Aufgaben zu erfüllen.

(2) Der Zugang zum Betrieb durch Gew.-Vertr. erstreckt sich auf **3** alle Betriebsbereiche, die im Zusammenhang mit der Wahrnehmung der betriebsverfassungsrechtlichen Unterstützungsfunktion aufgesucht werden müssen. Dabei sind die im Gesetz aufgeführten Aufgaben der Gew. **nicht** erschöpfend. Ein Zutrittsrecht besteht auch dann, wenn die Gew. Aufgaben wahrzunehmen hat, die in einem **inneren Zusammenhang** zum BetrVG stehen und an deren Lösung sie ein berechtigtes Interesse hat (BAG v. 26. 6. 73, AP Nr. 2 zu § 2 BetrVG 1972). Unberührt bleibt das sich aus Art. 9 Abs. 3 GG ergebende Zutrittsrecht zur Wahrnehmung koalitionsrechtlicher Aufgaben.

Es bedarf nur der **Unterrichtung** des AG über den Zutritt, nicht sei- **4** nes Einverständnisses. Die Unterrichtung ist an **keine besondere Form** gebunden. Sie kann mündlich – d. h. auch telefonisch – oder schriftlich erfolgen. Die Gew. kann auch ein BR-Mitgl. bitten, in ihrem Auftrag die Unterrichtung vorzunehmen. Die Gew. hat selbst darüber zu befinden, wen sie als Beauftragten entsenden will. Das können somit auch AN eines anderen Betriebs als ehrenamtliche Funktionäre oder hauptberufliche Angestellte der Gew. sein (BAG v. 14. 2. 78, AP Nr. 26 zu Art. 9 GG).

5 Der Vertr. der Gew. braucht nicht im einzelnen den Besuchszweck anzugeben. Vielfach wird eine Unterrichtung **unmittelbar** vor Beginn des Zugangs ausreichen. Die formelle Unterrichtung des AG ist dann nicht erforderlich, wenn dieser ausdrücklich oder stillschweigend darauf verzichtet hat. Das kann sich auch aus einer entsprechenden Übung ergeben. Den im letzten Halbsatz genannten Einschränkungen des Zugangsrechts kommt keine wesentliche praktische Bedeutung zu.

6 Kommt es zum gerichtlichen Streitverfahren, kann der Nachweis, daß die Gew. im Betrieb vertreten ist, auf jede dem Gericht geeignet erscheinende Weise erfolgen, wie etwa durch die Vernehmung eines Gew.-Sekretärs als Zeugen, wobei die Namensnennung der Gew.-Mitglieder, die dem Betrieb angehören, nicht erforderlich ist (LAG Düsseldorf, DB 79, 110), oder durch notarielle Erklärung (Fitting/Auffarth/Kaiser/Heither, 15. Aufl., § 2 Anm. 26).

7 (3) Die Bestimmung stellt ausdrücklich klar, daß die Gew. berechtigt ist, die Interessen ihrer Mitgl. uneingeschränkt auch im Betrieb zu vertreten. Sie darf auch sonst ihre Interessen als Koalition wahrnehmen. So darf die im Betrieb vertr. Gew. als Koalition im betrieblichen Bereich auch durch betriebsfremde Gew.-Beauftragte beratend tätig werden (etwa Anbringen von Schriftgut am »Schwarzen Brett«).

§ 3
Zustimmungsbedürftige Tarifverträge

(1) Durch Tarifvertrag können bestimmt werden:

1. **zusätzliche betriebsverfassungsrechtliche Vertretungen der Arbeitnehmer bestimmter Beschäftigungsarten oder Arbeitsbereiche (Arbeitsgruppen), wenn dies nach den Verhältnissen der vom Tarifvertrag erfaßten Betriebe der zweckmäßigeren Gestaltung der Zusammenarbeit des Betriebsrats mit den Arbeitnehmern dient;**

2. **die Errichtung einer anderen Vertretung der Arbeitnehmer für Betriebe, in denen wegen ihrer Eigenart der Errichtung von Betriebsräten besondere Schwierigkeiten entgegenstehen;**

3. **von § 4 abweichende Regelungen über die Zuordnung von Betriebsteilen und Nebenbetrieben, soweit dadurch die Bildung von Vertretungen der Arbeitnehmer erleichtert wird.**

(2) Tarifverträge nach Absatz 1 bedürfen insoweit der Zustimmung der obersten Arbeitsbehörde des Landes, bei Tarifverträgen, deren Geltungsbereich mehrere Länder berührt, der Zustimmung des Bundesministers für Arbeit und Sozialordnung. Vor der Entscheidung über die Zustimmung ist Arbeitgebern und Arbeitnehmern, die von dem Tarifvertrag betroffen werden, den an der Entscheidung über die Zustimmung interessierten Gewerkschaften und Vereinigungen der Arbeitgeber sowie den obersten Arbeitsbehörden der Länder, auf deren Bereich sich der Tarifvertrag erstreckt, Gelegenheit zur schriftlichen Stellungnahme sowie zur Äußerung in einer mündlichen und öffentlichen Verhandlung zu geben.

(3) Mit dem Inkrafttreten eines Tarifvertrags nach Absatz 1 Nr. 2 endet die Amtszeit der Betriebsräte, die in den vom Tarifvertrag erfaßten Betrieben bestehen; eine solche durch Tarifvertrag errichtete Vertretung der Arbeitnehmer hat die Befugnisse und Pflichten eines Betriebsrats.

Unter den genannten Voraussetzungen können TV von den organisatorischen Bestimmungen des Gesetzes abweichen. Davon **unberührt** bleibt eine Erweiterung der MBR des BR durch TV. Der TV kann dem BR auch über das Gesetz **hinausgehende** betriebsverfassungsrechtliche Rechtspositionen einräumen (Fitting/Auffarth/Kaiser/Heither, 15. Aufl., § 1 Anm. 127; vgl. auch BAG, DB 87, 2257 und v. 10. 2. 88 – 1 ABR 70/86). **1**

Die vorgesehenen **zusätzlichen Vertretungen** müssen der besseren Zusammenarbeit des BR mit den AN dienen. Sie dürfen weder Aufgaben des BR übernehmen noch in dessen Zuständigkeiten eingreifen. Die Möglichkeit, durch TV die Errichtung einer anderen **Vertretung** der AN vorzusehen, spielt in der Praxis eine sehr geringe Rolle. Von größerer Bedeutung ist dagegen, daß die TV-Parteien abweichende Regelungen über die Zuordnung von **Betriebsteilen** und **Nebenbetrieben** treffen können, soweit dadurch die Bildung von Vertr. der AN erleichtert wird. Ist das der Fall, können Betriebsteile oder Nebenbetriebe, die an sich BR-fähig sind, dem Hauptbetrieb zugeordnet oder sonst zusammengefaßt werden. **2**

§ 4
Nebenbetriebe und Betriebsteile

Betriebsteile gelten als selbständige Betriebe, wenn sie die Voraussetzungen des § 1 erfüllen und

1. räumlich weit vom Hauptbetrieb entfernt oder

2. durch Aufgabenbereich und Organisation eigenständig sind.

Soweit Nebenbetriebe die Voraussetzungen des § 1 nicht erfüllen, sind sie dem Hauptbetrieb zuzuordnen.

1 Betriebsteile sind **räumlich und organisatorisch unterscheidbare Betriebsbereiche,** die nur dann als selbständige Betriebe gelten, wenn sie neben einer Mindestzahl wahlberechtigter und wählbarer AN (vgl. §§ 7 u. 8) entweder räumlich weit vom Hauptbetrieb entfernt **oder** durch Aufgabenbereich und Organisation eigenständig sind. Für die räumlich weite Entfernung sind die tatsächlichen Lebensverhältnisse entscheidend, insbesondere Verkehrsmöglichkeiten und Gewährleistung der Zusammenarbeit der AN mit dem BR (BAG v. 23. 9. 60, AP Nr. 4 zu § 3 BetrVG, 17. 2. 83, AP Nr. 4 zu § 4 BetrVG 1972; vgl. auch Gnade/Kehrmann/Schneider/Blanke, 2. Aufl., § 4 Anm. 4 m. w. N.). Ein eigener Aufgabenbereich ist gegeben, wenn ein besonders ausgeprägter arbeitstechnischer Zweck vorliegt. Die eigenständige Organisation setzt regelmäßig eine eigene Leitung voraus, wobei jedoch eine relative Eigenständigkeit genügt.

2 Nebenbetriebe sind **organisatorisch selbständige Betriebe,** die unter eigener Leitung auch einen eigenen Betriebszweck verfolgen, jedoch in ihrer Aufgabenstellung auf die **Hilfeleistung** für den Hauptbetrieb ausgerichtet sind, um den dort erstrebten Betriebszweck zu unterstützen (BAG v. 17. 1. 78, AP Nr. 1 zu § 1 BetrVG 1972). Ist die **Hauptverwaltung** eines UN nicht nur auf die Leitung einer einzelnen Produktionsstätte beschränkt, so sind für die Hauptverwaltung und die Produktionsstätten auch bei räumlicher Einheit getrennte BR zu bilden, wenn in der Hauptverwaltung im wesentlichen planerische, unternehmensbezogene Entscheidungen getroffen werden und die Entscheidungen in personellen und sozialen Angelegenheiten im wesentlichen der Leitung der Produktionsstätten überlassen sind (BAG v. 23. 9. 82, 1 AP Nr. 6 zu § 4 BetrVG 1972). In Nebenbetrieben sind grundsätzlich BR zu bilden, es sei denn, die Mindestzahl wahlberechtigter und wählbarer AN wird nicht erreicht. In diesem Falle werden die im Nebenbetrieb beschäftigten AN durch den BR des Hauptbetriebs vertreten, und zwar ohne Rücksicht auf die räumliche Lage des Nebenbetriebs zum Hauptbetrieb. Sie haben hinsichtlich dieses BR das aktive und passive Wahlrecht.

§ 5
Arbeitnehmer

(1) Arbeitnehmer im Sinne dieses Gesetzes sind Arbeiter und Angestellte einschließlich der zu ihrer Berufsausbildung Beschäftigten.

(2) Als Arbeitnehmer im Sinne dieses Gesetzes gelten nicht

1. in Betrieben einer juristischen Person die Mitglieder des Organs, das zur gesetzlichen Vertretung der juristischen Person berufen ist;

2. die Gesellschafter einer offenen Handelsgesellschaft oder die Mitglieder einer anderen Personengesamtheit, soweit sie durch Gesetz,

Satzung oder Gesellschaftsvertrag zur Vertretung der Personengesamtheit oder zu Geschäftsführung berufen sind, in deren Betrieben;

3. Personen, deren Beschäftigung nicht in erster Linie ihrem Erwerb
   dient, sondern vorwiegend durch Beweggründe karitativer oder re-
   ligiöser Art bestimmt ist;

4. Personen, deren Beschäftigung nicht in erster Linie ihrem Erwerb
   dient und die vorwiegend zu ihrer Heilung, Wiedereingewöhnung,
   sittlichen Besserung oder Erziehung beschäftigt werden;

5. der Ehegatte, Verwandte und Verschwägerte ersten Grades, die in
   häuslicher Gemeinschaft mit dem Arbeitgeber leben.

(3) Dieses Gesetz findet, soweit in ihm nicht ausdrücklich etwas anderes bestimmt ist, keine Anwendung auf leitende Angestellte. Leitender
Angestellter ist, wer nach Arbeitsvertrag und Stellung im Unternehmen oder im Betrieb

1. zur selbständigen Einstellung und Entlassung von im Betrieb oder
   in der Betriebsabteilung beschäftigten Arbeitnehmern berechtigt
   ist oder

2. Generalvollmacht oder Prokura hat und die Prokura auch im Verhältnis zum Arbeitgeber nicht unbedeutend ist oder

3. regelmäßig sonstige Aufgaben wahrnimmt, die für den Bestand und
   die Entwicklung des Unternehmens oder eines Betriebs von Bedeutung sind und deren Erfüllung besondere Erfahrungen und Kenntnisse voraussetzt, wenn er dabei entweder die Entscheidungen im
   wesentlichen frei von Weisungen trifft oder sie maßgeblich beeinflußt; dies kann auch bei Vorgaben insbesondere auf Grund von
   Rechtsvorschriften, Plänen oder Richtlinien sowie bei Zusammenarbeit mit anderen leitenden Angestellten gegeben sein.

(4) Leitender Angestellter nach Absatz 3 Nr. 3 ist im Zweifel, wer

1. aus Anlaß der letzten Wahl des Betriebsrats, des Sprecherausschusses oder von Aufsichtsratsmitgliedern der Arbeitnehmer oder
   durch rechtskräftige gerichtliche Entscheidung den leitenden Angestellten zugeordnet worden ist oder

2. einer Leitungsebene angehört, auf der in dem Unternehmen überwiegend leitende Angestellte vertreten sind, oder

3. ein regelmäßiges Jahresarbeitsentgelt erhält, das für leitende Angestellte in dem Unternehmen üblich ist, oder,

4. falls auch bei der Anwendung der Nummer 3 noch Zweifel bleiben,
   ein regelmäßiges Jahresarbeitsentgelt erhält, das das Dreifache
   der Bezugsgröße nach § 18 des Vierten Buches Sozialgesetzbuch
   überschreitet.

1 (1) Betriebsverfassungsrechtlich sind grundsätzlich alle diejenigen AN, die in den Betrieb eingegliedert sind und die in persönlicher Abhängigkeit für den Betriebsinhaber Arbeit leisten. Es kommt auch grundsätzlich **nicht** auf die Länge der Arbeitszeit und die entsprechende Verdiensthöhe an. Auch **Auszubildende, Anlernlinge, Praktikanten** und **Volontäre** sind ebenso wie **Teilzeitbeschäftigte** und **Mehrfachbeschäftigte** AN i. S. des Gesetzes, und zwar unabhängig von der Höhe des Einkommens und davon, ob wegen des geringen Entgelts Sozialversicherungspflicht besteht. Auch solche Personen, die aufgrund von **öffentlich-rechtlichen Förderprogrammen** in den Betrieben oder besonderen Lehrwerkstätten und Einrichtungen ausgebildet werden, gehören zu den zur ihrer Berufsausbildung Beschäftigten. Daher sind AN i. S. des BetrVG auch Umschüler und Teilnehmer an **berufsvorbereitenden Maßnahmen** für jugendliche Arbeitslose (BAG, DB 81, 1935) und Auszubildende in **überbetrieblichen Ausbildungsstätten** (BAG, DB 88, 972). Teilnehmer einer Ausbildung in einer Schule eines UN, die als **private Berufsfach- und Ersatzschule** landesrechtlich genehmigt ist, sind Auszubildende i. S. von § 5 Abs. 1, wenn sie im Rahmen dieser Ausbildung eine praktische Unterweisung im Betrieb dieses UN erhalten (BAG v. 24. 9. 81, AP Nr. 26 zu § 5 BetrVG 1972).

2 Auch **Tele-AN,** also Beschäftigte, die eine Tätigkeit unter Verwendung der Informations- und Kommunikationstechnik am häuslichen Bildschirm ausüben (vgl. Wedde, ArbuR 87, 325), sind betriebsverfassungsrechtlich AN. Entsprechendes gilt für sog. **freie Mitarbeiter,** wenn sie in einem sozialen und wirtschaftlichen Abhängigkeitsverhältnis zum Betrieb stehen. Das gilt unabhängig davon, daß die Vertragsparteien von einer **Selbständigkeit ausgehen** oder eine nicht einem Arbeitsvertrag entsprechende Geschäftsbezeichnung wählen. Entscheidend ist wegen der zwingenden Bestimmungen des Arbeitsrechts der wahre Geschäftsinhalt. Deshalb können – je nach Vertragsgestaltung – **Franchise-Verträge** (Vertragsverhältnis über den Vertrieb von Waren und/oder Dienstleistungen, wobei der Franchise-Nehmer im eigenen Namen und für eigene Rechnung sein Geschäft betreibt) zur AN-Eigenschaft führen, wenn die Gesamtbetrachtung aller Umstände des Einzelfalls ergibt, daß der Franchise-Nehmer im wesentlichen seine Tätigkeit nicht frei gestalten und die Arbeitszeit bestimmen kann (LAG Düsseldorf, DB 88, 293). **Leih-AN** i. S. des AÜG sind zwar vertragsrechtlich Angehörige des Betriebs des Verleihers und haben dort das Wahlrecht; im Betrieb des Entleihers zählen sie jedoch zum Personenkreis i. S. des BetrVG, sofern es nicht auf die Wahlberechtigung ankommt (vgl. § 7 Rn. 1).

3 **Werk-AN** sind nicht AN i. S. des BetrVG. (Werk-AN sind bei einem anderen UN Beschäftigte, die nur deshalb im Betrieb arbeiten, weil dieses andere UN einen Werkvertrag, z. B. Errichtung eines betrieblichen Gebäudes, zu erfüllen hat.) Zu prüfen ist allerdings, ob Schein-Werkverträge abgeschlossen werden, in Wirklichkeit aber eine **AN-Überlassung** vorliegt. Auf das Rechtsverhältnis, in dem die betreffenden Personen zum AG stehen, kommt es dann nicht an (BAG, DB 86, 2497). Der BR hat, wenn Zweifel bestehen, Anspruch auf Einsicht in die mit dem anderen UN abgeschlossenen Verträge, um prüfen zu können, ob AN-Überlassung vorliegt (BAG v. 6. 6. 78, AP Nr. 6 zu § 99 BetrVG 1972). **Wehr- und Zivildienstleistende** bleiben für die Dauer des Ruhens ihres Arbeitsverhältnisses AN des Betriebs. Auch AN, die vorübergehend im Ausland tätig sind, gehören zu den AN des Betriebs, für die der BR zuständig ist (vgl. etwa BAG, DB 86, 331).

(2) Unter die Nrn. 1 und 2 fallen die nach Gesetz, Satzung oder **4** Gesellschaftsvertrag zur Vertretung berufenen Personen, z. B. **Vorstandsmitgl.** einer AG und **Geschäftsführer** einer GmbH. Die Nr. 3 bezieht sich etwa auf **Mönche** und **Ordensschwestern.** Dagegen sind **Krankenschwestern,** wie sie beim Caritas-Verband, der Inneren Mission oder beim Deutschen Roten Kreuz (DRK) tätig sind, grundsätzlich betriebsverfassungsrechtlich AN (a. A. BAG v. 20. 2. 86, AP Nr. 2 zu § 5 BetrVG 1972 Rotes Kreuz, das die AN-Eigenschaft von Rote-Kreuz-Schwestern verneint, gleichgültig ob sie in einem Krankenhaus des DRK beschäftigt oder aufgrund eines Gestellungsvertrags im Krankenhaus eines Dritten tätig sind). Die Nr. 4 bezieht sich auf beispielsweise aus Gründen der Rehabilitation beschäftigte **Körperbehinderte,** ferner **Geisteskranke** und **Suchtkranke,** soweit sie in Anstalten oder aus sonstigen arbeitstherapeutischen Gründen beschäftigt werden. Voraussetzung für die Anwendung der Nr. 5 ist, daß die dort genannten Personen mit dem AG in häuslicher Gemeinschaft (Wohnen, Schlafen, Kochen) leben.

(Vorbemerkung 3,4) Die am 1. 1. 89 in Kraft getretenen Änderungen **5** des Gesetzes (vgl. Vorwort) enthalten zur Begriffsabgrenzung des leit. Ang. teilweise andere Formulierungen. Die Tatbestände des § 5 Abs. 3 **Nr. 1 und 2** sind im **wesentlichen unverändert** geblieben (zur Änderung der Nr. 2 vgl. Rn. 12). Abs. 3 Nr. **3** wurde an mehreren Stellen geändert, ein **neuer Abs. 4** mit Auslegungshilfen (Hilfskriterien) geschaffen. Die vorgenommenen Änderungen sollen zu einer **Präzisierung** des Begriffs des leit. Ang. beitragen.

Der Zielsetzung der Präzisierung des Begriffs des leit. Ang. kann **6** jedoch – einmal abgesehen von den Regelungen des Abs. 3 Nr. 1 und 2 – **grundsätzlich nur Abs. 3 Nr. 3** dienen, nicht dagegen Abs. 4. Der Abs. 3 Nr. 3 (zu den Einzelheiten vgl. Rn. 13 ff.) stellt als Grundnorm zur Begriffsabgrenzung des Personenkreises der leit. Ang. mit seinen **funktionalen Kriterien** nach wie vor auf eine betriebsverfassungsrechtlich relevante Definition ab. Das historisch überlieferte Prinzip der betriebsverfassungsrechtlichen Begriffsabgrenzung des leit. Ang. geht davon aus, grundsätzlich solche Personen aus dem Geltungsbereich des Betriebsverfassungsrechts herauszunehmen, die als **Mitträger der unternehmerischen Funktion** zur UN-Leitung gehören und damit in einem nicht zu übersehenden funktionalen Gegensatz zu den übrigen AN stehen (vgl. etwa § 2 Betriebsrätegesetz 1920; zum neueren Betriebsverfassungsrecht vgl. etwa BAG v. 28. 4. 64, AP Nr. 4 zu § 4 BetrVG).

7 An diesem funktionalen Begriff des leit. Ang. hält Abs. 3 Nr. 3 fest. Die in ihm enthaltenen unbestimmten Rechtsbegriffe ermöglichen, ungeachtet der vorgenommenen Änderungen, den **notwendigen Entscheidungsspielraum** für den Rechtsanwender. Damit ist zugleich eine auf das konkrete UN abzustellende differenzierte und sachgerechte Entscheidung mit einer **größtmöglichen Einzelfallgerechtigkeit** gegeben. Darüber hinaus ist festzustellen, daß sich nur mit funktionalen Kriterien die unterschiedlichen Strukturen verschiedener Wirtschaftszweige und Wandlungen der UN-Struktur angemessen bewältigen lassen. Die Regelungen des **Abs. 4** sind demgegenüber grundsätzlich **nicht geeignet,** festzustellen, ob und inwieweit ein Ang. unter Berücksichtigung der jeweiligen UN-Organisation eine unternehmerische Funktion innehat, die ihn dem Personenkreis der leit. Ang. zuordnet. Dem Abs. 4 (zu den Einzelheiten vgl. Rn. 20 ff.) liegen **formale Abgrenzungskriterien** zugrunde, die eine differenzierte und sachgerechte Entscheidung darüber, ob jemand zum Personenkreis der leit. Ang. gehört, zumindest erschweren, wenn nicht gar unmöglich machen.

8 Die Auslegung des **Abs. 3** sollte daher so gehandhabt werden, daß prinzipiell **keine Zweifel** mehr verbleiben. Eine Heranziehung der Hilfskriterien des Abs. 4 bringt überdies die Gefahr einer **Ausweitung** des Personenkreises der leit. Ang. mit sich. Wird aber der Kreis der leit. Ang. weiter gezogen, als nach Anwendung der funktionalen Kriterien des Abs. 3 notwendig, können sich **erhebliche negative Konsequenzen** für die Bildung des BR und seine Tätigkeit ergeben, etwa im Hinblick auf die Größe des BR (§ 9), die Freistellungsmöglichkeiten von BR-Mitgl. (§ 38), das Initiativrecht bei Auswahlrichtlinien (§ 95 Abs. 2), das Mitwirkungsrecht bei personellen Einzelmaßnahmen (§ 99 Abs. 1), die Bildung des WA (§ 106 Abs. 1), die Beteiligungsrechte bei Betriebsänderungen (§ 111 Abs. 1) und die Erzwingbarkeit von Sozialplänen bei Massenentlassungen (§ 112 a)

9 (3) Abs. 3 enthält gegenüber der bisherigen Regelung einige Änderungen. Der **bisherige Abs. 3** hatte folgenden Wortlaut:

»(3) Dieses Gesetz findet, soweit in ihm nicht ausdrücklich etwas anderes bestimmt ist, keine Anwendung auf leitende Angestellte, wenn sie nach Dienststellung und Dienstvertrag

1. *zur selbständigen Einstellung und Entlassung von im Betrieb oder in der Betriebsabteilung beschäftigten Arbeitnehmern berechtigt sind oder*

2. *Generalvollmacht oder Prokura haben oder*

3. *im wesentlichen eigenverantwortlich Aufgaben wahrnehmen, die ihnen regelmäßig wegen deren Bedeutung für den Bestand und die Entwicklung des Betriebs im Hinblick auf besondere Erfahrungen und Kenntnisse übertragen werden.«*

Es ergeben sich im nunmehr geltenden Wortlaut des Abs. 3 gegenüber der früheren Regelung **folgende Abweichungen:**

– In Satz 2 sind die Worte »Dienststellung und Dienstvertrag« durch »Arbeitsvertrag und Stellung« ersetzt worden. Darüber hinaus sind die Worte »im Unternehmen oder im Betrieb« aufgenommen worden.

– Der Begriff der »Eigenverantwortlichkeit« bei der (unternehmerischen) Aufgabenwahrnehmung ist durch die Formulierung ersetzt worden, daß der leit. Ang. die unternehmerischen Entscheidungen nunmehr »im wesentlichen frei von Weisungen trifft oder sie maßgeblich beeinflußt«. Auch dabei wird auf die Aufgabenwahrnehmung im »Unternehmen« abgestellt.

– Die (unternehmerische) Aufgabenwahrnehmung kann auch dann gegeben sein, wenn Vorgaben insbesondere aufgrund von Rechtsvorschriften, Plänen oder Richtlinien vorhanden sind und eine Zusammenarbeit mit anderen leit. Ang. gegeben ist.

Die Änderungen des Abs. 3 sind nicht grundsätzlicher Natur und **10** führen **prinzipiell zu keiner anderen Begriffsabgrenzung** des leit. Ang. So wurde der Begriff »Dienstvertrag« schon bisher als »Arbeitsvertrag« verstanden, da leit. Ang. trotz ihrer funktionellen UN-Ähnlichkeit zugleich AN sind (vgl. Fitting/Auffarth/Kaiser/Heither, 15. Aufl., § 5 Anm. 125). Auch der Begriff der »Dienststellung« bzw. »Stellung« wurde schon bislang nicht betriebs-, sondern unternehmensbezogen gesehen (vgl. etwa BAG v. 29. 1. 80, AP Nr. 22 zu § 5 BetrVG 1972). Mit der Erwähnung der UN-Bezogenheit bei der funktionalen Bestimmung wird damit lediglich der **bisherigen Auslegung** Rechnung getragen.

Zu den in Abs. 3 genannten Tatbestandsgruppen leit. Ang. ist im **11** einzelnen auf folgendes hinzuweisen: Unter die **Nr. 1** fallen nach wie vor nur solche leit. Ang., die **selbständig** die **Auswahl der Einzustellenden** und der zu **Entlassenden** treffen können. Eine solche umfassende Einstellungs- und Entlassungsbefugnis kann sich zwar auf eine Betriebsabteilung beschränken. Sie muß jedoch immer sowohl nach außen wirken (Vertretungsbefugnis) als auch im Innenverhältnis gegenüber dem AG. Interne Bindungen beseitigen die Selbständigkeit. Eine bloß delegierte Entscheidungsbefugnis für einen eng-begrenzten Personenkreis, z. B. Poliere auf Baustellen, genügt daher nicht.

12 Die **Nr. 2** erstreckt sich auf leit. Ang., die **Generalvollmacht** oder **Prokura** haben. Generalvollmacht ist die Vollmacht zum gesamten Geschäftsbetrieb oder zumindest eine solche, die die Besorgung eines wesentlichen Teils der Geschäfte des Vollmachtgebers umfaßt. Die Prokura ist eine gesetzlich festgelegte Vollmacht zur Vornahme aller Rechtsgeschäfte, außer der Veräußerung von Grundstücken. Die **Prokura** reicht für sich **allein nicht aus,** um im betriebsverfassungsrechtlichen Sinne die Eigenschaft als leit. Ang. zu begründen. Nicht jeder Prokurist ist leit. Ang. nach Abs. 3 Nr. 2. So ist nunmehr gesetzlich ausdrücklich festgelegt, daß die Prokura auch im Verhältnis zum AG **nicht unbedeutend sein darf.** Die sog. Titelprokura reicht daher ebensowenig aus (BAG v. 28. 1. 75, AP Nr. 5 zu § 5 BetrVG 1972) wie ein unbedeutender Aufgabenbereich. Somit muß – damit jemand zum Personenkreis der leit. Ang. im betriebsverfassungsrechtlichen Sinne gehört – die Prokura sowohl im **Außenverhältnis** als auch **nach innen umfassend** sein (im Sinne einer solchen Abgrenzung vgl. BAG, DB 88, 2003, wonach gesetzlich zulässige Beschränkungen der Prokura – z. B. in Form einer Gesamt- oder Niederlassungsprokura – nur dann die Voraussetzungen für die Zugehörigkeit zum Personenkreis nach Abs. 3 Nr. 2 erfüllen, wenn der betreffende Ang. dazu befugt ist, die mit einer Gesamt- und/oder Niederlassungsprokura verbundene Vertretungsmacht im Innenverhältnis uneingeschränkt wahrzunehmen).

13 Die in **Nr. 3** vorgenommenen Änderungen führen ebenfalls grundsätzlich **zu keiner anderen Abgrenzung** des Personenkreises der leit. Ang., wie sie schon bisher zu dieser Tatbestandsgruppe vorgenommen wurde. So ergibt sich keine für die betriebliche Praxis bedeutsame Änderung dadurch, daß das Merkmal der »Eigenverantwortlichkeit« durch die Worte »Entscheidungen im wesentlichen frei von Weisungen trifft oder sie maßgeblich beeinflußt« ersetzt worden ist. Die eigenverantwortliche Aufgabenwahrnehmung wurde schon bisher mit dem Bestehen eines **eigenen erheblichen Entscheidungsspielraums** gleichgestellt (vgl. BAG v. 29. 1. 80, AP Nr. 22 zu § 5 BetrVG 1972; vgl. auch Clausen/Löhr/Schneider/Trümner, ArbuR 88, 293 ff.). Der Ang. gehörte schon nach dem bisherigen Recht nur dann zum Personenkreis nach Abs. 3 Nr. 3, wenn er weitgehend weisungsfrei entscheiden konnte (vgl. Fitting/Auffarth/Kaiser/Heither, 15. Aufl., § 5 Rn. 146). Die neue Formulierung greift somit nur die von der Rechtspr. und Literatur geleistete Begriffsausfüllung des bisherigen Merkmals der »Eigenverantwortlichkeit« auf, ohne daß dem eine Ausweitung des Personenkreises der leit. Ang. entnommen werden kann.

Der letzte Halbsatz der Nr. 3 bringt ebenfalls keine inhaltliche **14**
Neuerung. Schon zu der bisherigen Begriffsabgrenzung hat das
BAG entschieden, daß es für die Wahrnehmung unternehmerischer
Aufgaben unschädlich sei, wenn Richtlinien und Rechtsvorschrif-
ten beachtet werden müßten (BAG v. 29. 1. 80 a. a. O.). Auch der
Wahrnehmung unternehmerischer Aufgaben i. S. von Abs. 3 Nr. 3
stand schon **bislang nicht entgegen,** daß sie sich in einem Team mit
gleichberechtigten Mitarbeitern vollzog (BAG v. 29. 1. 80 a. a. O.).
Es ist somit unschädlich, wenn die Tätigkeit des leit. Ang. im Rahmen von Rechtsvorschriften, Plänen oder Richtlinien sowie bei der
Zusammenarbeit mit anderen leit. Ang. verrichtet wird. Voraussetzung ist aber immer, daß es sich bei einer **Gesamtbetrachtung des
Abs. 3 Nr. 3** um einen leit. Ang. handelt, der ansonsten **unternehmerische Entscheidungen** im wesentlichen frei von Weisungen trifft
oder sie maßgeblich beeinflußt. Daher handelt es sich **nicht** um einen leit. Ang., wenn sich seine Tätigkeit **schwergewichtig** nur aufgrund von Rechtsvorschriften, Plänen oder Richtlinien vollzieht, so
daß davon auszugehen ist, daß kein eigener erheblicher Entscheidungsspielraum besteht. Es ist somit auch auf den **Grad der Ver-
bindlichkeit** von Plänen oder Richtlinien zu achten, in deren Rahmen der betreffende Ang. tätig wird. Besteht eine erhebliche Bin-
dungskraft von Plänen oder Richtlinien, beginnt der Bereich, in
dem von »wesentlich freier Entscheidung« und damit von einem
leit. Ang. nicht mehr gesprochen werden kann (vgl. auch Trümner,
BetrR 6/7–88, 5 ff.).

Auch bei der Auslegung des Abs. 3 Nr. 3 n. F. findet somit die **bishe-** **15**
rige Rechtspr. des BAG zur Begriffsabgrenzung des leit. Ang. Anwendung. Die teilweise neuen Formulierungen ändern daran nichts.
Sie wollen lediglich zu einer Klarstellung und Präzisierung beitragen. Nach der bisherigen Rechtspr. des BAG gehört ein leit. Ang.
erst dann zum Personenkreis des Abs. 3, wenn er – zumindest auf
Teilbereichen – **wesentlichen Anteil** an der UN-Führung hat, diese
unternehmerischen Aufgaben ihn in einen Interessengegensatz zu
den AN und damit zum BR bringen und diese Aufgaben seiner Gesamttätigkeit das Gepräge geben. Solche unternehmerischen (Teil-)
Aufgaben beziehen sich auf die wirtschaftliche, technische, kaufmännische, organisatorische, personelle oder wissenschaftliche
UN-Führung. Es kommt somit auf die Funktion im UN an; denn
der Betrieb verfolgt nur einen arbeitstechnischen Zweck zur Unterstützung und Ausfüllung der UN-Ziele. Auch eine besonders quali-
fizierte Arbeitsleistung reicht **nicht** aus, um jemanden in den Personenkreis des § 5 Abs. 3 einzubeziehen. Es genügt auch **nicht** eine
akademische Vorbildung. Eine Stellung, die lediglich auf **einem besonderen persönlichen Vertrauen** des AG beruht, reicht ebenfalls
nicht aus (BAG v. 9. 12. 75, AP Nr. 11 zu § 5 BetrVG 1972).

Aufgrund der bisherigen Rechtspr. des BAG lassen sich folgende Kriterien herausstellen, die erfüllt sein müssen, bevor von einem leit. Ang. gesprochen werden kann:

- Der Ang. muß **spezifische unternehmerische Aufgaben** wahrnehmen, die im Hinblick auf die Gesamttätigkeit des Ang. und die Gesamtheit der UN-Aufgaben erheblich sind.

- Dem Ang. muß zur Bewältigung dieser unternehmerischen Aufgaben ein **eigener erheblicher Entscheidungsspielraum** zur Verfügung stehen, so daß er die **unternehmerischen Entscheidungen** im wesentlichen frei von Weisungen trifft oder sie doch zumindest maßgeblich beeinflußt. Auch bei einer Zusammenarbeit in einem Team gleichberechtigter Mitarbeiter muß ein eigener, erheblicher Entscheidungsspielraum verbleiben.

- Die Aufgaben müssen dem Ang. aufgrund **besonderer Erfahrungen und Kenntnisse** übertragen worden sein. Ein akademisches Studium oder eine gleichwertige Ausbildung ist allein weder erforderlich noch genügend.

- Aus der Aufgabenstellung des Ang. wird sich ein **Interessengegensatz** zwischen ihm und der AN-schaft ergeben, der allerdings nur ein Indiz für den Status des leit. Ang. ist.

- Die unternehmerischen Aufgaben des Ang. müssen von ihm nach **Arbeitsvertrag** und **Stellung** im UN oder Betrieb wahrgenommen werden.

16 Das Zurücktreten einzelner dieser Abgrenzungskriterien im Rahmen einer Gesamtwürdigung der Tätigkeit des Ang. kann nach Meinung des BAG dadurch ausgeglichen werden, daß andere Kriterien besonders ausgeprägt sind. In bestimmten Fällen läßt das BAG eine »Schlüsselposition« genügen (vgl. etwa BAG v. 5. 3. 74, AP Nr. 1 zu § 5 BetrVG 1972). Dabei handelt es sich um Ang., die zwar nicht selbst UN-Entscheidungen treffen, aber durch eine über die gesamte Breite des UN-Führungsbereichs wirkende Tätigkeit die Grundlagen für solche Entscheidungen **eigenverantwortlich** erarbeiten. Somit muß auch bei einer derartigen »Schlüsselposition« festgestellt werden, ob sie tatsächlich zu einem maßgeblichen Einfluß auf die UN-Leitung führt.

17 Beispielsweise hat das BAG die Eigenschaft als leit. Ang. nach § 5 Abs. 3 bei einem Leiter der Abteilung »Unternehmensplanung« bejaht. Dabei wurde darauf abgehoben, daß dieser Ang. durch seine Tätigkeit entscheidende unternehmerische Daten setzt, die einen maßgeblichen und direkten Einfluß auf die UN-Leitung ausüben (BAG v. 17. 12. 74, AP Nr. 7 zu § 5 BetrVG 1972). Bejaht hat es sie auch bei einem Leiter der Abteilungen Absatzplanung, Vertrieb, Organisation und Personal, der Gesamtprokura hatte, wegen des umfangreichen und wichtigen Tätigkeitsbereiches (BAG v. 23. 3. 76, AP Nr. 14 zu § 5 BetrVG 1972).

Das BAG hat die Eigenschaft als leit. Ang. nach § 5 Abs. 3 verneint **18** bei: Hauptabteilungsleitern, die ihrerseits noch dem kaufmännischen Direktor des Hauptbüros unterstehen (BAG v. 19. 11. 74, AP Nr. 2 zu § 5 BetrVG 1972); Abteilungsleitern eines Maschinenbau-UN, weil die unternehmerischen Teilaufgaben, die sie zu erfüllen haben, nur einen kleinen Ausschnitt in bezug auf das Gesamt-UN ausmachen (BAG v. 13. 10. 81, AP Nr. 6 zu § 5 BetrVG 1972); **Leiter der Abteilung »Mechanische Fertigung«,** weil die bloße Vorgesetztenstellung, die im Rahmen eines zugewiesenen Aufgaben- und Funktionsbereiches Weisungen ermöglicht, nicht für den notwendigen Gegnerbezug ausreicht (BAG v. 13. 10. 81 a. a. O.); **Leiter** des **Zentraleinkaufs** eines UN mit 475 AN ohne eigene erhebliche Entscheidungsbefugnis (BAG v. 9. 12. 75, AP Nr. 11 zu § 5 BetrVG 1972); **Redakteure** (BAG v. 7. 11. 75, AP Nr. 4 zu § 118 BetrVG 1972); **Fahrsteiger** in Bergwerksbetrieben (BAG v. 23. 1. 86, AP Nr. 30 zu § 5 BetrVG 1972).

Der in Frage kommende Personenkreis ist somit im Verhältnis zur **19** Gesamtbelegschaft sehr klein. Es ist auf das jeweilige UN und die Stellung bzw. Funktion des betreffenden Ang. in diesem UN abzustellen. Wichtige Erkenntnishilfen sind dabei das Organisationsschema bzw. der Organisationsplan des betreffenden UN.

(4) Der neue **Abs. 4** ist gegenüber Abs. 3 Nr. 3 nur nachrangig an- **20** zuwenden. Er soll mit seinen Hilfskriterien die Auslegung des Abs. 3 Nr. 3 ausschließlich in Zweifelsfällen erleichtern. Die Regelungen des Abs. 4 sind dafür jedoch **ungeeignet.**

Die nicht funktionsbezogenen, sondern formalen Kriterien sind **21** **nicht systemgerecht** (vgl. Rn. 7). Bereits das **erste Hilfskriterium** mit seinem Abstellen auf die bisherige Einordnung ist problematisch. Der bei der letzten Wahl des BR, des SpA oder der bei einer gerichtlichen Entscheidung getroffenen Zuordnung kommt keine wirklich konstitutive Bedeutung zu. Abgesehen davon, daß sich die tatsächlichen Verhältnisse **zwischenzeitlich geändert** haben können, ist es denkbar, daß im Rahmen des neuen innerbetrieblichen Zuordnungsverfahrens nach § 18 a – aber auch außerhalb dieses Verfahrens (vgl. § 18 a Rn. 5) – aufgrund eines entsprechenden Gerichtsverfahrens eine möglicherweise auch nur vorläufige (einstweilige Verfügung) **anderslautende Gerichtsentscheidung** ergeht. Sofern überhaupt auf dieses Auslegungskriterium zurückgegriffen werden kann, gilt es **auch umgekehrt.** Das bedeutet, daß Ang., die schon nach dem bisherigen Recht nicht zum Personenkreis der leit. Ang. gehört haben, **auch künftig nicht** dazu rechnen.

Das **zweite Hilfskriterium** ist noch systemwidriger, wenn durch die **22**

Betrachtung der Leitungsebene, auf der der Ang. tätig ist, also durch ein formales Kriterium, Zweifel beseitigt werden sollen, die bei einem nach ausschließlich funktionalen Kriterien zu beurteilenden Stabstellen-Leitenden i. S. des Abs. 3 Nr. 3 geblieben sind. Es ist nicht ersichtlich, wie eine zweifelhaft gebliebene Abgrenzung von leit. Ang. in **Stabsstellenfunktionen** durch hierarchische Merkmale für leit. Ang. in **Linienfunktionen** präzisiert werden könnte (Clausen/Löhr/Schneider/Trümner, ArbuR 88, 293 ff.).

23 Mit dem **dritten Hilfskriterium** wird auf das regelmäßige Jahresarbeitsentgelt abgestellt. Gemeint ist damit das Entgelt, das der Ang. regelmäßig erhält und auf das ein Rechtsanspruch besteht. **Freiwillige Zulagen,** insbesondere wenn sie in einem **zeitlichen Zusammenhang** mit der Wahl des SpA gewährt werden, zählen nicht dazu. Das Abstellen auf die Gehaltshöhe als einem formalen Kriterium führt **lediglich zu einer Scheinobjektivität** und bringt den **deutlichsten Bruch** mit den **funktionalen Merkmalen des Abs. 3 Nr. 3.** Von den Möglichkeiten der Manipulation durch den AG einmal abgesehen, ist keine vernünftige Begründung dafür erkennbar, warum jemand schon deswegen zum Personenkreis nach Abs. 3 gehören soll, weil er ein Gehalt bekommt, das in seiner Höhe dem eines leit. Ang. entspricht. So kann beispielsweise ein **hochbezahlter Spezialist** ein Gehalt wie auch leit. Ang. erhalten, ohne deswegen zum Personenkreis nach Abs. 3 gehören zu müssen. Wie sehr der Gesetzgeber selbst dem Hilfskriterium der Gehaltshöhe mißtraut, zeigt sich am besten durch die Verweisung auf das **Hilfs-Hilfs-Kriterium der Nr. 4.** Mit dieser »Zweifel-im-Zweifel-Regelung«, die auf das Dreifache der Bezugsgröße nach § 18 SGB IV abstellt (1989 sind das 113 400 DM), wird sogar der Bezug zum konkreten UN verlassen.

24 Zu **Abs. 4** ist insgesamt festzustellen, daß die Hilfskriterien zur Auslegung des Abs. 3 Nr. 3 offenkundig **nicht nur ungeeignet,** sondern geradezu **systemwidrig** sind. Sie ermöglichen es, einen Ang. als leit. Ang. zu charakterisieren, ohne daß dieser **überhaupt unternehmerähnliche Funktionen** im UN wahrnehmen muß. Damit aber wäre die Gefahr einer Ausweitung des Personenkreises nach Abs. 3 gegeben, mit allen damit verbundenen Problemen (vgl. Rn. 8).

§ 6
Arbeiter und Angestellte

(1) Arbeiter im Sinne dieses Gesetzes sind Arbeitnehmer einschließlich der zu ihrer Berufsausbildung Beschäftigten, die eine arbeiterrentenversicherungspflichtige Beschäftigung ausüben, auch wenn sie nicht versicherungspflichtig sind. Als Arbeiter gelten auch die in Heimarbeit Beschäftigten, die in der Hauptsache für den Betrieb arbeiten.

(2) Angestellte im Sinne dieses Gesetzes sind Arbeitnehmer, die eine durch § 3 Abs. 1 des Angestelltenversicherungsgesetzes und die hierzu erlassenen Vorschriften über die Versicherungspflicht der Angestellten als Angestelltentätigkeit bezeichnete Beschäftigung ausüben, auch wenn sie nicht versicherungspflichtig sind. Als Angestellte gelten auch Beschäftigte, die sich in Ausbildung zu einem Angestelltenberuf befinden, sowie die in Heimarbeit Beschäftigten, die in der Hauptsache für den Betrieb Angestelltentätigkeit verrichten.

(1, 2) Für die betriebsverfassungsrechtliche Abgrenzung der Arb. **1** von den Ang. wird ohne Rücksicht auf die tatsächliche Zuordnung auf die **rentenversicherungsrechtliche Behandlung** abgestellt. Arb. ist jeder Beschäftigte, der **nicht** eine Tätigkeit i. S. der Vorschriften des AVG ausübt. Im übrigen ist bei der Prüfung der Frage, ob ein AN Ang. oder Arb. ist, der **Verkehrsanschauung** ein entscheidendes Gewicht beizumessen. Nach der Rechtspr. verrichtet ein Ang. eine überwiegend geistige oder beaufsichtigende Tätigkeit, während beim Arb. die manuelle Arbeitsleistung im Vordergrund steht. Bei gemischter Tätigkeit kommt es darauf an, welche Art der Arbeitsleistung das **entscheidende Gepräge** gibt (vgl. auch BAG v. 28. 4. 88 – 2 AZR 567/87). Es ist die ausgeübte Tätigkeit maßgebend, nicht dagegen eine Vereinbarung zwischen dem AN und dem AG. Auszubildende sind der Gruppe zuzurechnen, der sie nach Beendigung der Ausbildung angehören werden (zur Fragwürdigkeit der herkömmlichen Einteilung der AN in Arb. und Ang. vgl. Gnade/Kehrmann/Schneider/Blanke, 2. Aufl., § 6 Anm. 1).

Auch **Tele-AN,** also Beschäftigte, die unter Verwendung der Infor- **2** mations- und Kommunikationstechnik am häuslichen Bildschirm arbeiten (vgl. Wedde, ArbuR 87, 325), sind betriebsverfassungsrechtlich AN. Der BR ist für sie zuständig (LAG München, AiB 85, 94).

Auch **Heimarbeiter** und die **Hausgewerbetreibenden** mit nicht mehr **3** als zwei fremden Hilfskräften gelten als Arb. bzw. Ang., wenn sie in der Hauptsache für den gleichen Betrieb arbeiten. Der AG muß ihnen gegenüber eindeutig und wirtschaftlich die gleiche Stellung einnehmen, wie sie der AG gegenüber den betrieblichen AN hat.

Zweiter Teil:
Betriebsrat, Betriebsversammlung,
Gesamt- und Konzernbetriebsrat

Erster Abschnitt:

Zusammensetzung und Wahl
des Betriebsrats

§ 7
Wahlberechtigung

Wahlberechtigt sind alle Arbeitnehmer, die das 18. Lebensjahr vollendet haben.

1 Wahlberechtigt sind alle Arb. und Ang. des Betriebs, sofern sie am (letzten) Wahltag das 18. Lebensjahr vollendet haben. Zu den Wahlberechtigten gehören – unabhängig von der Gestaltung des Arbeitsverhältnisses im übrigen – auch die zu ihrer Berufsausbildung Beschäftigten sowie **Anlernlinge, Umschüler, Volontäre, Praktikanten, Tele-AN** (vgl. § 5 Rn. 1 f.) und **Werkstudenten.** Auszubildende, die das 18. Lebensjahr vollendet haben und die ein AG mangels entsprechender Einrichtungen für die Ausbildungszeit in einem **anderen Betrieb** ausbilden läßt, sind dort wahlberechtigte AN (vgl. LAG Hamm, DB 88, 2058; zur Wahlberechtigung von Auszubildenden allgemein vgl. § 5 Rn. 1). **Teilzeitbeschäftigte** sind ebenso wahlberechtigt wie solche AN, die in Arbeitsverhältnissen **zu mehreren AG** stehen. **Leih-AN** im Rahmen einer erlaubten gewerbsmäßigen AN-Überlassung sind im Betrieb des Verleihers wahlberechtigt und wählbar. Im Betrieb des Entleihers besteht dagegen weder das aktive noch das passive Wahlrecht (Art. 1 § 14 Abs. 2 Satz 1 AÜG). Das Wahlrecht besitzen auch nicht die sog. **UN-Arb.** (auch **Werk-AN** genannt, vgl. § 5 Rn. 3) in dem Betrieb, in dem sie als betriebsfremde Beschäftigte z. B. Montage- oder Reparaturarbeiten ausführen.

2 Das Wahlrecht haben auch AN während des **Wehrdienstes** (BAG v. 29. 3. 74, AP Nr. 2 zu § 19 BetrVG 1972), ebenso wehrpflichtige AN, die als Kriegsdienstverweigerer **Zivildienst** leisten; letztere sind jedoch nicht in dem Betrieb wahlberechtigt, in dem sie den Zivildienst leisten. Auch ein AN, dessen Arbeitsverhältnis gekündigt wurde, hat selbst nach Ablauf der Kündigungsfrist das Wahlrecht, wenn er die Kündigung beim ArbG angegriffen hat (str.).

§ 8
Wählbarkeit

(1) Wählbar sind alle Wahlberechtigten, die sechs Monate dem Betrieb angehören oder als in Heimarbeit Beschäftigte in der Hauptsache für den Betrieb gearbeitet haben. Auf diese sechsmonatige Betriebszugehörigkeit werden Zeiten angerechnet, in denen der Arbeitnehmer unmittelbar vorher einem anderen Betrieb desselben Unternehmens oder Konzerns (§ 18 Abs. 1 des Aktiengesetzes) angehört hat. Nicht wählbar ist, wer infolge strafgerichtlicher Verurteilung die Fähigkeit, Rechte aus öffentlichen Wahlen zu erlangen, nicht besitzt.

(2) Besteht der Betrieb weniger als sechs Monate, so sind abweichend von der Vorschrift in Absatz 1 über die sechsmonatige Betriebszugehörigkeit diejenigen Arbeitnehmer wählbar, die bei der Einleitung der Betriebsratswahl im Betrieb beschäftigt sind und die übrigen Voraussetzungen für die Wählbarkeit erfüllen.

Wählbar sind alle Wahlberechtigten, die das 18. Lebensjahr (mindestens am letzten Wahltag) vollendet haben und dem Betrieb sechs Monate angehören (vgl. auch die Anrechnung von Zeiten nach Abs. 1 Satz 2). **Ausländische** AN sind unter denselben Voraussetzungen wie deutsche AN wählbar. Für die erforderliche Dauer der Betriebszugehörigkeit sind Unterbrechungen in der Tätigkeit, wie z. B. wegen Krankheit und Urlaub, unerheblich. Etwas anderes gilt nur dann, wenn der betreffende AN zu **keinem** Zeitpunkt innerhalb der geforderten sechs Monate im Betrieb bzw. UN oder Konzern tätig war. Wählbar sind auch Mitgl. des WV. Eine Unvereinbarkeit zwischen dem Amt als WV-Mitgl. und dem Amt als zukünftigem BR-Mitgl. besteht nicht (BAG v. 12. 10. 76, AP Nr. 1 zu § 8 BetrVG 1972). **1**

AN, die in einem Arbeitsverhältnis zu zwei AG stehen, können in beiden Betrieben in den BR gewählt werden (BAG v. 11. 4. 58, AP Nr. 1 zu § 6 BetrVG). Gewählt werden kann ferner auch ein AN, dessen Arbeitsverhältnis **gekündigt** worden ist (str.). Er hat nämlich so lange als Betriebsangehöriger zu gelten, als noch nicht geklärt ist, ob die Kündigung gerechtfertigt war. Auch ein zum **Wehrdienst** oder zum **Zivildienst** einberufener AN verliert nicht während der Zeit seines Wehr- oder Zivildienstes die Wählbarkeit. **2**

§ 9
Zahl der Betriebsratsmitglieder

Der Betriebsrat besteht in Betrieben mit in der Regel

5 bis	20	wahlberechtigten Arbeitnehmern aus einer Person,
21 bis	50	wahlberechtigten Arbeitnehmern aus 3 Mitgliedern,
51		wahlberechtigten Arbeitnehmern
bis	150	Arbeitnehmern aus 5 Mitgliedern,

151 bis   300 Arbeitnehmern aus   7 Mitgliedern,
301 bis   600 Arbeitnehmern aus   9 Mitgliedern,
601 bis 1000 Arbeitnehmern aus 11 Mitgliedern,
1001 bis 2000 Arbeitnehmern aus 15 Mitgliedern,
2001 bis 3000 Arbeitnehmern aus 19 Mitgliedern,
3001 bis 4000 Arbeitnehmern aus 23 Mitgliedern,
4001 bis 5000 Arbeitnehmern aus 27 Mitgliedern,
5001 bis 7000 Arbeitnehmern aus 29 Mitgliedern,
7001 bis 9000 Arbeitnehmern aus 31 Mitgliedern.

In Betrieben mit mehr als 9000 Arbeitnehmern erhöht sich die Zahl der Mitglieder des Betriebsrats für je angefangene weitere 3000 Arbeitnehmer um 2 Mitglieder.

1   Für die BR-Größe ist die Zahl der AN bei **Erlaß des Wahlausschreibens** maßgebend. Ein weiteres Ansteigen oder Sinken der Beschäftigtenzahl ist grundsätzlich ohne Bedeutung (vgl. aber § 13 Abs. 2 Nr. 1). Die Staffelung stellt in Betrieben mit mehr als 51 AN nur auf die Zahl der beschäftigten AN ab, **ohne Rücksicht** auf ihre Wahlberechtigung. Hat z. B. ein Betrieb 55 AN, von denen nur 45 wahlberechtigt sind, so besteht der BR nicht aus drei, sondern aus fünf Mitgl. Leit. Ang. nach § 5 Abs. 3 werden bei der Bestimmung der Zahl der BR-Mitgl. **nicht** mitgezählt.

2   Hinsichtlich der Zahl der »regelmäßig« beschäftigten AN ist grundsätzlich auf den Zeitpunkt des Erlasses des Wahlausschreibens abzustellen. Das ist allerdings keine absolute Größe. Entscheidend ist die Zahl der AN, die **üblicherweise** im Betrieb beschäftigt werden. Daher sind z. B. Wehr- oder Zivildienstleistende, Heimarbeiter sowie im gekündigten Arbeitsverhältnis stehende AN mitzuzählen, wenn sie Arbeitsplätze innehaben, die »in der Regel« betrieblich besetzt sind. Aushilfs-AN sind mitzuzählen, sofern sie regelmäßig für einen Zeitraum von mindestens sechs Monaten im Jahr beschäftigt werden und auch in Zukunft mit einer derartigen Beschäftigung gerechnet werden kann (BAG v. 12. 10. 76, AP Nr. 1 zu § 8 BetrVG 1972). In Grenzfällen hat der WV bei der Feststellung der Zahl der AN einen gewissen Beurteilungsspielraum (BAG a. a. O.).

§ 10
Vertretung der Minderheitsgruppen

(1) Arbeiter und Angestellte müssen entsprechend ihrem zahlenmäßigen Verhältnis im Betriebsrat vertreten sein, wenn dieser aus mindestens drei Mitgliedern besteht.

(2) Die Minderheitsgruppe erhält mindestens bei

bis zu   50 Gruppenangehörigen 1 Vertreter,
51 bis   200 Gruppenangehörigen 2 Vertreter,
201 bis   600 Gruppenangehörigen 3 Vertreter,

601 bis	1000 Gruppenangehörigen 4 Vertreter,
1001 bis	3000 Gruppenangehörigen 5 Vertreter,
3001 bis	5000 Gruppenangehörigen 6 Vertreter,
5001 bis	9000 Gruppenangehörigen 7 Vertreter,
9001 bis	15000 Gruppenangehörigen 8 Vertreter,
über	15000 Gruppenangehörigen 9 Vertreter.

(3) Eine Minderheitsgruppe erhält keine Vertretung, wenn ihr nicht mehr als fünf Arbeitnehmer angehören und diese nicht mehr als ein Zwanzigstel der Arbeitnehmer des Betriebs darstellen.

(1) Die Aufteilung der BR-Sitze auf die Gruppen der Arb. und Ang. errechnet sich nach dem sog. **d'Hondtschen Höchstzahlensystem.** Bei der Feststellung des zahlenmäßigen Verhältnisses werden alle Arb. und Ang. erfaßt, auch Jugendliche. **Nicht** mitgezählt werden leit. Ang. i. S. des § 5 Abs. 3. Zur Errechnung der BR-Sitze werden die Zahlen der im Betrieb beschäftigten Arb. und Ang. nebeneinandergestellt und durch die Zahlen 1, 2, 3, 4 usw. geteilt. Entsprechend den so gefundenen **Teilzahlen** (Höchstzahlen) erfolgt die Zuweisung der BR-Sitze auf die Gruppen (zum Höchstzahlensystem vgl. auch § 14 Rn. 3 ff.). **1**

(2) Der Minderheitsgruppe wird eine bestimmte Zahl von BR-Sitzen **garantiert.** Sie erhält sie auch dann, wenn ihr nach dem Höchstzahlensystem nach Abs. 1 nur eine geringere Zahl von BR-Sitzen zustehen würde. In diesem Fall **verringert** sich die Zahl der Sitze der Mehrheitsgruppe entsprechend. **2**

(3) Wenn **beide** der hier genannten Voraussetzungen zusammentreffen, erhält die Minderheitsgruppe keinen Sitz. Die Angehörigen dieser Gruppe behalten jedoch das Wahlrecht. Die BR-Wahl findet »automatisch« als gemeinsame Wahl statt. **3**

§ 11
Ermäßigte Zahl der Betriebsratsmitglieder

Hat ein Betrieb nicht die ausreichende Zahl von wählbaren Arbeitnehmern, so ist die Zahl der Betriebsratsmitglieder der nächstniedrigeren Betriebsgröße zugrunde zu legen.

Von der nach § 9 vorgeschriebenen Zahl von BR-Mitgl. kann abgewichen werden, wenn **nicht genügend wählbare** AN für die Besetzung der BR-Sitze vorhanden sind. Es ist auch ein **mehrmaliges** Zurückgehen auf die jeweils nächstniedrigere BR-Größe so lange möglich, bis die geringere Zahl von BR-Sitzen voll besetzt werden kann. Es muß sich jedoch **immer** um eine entsprechende Zahl der Staffelung des § 9 handeln. Müßte z. B. ein BR aus sieben Mitgl. bestehen, sind aber nur sechs AN wählbar, so besteht der BR aus fünf Mitgl. Im übrigen ist § 11 auch anzuwenden, wenn im Betrieb genügend wählbare AN vorhanden sind, sich aber nicht eine ausreichende

Zahl als Wahlbewerber zur Verfügung stellt (BAG v. 11. 4. 58, AP Nr. 1 zu § 6 WO).

§ 12
Abweichende Verteilung der Betriebsratssitze

(1) Die Verteilung der Mitglieder des Betriebsrats auf die Gruppen kann abweichend von § 10 geregelt werden, wenn beide Gruppen dies vor der Wahl in getrennten und geheimen Abstimmungen beschließen.

(2) Jede Gruppe kann auch Angehörige der anderen Gruppe wählen. In diesem Fall gelten die Gewählten insoweit als Angehörige derjenigen Gruppe, die sie gewählt hat. Dies gilt auch für Ersatzmitglieder.

1 (1) Die hier festgelegte mögliche abweichende Verteilung der BR-Sitze auf die Gruppen muß vor der BR-Wahl durch jede Gruppe in **getrennten** und **geheimen** Abstimmungen beschlossen werden. Eine entsprechende Initiative kann sowohl von **jedem AN** als auch von einer im **Betrieb vertretenen Gew.** ausgehen. Abstimmungsberechtigt sind nicht nur die Wahlberechtigten, sondern **alle** Gruppenangehörigen. Beide Gruppen müssen sich für die andere Verteilung aussprechen. Die beschlossene andere Sitzverteilung gilt **nur** für die bevorstehende BR-Wahl.

2 (2) Die Möglichkeit, daß für die Arb.-Gruppe auch ein Ang. oder ein Arb. für die Ang.-Gruppe kandidieren kann, gilt sowohl für die **Gruppenwahl** als auch für die **Gemeinschaftswahl** (hinsichtlich der Gemeinschaftswahl str.). Eine gruppenfremde Kandidatur bei der Gemeinschaftswahl setzt allerdings voraus, daß für den Wähler **kenntlich** gemacht wird, wer als gruppenfremder Angehöriger für die andere Gruppe kandidiert. Der gruppenfremd Gewählte bleibt für die Dauer seines BR-Amtes betriebsverfassungsrechtlich Angehöriger der Gruppe, die ihn gewählt hat. Der von der Arb.-Gruppe gewählte Ang. gilt somit betriebsverfassungsrechtlich als Arb. (z. B. bei der Wahl des BR-Vors. oder seines Stellvertr.), obwohl seine sonstige arbeitsrechtliche Stellung als Ang. unverändert bleibt. Die Bestimmung stellt ferner klar, daß die Regelung für die Wahl von gruppenfremden AN auch für die Ersatz-Mitgl. gilt.

§ 13
Zeitpunkt der Betriebsratswahlen

(1) Die regelmäßigen Betriebsratswahlen finden alle vier Jahre in der Zeit vom 1. März bis 31. Mai statt. Sie sind zeitgleich mit den regelmäßigen Wahlen nach § 5 Abs. 1 des Sprecherausschußgesetzes einzuleiten.

(2) Außerhalb dieser Zeit ist der Betriebsrat zu wählen, wenn

1. mit Ablauf von 24 Monaten, vom Tage der Wahl an gerechnet, die

Zahl der regelmäßig beschäftigten Arbeitnehmer um die Hälfte, mindestens aber um fünfzig, gestiegen oder gesunken ist,

2. **die Gesamtzahl der Betriebsratsmitglieder nach Eintreten sämtlicher Ersatzmitglieder unter die vorgeschriebene Zahl der Betriebsratsmitglieder gesunken ist,**

3. **der Betriebsrat mit der Mehrheit seiner Mitglieder seinen Rücktritt beschlossen hat,**

4. **die Betriebsratswahl mit Erfolg angefochten worden ist,**

5. **der Betriebsrat durch eine gerichtliche Entscheidung aufgelöst ist oder**

6. **im Betrieb ein Betriebsrat nicht besteht.**

(3) Hat außerhalb des für die regelmäßigen Betriebsratswahlen festgelegten Zeitraums eine Betriebsratswahl stattgefunden, so ist der Betriebsrat in dem auf die Wahl folgenden nächsten Zeitraum der regelmäßigen Betriebsratswahlen neu zu wählen. Hat die Amtszeit des Betriebsrats zu Beginn des für die regelmäßigen Betriebsratswahlen festgelegten Zeitraums noch nicht ein Jahr betragen, so ist der Betriebsrat in dem übernächsten Zeitraum der regelmäßigen Betriebsratswahlen neu zu wählen.

(1) Durch die am 1. 1. 89 in Kraft getretene Änderung ist die Dauer **1** der regelmäßigen Amtszeit des BR von drei auf **vier Jahre** verlängert worden (vgl. dazu auch § 21 Rn. 1, 5). Die Einleitung der Wahl kann bereits **vor** dem 1. März liegen. Das wird mitunter sogar erforderlich sein, damit sich die Amtszeit des neugewählten BR an die des bisherigen anschließt und keine BR-lose Zeit entsteht. Die Wahl selbst muß allerdings in den Wahlzeitraum fallen, es sei denn, daß einer der in Abs. 2 genannten **Sonderfälle** vorliegt.

(2) In den hier festgelegten Fällen, die erschöpfend aufgezählt sind, **2** kann die Wahl des BR auch **außerhalb** des gesetzlichen Wahlzeitraums stattfinden. Auch bei diesen Wahlen gelten grundsätzlich die allgemeinen Wahlvorschriften.

(3) Die Bestimmung stellt sicher, daß in den Fällen des Abs. 2 die **3** nächste, spätestens aber die übernächste Wahl wieder in den gesetzlich vorgeschriebenen Wahlzeitraum fällt. Dadurch können sich **Abweichungen** von der regelmäßigen vierjährigen Amtszeit ergeben. Die Dauer der Amtszeit kann in diesen Fällen – je nach der zeitlichen Durchführung der Wahl – zwischen einem Jahr und fünf Jahren betragen.

§ 14
Wahlvorschriften

(1) Der Betriebsrat wird in geheimer und unmittelbarer Wahl gewählt.

(2) Besteht der Betriebsrat aus mehr als einer Person, so wählen die Arbeiter und Angestellten ihre Vertreter in getrennten Wahlgängen, es sei denn, daß die wahlberechtigten Angehörigen beider Gruppen vor der Neuwahl in getrennten, geheimen Abstimmungen die gemeinsame Wahl beschließen.

(3) Die Wahl erfolgt nach den Grundsätzen der Verhältniswahl; wird nur ein Wahlvorschlag eingereicht, so erfolgt die Wahl nach den Grundsätzen der Mehrheitswahl.

(4) In Betrieben, deren Betriebsrat aus einer Person besteht, wird dieser mit einfacher Stimmenmehrheit gewählt; das gleiche gilt für Gruppen, denen nur ein Vertreter im Betriebsrat zusteht. In den Fällen des Satzes 1 ist in einem getrennten Wahlgang ein Ersatzmitglied zu wählen.

(5) Zur Wahl des Betriebsrats können die wahlberechtigten Arbeitnehmer und die im Betrieb vertretenen Gewerkschaften Wahlvorschläge machen.

(6) Jeder Wahlvorschlag der Arbeitnehmer muß von mindestens einem Zwanzigstel der wahlberechtigten Gruppenangehörigen, jedoch von mindestens drei wahlberechtigten Gruppenangehörigen unterzeichnet sein; in Betrieben mit in der Regel bis zu zwanzig wahlberechtigten Arbeitnehmern genügt die Unterzeichnung durch zwei Wahlberechtigte, bei bis zu zwanzig wahlberechtigten Gruppenangehörigen genügt die Unterzeichnung durch zwei wahlberechtigte Gruppenangehörige. In jedem Fall genügt die Unterzeichnung durch fünfzig wahlberechtigte Gruppenangehörige.

(7) Ist nach Absatz 2 gemeinsame Wahl beschlossen worden, so muß jeder Wahlvorschlag von mindestens einem Zwanzigstel der wahlberechtigten Arbeitnehmer unterzeichnet sein; Absatz 6 Satz 1 erster Halbsatz und Satz 2 gilt entsprechend.

(8) Jeder Wahlvorschlag einer Gewerkschaft muß von zwei Beauftragten unterzeichnet sein.

1 (1) Es müssen alle Vorkehrungen getroffen werden, damit der Wähler seine Stimme **unbeobachtet** abgeben kann. Eine Wahl durch öffentliche Abstimmung, etwa in einer Betriebsversammlung, ist daher **unzulässig**. Der Wähler muß seine Stimme persönlich abgeben. In bestimmten Fällen ist die schriftliche Stimmabgabe zulässig (§ 26 Abs. 1 und 2 WO). Aber auch im Falle der schriftlichen Stimmabgabe hat der Wähler eine Erklärung abzugeben, daß er den Stimmzettel persönlich gekennzeichnet hat (§ 26 Abs. 1 Nr. 4 WO).

(2) Die BR-Wahl wird nicht als Gruppenwahl durchgeführt, wenn **2**
die wahlberechtigten Angehörigen beider Gruppen (Arb. und Ang.)
die **gemeinsame Wahl** in vorherigen getrennten und geheimen Abstimmungen beschlossen haben. Ein solcher Antrag kann von **jedem**
wahlberechtigten AN und von jeder im **Betrieb vertretenen Gew.** gestellt werden. Nach der Rechtspr. des BAG (v. 7. 7. 54, 2. 2. 62, AP
Nrn. 1, 2 zu § 13 BetrVG) ist erforderlich, daß sich die Mehrheit der
jeweiligen wahlberechtigten Gruppenangehörigen an der Abstimmung beteiligt und sich die Mehrheit der Abstimmenden für die
gemeinsame Wahl ausspricht.

(3) Die BR-Wahl wird nach dem **Verhältniswahlprinzip** (Listen- **3**
wahl) durchgeführt, wenn zwei oder mehr gültige Wahlvorschläge
(Vorschlagslisten) eingereicht werden. Der Wähler kann sich nur
für **eine** der eingereichten Vorschlagslisten entscheiden, also bei
Gruppenwahl für eine der für diese Gruppe eingereichten Listen,
bei gemeinsamer Wahl für eine der insgesamt eingereichten Listen.
Der Wähler hat somit nur **eine Stimme.**

Je mehr Stimmen auf eine Vorschlagsliste entfallen, desto mehr **4**
Kandidaten rücken von dieser Liste in den BR ein, und zwar in der
Reihenfolge, in der sie aufgeführt sind. Die Ermittlung erfolgt nach
dem **d'Hondtschen (Höchstzahlen-)System.** Die den einzelnen Listen
zugefallenen Stimmenzahlen werden in einer Reihe nebeneinandergestellt und durch die Zahlen 1, 2, 3, 4 usw. geteilt.

Beispiel: Ein BR ist in Gruppenwahl zu wählen. Für die zu verge- **5**
benden fünf Ang.-Sitze sind zwei Vorschlagslisten eingereicht worden. Von den insgesamt 1200 Gruppenangehörigen stimmen 900
für die Liste 1 und 300 für die Liste 2. Die Aufteilung ist wie folgt:

Liste 1 = 900	Liste 2 = 300
: 1 = 900	: 1 = 300
: 2 = 450	: 2 = 150
: 3 = 300	: 3 = 100
: 4 = 225	: 4 = 75
: 5 = 180	: 5 = 60

Auf die Liste 1 entfallen vier Ang.-Sitze, auf die Liste 2 ein Ang.-
Sitz. Von der Liste 1 kommen somit die ersten vier Bewerber, von
der Liste 2 der erste Bewerber in den BR.

(4) Nach den Grundsätzen der **Mehrheitswahl** wird gewählt, wenn **6**
nur ein Wahlvorschlag (Vorschlagsliste) eingereicht wird; ebenso,
wenn der BR nur aus einer Person besteht oder ein einziger **Gruppenvertr.** zu wählen ist. Bei der Mehrheitswahl hat jeder Wähler **so
viele Stimmen**, als Sitze auf die betreffende Gruppe (bei Gruppenwahl) entfallen oder BR-Mitgl. insgesamt (bei Gemeinschaftswahl)
zu wählen sind. Wesentlich ist ferner, daß es **keine Rangfolge** der

Kandidaten durch die Plazierung auf dem Wahlvorschlag gibt. Die Reihenfolge, in der die Wahlbewerber in den BR einrücken, wird vielmehr durch den Wähler unmittelbar bestimmt. Gewählt sind diejenigen Bewerber, die die **meisten Stimmen** erhalten haben. Die nicht gewählten Kandidaten sind Ersatzmitgl.

7 Eine Besonderheit liegt vor, wenn der BR nur aus **einer Person** besteht. Es muß dann das Ersatzmitgl. in einem **getrennten Wahlgang** ermittelt werden. Ersatzmitgl. ist somit in diesen Fällen nicht derjenige, der bei der Wahl die nächsthöhere Stimmenzahl erreicht hat. Daher ist bereits bei der Einreichung von Wahlvorschlägen kenntlich zu machen, wer für die Wahl des einzigen BR-Mitgl. oder aber für die Wahl des Ersatzmitgl. vorgeschlagen wird. Jeder Bewerber für das Amt des einzigen BR-Mitgl. kann **gleichzeitig** auch für das Amt des Ersatzmitgl. kandidieren. Der Wähler hat **zwei Stimmen.** Mit der einen wählt er das einzige BR-Mitgl., mit der anderen das Ersatzmitgl. Das besondere Wahlverfahren nach Abs. 4 gilt auch, wenn einer Gruppe nur ein **einziger Gruppenvertr.** im BR zusteht, allerdings nur für den Fall der Gruppenwahl. Bei der gemeinsamen Wahl von Ang. und Arb. findet dieses Wahlverfahren keine Anwendung, da dann der einzige Gruppenvertr. von sämtlichen wahlberechtigten AN gewählt wird.

8 (5–7) Die Wahlvorschläge (Vorschlagslisten) sind von den wahlberechtigten AN vor Ablauf von **zwei Wochen** seit Erlaß des Wahlausschreibens beim WV einzureichen. Sie **sollen** mindestens doppelt so viele Bewerber aufweisen, wie BR-Mitgl. zu wählen sind. Die einzelnen Bewerber sind in **erkennbarer Reihenfolge** unter fortlaufender Nummer und unter Angabe von Familienname, Vorname, Geburtsdatum, Art der Beschäftigung im Betrieb und AN-Gruppe aufzuführen. Die schriftliche Zustimmung des Bewerbers zur Aufnahme in die Vorschlagsliste ist beizufügen. Ein Bewerber kann nur auf **einer** Vorschlagsliste vorgeschlagen werden. Ebenso zählt die Unterschrift eines Wahlberechtigten zur Unterstützung des Vorschlags nur auf **einer** Vorschlagsliste. Auch **Wahlbewerber** können den Wahlvorschlag unterzeichnen, auf dem sie selbst als Kandidaten benannt sind (BAG v. 12. 2. 60, AP Nr. 11 zu § 18 BetrVG). Ebenso kann ein **Wahlvorstandsmitgl.** einen Wahlvorschlag **unterzeichnen** (BAG v. 4. 10. 77, AP Nr. 2 zu § 18 BetrVG 1972). Ein **Wahlvorstandsmitgl.** kann auch zugleich **Wahlbewerber** sein (BAG v. 12. 10. 76, AP Nr. 1 zu § 8 BetrVG 1972). Ein wirksamer Wahlvorschlag setzt voraus, daß sich die **erforderlichen Stützunterschriften** auf der Vorschlagsliste befinden. Deshalb müssen Vorschlags- und Unterschriftenliste gegen Trennung gesichert und zu einer **einheitlichen zusammenhängenden Urkunde** verbunden sein. Das »Sichern« beider Listen mit Hilfe einer Büroklammer reicht nicht aus, da dabei ein leicht zu bewerkstelligendes zeitweiliges und auf beiden

Urkundsteilen spurenloses Trennen möglich ist. Es genügt jedoch das Verbinden mittels einer Heftmaschine (vgl. auch LAG Frankfurt, DB 87, 1204).

Durch die ab 1. 1. 89 geltenden Änderungen des Gesetzes findet für **9** Wahlvorschläge von AN (zu Wahlvorschlägen von Gew. vgl. Rn. 10) nunmehr ein **niedrigeres Unterschriftenquorum** Anwendung. Bei **Gruppenwahl** reicht es danach aus, wenn jeder Wahlvorschlag von **mindestens einem Zwanzigstel** (bisher einem Zehntel) der **wahlberechtigten Gruppenangehörigen,** jedoch von **mindestens drei wahlberechtigten Gruppenangehörigen** unterzeichnet ist. Hat ein Betrieb regelmäßig nur bis zu zwanzig wahlberechtigte AN, genügt die Unterzeichnung durch **zwei Wahlberechtigte.** Hat ein Betrieb zwar mehr als zwanzig wahlberechtigte AN, sind in einer Gruppe aber nur zwanzig oder weniger wahlberechtigte Gruppenangehörige beschäftigt, genügt in dieser Gruppe (bei Gruppenwahl) die Unterzeichnung durch **zwei wahlberechtigte Gruppenangehörige.** Durch diese Regelung wird der in bisher nicht wenigen Fällen gegebenen Problematik Rechnung getragen, daß es in Kleinbetrieben bzw. bei kleinen Gruppen von Arbeitern oder Angestellten oft schwierig gewesen ist, Stützunterschriften von drei Wahlberechtigten zu bekommen. Überhaupt nicht möglich war das Einbringen eines Wahlvorschlags durch die Minderheitsgruppe, wenn ihr nicht drei, sondern nur zwei Wahlberechtigte angehörten. In größeren Betrieben, in denen **ein Zwanzigstel mehr als 50 wahlberechtigte Gruppenangehörige** ausmacht, genügt die Unterzeichnung durch **50 Wahlberechtigte dieser Gruppe** (bisher 100). Wird die BR-Wahl als **gemeinsame Wahl** von Ang. und Arb. durchgeführt, gelten die entsprechenden Zahlen von Unterschriften von AN, und zwar **unabhängig von der Gruppenzugehörigkeit.**

(8) Während bisher **Wahlvorschläge von Gew. ohne Stützunter- 10 schriften** aus der Mitte der Belegschaft nur in BR-losen Betrieben eingebracht werden konnten, sehen die ab 1. 1. 89 geltenden Änderungen des Gesetzes nunmehr vor, daß die Gew. für das Einbringen von Wahlvorschlägen **generell** keine Stützunterschriften von AN des Betriebs benötigt. Der WV hat zu prüfen, ob es sich um eine Gew. i. S. des § 2 handelt (vgl. § 2 Rn. 2) und ob diese im **Betrieb vertreten** ist, also mindestens ein Mitglied im Betrieb hat. Soweit die Unterzeichnung durch **zwei Beauftragte** gefordert wird, müssen diese **kraft Satzung** dazu befugt oder durch die satzungsmäßigen Organe entsprechend **ermächtigt** worden sein. Wenn mehrere Listen nach Abs. 8 eingereicht werden, die auf die **gleiche Gew.** zurückgehen, hat sich der WV im Zweifel an das satzungsmäßige Organ der Gew. (etwa Vorstand) zu wenden, damit geklärt wird, welche Liste auf der Grundlage des Abs. 8 gültig sein soll. Es ist zulässig, daß auch AN des Betriebs zur Unterzeichnung eines Wahlvorschlags

nach Abs. 8 beauftragt werden. Auch in einem solchen Fall muß die Ermächtigung durch die **satzungsmäßigen Organe** der Gew. vorliegen.

§ 15
Zusammensetzung nach Beschäftigungsarten und Geschlechtern

(1) Der Betriebsrat soll sich möglichst aus Arbeitnehmern der einzelnen Betriebsabteilungen und der unselbständigen Nebenbetriebe zusammensetzen. Dabei sollen möglichst auch Vertreter der verschiedenen Beschäftigungsarten der im Betrieb tätigen Arbeitnehmer berücksichtigt werden.

(2) Die Geschlechter sollen entsprechend ihrem zahlenmäßigen Verhältnis vertreten sein.

Es handelt sich um eine **Soll-Vorschrift.** Sie will vor allem berücksichtigen, daß auf den Wahlvorschlägen auch AN der einzelnen Betriebsabteilungen und der unselbständigen Nebenbetriebe erscheinen sowie die Geschlechter entsprechend ihrem **zahlenmäßigen Verhältnis** vertreten sind. Die Bestimmung richtet sich vor allem an die Einreicher von Wahlvorschlägen. Wer letztlich in den BR gewählt wird, entscheidet allein der Wähler.

§ 16
Bestellung des Wahlvorstands

(1) Spätestens zehn Wochen vor Ablauf seiner Amtszeit bestellt der Betriebsrat einen aus drei Wahlberechtigten bestehenden Wahlvorstand und einen von ihnen als Vorsitzenden. Der Betriebsrat kann die Zahl der Wahlvorstandsmitglieder erhöhen, wenn dies zur ordnungsgemäßen Durchführung der Wahl erforderlich ist. Der Wahlvorstand muß in jedem Fall aus einer ungeraden Zahl von Mitgliedern bestehen. Für jedes Mitglied des Wahlvorstands kann für den Fall seiner Verhinderung ein Ersatzmitglied bestellt werden. In Betrieben mit Arbeitern und Angestellten müssen im Wahlvorstand beide Gruppen vertreten sein. Jede im Betrieb vertretene Gewerkschaft kann zusätzlich einen dem Betrieb angehörenden Beauftragten als nicht stimmberechtigtes Mitglied in den Wahlvorstand entsenden, sofern ihr nicht ein stimmberechtigtes Wahlvorstandsmitglied angehört.

(2) Besteht acht Wochen vor Ablauf der Amtszeit des Betriebsrats kein Wahlvorstand, so bestellt ihn das Arbeitsgericht auf Antrag von mindestens drei Wahlberechtigten oder einer im Betrieb vertretenen Gewerkschaft; Absatz 1 gilt entsprechend. In dem Antrag können Vorschläge für die Zusammensetzung des Wahlvorstands gemacht werden. Das Arbeitsgericht kann für Betriebe mit in der Regel mehr als zwanzig wahlberechtigten Arbeitnehmern auch Mitglieder einer

im Betrieb vertretenen Gewerkschaft, die nicht Arbeitnehmer des Betriebs sind, zu Mitgliedern des Wahlvorstands bestellen, wenn dies zur ordnungsgemäßen Durchführung der Wahl erforderlich ist.

(1) Die Bestellung des WV ist durch den noch amtierenden BR vorzunehmen. Geschieht dies nicht, besteht die Möglichkeit der WV-Bestellung nach Abs. 2 (vgl. Rn. 4). Die Bestellung hat **spätestens** acht Wochen vor Ablauf der Amtszeit des noch amtierenden BR zu erfolgen. Vom **Zeitpunkt der Bestellung** an besitzen die Mitgl. des WV Kündigungsschutz nach § 103 dieses Gesetzes und nach § 15 Abs. 3 Satz 2 KSchG (vgl. § 103 Rn. 9 f.). **1**

Sind im Betrieb Arb. und Ang. beschäftigt, so müssen **beide Gruppen** im WV vertreten sein. Es reicht aus, wenn dem WV wenigstens **ein** Angehöriger der Minderheitsgruppe angehört. Ist kein Ang. zur Mitarbeit im WV bereit, kann dieser nur aus Arb. bestehen (LAG Hamm, AiB 88, 265). Die mögliche Erhöhung der Zahl der WV-Mitgl. wird vor allem in größeren Betrieben in Betracht kommen, in denen die Wahl in mehreren Wahlräumen durchgeführt werden muß. Der WV muß jedoch immer aus einer **ungeraden Zahl** von Mitgl. bestehen. Die Bestellung von Ersatzmitgl. ist zweckmäßig. **2**

Mitgl. des noch amtierenden BR dürfen dem WV angehören. Auch **Wahlbewerber** können Mitgl. des WV sein (BAG v. 4. 10. 77, AP Nr. 2 zu § 18 BetrVG 1972). Die Bestimmung, daß jede im Betrieb vertretene Gew. einen Beauftragten in den WV entsenden kann, ist durch die ab 1. 1. 89 geltenden Änderungen eingefügt worden. Sie findet nur Anwendung, wenn die Gew. nicht bereits durch ein Mitgl. im WV vertreten ist. Der WV ist **berechtigt und verpflichtet** zu prüfen, ob der Beauftragte, der entsandt werden soll, einer Gew. i. S. des § 2 (vgl. § 2 Rn. 2) angehört und diese Gew. im Betrieb vertreten ist. In Zweifelsfällen entscheiden die stimmberechtigten WV-Mitgl. **3**

(2) Das ArbG wird nur **auf Antrag** tätig. In dem Antrag können Vorschläge für die Zusammensetzung des WV gemacht werden. Auch das ArbG kann, wenn dies zur ordnungsgemäßen Durchführung der Wahl erforderlich ist, **mehr** als drei Mitgl. in den WV berufen und Ersatzmitgl. bestellen. Bis zur **rechtskräftigen** Entscheidung des ArbG kann der BR die Bestellung vornehmen, es sei denn, daß seine Amtszeit abgelaufen ist. In Betrieben mit mehr als 20 wahlberechtigten AN kann das ArbG auch **Nichtbetriebsangehörige** in den WV entsenden, sofern sie Mitgl. einer im Betrieb vertretenen Gew. sind. Dabei kann es sich sowohl um hauptamtliche Gew.-Vertr. handeln als auch um Gew.-Mitgl., die als AN in einem anderen Betrieb tätig sind. **4**

§ 17
Wahl des Wahlvorstands

(1) Besteht in einem Betrieb, der die Voraussetzungen des § 1 erfüllt, kein Betriebsrat, so wird in einer Betriebsversammlung von der Mehrheit der anwesenden Arbeitnehmer ein Wahlvorstand gewählt. § 16 Abs. 1 gilt entsprechend.

(2) Zu dieser Betriebsversammlung können drei wahlberechtigte Arbeitnehmer des Betriebs oder eine im Betrieb vertretene Gewerkschaft einladen und Vorschläge für die Zusammensetzung des Wahlvorstands machen.

(3) Findet trotz Einladung keine Betriebsversammlung statt oder wählt die Betriebsversammlung keinen Wahlvorstand, so bestellt ihn das Arbeitsgericht auf Antrag von mindestens drei wahlberechtigten Arbeitnehmern oder einer im Betrieb vertretenen Gewerkschaft. § 16 Abs. 2 gilt entsprechend.

1 (1, 2) Die hier vorgesehene **Bestellung des WV** durch die **Betriebsversamml.** oder das **ArbG** ist erforderlich, um die in § 1 geregelte Errichtung von BR möglichst umfassend durchzusetzen. Schon aus diesem Grunde ist die Vorschrift des § 17 nicht verfassungswidrig (LAG Hamm, NZA 88, 484). Sie stellt auf die Betriebe ab, die zwar **BR-fähig** sind, in denen aber ein BR **nicht besteht.** Wird für **mehrere UN,** die einen Betrieb bilden, erstmalig eine **gemeinsame BR-Wahl** eingeleitet, so ist der WV nicht durch die bisher bereits bestehenden BR, sondern vielmehr in einer gemeinsamen Betriebsversamml. zu wählen (LAG Hamburg v. 3. 3. 87 – 3 TaBV 1/87). Einladungsberechtigt sind drei (oder mehr) wahlberechtigte AN sowie eine im Betrieb vertretene Gew. Vorschriften über die Form der Einladung bestehen nicht. Die Einladung muß allerdings in einer Weise bekanntgemacht werden, daß alle AN des Betriebs davon **Kenntnis** nehmen können. Ist dies nicht geschehen, und haben die AN auch nicht auf andere Weise von der beabsichtigten Durchführung der Versamml. erfahren, so kann die Nichtigkeit der Wahl des WV gegeben sein (BAG v. 7. 5. 86, AP Nr. 18 zu § 15 KSchG 1969). Die Nichtigkeit tritt **nicht** ein, wenn auch durch das Fernbleiben der nicht unterrichteten AN das Wahlergebnis nicht beeinflußt werden konnte. Nimmt die Gruppe der Ang. an der Versamml. zur Bildung des WV nicht teil, darf der **WV nur aus Arb.** bestehen, wenn anders nicht oder nicht in absehbarer Zeit ein BR gewählt werden könnte (LAG Düsseldorf, AiB 88, 264).

2 Zum **Leiter der Versamml.** kann auch ein Beauftragter (Sekretär) der einladenden Gew. gewählt werden, ohne daß es dazu einer förmlichen Abstimmung bedarf (LAG Berlin, ArbuR 87, 35). Der WV braucht **nicht in geheimer Abstimmung** gewählt zu werden. Es genügt, wenn aus dem Verlauf der Versamml. hervorgeht, daß die

Anwesenden in ihrer Mehrheit mit der Wahl der vorgeschlagenen Kandidaten einverstanden sind und keine berechtigten Zweifel darüber bestehen, wer gewählt ist (LAG Rheinland-Pfalz, ArbuR 87, 35).

(3) Die Anrufung des ArbG ist zulässig, sobald feststeht, daß eine **3** Betriebsversamml. erfolglos war. Unerheblich ist, warum sie nicht zustande gekommen ist. Bis zur **rechtskräftigen** Entscheidung des ArbG kann die Betriebsversamml. die Wahl des WV noch vornehmen. Hat das ArbG bei der Bestellung des WV **kein Ersatzmitgl.** benannt und scheidet ein WV-Mitgl. aus, kann der nicht mehr vollständige WV durch gerichtl. Beschluß **ergänzt** werden (ArbG Iserlohn v. 12. 4. 88 – 2 BV 4/88).

§ 18
Vorbereitung und Durchführung der Wahl

(1) Der Wahlvorstand hat die Wahl unverzüglich einzuleiten, sie durchzuführen und das Wahlergebnis festzustellen. Kommt der Wahlvorstand dieser Verpflichtung nicht nach, so ersetzt ihn das Arbeitsgericht auf Antrag von mindestens drei wahlberechtigten Arbeitnehmern oder einer im Betrieb vertretenen Gewerkschaft. § 16 Abs. 2 gilt entsprechend.

(2) Ist zweifelhaft, ob ein Nebenbetrieb oder ein Betriebsteil selbständig oder dem Hauptbetrieb zuzuordnen ist, so können der Arbeitgeber, jeder beteiligte Betriebsrat, jeder beteiligte Wahlvorstand oder eine im Betrieb vertretene Gewerkschaft vor der Wahl eine Entscheidung des Arbeitsgerichts beantragen.

(3) Unverzüglich nach Abschluß der Wahl nimmt der Wahlvorstand öffentlich die Auszählung der Stimmen vor, stellt deren Ergebnis in einer Niederschrift fest und gibt es den Arbeitnehmern des Betriebs bekannt. Dem Arbeitgeber und den im Betrieb vertretenen Gewerkschaften ist eine Abschrift der Wahlniederschrift zu übersenden.

(1) Der WV hat die BR-Wahl **einzuleiten, durchzuführen** und das **1** Wahlergebnis **festzustellen.** Daneben hat er allgemein darauf zu achten, daß die Wahl **rechtmäßig** und **ordnungsgemäß** abgewickelt wird. Die entsprechenden Einzelheiten regelt die WO. Der WV hat **spätestens** sechs Wochen vor dem ersten Tag der Stimmabgabe ein Wahlausschreiben zu erlassen, das vom Vors. und von **mindestens** einem weiteren Mitgl. des WV unterzeichnet sein muß. Mit dem Erlaß des Wahlausschreibens ist die BR-Wahl **eingeleitet.**

Die Ersetzung des WV durch das ArbG kommt in Betracht, wenn **2** er seine vorstehend erwähnten Pflichten so **grob** verletzt, daß die Wahl eines neuen BR nicht erfolgen kann bzw. wesentlich gefährdet ist. Nur die in Satz 2 genannten Antragsteller können einen entsprechenden Antrag stellen, **nicht** dagegen der AG. Die Abberufung des

WV hat keine rückwirkende Kraft; bereits eingeleitete Maßnahmen bleiben **grundsätzlich rechtswirksam**. Der neue WV ist jedoch berechtigt, **rechtsfehlerhafte Maßnahmen** des alten zu berichtigen. Bei der Bestellung eines neuen WV kann das ArbG auch, wenn dies im Interesse einer ordnungsgemäßen Durchführung der Wahl notwendig ist, **Nichtbetriebsangehörige** in den neuen WV berufen, sofern sie Mitgl. einer im Betrieb vertretenen Gew. sind.

3 Andererseits können, auch ohne daß es zu einer Ersetzung des WV kommt, **rechtsfehlerhafte Maßnahmen** des WV schon im Laufe des Wahlverfahrens zum Gegenstand eines arbeitsgerichtl. Verfahrens gemacht werden (BAG v. 15. 12. 72, AP Nr. 1 zu § 14 BetrVG 1972, 3. 6. 75, AP Nr. 1 zu § 5 BetrVG 1972). Die Durchführung der Wahl darf jedoch im allgemeinen **nicht** durch eine **einstweilige Verfügung** bis zur endgültigen Klärung der Rechtsfrage ausgesetzt werden, da sonst eine betriebsratslose Zeit eintreten würde. Die Aussetzung einer Wahl durch einstweilige Verfügung wird nur bei einem nicht zu korrigierenden Mangel, der die Nichtigkeit der Wahl zur Folge hätte, zulässig sein (LAG Köln, DB 87, 1996; vgl. auch ArbG Lingen, BetrR 87, 128, das eine einstweilige Verfügung zur Aussetzung der BR-Wahl nur zuläßt, wenn offensichtlich wesentliche Rechte verletzt sind und im übrigen zutreffend darauf hinweist, daß das Vorhandensein eines BR für die AN als solches höher zu bewerten ist als das Kostenrisiko des AG im Falle einer evtl. erfolgreichen Wahlanfechtung). Andererseits wird es als zulässig angesehen, durch eine **einstweilige Verfügung** für die weitere Durchführung der Wahl **endgültige Maßnahmen**, also »vollendete Tatsachen« zu treffen (Fitting/Auffarth/Kaiser/Heither, 15. Aufl., § 18 Anm. 21; vgl. auch LAG Hamm, BB 72, 493). Zu dem Erlaß einer einstweiligen Verfügung gegen den WV nach Einleitung einer BR-Wahl vgl. umfassend Held, DB 85, 1691.

4 (2) Die Frage, ob in einem **Nebenbetrieb** oder in einem **Betriebsteil** ein **eigener BR** zu wählen ist, oder ob diese dem Hauptbetrieb zuzuordnen sind, bestimmt sich nach § 4 (vgl. dort). Zu prüfen ist, ob ein abweichender TV nach § 3 Abs. 1 Nr. 3 vorliegt. Eine Entscheidung des ArbG kann im übrigen auch ohne unmittelbaren Zusammenhang mit einer BR-Wahl, also jederzeit, herbeigeführt werden (BAG v. 1. 2. 63, AP Nr. 5 zu § 3 BetrVG). Über den Gesetzeswortlaut hinaus ist § 18 Abs. 2 auch dann anzuwenden, wenn Streit darüber besteht, ob zwei selbständige Betriebe gegeben sind oder ein einheitlicher Betrieb mehrerer UN vorliegt (BAG v. 29. 1. 87, AP Nr. 6 zu § 1 BetrVG 1972).

5 (3) Die Einzelheiten über die öffentliche Stimmenauszählung, das Feststellen des Ergebnisses und die Bekanntmachung an die AN werden in der WO geregelt. Der WV hat, neben dem AG, auch den Gew. eine Abschrift der **Wahlniederschrift** zu übersenden, sofern er weiß, daß diese im Betrieb vertreten sind. Mit der Bekanntgabe des **endgültigen Wahlergebnisses** ist die BR-Wahl **beendet.** Der WV hat noch den neugewählten BR zu der **konstituierenden Sitzung** einzuberufen.

§ 18a
Zuordnung der leitenden Angestellten bei Wahlen

(1) Sind die Wahlen nach § 13 Abs. 1 und nach § 5 Abs. 1 des Sprecherausschußgesetzes zeitgleich einzuleiten, so haben sich die Wahlvorstände unverzüglich nach Aufstellung der Wählerlisten, spätestens jedoch zwei Wochen vor Einleitung der Wahlen, gegenseitig darüber zu unterrichten, welche Angestellten sie den leitenden Angestellten zugeordnet haben; dies gilt auch, wenn die Wahlen ohne Bestehen einer gesetzlichen Verpflichtung zeitgleich eingeleitet werden. Soweit zwischen den Wahlvorständen kein Einvernehmen über die Zuordnung besteht, haben sie in gemeinsamer Sitzung eine Einigung zu versuchen. Soweit eine Einigung zustande kommt, sind die Angestellten entsprechend ihrer Zuordnung in die jeweilige Wählerliste einzutragen.

(2) Soweit eine Einigung nicht zustande kommt, hat ein Vermittler spätestens eine Woche vor Einleitung der Wahlen erneut eine Verständigung der Wahlvorstände über die Zuordnung zu versuchen. Der Arbeitgeber hat den Vermittler auf dessen Verlangen zu unterstützen, insbesondere die erforderlichen Auskünfte zu erteilen und die erforderlichen Unterlagen zur Verfügung zu stellen. Bleibt der Verständigungsversuch erfolglos, so entscheidet der Vermittler nach Beratung mit dem Arbeitgeber. Absatz 1 Satz 3 gilt entsprechend.

(3) Auf die Person des Vermittlers müssen sich die Wahlvorstände einigen. Zum Vermittler kann nur ein Beschäftigter des Betriebs oder eines anderen Betriebs des Unternehmens oder Konzerns oder der Arbeitgeber bestellt werden. Kommt eine Einigung nicht zustande, so schlagen die Wahlvorstände je eine Person als Vermittler vor; durch Los wird entschieden, wer als Vermittler tätig wird.

(4) Wird mit der Wahl nach § 13 Abs. 1 oder 2 nicht zeitgleich eine Wahl nach dem Sprecherausschußgesetz eingeleitet, so hat der Wahlvorstand den Sprecherausschuß entsprechend Absatz 1 Satz 1 erster Halbsatz zu unterrichten. Soweit kein Einvernehmen über die Zuordnung besteht, hat der Sprecherausschuß Mitglieder zu benennen, die anstelle des Wahlvorstands an dem Zuordnungsverfahren teilnehmen. Wird mit der Wahl nach § 5 Abs. 1 oder 2 des Sprecherausschußgesetzes nicht zeitgleich eine Wahl nach diesem Gesetz eingeleitet, so gelten die Sätze 1 und 2 für den Betriebsrat entsprechend.

(5) Durch die Zuordnung wird der Rechtsweg nicht ausgeschlossen. Die Anfechtung der Betriebsratswahl oder der Wahl nach dem Sprecherausschußgesetz ist ausgeschlossen, soweit sie darauf gestützt

wird, die Zuordnung sei fehlerhaft erfolgt. Satz 2 gilt nicht, soweit die Zuordnung offensichtlich fehlerhaft ist.

1   (1–3) Die ab dem 1. 1. 89 geltenden Änderungen des Gesetzes sehen ein **besonderes Zuordnungsverfahren** vor, das der WV für die BR-Wahl und der WV für den SpA gemeinsam zu praktizieren haben. Diesem Zuordnungsverfahren geht eine **getrennte Festlegung** der beiden WV voraus, wer den leit. Ang. zuzuordnen ist. Somit hat der WV für die BR-Wahl wie bisher eigenständig zu prüfen, ob ein Beschäftigter zum Personenkreis der leit. Ang. gehört (zur Begriffsabgrenzung vgl. die Erl. zu § 5 Abs. 3 und 4).

2   Erst wenn nach der gegenseitigen Unterrichtung feststeht, daß eine unterschiedliche Zuordnung des WV für die BR-Wahl und des WV für die Wahl des SpA vorliegt, kommt es zu einer **gemeinsamen Sitzung.** In dieser Sitzung soll eine Einigung versucht werden. Der AG hat **kein Teilnahmerecht.** Auf seiten des WV für die BR-Wahl nehmen nur dessen **stimmberechtigte Mitgl.** teil, also nicht die nach § 16 Abs. 1 Satz 6 zusätzlich entsandten Beauftragten von Gew. Das Teilnahmerecht von Gew.-Beauftragten nach § 31 findet jedoch analog Anwendung. Eine gemeinsame Abstimmung der beiden WV darüber, ob jemand zum Personenkreis der leit. Ang. gehört, erfolgt **nicht.** Erfolgt zwar eine Einigung, haben jedoch an der Sitzung nicht alle stimmberechtigten Mitgl. eines WV, wie beispielsweise des WV für die BR-Wahl, teilgenommen, entscheidet der WV insgesamt. Die Beschlußfassung erfolgt mit der Mehrheit der anwesenden stimmberechtigten Mitgl. in der WV-Sitzung.

3   Kommt eine Einigung zwischen den WV über die Zuordnung zum Personenkreis der leit. Ang. nicht zustande, haben sie sich auf einen **Vermittler zu einigen,** der dem Betrieb, in dem die Wahlen durchgeführt werden, angehört. Er kann auch einem anderen Betrieb des UN oder Konzerns angehören. Die Regelung läßt es zu, daß der AG als Vermittler bestellt wird. Der AG ist dafür jedoch **grundsätzlich ungeeignet,** da er in seiner AG-Stellung selbst ein betriebsverfassungsrechtliches Organ ist. Diese betriebsverfassungsrechtliche Stellung führt zur **Befangenheit des AG** mit der Gefahr, daß willkürliche Entscheidungen bei der Zuordnung nicht auszuschließen sind (so grundsätzlich auch Martens, RdA 88, 202 ff. Fn. 41). Von der Bestellung des AG als Vermittler sollte daher grundsätzlich Abstand genommen werden. Kommt eine Einigung über die Person des Vermittlers nicht zustande, entscheidet das **Los** darüber, welcher von den beiden WV Vorgeschlagene die Vermittlerposition einnehmen soll. Ein bestimmtes Verfahren bei der Losentscheidung ist **nicht vorgesehen.** Es ist daher jede Methode zulässig, die zu einem **Zufallsergebnis** führt und eine Beeinflussung des Ergebnisses ausschließt. Der Losentscheid kann zum Beispiel durch das Ziehen von Losen oder das Werfen einer Münze durchgeführt werden. Der so festgestellte Vermittler ist nicht verpflichtet, das Amt anzunehmen. Wird der Vermittler tätig, hat er sich bei der Frage der Zuordnung an die **gesetzlich vorgegebene Begriffsabgrenzung** des leit. Ang. zu halten (vgl. die Erl. zu § 5 Abs. 3 und 4). Seine Entscheidung hat der Vermittler nach **Beratung** mit dem AG zu treffen.

(4) Diese Regelung berücksichtigt, daß es zu einem **zeitlichen Aus-** **4** **einanderfallen** der Wahlen des BR und des SpA kommen kann, etwa deswegen, weil der BR außerhalb der regelmäßigen BR-Wahlen aus einem der in § 13 Abs. 2 genannten Gründe neu zu wählen ist. In einem solchen Fall hat der WV für die Wahl des BR den SpA darüber zu unterrichten, welche Beschäftigten er dem Personenkreis der leit. Ang. zuordnen will. Kommt es zu keinem Einvernehmen, benennt der SpA aus seiner Mitte Mitgl., die das in den Abs. 1–3 festgelegte Zuordnungsverfahren anstelle des WV wahrnehmen. Die Regelung gilt auch umgekehrt, also dann, wenn der SpA außerhalb seiner regelmäßigen Amtszeit gewählt wird und dieser Zeitpunkt somit nicht mit der Wahl des BR zusammenfällt.

(5) Das Zuordnungsverfahren bringt **keine endgültige Festlegung** **5** darüber, ob jemand zum Personenkreis der leit. Ang. gehört oder nicht. Dem Betreffenden ist es ohne weiteres möglich, jederzeit – somit auch nach den Wahlen des BR und des SpA – das ArbG zur Feststellung anzurufen, ob er zum Personenkreis der leit. Ang. gehört. Das ergibt sich schon daraus, daß eine fehlerhafte Zuordnung zum Personenkreis der leit. Ang. dazu führt, daß für den Betreffenden die **Schutzfunktion** des Betriebsverfassungsrechts **keine Anwendung** findet und er somit in seiner Rechtsposition entscheidend geschmälert wird. Ein solches Feststellungsverfahren kann aber auch durch andere Beteiligte betrieben werden, soweit ein **Rechtsschutzinteresse** besteht. Das ist beispielsweise bei dem BR der Fall, wenn es um personelle Einzelmaßnahmen gegenüber einem Beschäftigten geht, von dem der BR meint, daß die Zuordnung fehlerhaft erfolgt ist. Aber auch andere BR-Rechte können durch eine fehlerhafte Zuordnung beeinträchtigt werden, so etwa der Umfang der Freistellungen von BR-Mitgl. nach § 38 Abs. 1 oder die MB nach § 95 Abs. 2 bei Auswahlrichtlinien (vgl. dazu § 5 Rn. 8). Die Regelung des Abs. 5 legt allerdings fest, daß eine Anfechtung der BR-Wahl oder der Wahl des SpA **insoweit** ausgeschlossen ist, als sie auf eine fehlerhafte Zuordnung gestützt wird. Ist jedoch die Zuordnung nach diesem Verfahren „offensichtlich" fehlerhaft, können die genannten Wahlen **auch aus diesem Grunde** angefochten werden.

§ 19
Wahlanfechtung

(1) **Die Wahl kann beim Arbeitsgericht angefochten werden, wenn gegen wesentliche Vorschriften über das Wahlrecht, die Wählbarkeit**

oder das Wahlverfahren verstoßen worden ist und eine Berichtigung nicht erfolgt ist, es sei denn, daß durch den Verstoß das Wahlergebnis nicht geändert oder beeinflußt werden konnte.

(2) Zur Anfechtung berechtigt sind mindestens drei Wahlberechtigte, eine im Betrieb vertretene Gewerkschaft oder der Arbeitgeber. Die Wahlanfechtung ist nur binnen einer Frist von zwei Wochen, vom Tage der Bekanntgabe des Wahlergebnisses an gerechnet, zulässig.

1 (1) Es müssen Verstöße gegen **wesentliche** Vorschriften über das **Wahlrecht**, die **Wählbarkeit** oder das **Wahlverfahren** vorliegen, damit eine Anfechtung erfolgen kann. Beispielhaft sind anzuführen: Eintragung von AN in die Wählerliste der falschen Gruppe, Zulassung nichtwählbarer AN als Wahlbewerber, Nichteinhaltung von vorgesehenen Fristen, Verbindung unterschiedlicher Vorschlagslisten zu einer Liste. Eine Wahlanfechtung kommt aber **nicht** in Betracht, wenn zwar gegen wesentliche Wahlvorschriften verstoßen wurde, der Mangel jedoch **rechtzeitig korrigiert** worden ist oder der Verstoß das Wahlergebnis **nicht ändern** oder **beeinflussen** konnte. Das wäre z. B. der Fall, wenn ein nicht wahlberechtigter leit. Ang. i. S. des § 5 Abs. 3 zwar mitgewählt hat, das Wahlergebnis als solches aber – gleichgültig wie er abgestimmt hat – nicht anders ausgefallen wäre. Die Auszählung der Stimmen einer BR-Wahl mittels **EDV** ist grundsätzlich zulässig, sofern die Verantwortlichkeit des WV für den Auszählungsvorgang gewahrt ist. Das bedeutet insbesondere, daß sich während der im Rechenzentrum stattfindenden Datenerfassung der Stimmzettel dort ständig WV-Mitgl. aufhalten und den Verbleib der Stimmzettel beobachten müssen (LAG Berlin, DB 88, 504). Von der Anfechtung ist die **Nichtigkeit** zu unterscheiden. Sie kann nur in ganz besonderen **Ausnahmefällen** angenommen werden. Es muß gegen allgemeine Grundsätze einer ordnungsgemäßen Wahl in so **hohem Maße** verstoßen worden sein, daß auch der Anschein einer Wahl nicht mehr vorliegt (BAG v. 2. 3. 55, AP Nr. 1 zu § 18 BetrVG). So wäre z. B. die Wahl eines BR durch Handaufheben in der Betriebsversamml. nichtig. Dagegen führt die **Verkennung des Betriebsbegriffs** regelmäßig nicht zur Nichtigkeit, sondern nur zur **Anfechtbarkeit** einer darauf beruhenden BR-Wahl (ständige Rechtspr. des BAG, vgl. 11. 4. 78, AP Nr. 8 zu § 19 BetrVG 1972, 3. 12. 85, AP Nr. 28 zu § 99 BetrVG 1972). Wenn wegen Verkennung des Betriebsbegriffs **zwei BR-Wahlen** durchgeführt wurden statt nur einer, ist das Anfechtungsrecht nicht dahin eingeschränkt, daß beide Wahlen angefochten werden müßten (LAG Köln, DB 88, 1327).

2 (2) Es wird **abschließend** angeführt, wer zur Anfechtung der BR-Wahl berechtigt ist. Die Anfechtungsfrist beginnt mit Ablauf des Tages, an dem das Wahlergebnis durch Aushang bekanntgemacht worden ist. Nach Ablauf der **zweiwöchigen Anfechtungsfrist** kann nur noch eine evtl. vorliegende Nichtigkeit der BR-Wahl gerichtlich geltend gemacht werden.

Nach Auffassung des BAG wird ein von mehreren AN eingeleitetes **3** Wahlanfechtungsverfahren nicht unzulässig, wenn AN während der Dauer des gerichtlichen Verfahrens aus dem Arbeitsverhältnis ausscheiden. Allerdings müssen **wenigstens drei AN** das Anfechtungsverfahren weiterbetreiben (BAG v. 4. 2. 86, AP Nr. 13 zu § 19 BetrVG 1972).

Eine Entscheidung des ArbG, die der Anfechtung stattgibt, wirkt **4** nur für die **Zukunft.** Dem BR ist zwar die Rechtsgrundlage für sein weiteres Bestehen entzogen. Die von ihm bis dahin vorgenommenen Handlungen bleiben **rechtswirksam.** Etwas anderes gilt nur, wenn das ArbG die **Nichtigkeit** der BR-Wahl festgestellt haben sollte. Dann sind alle von diesem BR vorgenommenen Handlungen **rechtsunwirksam.**

§ 20
Wahlschutz und Wahlkosten

(1) Niemand darf die Wahl des Betriebsrats behindern. Insbesondere darf kein Arbeitnehmer in der Ausübung des aktiven und passiven Wahlrechts beschränkt werden.

(2) Niemand darf die Wahl des Betriebsrats durch Zufügung oder Androhung von Nachteilen oder durch Gewährung oder Versprechen von Vorteilen beeinflussen.

(3) Die Kosten der Wahl trägt der Arbeitgeber. Versäumnis von Arbeitszeit, die zur Ausübung des Wahlrechts, zur Betätigung im Wahlvorstand oder zur Tätigkeit als Vermittler (§ 18 a) erforderlich ist, berechtigt den Arbeitgeber nicht zur Minderung des Arbeitsentgelts.

(1, 2) Es soll sichergestellt werden, daß die Wahl entsprechend den **1** gesetzl. Bestimmungen frei und ungehindert durchgeführt wird. Der Begriff »Wahl« ist im **weitesten** Sinne zu verstehen. Er umfaßt alle mit der Wahl zusammenhängenden oder ihr dienenden Handlungen, Betätigungen und Geschäfte. Eine Behinderung der Wahl liegt etwa vor, wenn der AG ihm obliegende bestimmte Handlungen nicht vornimmt, wie Nichtzurverfügungstellung von Wahlräumen, oder durch aktive Maßnahmen die Wahl behindert, z. B. durch Unterbindung notwendiger Gespräche zwischen WV-Mitgl. und AN. Eine Behinderung der Wahl kann auch in der Mitteilung des AG an wahlberechtigte AN liegen, daß sie leit. Ang. und deshalb nicht wahlberechtigt seien, sofern derartige Schreiben geeignet sind, die betroffenen AN von der Wahl abzuhalten. Unter das Verbot der Behinderung fällt auch eine Kündigung, die anläßlich der Betätigung für die Wahl oder im Zusammenhang mit ihr ausgesprochen wird, um die Entsendung des betreffenden AN in den BR zu verhindern oder ihn wegen seines Einsatzes bei der BR-Wahl zu maßregeln, sofern keine sonstige Verletzung arbeitsvertraglicher Pflichten, die eine Kündigung rechtfertigt, vorliegt. Auch die **tatsächliche und finanzielle Unterstützung** einer Gruppe von Wahlbewerbern bei der Herstellung einer Wahlzeitung durch **den AG** ist ein Verstoß, der zur Unwirksamkeit der Wahl führt (vgl. auch BAG, v. 4. 2. 86, AP Nr. 13 zu § 19 BetrVG 1972).

2 (3) Es fallen **alle Kosten** darunter, die zur Vorbereitung und Durchführung der BR-Wahl entstehen, z. B. für Stimmzettel, Wahlurnen und Wahlkabinen. Versäumnis von Arbeitszeit, wie sie insbesondere durch die Ausübung des Wahlrechts oder der Betätigung im WV entsteht, berechtigt den AG nicht zur Minderung des Arbeitsentgelts. Der WV kann seine Aufgaben somit während der **Arbeitszeit** durchführen. Zu den vom AG zu erstattenden Wahlkosten gehören auch die **Rechtsanwaltskosten** eines Wahlbewerbers, die dieser aufwenden muß, um im Wege der einstweiligen Verfügung den **Zutritt zum Betrieb** zum Sammeln von Stützunterschriften, zur Durchführung von Wahlwerbung u. ä. zu erlangen (LAG Berlin, BB 88, 978).

3 Die Kosten einer notwendigen und angemessenen **Schulung der WV-Mitgl.** über die ordnungsgemäße Vorbereitung und Durchführung der Wahl hat der AG ebenfalls zu tragen (BAG v. 7. 6. 84, AP Nr. 10 zu § 20 BetrVG 1972). Erleidet ein WV-Mitgl. im Zusammenhang mit der Wahrnehmung seiner gesetzlichen Aufgaben bei der Benutzung des **eigenen PKW** einen **Unfallschaden,** hat der AG den Schaden auch dann zu ersetzen, wenn er die Benutzung des Wagens nicht ausdrücklich gewünscht hat (BAG v. 3. 3. 83, AP Nr. 8 zu § 20 BetrVG 1972).

4 Auch die **Wahl selbst** findet während der **Arbeitszeit** statt. Unter die notwendige Versäumnis von Arbeitszeit, die den AG nicht zur Minderung des Entgelts berechtigt, fällt auch die Teilnahme an einer **Vorabstimmung** nach § 12 Abs. 1 oder § 14 Abs. 2.

Zweiter Abschnitt:

Amtszeit des Betriebsrats

§ 21
Amtszeit

Die regelmäßige Amtszeit des Betriebsrats beträgt vier Jahre. Die Amtszeit beginnt mit der Bekanntgabe des Wahlergebnisses oder, wenn zu diesem Zeitpunkt noch ein Betriebsrat besteht, mit Ablauf von dessen Amtszeit. Die Amtszeit endet spätestens am 31. Mai des Jahres, in dem nach § 13 Abs. 1 die regelmäßigen Betriebsratswahlen

stattfinden. In dem Fall des § 13 Abs. 3 Satz 2 endet die Amtszeit spätestens am 31. Mai des Jahres, in dem der Betriebsrat neu zu wählen ist. In den Fällen des § 13 Abs. 2 Nr. 1 und 2 endet die Amtszeit mit der Bekanntgabe des Wahlergebnisses des neu gewählten Betriebsrats.

Die **regelmäßige Amtszeit** beträgt für die BR, die nach dem 28. 2. 90 gewählt werden, vier Jahre. Sie kann sich jedoch für BR, die zwischen den regelmäßigen Wahlzeiträumen (§ 13 Abs. 1) erneut oder erstmals gewählt werden, verkürzen oder verlängern. Die **Amtszeit** des BR ist **kürzer,** wenn der zwischen dem für die regelmäßigen Wahlen festgesetzten Zeitraum gewählte BR am 1. März des nächstfolgenden regelmäßigen Wahljahres ein Jahr oder länger im Amt war und deshalb nach § 13 Abs. 3 Satz 1 bereits bei der nächstfolgenden regelmäßigen BR-Wahl neu zu wählen ist. Die **Amtszeit** ist **länger,** wenn der zwischenzeitlich gewählte BR am 1. März des Jahres mit regelmäßigen BR-Wahlen weniger als ein Jahr im Amt gewesen ist.

1

Besteht am Tage der Bekanntgabe des endgültigen Wahlergebnisses kein BR, beginnt die Amtszeit des neuen BR mit der **Bekanntgabe des Wahlergebnisses,** d. h. dem Aushang im Betrieb. Dies gilt auch dann, wenn der noch amtierende BR nach § 13 Abs. 2 außerhalb des regelmäßigen Wahlzeitraums gewählt wurde (vgl. auch § 22).

2

Ist zum Zeitpunkt der Bekanntgabe des Wahlergebnisses die Amtszeit des bisherigen BR noch nicht abgelaufen, beginnt die Amtszeit erst mit dem **Ablauf der Amtszeit** des bisherigen BR. Für das Zwischenstadium hat der neu gewählte BR noch nicht die Rechte aus dem BetrVG; diese stehen weiterhin dem bisherigen BR zu. Gegen Kündigungen sind jedoch auch die Mitgl. des neuen BR nach § 103 BetrVG geschützt.

3

Das **Ende der Amtszeit** des BR ist von der Beendigung der Mitgliedschaft im BR des einzelnen BR-Mitgl. zu unterscheiden. Die Beendigung der Mitgliedschaft des einzelnen BR-Mitgl. berührt die Amtszeit des BR als solche nicht.

4

Regelmäßige Amtszeit: Hat die Amtszeit des BR mit Ablauf der Amtszeit des vorherigen BR begonnen, endet sein Amt drei Jahre – nach 1990 vier Jahre – später mit Ablauf desjenigen Kalendertages, der dem Tag vorausgeht, der dem ersten Tag seiner Amtszeit durch seine kalendermäßige Bezeichnung entspricht (§ 188 BGB). Beispiel: Ist das Ende der Amtszeit des amtierenden BR am 15. April, beginnt die Amtszeit des neuen BR am 16. April. Sie endet drei (nach 1990 vier) Jahre später, mit Ablauf des 15. April. Hat die Amtszeit des BR mit der Bekanntgabe des Wahlergebnisses begonnen, endet sie drei (nach 1990 vier) Jahre später an dem Tag, der

5

seiner Bezeichnung nach dem Tage der Bekanntgabe des Wahlergebnisses entspricht (§§ 188, 187 BGB).

6 **Abweichende Amtszeit:** Die Amtszeit eines außerhalb des regelmäßigen Wahlzeitraums gewählten BR endet mit der Bekanntgabe des Wahlergebnisses des neu gewählten BR (BAG v. 28. 9. 83, AP Nr. 1 zu § 21 BetrVG 1972), spätestens jedoch am 31. 5. des nächsten Wahlzeitraums gemäß § 13 Abs. 3.

7 **Sonderfälle:** Auf die Amtszeit des BR hat das **Absinken** der **Zahl der wahlberechtigten AN** keine Auswirkungen, sofern nicht die Voraussetzungen des § 13 Abs. 2 Nr. 1 gegeben sind. Auch die **Änderung des Betriebszwecks,** die **Verlegung** und die **Übertragung des Betriebs** (Betriebsübernahme) auf einen anderen Inhaber haben auf den Bestand des BR keinen Einfluß. Im Falle der **Zusammenlegung von Betrieben** gilt folgendes: Handelt es sich lediglich um die **Eingliederung** eines (kleineren) Betriebs in einen anderen (größeren) Betrieb, endet die Amtszeit des BR des eingegliederten Betriebs (ggf. bis auf ein Restmandat) mit der Eingliederung. Der BR des aufnehmenden Betriebs bleibt dagegen – auch für die übernommenen AN – voll funktionsfähig. Eine Neuwahl des BR käme nur unter den Voraussetzungen des § 13 Abs. 2 Nrn. 1 bis 3 in Betracht. Erfolgt jedoch der Zusammenschluß von Betrieben in der Form, daß dadurch ein **neuer Betrieb** gegründet wird, endet mit der Bildung des neuen Betriebs und der Übernahme der AN die Amtszeit der bisherigen BR; diese üben jedoch ein **Restmandat** bis zur Neuwahl des BR zur Abwicklung der betriebsverfassungsrechtlichen Aufgaben aus. Organisatorische Änderungen im Laufe der Amtszeit eines BR, die den Betriebsbegriff berühren, führen nur dann zu einer Veränderung im Bereich der Zuständigkeit des BR, wenn diese so gewichtig sind, daß offenkundig ein einheitlicher Betrieb nicht mehr vorliegt (ArbG Bochum, ArbuR 88, 122). Die bloße **Fusion von Gesellschaften** führt nicht zu einer Beendigung der Amtszeit von BR.

8 Hört der Betrieb als solcher zu bestehen auf, z. B. durch endgültige **Stillegung,** behält der BR über die Stillegung hinaus ein **Restmandat** zur Wahrnehmung der betriebsverfassungsrechtlichen Aufgaben, die im Zusammenhang mit der Stillegung und ihrer Abwicklung stehen (BAG v. 14. 11. 78, AP Nr. 6 zu § 59 KO, 14. 10. 82, AP Nr. 1 zu § 1 KSchG 1969 Konzern).

9 Hat ein AG z. B. wegen eines Brandes den AN gekündigt und entschließt er sich Monate später, den Betrieb endgültig stillzulegen, hat er dabei die MBR des BR selbst dann zu berücksichtigen, wenn dessen Amtszeit nach der Kündigung aller AN an sich abgelaufen war. Vom Zeitpunkt der Kündigung bis zur Erklärung des AG, daß der Betrieb nicht wieder aufgebaut wird, gilt die Amtszeit des BR als unterbrochen. Selbst wenn die Arbeitsverhältnisse seiner Mitgl.

ebenfalls fristlos gekündigt wurden, übt der BR bis zur Abwicklung der Stillegung auch über den Ablauf seiner regelmäßigen Amtszeit ein **Restmandat** aus (BAG v. 16. 6. 87, AP Nr. 20 zu § 111 BetrVG 1972).

Bei **Betriebsaufspaltungen** und **UN-Teilungen** (vgl. § 1 Rn. 3, § 18 Rn. 4) bleibt der BR grundsätzlich im Amt, da in der Regel ein einheitlicher Leitungsapparat, der auch die sozialen und personellen Angelegenheiten wahrnimmt, und somit der (Gemeinschafts-)Betrieb (mehrerer UN) erhalten bleibt (BAG v. 7. 8. 86, 29. 1. 87, AP Nrn. 5, 6 zu § 1 BetrVG 1972; ArbG Bochum v. 14. 10. 86, BB 87, 968). Entstehen jedoch bei Betriebsaufspaltungen und UN-Teilungen neue Betriebe, führt der alte BR bis zur Neuwahl der BR für die neuen Betriebe die Amtsgeschäfte in Analogie zu § 22 weiter (ArbG Hamburg, ArbuR 86, 348; Metzke, ArbuR 86, 78). **10**

Ein bei dem ArbG anhängiges Beschlußverfahren ist nach Beendigung der Amtszeit des BR bis zur Wahl eines neuen BR unterbrochen, wenn zwischen dem Ende der Amtszeit des alten und dem Beginn der Amtszeit des neuen BR eine BR-lose Zeit eintritt. Der neu gewählte BR ist anstelle seines Vorgängers Beteiligter des unterbrochenen Beschlußverfahrens (LAG Düsseldorf v. 11. 9. 87 – 10 TaBV 63/87). **11**

§ 22
Weiterführung der Geschäfte des Betriebsrats

In den Fällen des § 13 Abs. 2 Nr. 1 bis 3 führt der Betriebsrat die Geschäfte weiter, bis der neue Betriebsrat gewählt und das Wahlergebnis bekanntgegeben ist.

§ 22 stellt sicher, daß grundsätzlich keine BR-lose Zeit eintritt und ein BR die Geschäfte aus dem BetrVG wahrnimmt, sofern erst einmal ein BR gewählt ist. Dies ist insbesondere von Bedeutung für die Geschäftsführungsbefugnis eines zurückgetretenen BR, da für diesen die Regelung des § 21 Satz 5 nicht unmittelbar gilt. Die Geschäftsführungsbefugnis nach § 22 besteht in den im § 13 Abs. 2 Nrn. 1 bis 3 aufgeführten Fällen. Sie ist umfassend und erstreckt sich auf alle Aufgaben und Rechte des BR. Bei einer Wahlanfechtung führt der zurückgetretene BR so lange die Amtsgeschäfte weiter, bis die Gerichtsentscheidung rechtskräftig ist oder er durch einen neu gewählten BR abgelöst wird, oder die normale Amtszeit abgelaufen ist (LAG Düsseldorf, DB 87, 177). **1**

Wird in den Fällen des § 13 Abs. 2 Nrn. 1 bis 3 auch nach erfolgter Einleitung der Wahl kein neuer BR gewählt, weil z. B. trotz gesetzter Nachfrist keine Vorschlagsliste eingereicht wird, bleibt der bisherige BR, ggf. der Rumpf-BR, bis zum Ablauf seiner Amtszeit im Amt. Der »geschäftsführende« BR kann jedoch jederzeit erneut die **2**

Wahl eines BR einleiten. Ggf. finden auch § 16 Abs. 2 und § 17 Anwendung.

§ 23
Verletzung gesetzlicher Pflichten

(1) Mindestens ein Viertel der wahlberechtigten Arbeitnehmer, der Arbeitgeber oder eine im Betrieb vertretene Gewerkschaft können beim Arbeitsgericht den Ausschluß eines Mitglieds aus dem Betriebsrat oder die Auflösung des Betriebsrats wegen grober Verletzung seiner gesetzlichen Pflichten beantragen. Der Ausschluß eines Mitglieds kann auch vom Betriebsrat beantragt werden.

(2) Wird der Betriebsrat aufgelöst, so setzt das Arbeitsgericht unverzüglich einen Wahlvorstand für die Neuwahl ein. § 16 Abs. 2 gilt entsprechend.

(3) Der Betriebsrat oder eine im Betrieb vertretene Gewerkschaft können bei groben Verstößen des Arbeitgebers gegen seine Verpflichtungen aus diesem Gesetz beim Arbeitsgericht beantragen, dem Arbeitgeber aufzugeben, eine Handlung zu unterlassen, die Vornahme einer Handlung zu dulden oder eine Handlung vorzunehmen. Handelt der Arbeitgeber der ihm durch rechtskräftige gerichtliche Entscheidung auferlegten Verpflichtung zuwider, eine Handlung zu unterlassen oder die Vornahme einer Handlung zu dulden, so ist er auf Antrag vom Arbeitsgericht wegen einer jeden Zuwiderhandlung nach vorheriger Androhung zu einem Ordnungsgeld zu verurteilen. Führt der Arbeitgeber die ihm durch eine rechtskräftige gerichtliche Entscheidung auferlegte Handlung nicht durch, so ist auf Antrag vom Arbeitsgericht zu erkennen, daß er zur Vornahme der Handlung durch Zwangsgeld anzuhalten sei. Antragsberechtigt sind der Betriebsrat oder eine im Betrieb vertretene Gewerkschaft. Das Höchstmaß des Ordnungsgeldes und Zwangsgeldes beträgt 20 000 Deutsche Mark.

1 (1, 2) Diese Vorschrift regelt das Verfahren und die Voraussetzung für eine **Auflösung des BR** als Kollektivorgan und für einen **Ausschluß eines BR-Mitgl.** aus dem BR abschließend. Eine Abwahl des BR oder eine Absetzung einzelner BR-Mitgl. durch die AN des Betriebs ist nicht zulässig. Beide Maßnahmen werden durch das ArbG im Beschlußverfahren entschieden. Der Antrag muß beim ArbG ausdrücklich gestellt und entsprechend begründet werden. Ein **Mißtrauensvotum** auf einer Betriebsversamml. ist kein Antrag, sondern kann höchstens den BR zum Rücktritt bewegen. Wann eine grobe Verletzung der gesetzl. Pflichten vorliegt, kann nur im Einzelfall beurteilt werden. Die **grobe Pflichtverletzung** muß objektiv erheblich und offensichtlich schwerwiegend sein (BAG v. 2. 11. 55, AP Nr. 1 zu § 23 BetrVG). Auch muß sie in der Regel schuldhaft sein, und zwar vorsätzlich oder mindestens grob fahrlässig. Diese Voraussetzungen liegen keinesfalls vor, wenn BR-Mitgl. die Ursache einer Störung des Betriebsfriedens nicht gesetzt haben (LAG Berlin, BB 88, 1045). Die Nichtwahrnehmung von im Gesetz enthaltenen Rechten und Pflichten, z. B. Betriebsversamml. durchzuführen oder MBR wahrzunehmen, kann jedoch einen Antrag rechtfertigen.

Der rechtskräftige Beschluß des ArbG bewirkt den sofortigen Aus- **2** schluß des BR-Mitgl. aus dem BR, für das ein Ersatzmitgl. (§ 25) nachrückt, bzw. die sofortige Auflösung und Beendigung der Amts- zeit des BR, so daß bis zur Neuwahl eine BR-lose Zeit eintritt. Im Falle der Auflösung des BR erfolgt die Bestellung des WV durch das ArbG von Amts wegen.

Zur **Amtsenthebung** können nur **grobe Amtspflichtverletzungen,** **3** nicht jedoch Verstöße gegen die Arbeitspflichten führen. Werden dem BR-Mitgl. lediglich grobe Amtspflichtverletzungen vorgewor- fen, ist eine außerordentliche Kündigung unzulässig und nur ein Amtsenthebungsverfahren möglich. Ebensowenig kann wegen un- zulässiger BR-Tätigkeit eine individualrechtliche Abmahnung aus- gesprochen werden (LAG Berlin, DB 88, 863). Eine grobe Amts- pflichtverletzung kann aber zugleich eine **Verletzung der Pflichten aus dem Arbeitsvertrag** darstellen. Will der AG in diesem Fall die grobe Verletzung der Arbeitsvertragspflichten ahnden, bedarf eine außerordentliche Kündigung gem. § 103 der vorherigen Zustim- mung des BR (vgl. Erl. zu § 103). An die **außerordentliche Kündigung** eines BR-Mitgl. ist jedenfalls dann, wenn die Vertragsverletzung in Ausübung des BR-Amtes erfolgt ist, ein besonders strenger Maß- stab anzulegen (BAG v. 22. 8. 74, AP Nr. 1 zu § 103 BetrVG 1972, 11. 12. 75, AP Nr. 1 zu § 15 KSchG 1969, 16. 10. 86, AP Nr. 95 zu § 626 BGB).

Ist zum Zeitpunkt der Neuwahl des BR über den Ausschluß eines **4** BR-Mitgl. noch nicht rechtskräftig entschieden, entfällt das Rechts- schutzinteresse für das Ausschlußverfahren selbst dann, wenn das betreffende BR-Mitgl. erneut in den BR gewählt wurde (LAG Bre- men, DB 88, 136; BAG v. 8. 12. 61, 29. 4. 69, AP Nrn. 7, 9 zu § 23 BetrVG). Auch für das Auflösungsverfahren entfällt das Rechts- schutzinteresse, sobald der BR neu gewählt ist.

(3) Bei groben Pflichtverstößen des AG können der BR oder eine **5** im Betrieb vertretene Gew. vom AG die **Duldung, Vornahme oder Unterlassung einer Handlung** erzwingen. Der Anspruch setzt **kein schuldhaftes Verhalten** des AG voraus, sondern ist bereits bei objek- tiver Pflichtwidrigkeit gegeben (BAG v. 18. 4. 85, AP Nr. 5 zu § 23 BetrVG 1972), z. B. auch dann, wenn diese von einzelnen Vorgesetz- ten ohne Wissen des AG begangen wird. Eine **grobe Pflichtverlet- zung** ist auch dann anzunehmen, wenn Zweifel am Umfang der MBR des BR seitens des AG (oder **Rechtsirrtum**) bestehen. Zweifel

an der Rechtslage können nämlich nicht dazu führen, MBR des BR außer acht zu lassen. Für diesen Fall ist vielmehr das gesetzl. vorgesehene Verfahren vom AG einzuhalten (BAG a. a. O.). Nach dieser Vorschrift können jedoch nur Verpflichtungen des AG aus dem BetrVG geahndet werden, nicht jedoch Verletzungen von arbeitsvertraglichen Verpflichtungen. Die konsequente Nichtanwendung von abgeschlossenen BV sowie die beharrliche Mißachtung der Informations-, Mitwirkungs- und MBR des BR stellen z. B. Fälle dieser Vorschrift dar.

6 Ein Pflichtverstoß nach dieser Vorschrift setzt nicht eine mehrmalige Außerachtlassung der betriebsverfassungsrechtlichen Pflichten oder eine Serie von Verstößen gegen das BetrVG voraus (LAG Baden-Württemberg, AiB 88, 281). In gravierenden Fällen kann auch ein **einmaliger Verstoß** ausreichen, so z. B. auch eine einmalige bewußte Auflehnung gegen die Pflicht zur vertrauensvollen Zusammenarbeit mit dem BR nach §§ 2, 74 (LAG Baden-Württemberg a. a. O.). Eine **Wiederholungsgefahr** des gerügten Verhaltens des AG ist keine Voraussetzung des Anspruchs (BAG v. 18. 4. 85, AP Nr. 5 zu § 23 BetrVG 1972).

7 Der Unterlassungsanspruch nach dieser Vorschrift steht **neben anderen Unterlassungsansprüchen** im BetrVG und verdrängt diese nicht (in diesem Sinne wohl auch BAG v. 18. 4. 85, AP Nr. 5 zu § 23 BetrVG 1972). Aus dem Gesetzeswortlaut ergibt sich nämlich nicht, daß die Regelung abschließend gemeint ist. Es fehlt das Wort »nur«. Auch die Begründung des Regierungsentwurfs (BT-Drucks. VI/1786 S. 39) weist darauf hin, daß mit dieser Regelung eine zusätzliche Sanktionsnorm geschaffen werden sollte. In völliger Verkennung der Gesetzessystematik und in eindeutigem Widerspruch sowohl zur Rechtspr. (vgl. BAG v. 8. 6. 82, AP Nr. 7 zu § 87 BetrVG 1972 Arbeitszeit) als auch zur Rechtslehre hatte das BAG jedoch entschieden, daß das BetrVG keinen **allgemeinen Unterlassungsanspruch** des BR gegen den AG kennt, wonach dieser Handlungen zu unterlassen hat, die gegen MBR oder Mitwirkungsrechte verstoßen (BAG v. 22. 2. 83, AP Nr. 4 zu § 23 BetrVG 1972). Dieser Beschluß ist in Rechtspr. und Literatur weitestgehend auf Ablehnung gestoßen (vgl. z. B. Derleder, ArbuR 83, 289; Dütz, DB 84, 115; Kümpel, AiB 83, 132 jeweils m. w. N.; LAG Hamburg, DB 83, 2369; LAG Bremen, DB 84, 1935; LAG Köln, BB 85, 1232; LAG Berlin v. 22. 4. 87 – 12 TaBV 1/87) und hat zu einer teilweisen Korrektur dieser nicht nachvollziehbaren Entscheidung geführt (BAG v. 18. 4. 85, AP Nr. 5 zu § 23 BetrVG 1972). Für den BR ergibt sich unmittelbar ein Unterlassungsanspruch bei einer Verletzung seiner MBR z. B. nach § 87 Abs. 1, auch wenn dies in der Vorschrift nicht ausdrücklich geregelt ist (in diesem Sinne auch BAG v. 18. 4. 85, AP

Nr. 5 zu § 23 BetrVG 1972; LAG Köln a.a.O.). Einer **groben** Pflichtverletzung bedarf es dabei nicht.

Der allgemeine Unterlassungsanspruch kann zur Sicherung der **8** Rechte des BR ebenso im **einstweiligen Verfügungsverfahren** geltend gemacht werden, wie dem AG die Verpflichtungen des § 23 Abs. 3 auferlegt werden können (LAG Köln, BB 85, 1232; LAG Frankfurt, BB 88, 68; ArbG Braunschweig v. 6. 2. 85 – 2 BVGa 1/85 und 24. 10. 85 – 1 BVGa 15/85; ArbG Münster, BB 87, 61; ArbG Frankfurt, NZA 87, 757).

Ein auf diese Bestimmung gestützter Antrag des BR, dem AG auf- **9** zugeben, künftig seine sich aus §§ 99, 100 ergebenden MBR bei personellen Einzelmaßnahmen zu beachten, wird durch das in § 101 vorgesehene Zwangsgeldverfahren nicht ausgeschlossen (BAG v. 17. 3. 87, AP Nr. 7 zu § 23 BetrVG 1972 unter Aufgabe seiner bisherigen Rechtspr. v. 5. 12. 78, AP Nr. 4 zu § 101 BetrVG 1972).

Das ArbG-Verfahren gliedert sich in **zwei Stufen,** nämlich in ein **10** **Erkenntnisverfahren,** in dem der AG nach § 23 Abs. 3 Satz 1 verurteilt wird, eine Handlung zu unterlassen oder eine Handlung vorzunehmen oder zu dulden, und, sofern der AG seiner Verpflichtung aus der Entscheidung des ArbG nicht nachkommt, in ein **Vollstrekkungsverfahren** zur Durchsetzung der ArbG-Entscheidung mit gerichtl. Zwangsmaßnahmen nach den Sätzen 2 und 3 dieser Vorschrift. Die Androhung eines Ordnungsgeldes kann jedoch bereits in dem das Erkenntnisverfahren abschließenden Beschluß erfolgen (LAG Bremen v. 18. 7. 86, AP Nr. 6 zu § 23 BetrVG 1972; LAG Frankfurt v. 3. 6. 88 – 12 Ta BV 154/87).

§ 24
Erlöschen der Mitgliedschaft

(1) Die Mitgliedschaft im Betriebsrat erlischt durch

1. **Ablauf der Amtszeit,**

2. **Niederlegung des Betriebsratsamtes,**

3. **Beendigung des Arbeitsverhältnisses,**

4. **Verlust der Wählbarkeit,**

5. **Ausschluß aus dem Betriebsrat oder Auflösung des Betriebsrats auf Grund einer gerichtlichen Entscheidung,**

6. **gerichtliche Entscheidung über die Feststellung der Nichtwählbarkeit nach Ablauf der in § 19 Abs. 2 bezeichneten Frist, es sei denn, der Mangel liegt nicht mehr vor.**

(2) **Bei einem Wechsel der Gruppenzugehörigkeit bleibt das Betriebsratsmitglied Vertreter der Gruppe, für die es gewählt ist. Dies gilt auch für Ersatzmitglieder.**

1 (1) Die Mitgliedschaft der einzelnen BR-Mitgl. erlischt mit **Ablauf der Amtszeit** des BR; dies gilt auch bei vorzeitiger Beendigung der Amtszeit, beispielsweise durch eine erfolgreiche Anfechtung der Wahl (§ 19) oder durch Auflösen des BR aufgrund einer gerichtl. Entscheidung (§ 23 Abs. 1). Die **Amtsniederlegung** kann jederzeit gegenüber dem BR oder seinem Vors. erfolgen, nicht jedoch gegenüber dem AG (LAG Schleswig-Holstein v. 19. 8. 66, AP Nr. 4 zu § 24 BetrVG). Von der Amtsniederlegung ist die bloße Absichtserklärung, das Amt niederlegen zu wollen, zu unterscheiden, die rechtlich ohne Bedeutung ist. Der Niederlegende kann einen bestimmten Zeitpunkt für die Niederlegung des Amtes bestimmen. Die Erklärung kann nicht zurückgenommen oder widerrufen werden. Mangelnde Ernsthaftigkeit kann jedoch eingewandt werden. Das BR-Amt endet außerdem mit der **Beendigung des Arbeitsverhältnisses** oder auch durch einvernehmliche Versetzung in einen anderen Betrieb des UN oder Konzerns. Das Amt endet jedoch nicht bei Einberufung zum Wehr- oder Zivildienst oder einer Wehrübung, bei Inanspruchnahme des Erziehungsurlaubs nach dem BErzGG, bei einem längeren Sonderurlaub oder bei einer vorübergehenden Abordnung in einen anderen Betrieb. Auch bei einer bloßen Veräußerung des Betriebs bleibt das BR-Amt bestehen, da der neue Betriebsinhaber gemäß § 613a BGB in die Rechte und Pflichten aus den im Zeitpunkt des Übergangs bestehenden Arbeitsverhältnissen eintritt.

2 Das Amt erlischt jedoch bei **Verlust der Wählbarkeit,** z.B. durch Übernahme von Tätigkeiten eines leit. Ang., bei **Ausschluß aus dem BR** durch Gerichtsbeschluß nach § 23 Abs. 1 und bei gerichtl. Feststellung der **Nichtwählbarkeit,** z.B. bei Nichtvorliegen der sechsmonatigen Betriebszugehörigkeit bei der Wahl, sofern der Mangel nicht zwischenzeitlich behoben ist, allerdings erst wenn die Gerichtsentscheidung rechtskräftig ist (BAG v. 29. 9. 83, AP Nr. 15 zu § 15 KSchG 1969).

3 (2) Bei Wechsel der Gruppenzugehörigkeit, z. B. Übernahme einer Ang.-Tätigkeit durch einen Arb., bleibt das BR-Mitglied für die Dauer der Amtszeit Vertr. der Gruppe, für die es gewählt wurde. Das gilt auch bei gruppenfremder Kandidatur (§ 12 Abs. 2).

§ 25
Ersatzmitglieder

(1) Scheidet ein Mitglied des Betriebsrats aus, so rückt ein Ersatzmitglied nach. Dies gilt entsprechend für die Stellvertretung eines zeitweilig verhinderten Mitglieds des Betriebsrats.

(2) Die Ersatzmitglieder werden der Reihe nach aus den nichtgewählten Arbeitnehmern derjenigen Vorschlagslisten entnommen, denen die

zu ersetzenden Mitglieder angehören. Ist eine Vorschlagsliste erschöpft, so ist das Ersatzmitglied derjenigen Vorschlagsliste zu entnehmen, auf die nach den Grundsätzen der Verhältniswahl der nächste Sitz entfallen würde. Ist das ausgeschiedene oder verhinderte Mitglied nach den Grundsätzen der Mehrheitswahl gewählt, so bestimmt sich die Reihenfolge der Ersatzmitglieder unter Berücksichtigung der §§ 10 und 12 nach der Höhe der erreichten Stimmenzahlen.

(3) In den Fällen des § 14 Abs. 4 findet Absatz 1 mit der Maßgabe Anwendung, daß das gewählte Ersatzmitglied nachrückt oder die Stellvertretung übernimmt.

(1) Das Ersatzmitgl. tritt nur als Mitgl. in den BR ein und übernimmt nicht kraft Gesetzes die Funktion innerhalb des BR (GBR, KBR) des ausgeschiedenen Mitgl. Während der Zeit der Stellvertr. nimmt das Ersatzmitgl. **nicht nur** an **BR-Sitzungen** teil; es nimmt auch **alle** anderen dem BR obliegenden Tätigkeiten wahr. Ein Ersatzmitgl. rückt auch dann nach, wenn die zeitweilige Verhinderung sehr kurz ist und z. B. keine oder nur eine BR-Sitzung stattfindet. Eine Verhinderung liegt immer dann vor, wenn dem BR-Mitgl. die Amtsausübung unzumutbar ist. Unterbleibt die Ladung eines Ersatzmitgl., soll nach der Auffassung des ArbG Berlin der BR-Beschluß nichtig sein (ArbG Berlin v. 17. 2. 88 – 37 Ca 455/87). Dies ist jedoch nicht der Fall, wenn die Verhinderung des BR-Mitgl. plötzlich eingetreten ist und die Ladung eines Ersatzmitgl. nicht mehr möglich war. Die Ladung durch den Vors. des BR ist jedoch nicht Voraussetzung für die Teilnahme des Ersatzmitgl. an einer BR-Sitzung. **1**

Zeitweilig verhindert ist ein BR-Mitgl. auch, wenn es von der Beschlußfassung **persönlich unmittelbar betroffen** ist, so z. B. bei der Beratung und Abstimmung über die Zustimmung einer es betreffenden außerordentlichen Kündigung (BAG v. 25. 3. 76, 26. 8. 81, 23. 8. 84, AP Nrn. 6, 13, 17 zu § 103 BetrVG 1972). Die zeitweilige Verhinderung gilt jedoch nur für diesen Beratungsgegenstand. Lediglich hierzu ist ein Ersatzmitgl. zur Sitzung einzuladen. Soll mehreren BR-Mitgl. gekündigt werden, ist jeweils das BR-Mitgl. nur in der es selbst betreffenden Sache verhindert (BAG v. 25. 3. 76 a. a. O.). Ein BR-Mitgl. ist jedoch nicht verhindert bei der **Beschlußfassung über organisatorische Angelegenheiten** des BR, z. B. Wahl oder Abwahl des Vors. bei eigener Kandidatur. **2**

Eine krankheitsbedingte **Arbeitsunfähigkeit** eines BR-Mitgl. führt zwar in der Regel, jedoch nicht zwangsläufig auch zu einer **Amtsunfähigkeit** und somit zu seiner Verhinderung (BAG v. 15. 11. 84, AP Nr. 2 zu § 25 BetrVG 1972). Ein BR-Mitgl. kann auch für die Teilnahme an einer BR-Sitzung seinen **Urlaub** unterbrechen (so BAG v. 5. 5. 87, AP Nr. 5 zu § 44 BetrVG 1972 für die Teilnahme an einer **3**

Betriebsversamml.; LAG Hamm v. 21. 1. 87 – 3 Sa 1520/86) oder
während **Kurzarbeit** (so BAG v. 5. 5. 87, AP Nr. 6 zu § 44 BetrVG
1972 für die Teilnahme an einer Betriebsversamml.) bzw. während
des **Erziehungsurlaubs** nach dem BErzGG BR-Tätigkeit ausüben.

4 Das Ersatzmitgl. genießt bis zu seinem Eintritt in den BR nicht den
Kündigungsschutz nach § 103 BetrVG, jedoch in den ersten sechs
Monaten nach Bekanntgabe des Wahlergebnisses den nachwirkenden Kündigungsschutz von Wahlbewerbern nach § 15 Abs. 3 Satz 2
KSchG. Ferner kann sich die Unwirksamkeit der Kündigung auch
aus § 78 sowie aus § 134 BGB ergeben. Hat das Ersatzmitgl. jedoch
ein BR-Mitgl. vertreten, hat es während der Dauer der Verhinderung des zu vertretenden BR-Mitgl. alle Schutzrechte eines BR-
Mitgl., einschließlich des nachwirkenden Kündigungsschutzes von
einem Jahr nach § 15 Abs. 1 Satz 2 KSchG, jedenfalls dann, wenn es
konkrete BR-Aufgaben wahrgenommen hat (BAG v. 17. 1. 79, 6. 9.
79, AP Nrn. 5 bis 7 zu § 15 KSchG 1969). Der Kündigungsschutz
greift zugunsten eines Ersatzmitgl. **vor Eintritt in den BR** dann ein,
wenn der Verhinderungsfall noch nicht vorliegt, das Ersatzmitgl.
sich jedoch auf eine BR-Sitzung, an der es wegen eines Verhinde-
rungsfalles teilnehmen muß, vorbereitet. In diesem Fall tritt der
Kündigungsschutz vom Tag der Ladung zur Sitzung, im allgemeinen höchstens drei Tage vor der Sitzung, ein (BAG v. 17. 1. 79
a. a. O.). Meldet sich ein BR-Mitgl. krank und bleibt es der Arbeit
fern, tritt der Kündigungsschutz des Ersatzmitgl. selbst dann unmittelbar ein, wenn sich später herausstellen sollte, daß das BR-
Mitgl. nicht arbeitsunfähig krank war und unberechtigt der Arbeit
fernblieb (BAG, BB 87, 1319).

5 (2, 3) Bei der Frage, welches Ersatzmitgl. in den BR nachrückt, ist
zu unterscheiden, ob die BR-Wahl als Gruppen- oder gemeinsame
Wahl, als Mehrheits- oder Verhältniswahl durchgeführt wurde.

6 Erfolgte die Wahl als **Listenwahl** (Verhältniswahl), werden bei
Gruppenwahl die Ersatzmitgl. in der Reihenfolge, in der sie auf der
Liste, der das ausgeschiedene oder verhinderte Mitgl. angehörte,
aufgeführt sind, berücksichtigt. Enthält die Liste, der das zu erset-
zende BR-Mitgl. angehört, keine Ersatzmitgl. mehr, ist das Ersatz-
mitgl. aus der Vorschlagsliste zu entnehmen, auf die nach den
Grundsätzen der Verhältniswahl der nächste Sitz entfallen wäre.
Sind alle Listen der Gruppe erschöpft, der das zu ersetzende Mitgl.
angehörte, rückt ein Ersatzmitgl. der Vorschlagsliste der anderen
Gruppe nach, die bei der BR-Wahl den nächsten Sitz erhalten hätte.
Hat dagegen **gemeinsame Wahl** stattgefunden, rückt bei der Ver-
hältniswahl – unter Umständen abweichend von der unmittelbaren
Reihenfolge auf der Liste – das Ersatzmitgl. in den BR nach, das an
nächsthöchster Stelle auf der Liste steht, auf der das zu ersetzende
BR-Mitgl. stand, und das derselben Gruppe angehört. Sind keine

Gruppenangehörigen mehr vorhanden, fällt der Sitz an die andere
Gruppe. Ist diese auch ausgeschöpft, ist die Liste zu berücksichtigen, die den nächsten Sitz erhalten hätte.

Hat **Gruppenwahl** nach den Grundsätzen der **Mehrheitswahl** stattge-   **7**
funden, rückt für das zu ersetzende BR-Mitgl. das Ersatzmitgl. mit
der nächsthöchsten Stimmenzahl seiner Gruppe in den BR ein. Ist
die einzige Vorschlagsliste der Gruppe erschöpft, ist auf die Vorschlagsliste der anderen Gruppe zurückzugreifen. Hat dort **Verhältniswahl** stattgefunden, wird das Ersatzmitgl. der Liste entnommen,
auf die bei der BR-Wahl der nächste Sitz entfallen wäre. Bei **Mehrheitswahl** in **gemeinsamer Wahl** (eine Liste für beide Gruppen) rückt
als Ersatzmitgl. der nicht gewählte Bewerber mit der nächsthöchsten Stimmenzahl der Gruppe, der das zu ersetzende Mitgl. angehört, in den BR nach. Hat die Gruppe keine Ersatzmitgl. mehr, ist
der nicht gewählte Bewerber der anderen Gruppe mit der nächsthöchsten Stimmenzahl zu berufen.

Dritter Abschnitt:

Geschäftsführung des Betriebsrats

§ 26
Vorsitzender

(1) Der Betriebsrat wählt aus seiner Mitte den Vorsitzenden und dessen Stellvertreter. Besteht der Betriebsrat aus Vertretern beider
Gruppen, so sollen der Vorsitzende und sein Stellvertreter nicht derselben Gruppe angehören.

(2) Gehört jeder Gruppe im Betriebsrat mindestens ein Drittel der
Mitglieder an, so schlägt jede Gruppe aus ihrer Mitte je ein Mitglied
für den Vorsitz vor. Der Betriebsrat wählt aus den beiden Vorgeschlagenen den Vorsitzenden des Betriebsrats und dessen Stellvertreter.

(3) Der Vorsitzende des Betriebsrats oder im Fall seiner Verhinderung sein Stellvertreter vertritt den Betriebsrat im Rahmen der von
ihm gefaßten Beschlüsse. Zur Entgegennahme von Erklärungen, die
dem Betriebsrat gegenüber abzugeben sind, ist der Vorsitzende des
Betriebsrats oder im Fall seiner Verhinderung sein Stellvertreter berechtigt.

(1) Für eine Abweichung von der Bestimmung, nach der der Vors.   **1**
des BR und seine Stellvertr. nicht der gleichen Gruppe angehören
sollen, müssen **einsichtige und vernünftige Gründe** vorliegen (BAG
v. 12. 10. 76, AP Nr. 2 zu § 26 BetrVG 1972). Neben einem entsprechenden Zahlenverhältnis müssen weitere rechtfertigende Gründe
für eine Abweichung gegeben sein. Dies ist z. B. dann der Fall, wenn

ein Ang. (Arb.) nicht vorgeschlagen wird und er sich auch nicht selbst vorgeschlagen hat (BAG v. 26. 3. 87, AP Nr. 7 zu § 26 BetrVG 1972).

2 (2) Gehören sowohl der Arb.- als auch der Ang.-Gruppe im BR mindestens (bis zur erstmaligen Wahl nach dem 31. 12. 88 »mehr als«; vgl. § 125 Abs. 3) ein Drittel der BR-Mitgl. an, haben die Gruppen nicht nur ein eigenes, selbständiges **Vorschlagsrecht,** sondern der BR ist auch an diese **Vorschläge gebunden.** Ihm bleibt lediglich die Entscheidung, wer von den beiden Vorgeschlagenen Vors. und wer Stellvertr. werden soll. Verzichtet eine Gruppe, geht das Recht auf die andere Gruppe über (siehe hierzu auch BAG v. 26. 3. 87, AP Nr. 7 zu § 26 BetrVG 1972). Kann sie sich mehrheitlich nicht auf einen Vorschlag einigen, ist diese Pattsituation nach Auffassung des BAG durch Losentscheid aufzulösen (BAG v. 26. 2. 87, AP Nr. 5 zu § 26 BetrVG 1972).

3 (3) Neben der Aufgabe, den BR im Rahmen der von ihm gefaßten Beschlüsse zu vertreten sowie der Berechtigung zur Entgegennahme von dem BR gegenüber abzugebenden Erklärungen, ergeben sich Rechte des Vors. aus §§ 27 Abs. 1 und 4, 29 Abs. 2 und 3, 34 Abs. 1 Satz 2, 42 Abs. 1 Satz 1, 65 Abs. 2, 69 Satz 4. Nur in diesen Fällen hat der Vors. eine Eigenzuständigkeit bzw. Entscheidungsbefugnis aus eigenem Recht, sofern die Geschäftsordnung des BR keine anderen Regelungen vorsieht.

4 Werden Erklärungen nicht dem Vors., sondern einem anderen – nicht empfangsberechtigten – BR-Mitgl. gegenüber abgegeben, wird dieses lediglich als Bote tätig; dem BR ist die Erklärung in diesem Fall erst zugegangen, wenn sie dem Vors. oder dem BR zur Kenntnis gelangt (BAG v. 28. 2. 74, AP Nr. 2 zu § 102 BetrVG 1972 sowie v. 27. 6. 85, EzA § 102 BetrVG 1972 Nr. 60). Sind sowohl der Vors. als auch sein Stellv. verhindert, kann der AG grundsätzlich jedem BR-Mitgl. gegenüber Erklärungen abgeben, sofern der BR für diesen Fall keine Vorkehrungen getroffen hat (LAG Frankfurt, BB 77, 1048). Der Vors. ist **nicht verpflichtet,** Erklärungen **außerhalb der Arbeitszeit** und außerhalb der Betriebsräume entgegenzunehmen; tut er es doch, gilt die Erklärung als zugegangen (BAG v. 27. 8. 82, AP Nr. 25 zu § 102 BetrVG 1972).

5 Der BR muß sich auch im Rahmen des Anhörungsverfahrens bei einer beabsichtigten Kündigung grundsätzlich nur das Wissen eines nach dieser Vorschrift berechtigten oder hierzu ausdrücklich ermächtigten BR-Mitgl. zurechnen lassen (BAG v. 27. 6. 85, AP Nr. 37 zu § 102 BetrVG 1972).

§ 27
Betriebsausschuß

(1) Hat ein Betriebsrat neun oder mehr Mitglieder, so bildet er einen Betriebsausschuß. Der Betriebsausschuß besteht aus dem Vorsitzenden des Betriebsrats, dessen Stellvertreter und bei Betriebsräten mit

9 bis 15 Mitgliedern aus 3 weiteren Ausschußmitgliedern,
19 bis 23 Mitgliedern aus 5 weiteren Ausschußmitgliedern,
27 bis 35 Mitgliedern aus 7 weiteren Ausschußmitgliedern,
37 oder mehr Mitgliedern aus 9 weiteren Ausschußmitgliedern.

Die weiteren Ausschußmitglieder werden vom Betriebsrat aus seiner Mitte in geheimer Wahl und nach den Grundsätzen der Verhältniswahl gewählt. Wird nur ein Wahlvorschlag gemacht, so erfolgt die Wahl nach den Grundsätzen der Mehrheitswahl. Sind die weiteren Ausschußmitglieder nach den Grundsätzen der Verhältniswahl gewählt, so erfolgt die Abberufung durch Beschluß des Betriebsrats, der in geheimer Abstimmung gefaßt wird und einer Mehrheit von drei Vierteln der Stimmen der Mitglieder des Betriebsrats bedarf.

(2) Der Betriebsausschuß muß aus Angehörigen der im Betriebsrat vertretenen Gruppen entsprechend dem Verhältnis ihrer Vertretung im Betriebsrat bestehen. Die Gruppen müssen mindestens durch ein Mitglied vertreten sein. Ist der Betriebsrat nach § 14 Abs. 2 in getrennten Wahlgängen gewählt worden und gehören jeder Gruppe mehr als ein Zehntel der Mitglieder des Betriebsrats, jedoch mindestens drei Mitglieder an, so wählt jede Gruppe ihre Vertreter für den Betriebsausschuß; dies gilt auch, wenn der Betriebsrat nach § 14 Abs. 2 in gemeinsamer Wahl gewählt worden ist und jeder Gruppe im Betriebsrat mindestens ein Drittel der Mitglieder angehört. Für die Wahl der Gruppenvertreter gilt Absatz 1 Satz 3 und 4 entsprechend; ist von einer Gruppe nur ein Vertreter für den Betriebsausschuß zu wählen, so wird dieser mit einfacher Stimmenmehrheit gewählt. Für die Abberufung der von einer Gruppe gewählten Vertreter für den Betriebsausschuß gilt Absatz 1 Satz 5 entsprechend mit der Maßgabe, daß der Beschluß von der Gruppe gefaßt wird.

(3) Der Betriebsausschuß führt die laufenden Geschäfte des Betriebsrats. Der Betriebsrat kann dem Betriebsausschuß mit der Mehrheit der Stimmen seiner Mitglieder Aufgaben zur selbständigen Erledigung übertragen; dies gilt nicht für den Abschluß von Betriebsvereinbarungen. Die Übertragung bedarf der Schriftform. Die Sätze 2 und 3 gelten entsprechend für den Widerruf der Übertragung von Aufgaben.

(4) Betriebsräte mit weniger als neun Mitgliedern können die laufenden Geschäfte auf den Vorsitzenden des Betriebsrats oder andere Betriebsratsmitglieder übertragen.

(1) Die Bildung eines BA ist **zwingend** vorgeschrieben, wenn der BR   **1**

aus 9 oder mehr Mitgl. besteht. Obwohl das BetrVG darüber schweigt, sollte die Bildung möglichst während der **konstituierenden Sitzung** des BR (§ 29) oder kurzfristig danach erfolgen. Die Mitgl. des BA müssen dem BR angehören und werden von diesem aufgrund der seit dem 1. 1. 89 geltenden Gesetzesänderung (siehe hierzu Vorwort) nunmehr nach den Grundsätzen der Verhältniswahl gewählt, sofern mehrere Wahlvorschläge gemacht werden. Außerdem schreibt das Gesetz geheime Wahl vor (vgl. aber § 125 Abs. 3). Der Vors. des BR und sein Stellvertr. gehören dem Ausschuß jedoch kraft Amtes an. An der Wahl müssen sich mindestens die Hälfte der BR-Mitgl. – bei getrennter Wahl nach Abs. 2 Satz 3 mindestens die Hälfte der Gruppenvertr. – beteiligen (§ 33 Abs. 2). Die Wahl von Ersatzmitgl. ist zulässig und zweckmäßig. Sie müssen jedoch dem BR angehören. Bei der zeitweiligen Verhinderung eines Mitgl. des BA rückt nämlich nicht das nach § 25 in Betracht kommende Ersatzmitgl. auch in den BA nach. Der Vors. des BR ist automatisch Vors. des BA. Für die Teilnahme von Gew.-Vertr. an Sitzungen des BA gilt § 31 entsprechend. Die **Schwerbehinderten-Vertr.** hat gemäß § 25 Abs. 4 SchwbG Teilnahmerecht. Auch die JAV hat ein Teilnahmerecht an allen Sitzungen des BA in entsprechender Anwendung des § 67 Abs. 1; sie kann immer einen Vertr. entsenden. Wählt der BR keinen BA, handelt er pflichtwidrig.

2 Die **Abwahl der weiteren Mitgl.** des BA ist ohne Angabe von Gründen möglich. Sie bedarf unter den Voraussetzungen des § 33 Abs. 2 (Beschlußfähigkeit) der Zustimmung der Mehrheit der anwesenden BR-Mitgl. Eine geheime Abstimmung ist gesetzlich nur vorgeschrieben, wenn die Wahl der weiteren Mitgl. des BA nach den **Grundsätzen der Verhältniswahl** erfolgt ist. In diesem Fall bedarf die Abwahl auch einer Mehrheit von drei Vierteln der Stimmen der BR-Mitgl. Entsprechendes gilt nach Abs. 2 für die Abwahl der von einer Gruppe gewählten Vertr. des BA mit der Maßgabe, daß der Beschluß von der Gruppe zu fassen ist (vgl. aber § 125 Abs. 3).

3 (2) Im BA müssen die **Gruppen entsprechend ihrer Stärke** im BR vertreten sein, wobei jede Gruppe jedoch mindestens einen Vertr. entsendet. Diese Minderheitenregelung gilt jedoch nicht im Verhältnis mehrerer konkurrierender Listen (BAG v. 1. 6. 76, AP Nr. 1 zu § 28 BetrVG 1972). Unter bestimmten Voraussetzungen (Abs. 2 Satz 3) wählen die Gruppen ihre Vertr. selbst. Diese Regelung kompliziert das Abstimmungsverfahren. Auch für die Wahl der Gruppenvertr. gelten nunmehr zusätzlich die Grundsätze der Verhältniswahl, sofern mehrere Wahlvorschläge gemacht werden (vgl. auch Rn. 1 sowie § 125 Abs. 3). Ergibt sich bei Abstimmungen Stimmengleichheit, ist diese Pattsituation durch Losentscheid aufzulösen (BAG v. 26. 2. 87, AP Nr. 5 zu § 26 BetrVG 1972).

4 (3) Zu den **laufenden Geschäften** des BR, die Aufgabe des BA sind, gehören alle Angelegenheiten, die keines besonderen Beschlusses des BR bedürfen. Dazu zählen insbesondere die Vorbereitung von Sitzungen, Einholung und Erteilung von Auskünften, Besprechungen mit dem AG oder Gew. u. ä. Die Ausübung der materiellen Mitwirkungs- und MBR des BR, z. B. nach §§ 87, 90, 99 und 102, ist jedoch nur dann und insoweit Aufgabe des BA, wie sie diesem ausdrücklich durch den BR mit der Mehrheit der Stimmen seiner Mitgl. übertragen wurde. Die **Übertragung** bedarf der Schriftform und kann jederzeit widerrufen werden. **BV** kann jedoch nur der BR in seiner Gesamtheit abschließen.

(4) Bei weniger als 9 Mitgl. können die laufenden Geschäfte (vgl. hierzu Blanke, AiB 81, 120) auf den Vors. oder andere BR-Mitgl. übertragen werden. Dazu bedarf es eines mit einfacher Stimmenmehrheit zu fassenden Beschlusses. Zu den laufenden Geschäften in kleineren Betrieben gehört auch das **Einblicksrecht in die Bruttolohn- und Gehaltslisten** (BAG v. 23. 2. 73, 18. 9. 73, AP Nrn. 2, 3 zu § 80 BetrVG 1972). Über die laufende Geschäftsführung hinaus kann der BR jedoch nicht weitere Aufgaben zur selbständigen Erledigung auf den Vors. oder andere BR-Mitgl. übertragen.

5

§ 28
Übertragung von Aufgaben auf weitere Ausschüsse

(1) Ist ein Betriebsausschuß gebildet, so kann der Betriebsrat weitere Ausschüsse bilden und ihnen bestimmte Aufgaben übertragen. Für die Wahl und Abberufung der Ausschußmitglieder gilt § 27 Abs. 1 Satz 3 bis 5 entsprechend. Soweit den Ausschüssen bestimmte Aufgaben zur selbständigen Erledigung übertragen werden, gilt § 27 Abs. 3 Satz 2 bis 4 entsprechend.

(2) Für die Zusammensetzung der Ausschüsse sowie die Wahl und Abberufung der Ausschußmitglieder durch die Gruppen gilt § 27 Abs. 2 entsprechend. § 27 Abs. 2 Satz 1 und 2 gilt nicht, soweit dem Ausschuß Aufgaben übertragen sind, die nur eine Gruppe betreffen. Ist eine Gruppe nur durch ein Mitglied im Betriebsrat vertreten, so können diesem die Aufgaben nach Satz 2 übertragen werden.

(3) Die Absätze 1 und 2 gelten entsprechend für die Übertragung von Aufgaben zur selbständigen Entscheidung auf Mitglieder des Betriebsrats in Ausschüssen, deren Mitglieder vom Betriebsrat und vom Arbeitgeber benannt werden.

(1) Nur wenn der BR aus wenigstens 9 Mitgl. besteht, ist die Bildung von weiteren Ausschüssen möglich, denen ggf. auch bestimmte Aufgaben zur **selbständigen Erledigung** übertragen werden können, z. B. ein Personal- oder Sozialausschuß (vgl. auch BAG v. 12. 7. 84, AP Nr. 32 zu § 102 BetrVG 1972; Blanke, AiB 81, 120). Zur Wahl und Abberufung von Ausschuß-Mitgl. vgl. § 27 Rn. 1, 2

1

sowie § 125 Abs. 3. Sonstige Ausschüsse – ohne die in § 28 genannten Befugnisse – können auch von einem BR mit weniger als 9 Mitgl. errichtet werden. Hiervon sollte jedoch nur in Ausnahmefällen Gebrauch gemacht werden.

2 (2) Bei der Zusammensetzung müssen die Gruppen entsprechend ihrem zahlenmäßigen Verhältnis berücksichtigt werden, sofern die Aufgaben nicht nur eine Gruppe betreffen (vgl. im übrigen § 27 Rn. 2, 3 sowie § 125 Abs. 3).

3 (3) Wird ein Ausschuß gemeinsam aus Mitgl. des BR und Vertr. des AG gebildet, z. B. ein Wohnungs- oder Akkordausschuß oder Ausschuß für Arbeitssicherheit, ist Voraussetzung für einen Beschluß, daß die Mehrheit der vom BR entsandten Mitgl. im Ausschuß zugestimmt hat. Sind den BR-Mitgl. in einen paritätischen Ausschuß die Mitwirkungsrechte bei Kündigungen nach § 102 zur selbständigen Entscheidung übertragen worden, soll nach Ansicht des BAG eine ordnungsgemäße Beschlußfassung unter der Voraussetzung zulässig sein, daß der BR selbständig und ausschließlich alle seine Mitgl. entsandt hat und sämtliche Mitgl. des BR im paritätischen Ausschuß zugestimmt haben (BAG v. 12. 7. 84, AP Nr. 32 zu § 102 BetrVG 1972). Insbesondere bei gemischten Ausschüssen ist zu empfehlen, die Aufgabenbefugnisse dieser gemischten Ausschüsse in einer BV näher festzulegen.

§ 29
Einberufung der Sitzungen

(1) Vor Ablauf einer Woche nach dem Wahltag hat der Wahlvorstand die Mitglieder des Betriebsrats zu der nach § 26 Abs. 1 und 2 vorgeschriebenen Wahl einzuberufen. Der Vorsitzende des Wahlvorstands leitet die Sitzung, bis der Betriebsrat aus seiner Mitte einen Wahlleiter bestellt hat.

(2) Die weiteren Sitzungen beruft der Vorsitzende des Betriebsrats ein. Er setzt die Tagesordnung fest und leitet die Verhandlung. Der Vorsitzende hat die Mitglieder des Betriebsrats zu den Sitzungen rechtzeitig unter Mitteilung der Tagesordnung zu laden. Dies gilt auch für die Schwerbehindertenvertretung sowie für die Jugend- und Auszubildendenvertreter, soweit sie ein Recht auf Teilnahme an der Betriebsratssitzung haben. Kann ein Mitglied des Betriebsrats oder der Jugend- und Auszubildendenvertretung an der Sitzung nicht teilnehmen, so soll es dies unter Angabe der Gründe unverzüglich dem Vorsitzenden mitteilen. Der Vorsitzende hat für ein verhindertes Betriebsratsmitglied oder für einen verhinderten Jugend- und Auszubildendenvertreter das Ersatzmitglied zu laden.

(3) Der Vorsitzende hat eine Sitzung einzuberufen und den Gegenstand, dessen Beratung beantragt ist, auf die Tagesordnung zu setzen,

wenn dies ein Viertel der Mitglieder des Betriebsrats oder der Arbeitgeber beantragt. Ein solcher Antrag kann auch von der Mehrheit der Vertreter einer Gruppe gestellt werden, wenn diese Gruppe im Betriebsrat durch mindestens zwei Mitglieder vertreten ist.

(4) Der Arbeitgeber nimmt an den Sitzungen, die auf sein Verlangen anberaumt sind, und an den Sitzungen, zu denen er ausdrücklich eingeladen ist, teil. Er kann einen Vertreter der Vereinigung der Arbeitgeber, der er angehört, hinzuziehen.

(1) Der WV hat innerhalb einer Woche nach dem Wahltag den BR zur sog. **konstituierenden Sitzung** einzuberufen. Die Sitzung selbst muß allerdings nicht in diesem Zeitraum stattfinden. Sie kann jedoch bereits stattfinden, wenn die Amtszeit des vorherigen BR noch nicht beendet ist. Sie sollte jedenfalls so rechtzeitig stattfinden, daß keine BR-lose Zeit eintritt bzw. diese verkürzt wird, da nach Auffassung des BAG vor der Konstituierung des BR z. B. keine Anhörungspflicht des AG bei beabsichtigten Kündigungen bestehen soll (BAG v. 23. 8. 84, AP Nr. 36 zu § 102 BetrVG 1972). An der konstituierenden Sitzung nimmt nur der Vors. der WV teil. Die Funktion des WV erlischt in dem Moment, in dem der Wahlleiter gewählt ist. Dessen Funktion ist wiederum erfüllt, wenn der BR-Vors. und sein Stellvertr. gewählt sind. Ein Teilnahmerecht eines **Beauftragten der im BR vertretenen Gewerkschaft** an der konstituierenden Sitzung ist unter den Voraussetzungen des § 31 gegeben. **1**

(2) In welcher Form und mit welchen Fristen Ladungen durch den BR-Vors. zu BR-Sitzungen zu erfolgen haben, ist zweckmäßigerweise in der Geschäftsordnung festzulegen. Die **ordnungsgemäße Ladung** aller BR-Mitgl. durch den Vors. unter Mitteilung der Tagesordnung ist Voraussetzung für eine rechtswirksame Beschlußfassung (BAG, DB 88, 2259). Tagesordnungspunkte, die nicht vorher mitgeteilt wurden, sollen nach Auffassung des BAG nur behandelt werden können, wenn alle BR-Mitgl. anwesend sind und sich mit der Behandlung einverstanden erklärt haben (BAG a.a.O.). Für verhinderte BR-Mitgl. und JAV sind die entsprechenden Ersatz-Mitgl. einzuladen. Ist der BR-Vors. selbst verhindert, erfolgt die Einberufung der weiteren BR-Sitzungen durch den Stellvertr. **2**

(3) Beruft der BR-Vors. trotz eines Antrags eine Sitzung nicht ein oder setzt er den beantragten Gegenstand nicht auf die Tagesordnung, handelt er pflichtwidrig (§ 23 Abs. 1). Zum Antragsrecht der JAV vgl. § 67. Das Antragsrecht der Schwerbehinderten-Vertr. ergibt sich aus § 25 Abs. 4 SchwbG. **3**

(4) Der AG kann an BR-Sitzungen nur teilnehmen, wenn die Sitzungen auf seinen Antrag einberufen oder er ausdrücklich zur Sitzung eingeladen worden ist. Die Einladung kann sich auch auf einzelne Punkte der Tagesordnung beschränken. Der AG ist verpflich- **4**

tet, entweder selbst oder durch einen Vertr. an der BR-Sitzung teilzunehmen. Bei dem Vertr. muß es sich um eine für die Leitung des
Betriebs verantwortliche Person handeln, nicht jedoch um einen Betriebsfremden. Ein grundsätzliches und hartnäckiges Fernbleiben
kann eine Störung der Tätigkeit des BR bedeuten und nach § 119
Abs. 1 Nr. 2 zu einer Bestrafung führen. Ein Vertr. des AG-Verban-
des kann nur dann an einer BR-Sitzung teilnehmen, wenn er ausdrücklich vom AG dazu aufgefordert wurde. Der AG hat kein
Stimmrecht. Er ist nicht berechtigt, eine Protokollführung hinzuzuziehen (so auch ArbG Bad Hersfeld, BB 87, 2452, zu den Besprechungen nach § 74 Abs. 1). Er kann auch nicht die Sitzung leiten
und hat kein Teilnahmerecht während der Beschlußfassung.

§ 30
Betriebsratssitzungen

**Die Sitzungen des Betriebsrats finden in der Regel während der Ar-
beitszeit statt. Der Betriebsrat hat bei der Ansetzung von Betriebsratssitzungen auf die betrieblichen Notwendigkeiten Rücksicht zu
nehmen. Der Arbeitgeber ist vom Zeitpunkt der Sitzung vorher zu
verständigen. Die Sitzungen des Betriebsrats sind nicht öffentlich.**

1   Betriebliche Notwendigkeiten können nur in Ausnahmefällen dazu
     führen, daß eine BR-Sitzung außerhalb der Arbeitszeit stattfindet.
     Müssen einzelne BR-Mitgl. außerhalb ihrer Arbeitszeit an BR-
     Sitzungen teilnehmen, z. B. in Schichtbetrieben, haben sie Anspruch
     auf **Freizeitausgleich** nach § 37 Abs. 3. Der AG kann eine Sitzung,
     bei der nach seiner Auffassung auf betriebliche Notwendigkeiten
     nicht genügend Rücksicht genommen wurde, nicht verbieten oder
     gar dem BR-Mitgl. das Arbeitsentgelt entsprechend kürzen. Der
     AG hat auch keinen Anspruch darauf, vom BR zu verlangen, seine
     Sitzungen an **bestimmten Wochentagen** oder zu einem **bestimmten
     Zeitpunkt** abzuhalten (ArbG Wesel v. 12. 4. 88 – 1 BV 4/88). Gegen
     den Willen des BR kann er die Absetzung der Sitzung allenfalls
     durch eine einstweilige Verfügung des ArbG erwirken. Finden BR-
     Sitzungen **außerhalb des Betriebsgeländes** statt, ist der AG nicht be-
     rechtigt, eine Abmahnung auszusprechen oder Lohnabzüge für den
     Sitzungszeitraum vorzunehmen (LAG Berlin, AiB 88, 110).

2   Die Verpflichtung, den AG vorher vom Zeitpunkt der BR-Sitzung
     zu verständigen, hat lediglich den Sinn, daß sich der AG wegen des
     Produktionsablaufs darauf einstellen kann. Die Tagesordnung ist
     nicht mitzuteilen. Es bedarf auch keiner Zustimmung des AG für
     die Sitzung. Aus dem Grundsatz der **Nichtöffentlichkeit** ergibt sich,
     daß neben den BR-Mitgl. ein Teilnahmerecht nur die Schwerbehin-
     derten-Vertr., die JAV, der Vertr. der Gew. (§ 31), der AG (nur im
     Rahmen des § 29 Abs. 4) oder andere vom BR zur Beratung einzel-

ner Tagesordnungspunkte hinzugezogene Personen (Sachverständige, Auskunftspersonen, vgl. § 80 Rn. 10 f.) haben.

§ 30 gilt entsprechend für die Sitzungen des BA, WA und anderer **3**
vom BR gebildeter Ausschüsse.

§ 31
Teilnahme der Gewerkschaften

Auf Antrag von einem Viertel der Mitglieder oder der Mehrheit einer Gruppe des Betriebsrats kann ein Beauftragter einer im Betriebsrat vertretenen Gewerkschaft an den Sitzungen beratend teilnehmen; in diesem Fall sind der Zeitpunkt der Sitzung und die Tagesordnung der Gewerkschaft rechtzeitig mitzuteilen.

Die Teilnahme von Gew.-Beauftragten kann bereits dann erfolgen, **1**
wenn dies lediglich von einem Viertel der BR-Mitgl. oder der Mehrheit einer im BR vertretenen Gruppe beantragt wird. Eines Beschlusses des BR bedarf es nicht. Voraussetzung ist, daß ein BR-Mitgl. dieser Gew. angehört. Welchen Vertr. die eingeladene Gew. entsendet, bestimmt diese allein. Der Gew.-Vertr. muß nicht Ang. der Gew. sein; er kann auch ein AN des Betriebs sein. Die Entsendung **mehrerer Vertr.** ist möglich und jedenfalls dann zweckmäßig, wenn die Tagesordnungspunkte eine Beratung durch verschiedene Gew.-Vertr. notwendig erscheinen lassen. Der Antrag auf Hinzuziehung von Gew.-Vertr. kann auch für mehrere Sitzungen gestellt oder die generelle Hinzuziehung beschlossen werden (a. A. jetzt offenbar BAG v. 25. 6. 87, AP Nr. 6 zu § 108 BetrVG 1972). Auch Gew.-Vertr., die als AN-Vertr. dem AR eines Konkurrenz-UN angehören, kann der AG die Teilnahme an BR-Sitzungen (Ausschüsse, Betriebsversamml.) nicht verwehren, da es keine Unvereinbarkeit zwischen diesen beiden Tätigkeiten gibt (LAG Hamburg, Mitb. 87, 782).

Im Gegensatz zum Vertr. der AG-Vereinigung (§ 29 Abs. 4 Satz 2) **2**
hat der Beauftragte der Gew. **beratende Stimme,** d. h., er darf auf die Willensbildung des BR Einfluß nehmen. Er hat kein Stimmrecht, kann jedoch bei der Beschlußfassung anwesend sein. Der AG kann dem Gew.-Beauftragten den Zutritt zum Betrieb nicht verwehren. Zur Verschwiegenheitspflicht siehe § 79 Abs. 2. § 31 ist entsprechend anzuwenden auf Ausschüsse des BR einschl. BA und WA (BAG v. 18. 11. 80, AP Nr. 2 zu § 108 BetrVG 1972).

§ 32
Teilnahme der Schwerbehindertenvertretung

Die Schwerbehindertenvertretung (§ 24 des Schwerbehindertengesetzes) kann an allen Sitzungen des Betriebsrats beratend teilnehmen.

§ 32 gilt auch für Ausschußsitzungen des BR einschl. BA und WA

(BAG v. 4. 6. 87, AP Nr. 2 zu § 22 SchwbG) sowie für Besprechungen mit dem AG nach § 74 Abs. 1 (§ 25 Abs. 4, 5 SchwbG).

§ 33
Beschlüsse des Betriebsrats

(1) Die Beschlüsse des Betriebsrats werden, soweit in diesem Gesetz nichts anderes bestimmt ist, mit der Mehrheit der Stimmen der anwesenden Mitglieder gefaßt. Bei Stimmengleichheit ist ein Antrag abgelehnt.

(2) Der Betriebsrat ist nur beschlußfähig, wenn mindestens die Hälfte der Betriebsratsmitglieder an der Beschlußfassung teilnimmt; Stellvertretung durch Ersatzmitglieder ist zulässig.

(3) Nimmt die Jugend- und Auszubildendenvertretung an der Beschlußfassung teil, so werden die Stimmen der Jugend- und Auszubildendenvertreter bei der Feststellung der Stimmenmehrheit mitgezählt.

1 (1) Der BR trifft seine Entscheidung durch Beschluß. Voraussetzung für die Beschlußfassung ist die **ordnungsgemäße Ladung aller BR-Mitgl.** und aller **Mitgl. der JAV,** sofern diese im BR Stimmrecht hat (vgl. § 67), und die **rechtzeitige Mitteilung der Tagesordnung.** Für verhinderte BR-Mitgl. sind **Ersatz-Mitgl.** zu laden. Erfolgt dies nicht, ist der BR an einer wirksamen Beschlußfassung gehindert (BAG v. 23. 8. 84, AP Nr. 17 zu § 103 BetrVG 1972; BAG, DB 88, 2259). Der Mangel der nicht rechtzeitigen Mitteilung oder die Notwendigkeit der Ergänzung der Tagesordnung kann dadurch behoben werden, daß alle BR-Mitgl. anwesend sind und sich einstimmig mit der Behandlung bzw. Ergänzung der Tagesordnung einverstanden erklärt haben (BAG, DB 88, 2259). Eine Beschlußfassung im **Umlaufverfahren** ist unzulässig. Ein Beschluß ist nur bei Stimmenmehrheit der anwesenden Mitgl. wirksam getroffen worden. In einigen Fällen bedarf jedoch ein Beschluß der Mehrheit der Stimmen der Mitgl. des BR (absolute Mehrheit), so nach §§ 13 Abs. 2 Nr. 3, 27 Abs. 3, 28 Abs. 1, 36, 50 Abs. 2, 107 Abs. 3. Stimmenthaltungen gelten demnach als Ablehnung. In eigenen, persönlichen Angelegenheiten ist das betroffene BR-Mitgl. gehindert, an der Beratung und Beschlußfassung des BR teilzunehmen (vgl. § 25 Rn. 2). Es ist ein Ersatz-Mitgl. zu diesem Beratungsgegenstand zu laden. **Nichtig** sind Beschlüsse des BR nur, wenn sie entweder einen **gesetzwidrigen Inhalt** haben oder nicht **ordnungsgemäß** zustande gekommen sind (BAG v. 23. 8. 84 a.a.O.; BAG, DB 88, 2259). Letzteres ist aber nur bei **groben Verstößen** und nicht schon bei **kleinen Formfehlern** gegeben. BR-Beschlüsse sind hinsichtlich ihrer Zweckmäßigkeit nicht überprüfbar (LAG Nürnberg, AiB 86, 93).

2 (2) Die **Beschlußfähigkeit** des BR ist eine unverzichtbare Voraussetzung für das Zustandekommen wirksamer Beschlüsse. Sie setzt die

Teilnahme an der Beschlußfassung von mindestens der Hälfte der BR-Mitgl. voraus. Sind jedoch während der Dauer einer Äußerungsfrist (z. B. § 102 Abs. 2) mehr als die Hälfte der BR-Mitglieder verhindert und können diese nicht durch Ersatzmitgl. vertreten werden, nimmt der Rest-BR in entsprechender Anwendung des § 22 die Beteiligungsrechte wahr (BAG v. 18. 8. 82, AP Nr. 24 zu § 102 BetrVG 1972).

(3) Die Stimmen der JAV zählen bei der Feststellung der Stimmenmehrheit, nicht jedoch bei der Feststellung der Beschlußfähigkeit mit. **3**

§ 34
Sitzungsniederschrift

(1) Über jede Verhandlung des Betriebsrats ist eine Niederschrift aufzunehmen, die mindestens den Wortlaut der Beschlüsse und die Stimmenmehrheit, mit der sie gefaßt sind, enthält. Die Niederschrift ist von dem Vorsitzenden und einem weiteren Mitglied zu unterzeichnen. Der Niederschrift ist eine Anwesenheitsliste beizufügen, in die sich jeder Teilnehmer eigenhändig einzutragen hat.

(2) Hat der Arbeitgeber oder ein Beauftragter einer Gewerkschaft an der Sitzung teilgenommen, so ist ihm der entsprechende Teil der Niederschrift abschriftlich auszuhändigen. Einwendungen gegen die Niederschrift sind unverzüglich schriftlich zu erheben; sie sind der Niederschrift beizufügen.

(3) Die Mitglieder des Betriebsrats haben das Recht, die Unterlagen des Betriebsrats und seiner Ausschüsse jederzeit einzusehen.

(1) Die Nichtanfertigung einer Niederschrift hat keine Auswirkungen auf die Wirksamkeit der vom BR gefaßten Beschlüsse; sie erleichtert jedoch deren Nachweis. Die **Hinzuziehung einer Schreibkraft** ist zulässig. Bedenken wegen der Nichtöffentlichkeit der BR-Sitzungen bestehen nicht, da dem BR nach § 40 Abs. 2 vom AG Büropersonal zur Verfügung zu stellen ist. **Tonaufnahmen** zu Zwecken der Protokollführung sind nur möglich, wenn sämtliche Anwesenden ausdrücklich zustimmen. Die Vorschrift gilt entsprechend auch für Sitzungen des WA und der sonstigen Ausschüsse des BR. **1**

(2) Der AG hat nur dann und für den Teil der Sitzung Anspruch auf abschriftliche Aushändigung der Niederschrift, soweit er selbst an der Sitzung teilgenommen hat. Gleiches gilt für Beauftragte einer Gew. Der AG ist jedoch nicht berechtigt, seinerseits eine Protokollführung hinzuzuziehen (so auch ArbG Bad Hersfeld, BB 87, 2452, zu Besprechungen gemäß § 74 Abs. 1). **2**

(3) Das Recht auf Einsichtnahme in die Unterlagen des BR und seiner Ausschüsse steht nur den BR-Mitgl. zu. Aus diesem Recht **3**

ergibt sich jedoch keine Verpflichtung des BR, dem einzelnen BR-Mitgl. die Herstellung von Fotokopien zu gestatten (BAG v. 27. 5. 82, AP Nr. 1 zu § 34 BetrVG 1972). Das einzelne BR-Mitgl. ist jedoch berechtigt, sich Notizen zu machen. Der BR kann aber beschließen, daß Unterlagen, Niederschriften u. ä. für alle Mitgl. z. B. als Sitzungsunterlagen fotokopiert werden. Dies dürfte sich grundsätzlich auch empfehlen, da nur so jedes BR-Mitgl. in der Lage ist, sich auf eine Sitzung vorzubereiten. Die JAV kann nach § 70 Abs. 2 verlangen, daß der BR ihr die zur Durchführung ihrer Aufgaben erforderlichen Unterlagen zur Verfügung stellt.

§ 35
Aussetzung von Beschlüssen

(1) Erachtet die Mehrheit der Vertreter einer Gruppe oder der Jugend- und Auszubildendenvertretung einen Beschluß des Betriebsrats als eine erhebliche Beeinträchtigung wichtiger Interessen der durch sie vertretenen Arbeitnehmer, so ist auf ihren Antrag der Beschluß auf die Dauer von einer Woche vom Zeitpunkt der Beschlußfassung an auszusetzen, damit in dieser Frist eine Verständigung, gegebenenfalls mit Hilfe der im Betrieb vertretenen Gewerkschaften, versucht werden kann.

(2) Nach Ablauf der Frist ist über die Angelegenheit neu zu beschließen. Wird der erste Beschluß bestätigt, so kann der Antrag auf Aussetzung nicht wiederholt werden; dies gilt auch, wenn der erste Beschluß nur unerheblich geändert wird.

(3) Die Absätze 1 und 2 gelten entsprechend, wenn die Schwerbehindertenvertretung einen Beschluß des Betriebsrats als eine erhebliche Beeinträchtigung wichtiger Interessen der Schwerbehinderten erachtet.

1 (1, 2) Eine **Frist** für die Stellung des **Aussetzungsantrags** ist nicht vorgeschrieben. Sie ergibt sich jedoch unmittelbar daraus, daß der Beschluß nur für die Dauer von einer Woche von der Beschlußfassung – nicht vom Antrag – an gerechnet, ausgesetzt werden kann. Der Grundsatz, daß der BR im Falle eines Aussetzungsantrags den Beschluß vor Ablauf der einwöchigen Aussetzungsfrist nicht vollziehen darf, **gilt nicht uneingeschränkt,** wenn die Gefahr besteht, daß das Schweigen des BR als Zustimmung zu einer beabsichtigten Maßnahme des AG angesehen wird (§ 99 Abs. 3, § 102 Abs. 2). In diesem Fall hat der BR dem AG vor Ablauf der Äußerungsfrist die von ihm getroffene Entscheidung mitzuteilen und gleichzeitig auf den gestellten Aussetzungsantrag hinzuweisen, sofern eine Verständigung vorher nicht möglich ist.

2 Der AG verstößt gegen den Grundsatz der vertrauensvollen Zusammenarbeit, wenn er nach Ablauf der Äußerungsfrist die personelle Maßnahme durchführt, ohne die endgültige Entscheidung des BR abzuwarten. Die Vorschrift gilt entsprechend auch für Ausschüsse (§§ 27, 28), denen Aufgaben zur selbständigen Erledigung übertragen wurden.

(3) Die **Schwerbehinderten-Vertr.** kann einen Aussetzungsantrag **3** auch dann stellen, wenn sie entgegen § 25 Abs. 2 SchwbG bei Maßnahmen gegenüber Schwerbehinderten nicht rechtzeitig und umfassend vorher vom AG unterrichtet bzw. angehört wurde (§ 25 Abs. 4 SchwbG).

§ 36
Geschäftsordnung

Sonstige Bestimmungen über die Geschäftsführung sollen in einer schriftlichen Geschäftsordnung getroffen werden, die der Betriebsrat mit der Mehrheit der Stimmen seiner Mitglieder beschließt.

Die Geschäftsordnung darf nicht von zwingenden gesetzl. Bestimmungen für die Geschäftsführung (§§ 26 und 41) abweichen. Sie enthält nur Regelungen für die interne Geschäftsführung des BR und gilt grundsätzlich nur für **die Dauer der Amtszeit** des BR. Anderes gilt für die Geschäftsordnung des **GBR/KBR,** da diese Organe keine von vornherein begrenzte Amtszeit haben. Nach den regelmäßigen BR-Wahlen empfiehlt sich aber auch hier eine erneute Beratung und Beschlußfassung. Eine Bekanntmachung oder Mitteilung an den AG ist nicht erforderlich. Die Aushändigung von Auszügen an den AG kann jedoch zweckmäßig sein.

§ 37
Ehrenamtliche Tätigkeit, Arbeitsversäumnis

(1) Die Mitglieder des Betriebsrats führen ihr Amt unentgeltlich als Ehrenamt.

(2) Mitglieder des Betriebsrats sind von ihrer beruflichen Tätigkeit ohne Minderung des Arbeitsentgelts zu befreien, wenn und soweit es nach Umfang und Art des Betriebs zur ordnungsgemäßen Durchführung ihrer Aufgaben erforderlich ist.

(3) Zum Ausgleich für Betriebsratstätigkeit, die aus betriebsbedingten Gründen außerhalb der Arbeitszeit durchzuführen ist, hat das Betriebsratsmitglied Anspruch auf entsprechende Arbeitsbefreiung unter Fortzahlung des Arbeitsentgelts. Die Arbeitsbefreiung ist vor Ablauf eines Monats zu gewähren; ist dies aus betriebsbedingten Gründen nicht möglich, so ist die aufgewendete Zeit wie Mehrarbeit zu vergüten.

(4) Das Arbeitsentgelt von Mitgliedern des Betriebsrats darf einschließlich eines Zeitraums von einem Jahr nach Beendigung der

Amtszeit nicht geringer bemessen werden als das Arbeitsentgelt vergleichbarer Arbeitnehmer mit betriebsüblicher beruflicher Entwicklung. Dies gilt auch für allgemeine Zuwendungen des Arbeitgebers.

(5) Soweit nicht zwingende betriebliche Notwendigkeiten entgegenstehen, dürfen Mitglieder des Betriebsrats einschließlich eines Zeitraums von einem Jahr nach Beendigung der Amtszeit nur mit Tätigkeiten beschäftigt werden, die den Tätigkeiten der in Absatz 4 genannten Arbeitnehmer gleichwertig sind.

(6) Absatz 2 gilt entsprechend für die Teilnahme an Schulungs- und Bildungsveranstaltungen, soweit diese Kenntnisse vermitteln, die für die Arbeit des Betriebsrats erforderlich sind. Der Betriebsrat hat bei der Festlegung der zeitlichen Lage der Teilnahme an Schulungs- und Bildungsveranstaltungen die betrieblichen Notwendigkeiten zu berücksichtigen. Er hat dem Arbeitgeber die Teilnahme und die zeitliche Lage der Schulungs- und Bildungsveranstaltungen rechtzeitig bekanntzugeben. Hält der Arbeitgeber die betrieblichen Notwendigkeiten für nicht ausreichend berücksichtigt, so kann er die Einigungsstelle anrufen. Der Spruch der Einigungsstelle ersetzt die Einigung zwischen Arbeitgeber und Betriebsrat.

(7) Unbeschadet der Vorschrift des Absatzes 6 hat jedes Mitglied des Betriebsrats während seiner regelmäßigen Amtszeit Anspruch auf bezahlte Freistellung für insgesamt drei Wochen zur Teilnahme an Schulungs- und Bildungsveranstaltungen, die von der zuständigen obersten Arbeitsbehörde des Landes nach Beratung mit den Spitzenorganisationen der Gewerkschaften und der Arbeitgeberverbände als geeignet anerkannt sind. Der Anspruch nach Satz 1 erhöht sich für Arbeitnehmer, die erstmals das Amt eines Betriebsratsmitglieds übernehmen und auch nicht zuvor Jugend- und Auszubildendenvertreter waren, auf vier Wochen. Absatz 6 Satz 2 bis 5 findet Anwendung.

1 (1) Die unentgeltliche Ausübung des Amtes soll die **Unabhängigkeit** des BR-Mitgl. gewährleisten. Den BR-Mitgl. darf wegen ihrer Tätigkeit im BR keine besondere Vergütung irgendwelcher Art gewährt werden. Der pauschale Ersatz regelmäßig entstehender Auslagen und Aufwendungen ist zulässig. Die Tätigkeit als BR-Mitgl. steht in sozialversicherungsrechtlicher Hinsicht der Arbeitsleistung gleich (BSG, BB 76, 980). Die BR-Tätigkeit darf gegen den Willen des BR-Mitgl. im **Zeugnis** grundsätzlich nicht erwähnt werden (LAG Hamm, DB 76, 1112; LAG Frankfurt, DB 78, 167); auch mittelbare Aussagen haben zu unterbleiben (ArbG Ludwigshafen, BB 87, 1464).

2 (2) Durch diese Vorschrift wird sichergestellt, daß die **Erfüllung der BR-Aufgaben Vorrang** vor der arbeitsvertraglichen Verpflichtung des AN hat. Das Recht auf Arbeitsbefreiung erstreckt sich auf jegliche BR-Tätigkeit, gleichgültig, ob innerhalb oder außerhalb des Betriebs. Abs. 2 regelt nicht nur die **Arbeitsbefreiung** aus konkretem Anlaß, sondern eröffnet auch die Möglichkeit, einzelne BR-Mitgl. generell für einen bestimmten Teil ihrer Arbeitszeit (stundenweise, tageweise) freizustellen (BAG v. 2. 4. 74, AP Nr. 10 zu § 37 BetrVG 1972). Ein BR-Mitgl., das im Schichtbetrieb arbeitet, kann ggf. seine Tätigkeit früher beenden, um einigermaßen ausgeschlafen an einer BR-Sitzung teilnehmen zu können. Das Arbeitsentgelt darf deswegen nicht gemindert werden (ArbG Koblenz v. 3. 5. 88 – 5 Ca 1196/87 N). Daneben regelt § 38 die völlige Freistellung von der Verpflichtung zur Arbeitsleistung.

Darüber hinaus gewährt die Vorschrift unter Umständen auch einen Anspruch auf generelle **Befreiung von einer bestimmten Art der Arbeit,** z.B. Versetzung aus der Wechselschicht in die Normalschicht oder aus dem Außendienst in den Innendienst (LAG Düsseldorf v. 19. 7. 88 – 8/2 Ta BV 57/88) oder von der Akkordarbeit in die Zeitarbeit (BAG v. 13. 11. 64, AP Nr. 9 zu § 37 BetrVG), sofern diese für eine sachgerechte Erfüllung der Aufgaben des BR erforderlich ist. Der **Umfang der Arbeitsbefreiung** hängt auch davon ab, welche Funktionen das Mitgl. im BR ausübt und welche Aufgaben ihm übertragen wurden. Bei der Frage, ob eine Arbeitsbefreiung erforderlich ist, steht dem BR-Mitgl. ein Beurteilungsspielraum zu (BAG v. 6. 11. 73, AP Nr. 5 zu § 37 BetrVG 1972). **3**

Eine Arbeitsbefreiung ist immer dann erforderlich, wenn das BR-Mitgl. dies bei gewissenhafter Überlegung und bei ruhiger, vernünftiger Würdigung aller Umstände für notwendig halten durfte. Allerdings genügt ein Beschluß des BR allein nicht, um die Erforderlichkeit einer Arbeitsbefreiung zu begründen (BAG v. 6. 8. 81, AP Nr. 39 zu § 37 BetrVG 1972). Die Erforderlichkeit muß sich aus den Umständen ergeben. Nimmt ein nicht freigestelltes BR-Mitgl. jedoch BR-Tätigkeit wahr, die es für erforderlich halten konnte, kommt eine Abmahnung des AG wegen der dadurch bedingten Versäumung von Arbeitszeit nicht in Betracht (BAG v. 6. 8. 81, AP Nr. 40 zu § 37 BetrVG 1972). Dies gilt auch bei der Teilnahme an einer Schulungsmaßnahme nach Abs. 6 gegen den Widerspruch des AG (LAG Berlin v. 2. 3. 88 – 10 Sa 106/87; LAG Baden-Württemberg, ArbuR 88, 258). Zu den **erforderlichen Aufgaben** eines BR-Mitgl. kann auch die Teilnahme als Zuhörer an einer **ArbG-Verhandlung** jedenfalls dann gehören, wenn es sich um einen Rechtsstreit von grundsätzlicher Bedeutung über eine für die Arbeit des betreffenden BR wesentliche Frage – z.B. neue Tarifregelung – handelt (LAG München, BB 87, 685; LAG Hamburg, DB 81, 2236; a. A. BAG v. 19. 5. 83, AP Nr. 44 zu § 37 BetrVG 1972). Neben der **Teilnahme an Sitzungen** des BR und seiner Ausschüsse sowie an **Betriebs- und Abteilungsversamml.** gehört auch die **Vor- und Nachbereitung von Sitzungen,** die **Erledigung des Schriftverkehrs,** die **Erstel-** **4**

lung von Sitzungsunterlagen, Gesprächsnotizen, Niederschriften, die **Einordnung von Unterlagen** u.ä. zu den erforderlichen Aufgaben von BR-Mitgl. (LAG Berlin v. 17. 12. 80 – 5 Sa 75/80 und v. 11. 12. 80 – 7 Sa 67/80). Der AG hat bezüglich des **Abmeldeverfahrens** kein Weisungsrecht; folglich besteht auch kein MBR nach § 87 Abs. 1 Nr. 1 (BAG v. 23. 6. 83, AP Nr. 45 zu § 37 BetrVG 1972).

5 Das BR-Mitgl. darf seinen Arbeitsplatz ohne Zustimmung des AG verlassen. Es genügt eine Abmeldung beim zuständigen Vorgesetzten unter stichwortartiger Beschreibung des Gegenstandes der Tätigkeit nach Art, Ort und Zeit, nicht dagegen eine nähere Darlegung ihres Inhalts, die dem AG etwa eine Kontrolle der BR-Tätigkeit ermöglichen könnte (BAG v. 19. 6. 79, AP Nr. 36 zu § 37 BetrVG 1972). BR-Mitglieder sind auch nicht verpflichtet, die Namen von AN anzugeben, die sie im Betrieb aufsuchen wollen, oder die AN generell auf die Sprechstunde des BR zu verweisen (BAG v. 23. 6. 83, AP Nr. 45 zu § 37 BetrVG 1972). Bei erforderlicher BR-Tätigkeit (aus betriebsbedingten Gründen) **außerhalb des Betriebs** zählt auch die aufgewendete Wege- und Reisezeit als Arbeitszeit (BAG, DB 78, 2177; vgl. auch BAG, BetrR 84, 319).

6 Das Arbeitsentgelt – einschl. sämtlicher Zulagen, die nicht reinen Aufwendungscharakter (wie z.B. Wegegelder) haben – muß so weitergezahlt werden, als wenn das BR-Mitgl. an seinem Arbeitsplatz verblieben wäre. Dies gilt auch für den steuerpflichtigen Teil z.B. der **Nahauslösung** nach dem Bundesmontage-TV in der Eisen-, Metall- und Elektroindustrie (BAG, DB 88, 2006; LAG Frankfurt, NZA 88, 69) sowie für **Anwesenheitsprämien,** die auch bei Fehlzeiten, die durch den Besuch von erforderlichen Schulungsmaßnahmen i.S. des Abs. 6 entstehen, nicht gekürzt werden dürfen (LAG Hamm, DB 88, 2058, das allerdings den Anspruch bei Teilnahme an nicht erforderlichen Schulungen verneint). Führt ein BR-Mitgl. aus betriebsbedingten Gründen während einer Kurzarbeitsperiode BR-Tätigkeit aus, während die anderen AN in dieser Zeit nicht arbeiten, hat es Anspruch auf seine übliche Vergütung. Nach Auffassung des BAG soll allerdings ein Vergütungsanspruch bei BR-Tätigkeit während der Zeit des Arbeitsausfalls wegen Schlechtwetters nicht gegeben sein (BAG v. 31. 7. 86, AP Nr. 55 zu § 37 BetrVG 1972). Entsprechendes soll nach der neuen, aber abzulehnenden Rechtspr. des BAG auch gelten, wenn BR-Mitgl. während einer Aussperrung BR-Tätigkeit ausüben (BAG, ArbuR 88, 383). Nach diesen Entscheidungen können auch BR-Mitgl. suspendierend ausgesperrt werden. Mit der Aussperrung wird aber nur das Arbeitsverhältnis, nicht das BR-Amt suspendiert.

7 Die fortzuzahlenden Bezüge unterliegen der **Steuer- und Sozialversicherungspflicht.** Dies gilt auch für Sonntags-, Feiertags- und Nachtarbeitszuschläge, wenn sie nur zur Vermeidung eines Einkommensverlustes gezahlt werden, ohne daß diese Tätigkeiten ausgeführt worden sind. Nach Auffassung des BAG ist der AG in diesen Fällen nicht verpflichtet, eine entsprechende Ausgleichssumme zu zahlen (BAG v. 29. 7. 80, 22. 8. 85, AP Nrn. 37, 50 zu § 37 BetrVG 1972; unter Aufgabe seiner früheren Rechtspr. v. 10. 6. 69, AP Nr. 12 zu § 37 BetrVG).

(3) Ein Ausgleichsanspruch auf Freizeit setzt voraus, daß eine BR-Tätigkeit aus **betriebsbedingten Gründen** außerhalb der Arbeitszeit durchgeführt worden ist, z. B. in Schichtbetrieben. Dagegen soll nach Auffassung des BAG kein Ausgleichsanspruch bestehen, wenn die BR-Tätigkeit aus Gründen, die innerhalb des BR liegen – **betriebsratsbedingte Gründe** –, außerhalb der Arbeitszeit ausgeübt wird (BAG v. 21. 5. 74, AP Nr. 14 zu § 37 BetrVG 1972; BAG, DB 87, 282), so z. B., wenn der BR eine Sitzung außerhalb der Arbeitszeit durchführt, weil ansonsten die Teilnahme eines sachverständigen Gew.-Vertr. nicht möglich ist, oder eine Sitzung über die Beendigung der Arbeitszeit hinaus fortsetzt.

8

So rechnet das BAG (v. 18. 9. 73, 19. 7. 77, AP Nrn. 3, 31 zu § 37 BetrVG 1972) auch Bildungsveranstaltungen nicht zur BR-Tätigkeit nach § 37 Abs. 3 und verneint, wenn diese (oder die An- und Abreise) außerhalb der Arbeitszeit des betreffenden BR-Mitgl. stattfinden, einen Ausgleichsanspruch. Auch Reisezeiten, die ein BR-Mitgl. zur Erfüllung notwendiger betriebsverfassungsrechtlicher Aufgaben, z. B. wegen Teilnahme an einer auswärtigen BR-Versamml. (§ 53) außerhalb der Arbeitszeit aufwendet, lösen regelmäßig keinen Ausgleichsanspruch aus, da in diesen Fällen die Reise nach Auffassung des BAG aus betriebsbedingten Gründen außerhalb der Arbeitszeit durchgeführt wird (BAG, DB 78, 2177 f.).

9

Betriebsbedingte Gründe für die BR-Tätigkeit außerhalb der Arbeitszeit liegen z. B. jedoch dann vor, wenn das BR-Mitgl. diese beabsichtigte BR-Tätigkeit anzeigt, der AG aber keine Möglichkeit zur Ausübung der BR-Tätigkeit während der Arbeitszeit gegeben hat (BAG, NZA 88, 437). Betriebsbedingte Gründe können auch ohne vorherige Anzeige dann angenommen werden, wenn sich der AG eindeutig und endgültig auch für zukünftige Fälle geweigert hat, die BR-Tätigkeit während der Arbeitszeit zu ermöglichen (BAG a.a.O.). Bis zur Arbeitszeit der Vollzeitbeschäftigten ist erforderliche BR-Tätigkeit über die individuelle tägliche Arbeitszeit von **Teilzeitbeschäftigten** hinaus betriebsbedingt, so daß regelmäßig Anspruch auf vollen Freizeitausgleich besteht (LAG Frankfurt, DB 88, 1706). Dies gilt auch für Fahrtzeiten, die teilzeitbeschäftigte – oder in Schichtarbeit tätige – BR-Mitgl. aufwenden, um außerhalb ihrer individuellen Arbeitszeit an BR-Sitzungen teilzunehmen (LAG Niedersachssen, AiB 86, 94). Für Reisezeiten hat ein teilzeitbeschäftigtes BR- und/oder GBR-/KBR-Mitgl. Anspruch auf Frei-

10

zeitausgleich nur unter den gleichen Voraussetzungen wie ein voll-
zeitbeschäftigtes BR- und/oder GBR-/KBR-Mitgl. (LAG Frankfurt a.a.O.; vgl. auch Rn. 9).

11 Bei Betriebsversamml. außerhalb der Arbeitszeit besteht ein Ausgleichsanspruch nach § 37 Abs. 3. Dem BR-Mitgl. ist für den entstandenen Zeitaufwand Freizeit im Verhältnis 1 : 1, also ohne Zeit-
zuschläge, zu gewähren (BAG v. 19. 7. 77, AP Nr. 29 zu § 37
BetrVG 1972). Kann die Arbeitsbefreiung aus betriebsbedingten
Gründen nicht gewährt werden, ist die aufgewendete Zeit wie
Mehrarbeit zu vergüten. BR-Mitgl., die als **Teilzeitbeschäftigte** tätig
sind, erhalten jedoch erst Mehrarbeitsvergütung, wenn ihre Arbeitszeit die Arbeitszeit der vollbeschäftigten AN übersteigt (BAG v. 7.
2. 85, AP Nr. 48 zu § 37 BetrVG 1972).

12 (4) Es wird die Angleichung des Arbeitsentgelts von BR-Mitgl. an
das **vergleichbarer** AN des Betriebs mit betriebsüblicher Entwicklung sichergestellt. Hat der Betrieb nur einen vergleichbaren AN, ist
der Vergleich mit diesem maßgebend (BAG v. 21. 4. 83, AP Nr. 43
zu § 37 BetrVG 1972). Das BR-Mitgl. soll **grundsätzlich** dasselbe
Arbeitsentgelt erhalten, das es verdient hätte, wenn es das BR-Amt
nicht übernommen und deshalb eine andere berufliche Entwicklung
genommen hätte. Während seiner Amtszeit ist das **Arbeitsentgelt**
der BR-Mitgl. laufend dem vergleichbarer AN **anzupassen.** Dies gilt
auch für widerrufliche Zulagen (BAG a.a.O.) und für Nahauslösun-
gen jedenfalls dann, wenn das BR-Mitgl. wegen seiner BR-Tätigkeit
keine Montagearbeiten mehr ausführen kann (LAG Hamburg v.
30. 6. 86 – 2 Sa 27/86). Bei dem Vergleich ist der Zeitpunkt der Wahl
bzw. bei nachgerückten BR-Mitgl. der Beginn der individuellen
Amtszeit maßgebend. Das BR-Mitgl. ist zu diesem Zeitpunkt mit
anderen AN zu vergleichen, die unter Berücksichtigung der **Qualifikation** und der **Persönlichkeit** dieselbe oder eine vergleichbare Arbeit verrichtet haben (BAG v. 17. 5. 77, AP Nr. 28 zu § 37 BetrVG
1972).

13 Das Verbot der geringeren Bemessung des Arbeitsentgelts findet
auch Anwendung, wenn die Bewerbung von BR-Mitgl. um einen
höher dotierten Arbeitsplatz zu Unrecht erfolglos bleibt (so auch
BAG v. 13. 11. 87, AP Nr. 61 zu § 37 BetrVG 1972 zu nicht freigestellten BR-Mitgl.). Bewerben sich neben dem BR-Mitgl. andere
AN des Betriebs um den höher dotierten Arbeitsplatz, ist der Anspruch des nicht berücksichtigten BR-Mitgl. auf das höhere Arbeitsentgelt gerechtfertigt, wenn eine personelle Auswahl im Rahmen der betriebsüblichen beruflichen Entwicklung zu einer Beför-
derung geführt hätte (BAG a.a.O.). Dies gilt auch dann, wenn der
höher dotierte Arbeitsplatz im Wege der Neueinstellung besetzt
wird (BAG a.a.O.). Muß ein AN allein wegen seiner BR-Arbeit seine Tätigkeit als stellv. Schichtführer aufgeben, hat der AG eine et-

waige Lohndifferenz auszugleichen (LAG Köln v. 13. 9. 84 – 10 Sa 583/84).

(5) Neben der **wirtschaftlichen Absicherung** gewährleistet Abs. 5 **14** den Schutz des BR-Mitgl. gegen die Zuweisung von unterwertigen beruflichen Tätigkeiten (LAG Frankfurt, BB 86, 2199). Ob eine Tätigkeit gleichwertig ist, muß unter Berücksichtigung insbesondere der Auffassung der in dem betreffenden Beruf Tätigen beurteilt werden. Die Ausnahmeregelung, daß dem zwingende betriebliche Notwendigkeiten entgegenstehen können, ist eng auszulegen.

(6) Nach Auffassung des BAG (v. 9. 10. 73, 27. 9. 74, AP Nrn. 4, 18 **15** zu § 37 BetrVG 1972) ist die Vermittlung von Kenntnissen dann **erforderlich,** wenn diese unter Berücksichtigung der konkreten Verhältnisse im Betrieb und **im BR** notwendig sind, damit der BR seine gegenwärtigen oder in naher Zukunft anstehenden **Aufgaben** sach- und fachgerecht erfüllen kann. In ständiger Rechtspr. hat das BAG bestätigt, daß sowohl die Vermittlung von **Grundkenntnissen** als auch von **Spezialwissen** erforderlich sein kann (BAG v. 9. 10. 73, 6. 11. 73, 29. 1. 74, 14. 6. 77, 25. 4. 78, 21. 11. 78, AP Nrn. 4, 5, 9, 30, 33, 35 zu § 37 BetrVG 1972; vgl. auch Schneider, AiB 87, 196).

Für die Vermittlung allgemeiner **Grundkenntnisse des BetrVG** ist ein **16** konkreter betriebsbezogener Anlaß nicht Voraussetzung. Dies gilt für alle erstmals gewählten BR-Mitgl., es sei denn, daß sie bereits vor der Schulung ausreichende Kenntnisse über das BetrVG erlangt hätten (BAG v. 21. 11. 78, AP Nr. 35 zu § 37 BetrVG 1972). Die Vermittlung von Grundkenntnissen beschränkt sich jedoch nicht nur auf Einführungslehrgänge in das BetrVG, sondern auch auf **spezielle, abgeschlossene Teilgebiete** des Gesetzes, ohne daß es in der Regel der Darlegung einer besonderen betrieblichen Situation, die solche Kenntnisse erforderlich macht, bedarf (LAG Düsseldorf, DB 81, 119). Auch die Vermittlung von Grundkenntnissen des allgemeinen Arbeitsrechts, insbesondere des Arbeitsschutzrechts, sowie Schulungsveranstaltungen über Arbeitsschutz und Unfallverhütung (Arbeitssicherheit) sind grundsätzlich als eine erforderliche Kenntnisvermittlung anzusehen (BAG v. 16. 10. 86, 15. 5. 86, AP Nrn. 58, 54 zu § 37 BetrVG 1972). Hat der BR gemäß § 28 Ausschüsse gebildet, ist für die ordnungsgemäße Amtsführung erforderlich, daß sämtliche Mitgl. des jeweiligen Fachausschusses zumindest über Grundkenntnisse auf dem jeweiligen Fachgebiet verfügen (LAG Düsseldorf v. 24. 3. 80 – 10 TaBV 5/80). Als erforderliche Kenntnisvermittlung sind auch Schulungsmaßnahmen über sozialpolitische Gesetzesvorhaben mit Auswirkungen für die BR-Tätigkeit anzusehen (zu eng BAG, DB 88, 1453). Die Vermittlung von Grundkenntnissen des BetrVG wird nicht deshalb überflüssig, weil der BR im Zeitpunkt der Durchführung der Veranstaltung zurückgetreten war, da der zurückgetretene BR gemäß § 22 die Amtsgeschäfte in vollem Umfang bis zur Neuwahl des BR weiterführt (ArbG Berlin v. 19. 1. 88 – 36 BV 11/87; a. A. LAG Schleswig-Holstein, BB 88, 348). Dies gilt insbesondere dann, wenn das betroffene BR-Mitgl. für den neuen BR wieder kandidiert.

17 Bei der **Vertiefung von Kenntnissen** oder der Vermittlung von **Spezialwissen** ist bei der Prüfung der Erforderlichkeit auf die **konkrete Aufgabenstellung** des BR abzustellen. Bei der Frage, ob die Probleme anstehen oder in naher Zukunft anstehen werden, sind die **Initiativrechte des BR,** z. B. nach § 87, zu berücksichtigen. Bei der Beurteilung der Frage, ob die Entsendung eines BR-Mitgl. zu einer Schulungsmaßnahme erforderlich ist, steht dem BR ein gewisser Beurteilungsspielraum zu (BAG v. 6. 11. 73, 16. 10. 86, AP Nrn. 5, 58 zu § 37 BetrVG 1972). Es ist nicht notwendig, daß die Teilnahme an der Schulungsmaßnahme rückblickend gesehen objektiv wirklich erforderlich war (BAG v. 6. 11. 73, 27. 9. 74, AP Nrn. 5, 18 zu § 37 BetrVG 1972).

18 Soweit mit einer Schulungsmaßnahme für die BR-Arbeit **teils erforderliche, teils nicht erforderliche Kenntnisse** vermittelt werden, gilt nach der Rechtspr. des BAG grundsätzlich: Werden im Rahmen der Schulungszeit überwiegend (mehr als 50 v. H.) erforderliche Themen behandelt, ist die gesamte Veranstaltung als erforderlich anzusehen (BAG v. 28. 5. 76, AP Nr. 24 zu § 37 BetrVG 1972), es sei denn, daß die Themen klar voneinander abgrenzbar sind und ein zeitweiser Besuch der Veranstaltung möglich ist (BAG v. 10. 5. 74, AP Nr. 4 zu § 65 BetrVG 1972). Der zeitweilige Besuch entsprechender Veranstaltungen dürfte jedoch nur selten möglich sein, da diese grundsätzlich nur als einheitliches Ganzes angeboten werden. Die Teilnahme an nach Abs. 7 anerkannten Schulungsmaßnahmen ist auch nach Abs. 6 zulässig, sofern die Teilnahme für die BR-Arbeit erforderlich ist (BAG v. 5. 4. 84, AP Nr. 46 zu § 37 BetrVG 1972).

19 Bei dem Anspruch auf Teilnahme an einer Schulungsveranstaltung nach Abs. 6 handelt es sich um einen **Anspruch des BR,** nicht des einzelnen BR-Mitgl. Der BR beschließt somit darüber, ob und ggf. welche BR-Mitgl. an welcher Schulungsmaßnahme zu welchem Zeitpunkt teilnehmen. Ohne einen BR-Beschluß ist die Teilnahme von BR-Mitgl. an einer Schulungsmaßnahme nicht möglich. Bei der Festlegung der zeitlichen Lage hat der BR die betrieblichen Notwendigkeiten zu berücksichtigen und dem AG die Teilnahme und die zeitliche Lage der Maßnahme rechtzeitig bekanntzugeben. **Rechtzeitig** ist eine Unterrichtung, die dem AG die Prüfung ermöglicht, ob die Voraussetzungen für die Gewährung einer bezahlten Freistellung vorliegen und die es ihm, falls er die betrieblichen Belange nicht für ausreichend berücksichtigt hält, ferner gestattet, die ESt. anzurufen (BAG v. 18. 3. 77, AP Nr. 27 zu § 37 BetrVG 1972). Die **ESt.** ist ggf. unverzüglich, spätestens jedoch innerhalb von **2**

Wochen vom AG anzurufen. Sie darf nur über die Frage der Be-
rücksichtigung der betrieblichen Notwendigkeiten entscheiden.
Umstritten ist, ob das BR-Mitgl. die Teilnahme bis zum Spruch der
ESt. zurückstellen muß, wenn der AG die ESt. angerufen hat (so
BAG a.a.O.). Die Entscheidung, ob erforderliche Kenntnisse vermittelt werden, obliegt dem **ArbG**. Grundsätzlich bedarf das BR-
Mitgl. keiner Erlaubnis oder **Zustimmung des AG** zur Teilnahme an
einer Schulungsveranstaltung (BAG v. 30. 1. 73, AP Nr. 3 zu § 40
BetrVG 1972). Daher können BR-Mitgl. an Schulungsmaßnahmen
auch dann teilnehmen, wenn der AG das ArbG angerufen hat und
noch keine rechtskräftige Entscheidung vorliegt. Das BR-Mitgl.
darf, wenn der BR die Teilnahme beschlossen hat, nach erfolgter
Abmeldung seinen Arbeitsplatz verlassen und an der Schulungsmaßnahme teilnehmen, auch wenn der AG widersprochen hat (so
LAG Baden-Württemberg, AiB 88, 282).

Der Anspruch auf entsprechende Fortzahlung des Arbeitsentgelts **20**
und der Kostenübernahme entfällt nicht bei unterlassener oder
nicht rechtzeitiger Unterrichtung des AG durch den BR und bei
Nichtvorlage des Lehrplans und nicht korrekte Bezeichnung des
Lehrgangs, sofern das BR-Mitgl. dennoch an der Schulungsveranstaltung teilnimmt und die übrigen Voraussetzungen vorliegen. Die
ordnungsgemäße Unterrichtung des AG ist keine zusätzliche An-
spruchsvoraussetzung (LAG Baden-Württemberg, AiB, 88, 282).
Eine durch genererelle Betriebsferienregelung erfolgte zeitliche
Festlegung des Urlaubs eines BR-Mitgl. wird gegenstandslos, wenn
der BR das betreffende BR-Mitgl. zu einer in den Zeitraum der Betriebsferien fallende Schulung entsendet (LAG Niedersachsen, AiB
88, 284).

Ersatzmitgl. des BR, die häufig und in einer gewissen Regelmäßig- **21**
keit BR-Mitgl. vertreten, haben grundsätzlich Anspruch auf Schulungsmaßnahmen nach Abs. 6 (BAG v. 15. 5. 86, AP Nr. 53 zu § 37
BetrVG 1972).

Unerheblich ist, wer **Träger der Schulungsveranstaltung** ist. Die **22**
Dauer der Schulungen ergibt sich aus der sachlichen Notwendig-
keit. Eine Schulungsdauer von 14 Tagen hat das BAG (v. 8. 2. 77,
AP Nr. 26 zu § 37 BetrVG 1972) als erforderlich angesehen.

Die immer noch bestehende Rechtsunsicherheit in der Anwendung **23**
der Vorschrift hat einige BR dazu gebracht, mit dem AG ein **Ge-
samtzeitvolumen** für Abs. 6 auszuhandeln. Es bleibt dann dem BR
überlassen, wie dieser die Verteilung unter den BR-Mitgl. vornimmt. Bezüglich der **Kostentragungspflicht** wird auf § 40 Rn. 3 verwiesen.

(7) Im Gegensatz zu Abs. 6 handelt es sich hier um einen **Individual-** **24**
anspruch des einzelnen BR-Mitgl. Für die Teilnahme reicht es aus,

daß die betreffende Veranstaltung von der zuständigen obersten Arbeitsbehörde des Landes als geeignet anerkannt ist. Die zu vermittelnden Kenntnisse müssen für die BR-Arbeit im weiten Sinne dienlich und förderlich sein. Der sachliche Zusammenhang mit der BR-Tätigkeit darf dabei nicht zu eng gesehen werden. Der gesetzl. Anspruch kann auch in Teilabschnitten erfüllt werden. Auch der Anspruch nach Abs. 7 muß vom BR dem AG gegenüber geltend gemacht werden.

25 Der BR beschließt über die zeitliche Lage. Die ESt. kann der AG auch in diesem Fall nur anrufen, wenn er die betrieblichen Notwendigkeiten für nicht ausreichend berücksichtigt hält; vgl. im übrigen Rn. 19 f.

26 Wird der »Bildungsurlaub« ganz oder teilweise nicht in Anspruch genommen, verfällt er grundsätzlich mit Ablauf der Amtszeit, es sei denn, er konnte aus dringenden persönlichen oder betrieblichen Gründen nicht genommen werden. Einem nachrückenden **Ersatzmitgl.** steht der Anspruch nach Abs. 7 anteilig für die verbleibende Amtszeit mit der Maßgabe zu, daß die zusätzliche Woche für erstmals gewählte BR-Mitgl. voll zu gewähren ist. Ist die Realisierung durch das Ersatzmitgl. in der laufenden Amtsperiode nicht mehr möglich, behält es den zusätzlichen Anspruch für erstmals gewählte BR-Mitgl.

§ 38
Freistellungen

(1) Von ihrer beruflichen Tätigkeit sind mindestens freizustellen in Betrieben mit in der Regel

300 bis 600 Arbeitnehmern	ein Betriebsratsmitglied,
601 bis 1000 Arbeitnehmern	2 Betriebsratsmitglieder,
1001 bis 2000 Arbeitnehmern	3 Betriebsratsmitglieder,
2001 bis 3000 Arbeitnehmern	4 Betriebsratsmitglieder,
3001 bis 4000 Arbeitnehmern	5 Betriebsratsmitglieder,
4001 bis 5000 Arbeitnehmern	6 Betriebsratsmitglieder,
5001 bis 6000 Arbeitnehmern	7 Betriebsratsmitglieder,
6001 bis 7000 Arbeitnehmern	8 Betriebsratsmitglieder,
7001 bis 8000 Arbeitnehmern	9 Betriebsratsmitglieder,
8001 bis 9000 Arbeitnehmern	10 Betriebsratsmitglieder,
9001 bis 10000 Arbeitnehmern	11 Betriebsratsmitglieder.

In Betrieben mit über 10 000 Arbeitnehmern ist für je angefangene weitere 2 000 Arbeitnehmer ein weiteres Betriebsratsmitglied freizustellen. Durch Tarifvertrag oder Betriebsvereinbarung können anderweitige Regelungen über die Freistellung vereinbart werden.

(2) Die freizustellenden Betriebsratsmitglieder werden nach Beratung mit dem Arbeitgeber vom Betriebsrat aus seiner Mitte in gehei-

mer Wahl und nach den Grundsätzen der Verhältniswahl gewählt.
Wird nur ein Wahlvorschlag gemacht, so erfolgt die Wahl nach den
Grundsätzen der Mehrheitswahl; ist nur ein Betriebsratsmitglied freizustellen, so wird dieses mit einfacher Stimmenmehrheit gewählt. Die
Gruppen sind entsprechend dem Verhältnis ihrer Vertretung im Betriebsrat zu berücksichtigen. Gehört jeder Gruppe im Betriebsrat mindestens ein Drittel der Mitglieder an, so wählt jede Gruppe die auf sie
entfallenden freizustellenden Betriebsratsmitglieder; die Sätze 1 und 2
gelten entsprechend. Der Betriebsrat hat die Namen der Freizustellenden dem Arbeitgeber bekanntzugeben. Hält der Arbeitgeber eine Freistellung für sachlich nicht vertretbar, so kann er innerhalb einer Frist
von zwei Wochen nach der Bekanntgabe die Einigungsstelle anrufen.
Der Spruch der Einigungsstelle ersetzt die Einigung zwischen Arbeitgeber und Betriebsrat. Bestätigt die Einigungsstelle die Bedenken des
Arbeitgebers, so hat sie bei der Bestimmung eines anderen freizustellenden Betriebsratsmitglieds auch den Minderheitenschutz im Sinne
der Sätze 1 bis 3 zu beachten. Ruft der Arbeitgeber die Einigungsstelle
nicht an, so gilt sein Einverständnis mit den Freistellungen nach Ablauf der zweiwöchigen Frist als erteilt. Für die Abberufung gilt § 27
Abs. 1 Satz 5 und Abs. 2 Satz 5 entsprechend.

(3) Der Zeitraum für die Weiterzahlung des nach § 37 Abs. 4 zu be-
messenden Arbeitsentgelts und für die Beschäftigung nach § 37 Abs. 5
erhöht sich für Mitglieder des Betriebsrats, die drei volle aufeinanderfolgende Amtszeiten freigestellt waren, auf zwei Jahre nach Ablauf
der Amtszeit.

(4) Freigestellte Betriebsratsmitglieder dürfen von inner- und außerbetrieblichen Maßnahmen der Berufsbildung nicht ausgeschlossen
werden. Innerhalb eines Jahres nach Beendigung der Freistellung eines Betriebsratsmitglieds ist diesem im Rahmen der Möglichkeiten
des Betriebs Gelegenheit zu geben, eine wegen der Freistellung unterbliebene betriebsübliche berufliche Entwicklung nachzuholen. Für
Mitglieder des Betriebsrats, die drei volle aufeinanderfolgende Amtszeiten freigestellt waren, erhöht sich der Zeitraum nach Satz 2 auf
zwei Jahre.

(1) Bei den angegebenen Zahlen handelt es sich um **Mindestfreistel-** **1**
lungen, über die durch TV, BV oder sonstige Regelungen hinausge-
gangen werden kann. Dies ist z. B. im Bergbau geschehen. Auch ist
es möglich, daß der BR ohne eine Vereinbarung statt der völligen
Freistellung eines Mitgl. mehrere BR-Mitgl. teilweise von der Arbeit freistellt (str.). Auch in Betrieben **unter 300 AN** kann dem BR
ein Anspruch auf völlige oder teilweise Freistellung von BR-Mitgl.
zustehen, wenn dies zur ordnungsgemäßen Durchführung der BR-
Arbeit erforderlich ist (BAG v. 2. 4. 74, AP Nr. 10 zu § 37 BetrVG
1972). Arbeitsbefreiungen nach § 37 Abs. 2 können selbst bei sehr
umfangreicher Inanspruchnahme nicht auf Freistellungen nach

Abs. 1 angerechnet werden (ArbG Berlin v. 1. 10. 85 – 30 BV 12/ 85). Für zeitweilig verhinderte freigestellte BR-Mitgl. kann der BR, wenn dies für die ordnungsgemäße Durchführung seiner Aufgaben erforderlich ist, die **Ersatzfreistellung** eines anderen BR-Mitgl. beschließen (BAG v. 22. 5. 73, AP Nr. 1 zu § 38 BetrVG 1972).

2 (2) Über die Freistellungen der BR-Mitgl. entscheidet nach vorheriger Beratung mit dem AG allein der BR. Will der BR über die in Abs. 1 festgelegten Mindestzahlen hinausgehen, weil für die Durchführung der BR-Tätigkeit weitere Freistellungen erforderlich sind, und erreicht er keine Übereinkunft mit dem AG, muß er nach Ansicht des BAG (v. 22. 5. 73, 9. 10. 73, AP Nrn. 2, 3 zu § 38 BetrVG 1972) eine Klärung **durch das ArbG** herbeiführen. Richtigerweise ist dagegen dem BR die primäre Zuständigkeit über die Erforderlichkeit weitergehender Freistellungen anzuerkennen, wobei der AG die Möglichkeit hat, gegen diese Entscheidung die ESt. anzurufen (ArbG Darmstadt v. 5. 10. 78 – 2 BV 11/78). Durch die seit dem 1. 1. 89 geltenden Gesetzesänderungen (siehe Vorwort) sind nunmehr die Gruppen entsprechend ihrem zahlenmäßigen Verhältnis im BR bei den Freizustellenden zu berücksichtigen (vgl. aber § 125 Abs. 3). Verzichtet eine Gruppe auf ihr zustehende Freizustellende, fallen diese der anderen Gruppe zu. Die Gruppen wählen die auf sie entfallenden freizustellenden BR-Mitgl. selbst, wenn jeder Gruppe mindestens ein Drittel der BR-Mitgl. angehört. Die Wahl der Freizustellenden erfolgt geheim und nach den Grundsätzen der Verhältniswahl, sofern mehrere Wahlvorschläge gemacht werden (vgl. auch § 27 Rn. 1, § 125 Abs. 3). Ergeben sich bei der Wahl Pattsituationen, sind diese nach Auffassung des BAG durch Losentscheid aufzulösen (BAG v. 26. 2. 87, AP Nr. 8 zu § 38 BetrVG 1972). Ist der Beschluß des BR wirksam geworden, sind die freigestellten BR-Mitgl. nicht mehr zur Erbringung ihrer Arbeitsleistung verpflichtet. Damit entfällt auch das Direktionsrecht des AG. Die Abberufung von der Freistellung ist jederzeit ohne Angabe von Gründen möglich. Eine geheime Abstimmung ist gesetzlich nur vorgeschrieben, wenn die Wahl der freigestellten BR-Mitgl. nach den Grundsätzen der Verhältniswahl erfolgt ist. In diesem Fall bedarf die Abwahl auch einer Mehrheit von drei Vierteln der Stimmen der BR-Mitgl. (vgl. im übrigen § 27 Rn. 2, § 125 Abs. 3).

3 (3) Der in § 37 Abs. 4, 5 geregelte **Verdienst- und Tätigkeitsschutz** wird auf zwei Jahre verlängert, wenn ein BR-Mitgl. über drei volle aufeinanderfolgende Amtszeiten von der Arbeit freigestellt war.

4 (4) Damit freigestellte BR-Mitgl. den Anschluß an ihre **berufliche Entwicklung** nicht verlieren, muß der AG ihnen die Teilnahme an inner- und außerbetrieblichen Maßnahmen der Berufsbildung auch während der Amtszeit ermöglichen. Darüber hinaus ist freigestellten BR-Mitgl. nach Beendigung ihrer Freistellung innerhalb eines bzw. zwei Jahren Gelegenheit zu geben, eine wegen der Freistellung unterbliebene betriebsübliche berufliche Entwicklung nachzuholen. Das gilt auch dann, wenn nur die Freistellung und nicht die Tätigkeit im BR endet. Es kommen auch außerbetriebliche Maßnahmen in Betracht, deren Kosten der AG zu tragen hat.

§ 39
Sprechstunden

(1) Der Betriebsrat kann während der Arbeitszeit Sprechstunden einrichten. Zeit und Ort sind mit dem Arbeitgeber zu vereinbaren. Kommt eine Einigung nicht zustande, so entscheidet die Einigungsstelle. Der Spruch der Einigungsstelle ersetzt die Einigung zwischen Arbeitgeber und Betriebsrat.

(2) Führt die Jugend- und Auszubildendenvertretung keine eigenen Sprechstunden durch, so kann an den Sprechstunden des Betriebsrats ein Mitglied der Jugend- und Auszubildendenvertretung zur Beratung der in § 60 Abs. 1 genannten Arbeitnehmer teilnehmen.

(3) Versäumnis von Arbeitszeit, die zum Besuch der Sprechstunden oder durch sonstige Inanspruchnahme des Betriebsrats erforderlich ist, berechtigt den Arbeitgeber nicht zur Minderung des Arbeitsentgelts des Arbeitnehmers.

(1) Über die Notwendigkeit der Durchführung von Sprechstunden **1** entscheidet allein der BR. Eine Übereinstimmung zwischen BR und AG muß lediglich hinsichtlich des Ortes und der zeitlichen Lage herbeigeführt werden. Der BR ist auch befugt, Personen zu den Sprechstunden hinzuzuziehen, die Auskunft z. B. über einen neuen TV geben (LAG Baden-Württemberg, BB 74, 1206).

(2) In Betrieben, die in der Regel mehr als 50 jugendliche AN und **2** Auszubildende beschäftigen, kann die JAV Sprechstunden während der Arbeitszeit einrichten (vgl. im übrigen § 69).

(3) Der AN ist berechtigt, Sprechstunden des BR aufzusuchen oder **3** auch den BR außerhalb der Sprechstunden in Anspruch zu nehmen. Er braucht dem AG den Anlaß seines Besuches nicht mitzuteilen. Ein Verlust an Arbeitsentgelt entsteht nicht. Der AN hat sich lediglich ordnungsgemäß abzumelden sowie nach Rückkehr wieder anzumelden. Verweigert der AG ohne triftigen Grund den Besuch der Sprechstunden, kann der AN auch gegen den Widerspruch des AG die Sprechstunden aufsuchen. Auch die kollektive Inanspruchnahme des BR – mehrerer AN zur gleichen Zeit – ist z. B. zur Information über den Stand wichtiger betrieblicher Fragen zulässig (ArbG Hamburg, AiB 82, 158; LAG Hamburg v. 28. 7. 82 – 5 Sa 23/82; ArbG Darmstadt v. 2. 10. 86 – 2 Ca 191/86; a. A. LAG Niedersachsen, NZA 87, 33, wenn sich die AN über den Stand von tariflichen

Schlichtungsverhandlungen informieren wollen; ArbG Kassel, NZA 87, 534).

§ 40
Kosten und Sachaufwand des Betriebsrats

(1) Die durch die Tätigkeit des Betriebsrats entstehenden Kosten trägt der Arbeitgeber.

(2) Für die Sitzungen, die Sprechstunden und die laufende Geschäftsführung hat der Arbeitgeber in erforderlichem Umfang Räume, sachliche Mittel und Büropersonal zur Verfügung zu stellen.

1 (1) Nach der Meinung BAG sind nur solche Kosten erstattungsfähig, deren Aufwendung der BR unter Anlegung eines verständigen Maßstabs für erforderlich halten konnte. Dazu gehören z. B.: **Fahrtkosten,** die durch die Teilnahme an auswärtigen Sitzungen entstehen, Kosten für angemessene **Unterkunft und Verpflegung** (ArbG Darmstadt, AiB 88, 285), Kosten für ein **betriebliches Informationsblatt** (BAG v. 21. 11. 78, AP Nr. 15 zu § 40 BetrVG 1972), Kosten für die Versendung von situationsbezogenen Informationen an die Privatanschriften der AN während eines arbeitskampfbedingten Produktionsstillstandes (LAG Berlin, DB 84, 1936), Kosten für einen **Dolmetscher,** wenn dieser zur Verständigung mit ausländischen AN benötigt wird (ArbG Stuttgart, AiB 86, 168), Kosten eines **schriftlichen Tätigkeitsberichts,** wenn z. B. ein nicht unerheblicher Teil der Belegschaft verhindert ist, an der Betriebsversamml. teilzunehmen (LAG Baden-Württemberg, ArbuR 84, 54) bzw. einer **Fragebogenaktion** (BAG v. 8. 2. 77, AP Nr. 10 zu § 80 BetrVG 1972), **Post- und Fernsprechgebühren,** Kosten für die Hinzuziehung eines **Rechtsanwalts,** wenn der BR bei pflichtgemäßer und verständiger Abwägung aller Umstände die Hinzuziehung für notwendig halten konnte (BAG v. 7. 3. 83, AP Nr. 21 zu § 40 BetrVG). Dies gilt auch für die erste und zweite Instanz (BAG v. 3. 10. 78, AP Nr. 14 zu § 40 BetrVG 1972) und insbesondere dann, wenn die Sach- und Rechtslage Schwierigkeiten aufweist, zu deren Beurteilung die Kenntnisse eines Anwalts von Bedeutung sein könnten (BAG v. 26. 11. 74, AP Nr. 6 zu § 20 BetrVG 1972). Erteilt der BR einem Rechtsanwalt eine atypische Honorarzusage, hat er den AG rechtzeitig vorher zu informieren (LAG Frankfurt, NZA 88, 441).

2 Ist die gesetzl. Rechtsstellung eines **einzelnen BR-Mitgl., ErsatzMitgl.** oder **Wahlbewerbers** Streitgegenstand oder durch den Rechtsstreit berührt, hat der AG auch die dem einzelnen BR-Mitgl., Ersatzmitgl. oder Wahlbewerber entstehenden Rechtsanwaltskosten zu tragen, so z. B. bei einem Ausschlußverfahren (§ 23 Abs. 1) aus dem BR (BAG, ArbuR 82, 258), bei einer Anfechtung der Wahl eines BR-Mitgl. (BAG v. 3. 4. 79, AP Nr. 1 zu § 13 BetrVG 1972), bei einem Streit über das Einblicksrecht eines BR-Mitgl. in die BR-Unterlagen (BAG v. 27. 5. 82, AP Nr. 1 zu § 34 BetrVG 1972), bei einem Streit eines Wahlbewerbers hinsichtlich des Zugangsrechts zum Betrieb z. B. zum Sammeln von Stützunterschriften (LAG Berlin, DB 88, 1172) oder bei Streitigkeiten über die Frage des aktuellen Nachrückens in den BR bzw. über die Frage der zeitweiligen Ersatzmitgliedschaft im BR (BAG v. 11. 12. 87 – 7 ABR 76/86). Für jede Gerichtsinstanz muß der BR eine förmliche Entscheidung (§ 33) darüber herbeiführen, ob auch in der nächsthöheren Instanz ein Rechtsanwalt für ihn tätig sein soll (LAG Berlin, ArbuR 88, 112). Dies kann jedoch dann nicht gelten, wenn es lediglich um die Abwehr eines Rechtsmittels gegen eine Entscheidung geht, die der vom BR beauftragte Rechtsanwalt zu dessen Gunsten erwirkt hat. Nicht zu den erstattungsfähigen Kosten gehören allerdings nach Auffassung des BAG die Gerichts- und Anwaltskosten, die einem BR-Mitgl. aus einem Rechtsstreit im Urteilsverfahren mit dem Ziel der Durchsetzung seines Lohnanspruchs entstehen (BAG v. 14. 10. 82, AP Nr. 19 zu § 40 BetrVG 1972) sowie Reisekosten eines nicht am Gerichtsort der 1. Instanz ansässigen Rechtsanwalts, sofern der BR die Zuziehung eines auswärtigen Rechtsanwalts bei pflichtgemäßer Abwägung aller Umstände nicht für erforderlich halten durfte (BAG, NZA 87, 753; 2. 4. 87 – 6 ABR 36/85). Die Beauftragung eines auswärtigen Rechtsanwalts kann der BR jedoch beschließen, wenn er in schwierigen Rechtsfragen für die Prozeßvertretung einen erfahrenen und anerkannten Fachanwalt für erforderlich hält und/ oder der AG sich seinerseits durch einen auswärtigen Rechtsanwalt vertreten läßt (so auch BAG, DB 88, 187; ArbG Siegburg v. 29. 1. 87 – 3 BV 40/86). Auf Verlangen des Anwalts hat der AG **Vorschüsse** auf das Honorar zu zahlen (so auch LAG Berlin v. 7. 3. 83, AP Nr. 21 zu § 40 BetrVG 1972). Zu den **Kosten der ESt.** vgl. § 76a.

Zu den nach dieser Vorschrift zu erstattenden Kosten gehören auch **3** die **Kosten für Schulungen** nach § 37 Abs. 6 (BAG v. 31. 10. 72, AP Nr. 2 zu § 40 BetrVG 1972). Das BR-Mitgl. ist verpflichtet, nach dem Grundsatz der Verhältnismäßigkeit hinsichtlich des Umfangs und der Höhe der Aufwendungen auf die Belange des AG Rücksicht zu nehmen (BAG v. 29. 1. 74, AP Nr. 5 zu § 40 BetrVG 1972). Allerdings ist der BR keineswegs verpflichtet, stets die billigste Maßnahme auszuwählen. Einer qualitativ höherwertigen Schulung ist Vorrang zu geben, z. B. Maßnahme an einer zentralen Bildungsstätte, da hier regelmäßig eine effektivere Ausbildung möglich ist (BAG v. 29. 1. 74, 29. 4. 75, AP Nr. 9 zu § 37, AP Nr. 9 zu § 40 BetrVG 1972). Zu den zu erstattenden Kosten gehören insbesondere die **Fahrtkosten,** die Kosten für **Verpflegung** und **Übernachtung** sowie eine etwaige **Teilnehmergebühr.** Aufwendungen für Getränke und Tabakwaren sind nicht erstattungsfähig (BAG v. 15. 6. 76, AP

Nr. 12 zu § 40 BetrVG 1972). Nicht erstattungsfähig sind auch **Generalunkosten** der Schule (BAG v. 28. 5. 76, AP Nr. 11 zu § 40 BetrVG 1972). Dagegen können die Kosten, die einer Gew. als Veranstalterin einer Schulung i. S. des § 37 Abs. 6 durch die jeweilige konkrete Schulung entstehen, auf die Schulungsteilnehmer anteilig umgelegt werden, wenn sie von den Generalunkosten **abgrenzbar** sind (BAG v. 3. 4. 79, AP Nr. 17 zu § 40 BetrVG 1972). Hierzu zählen auch die **Aufwendungen für Referenten,** soweit es sich nicht um Honorare und Lohnkosten eigener und für DGB-Referenten handelt, wenn eine entsprechende Referententätigkeit zu deren Haupt- oder Nebenpflichten aus deren Arbeitsverhältnissen gehört (BAG a.a.O.). Ein angemessener Tagessatz für Unterkunft und Verpflegung braucht nicht näher aufgeschlüsselt und begründet werden (so BAG v. 29. 4. 75, 23. 6. 75, AP Nrn. 9, 10 zu § 40 BetrVG 1972 zu einem Betrag von 48,– DM, der sich im Rahmen der Steuerrichtlinien bewegte). Eine entsprechende Anpassung an gestiegene Preise ist vorzunehmen. Eine sog. **Haushaltsersparnis** darf der AG bei einem solchen Tagessatz nicht in Abzug bringen (BAG v. 29. 4. 75 a.a.O.). Besteht eine **betriebliche Reisekostenregelung,** ist daran auch der BR gebunden; dies gilt jedoch nicht, wenn die Teilnehmergebühr höher ist (BAG v. 7. 6. 84, AP Nr. 24 zu § 40 BetrVG 1972). Sieht die betriebliche Reisekostenregelung vor, daß für erhaltene Verpflegung bestimmte Prozentsätze von der Spesenpauschale in Abzug zu bringen sind, ist dem BR-Mitgl. der Restpauschalbetrag auch bei Gewährung von Vollpension auszuzahlen (ArbG Frankfurt v. 27. 10. 87 – 4 BV 10/87). Bei einer Schulung nach § 37 Abs. 7 hat das BR-Mitgl. lediglich Anspruch auf Fortzahlung des Arbeitsentgelts.

4 Der Anspruch auf Kostenerstattung hängt nicht davon ab, ob der BR den AG vorher überhaupt oder rechtzeitig informiert (LAG Baden-Württemberg, ArbuR 88, 258); es sei denn, es werden außergewöhnlich hohe oder atypische Kostenerstattungsansprüche geltend gemacht, wie z. B. Erteilung einer atypischen Honorarzusage an einen beauftragten Rechtsanwalt (LAG Frankfurt, NZA 88, 441). BR-Kosten sind im Konkursverfahren des AG keine bevorrechtigten Forderungen nach § 61 Abs. 1 Nr. 1. a) KO. Im Vergleichsverfahren ist der BR lediglich Vergleichsgläubiger i. S. des § 25 VerglO (BAG v. 16. 10. 86, AP Nr. 26 zu § 40 BetrVG 1972).

5 (2) Unter Abs. 2 fallen (vgl. hierzu auch Besgen, AiB 87, 150 ff.) die notwendigen **Schreibmaterialien** sowie je nach Schreibanfall auch eine **Schreibkraft** (ArbG Solingen, DB 74, 782; ArbG Dortmund v. 12. 3. 86 – 1 BV 82/85), ggf. vollschichtig (LAG Baden-Württemberg, AiB 88, 185). Des weiteren sind allen BR-Mitgl. die wichtigsten arbeits- und sozialrechtlichen **Gesetzestexte,** z. B. die **Textsammlung** von Kittner »Arbeits- und Sozialordnung« (LAG Düsseldorf, DB 88, 1072), zur Verfügung zu stellen sowie dem BR **Kom-**

mentare und **Fachzeitschriften** (z. B. AiB oder ArbuR) bereitzustellen (BAG v. 21. 4. 83, AP Nr. 20 zu § 40 BetrVG 1972). Bei Kommentaren und Fachzeitschriften kann der BR bestimmte Werke bevorzugen. Der AG hat dem BR einen oder mehrere Räume als **BR-Büros** sowie für Sitzungen und Besprechungen zur Verfügung zu stellen. In diesen Räumen übt der BR das Hausrecht aus. Der AG kann dem BR die Nutzung einmal zugesagter Räumlichkeiten nicht untersagen, selbst wenn die Räume nicht sachgerecht genutzt werden (ArbG Göttingen, AiB 88, 284, das auch die Voraussetzungen für eine einstweilige Verfügung anerkennt, weil sonst die BR-Arbeit erheblich gefährdet würde), es sei denn, der AG stellt andere, gleichwertige Büroräume zur Verfügung. Dem BR muß im BR-Büro ein **Telefon** zur jederzeitigen, ungehinderten Benutzung zur Verfügung stehen (LAG Baden-Württemberg v. 13. 8. 81 – 11 TaBV 8/81). Ein eigener Telefonamtsanschluß ist dagegen nicht erforderlich, wenn der BR die betriebliche Telefonanlage ohne Empfänger- und Inhaltskontrolle jederzeit benutzen kann (LAG Frankfurt, NZA 86, 650). Die Auswahl des **Büropersonals** obliegt allein dem BR. Während der Tätigkeit für den BR sind die Bürokräfte dem Weisungsrecht des AG entzogen. Der BR hat grundsätzlich Anspruch auf ein mit allen Sachmitteln ausgestattetes Büro (ArbG Heilbronn, BB 84, 982; ArbG Bremerhaven, AiB 86, 167). Er kann in der Regel verlangen, daß ihm der AG ein eigenes **Fotokopiergerät** zur Vervielfältigung von Sitzungsunterlagen, Protokollen u. ä. zur Verfügung stellt. Entsprechendes gilt für einen **Personal-Computer,** wenn dieser für die BR-Tätigkeit erforderlich ist (a. A. ArbG Göttingen, DB 88, 2056, wenn der Personal-Computer lediglich zu einer Erleichterung bei der Abwicklung der Arbeit führt, diese jedoch auch ohne dieses Hilfsmittel in zumutbarer Weise erledigt werden kann). In größeren Betrieben empfiehlt es sich, dem BR für dessen Geschäftsbedürfnis von vornherein einen entsprechenden Fonds zur Verfügung zu stellen, worüber er nach einer gewissen Zeit abrechnet.

§ 41
Umlageverbot

Die Erhebung und Leistung von Beiträgen der Arbeitnehmer für Zwecke des Betriebsrats ist unzulässig.

Die Vorschrift erstreckt sich nur auf Beiträge für den BR selbst. Unberührt bleiben Geldsammlungen durch BR-Mitgl. für andere Zwecke (z. B. Geburtstagsgeschenke an AN usw.).

Vierter Abschnitt:

Betriebsversammlung

§ 42
Zusammensetzung, Teilversammlung, Abteilungsversammlung

(1) Die Betriebsversammlung besteht aus den Arbeitnehmern des Betriebs; sie wird von dem Vorsitzenden des Betriebsrats geleitet. Sie ist nicht öffentlich. Kann wegen der Eigenart des Betriebs eine Versammlung aller Arbeitnehmer zum gleichen Zeitpunkt nicht stattfinden, so sind Teilversammlungen durchzuführen.

(2) Arbeitnehmer organisatorisch oder räumlich abgegrenzter Betriebsteile sind vom Betriebsrat zu Abteilungsversammlungen zusammenzufassen, wenn dies für die Erörterung der besonderen Belange der Arbeitnehmer erforderlich ist. Die Abteilungsversammlung wird von einem Mitglied des Betriebsrats geleitet, das möglichst einem beteiligten Betriebsteil als Arbeitnehmer angehört. Absatz 1 Satz 2 und 3 gilt entsprechend.

1   (1) Die Betriebsversamml. ist dem BR nicht übergeordnet. Sie dient vor allem der **Aussprache** zwischen dem BR und den AN des Betriebs und dazu, daß der BR in der Betriebsversamml. Rechenschaft über seine Tätigkeit gibt (§ 43 Abs. 1 Satz 1). Die Einberufung erfolgt durch den BR. Der AG darf nicht die AN des Betriebs oder Gruppen von ihnen zu Versamml. einberufen, in denen Themen behandelt werden, für die nach § 45 die **Betriebsversamml. zuständig** ist und somit auch die Zuständigkeit des BR beeinträchtigt wird (vgl. jedoch LAG Düsseldorf, DB 85, 872, wonach der AG in einer von ihm einberufenen Versamml. mit den AN betriebsbezogene Fragen besprechen darf). Die **Leitung der Betriebsversamml.** obliegt dem BR-Vors., der insoweit Hausrecht hat. Dieses besteht auch in bezug auf die Zugangswege zum Versamml.-Raum.

2   Die Betriebsversamml. besteht aus den AN des Betriebs. Auch **Leih-AN** nach dem AÜG dürfen, obwohl sie das Wahlrecht zum BR nicht besitzen (vgl. § 7 Rn. 1), an den Betriebsversamml. ebenso wie **Heim-AN** und **Tele-AN** teilnehmen. Entsprechendes gilt für AN, die sich im **Urlaub** befinden (zur Kostentragungspflicht des AG bei diesem Personenkreis vgl. § 44 Rn. 4).

3   Auch für AN, die nur **vorübergehend im Ausland** tätig sind und somit noch zum Betrieb gehören, kann im Ausland eine Teilversamml. durchgeführt werden (Fitting/Auffarth/Kaiser/Heither, 15. Aufl., § 42 Anm. 55; a. A. BAG v. 27. 5. 82, AP Nr. 3 zu § 42 BetrVG 1972). Das wird jedenfalls dann zu gelten haben, wenn nicht zwingende Vorschriften des betreffenden Staates dem entgegenstehen.

Die Teilnahme von **leit. Ang.** ist nur möglich, wenn der BR **nicht**   **4**
widerspricht. **Betriebsfremde Personen** dürfen im allgemeinen an der
Betriebsversamml. **nicht** teilnehmen. Die Teilnahme von Personen,
die zwar nicht zu den AN des Betriebs gehören, aber wegen ihrer
besonderen Funktion eine enge sachliche Verbindung zum Betrieb
haben, ist jedoch zulässig. Das gilt z. B. für Mitgl. des GBR, des
WA und der AN-Vertr. im Aufsichtsrat (BAG v. 13. 9. 77, AP Nr. 1
zu § 42 BetrVG 1972). Ein Verstoß gegen den Grundsatz der Nichtöffentlichkeit liegt ebenfalls nicht vor, wenn der BR auf einer Betriebsversamml. einen **betriebsfremden Referenten** ein Kurzreferat
halten läßt (BAG a.a.O.). **Gew.-Vertr.** haben ein **selbständiges Teilnahmerecht** an der Betriebsversamml. (§ 46 Abs. 1). Voraussetzung
ist, daß es sich um eine Gew. i. S. des § 2 (vgl. § 2 Rn. 2) handelt und
die Gew. im Betrieb vertreten ist.

Betriebsversamml. werden grundsätzlich als **Vollversamml.** aller   **5**
AN durchgeführt. Vollversamml. haben wegen der besseren Kommunikationsmöglichkeiten grundsätzlich Vorrang vor Teilversamml. (BAG v. 9. 3. 76, AP Nr. 3 zu § 44 BetrVG 1972). Teilversamml. sind jedoch zulässig, wenn infolge der Eigenart des Betriebs
eine gleichzeitige Versamml. aller AN nicht möglich ist, z. B. weil in
mehreren Schichten gearbeitet wird.

(2) Die **Abteilungsversamml.** ist eine besondere Form der Betriebs-   **6**
versamml. Sie soll den einzelnen Betriebsabteilungen die Erörterung ihrer **gemeinsamen Belange,** die in der großen Betriebsversamml. häufig nicht behandelt werden können, ermöglichen. Sie
darf nicht mit der Teilversamml. nach Abs. 1 verwechselt werden
und kann nur für Beschäftigte von **organisatorisch** oder **räumlich**
abgegrenzten Betriebsteilen durchgeführt werden. Für die Durchführung der Abteilungsversamml. gelten dieselben Grundsätze wie
für die Betriebsversamml.

§ 43
Regelmäßige Betriebs- und Abteilungsversammlungen

**(1) Der Betriebsrat hat einmal in jedem Kalendervierteljahr eine Be-
triebsversammlung einzuberufen und in ihr einen Tätigkeitsbericht zu
erstatten. Liegen die Voraussetzungen des § 42 Abs. 2 Satz 1 vor, so
hat der Betriebsrat in jedem Kalenderjahr zwei der in Satz 1 genannten Betriebsversammlungen als Abteilungsversammlungen durchzuführen. Die Abteilungsversammlungen sollen möglichst gleichzeitig
stattfinden. Der Betriebsrat kann in jedem Kalenderhalbjahr eine weitere Betriebsversammlung oder, wenn die Voraussetzungen des § 42
Abs. 2 Satz 1 vorliegen, einmal weitere Abteilungsversammlungen
durchführen, wenn dies aus besonderen Gründen zweckmäßig erscheint.**

(2) Der Arbeitgeber ist zu den Betriebs- und Abteilungsversammlungen unter Mitteilung der Tagesordnung einzuladen. Er ist berechtigt, in den Versammlungen zu sprechen. Der Arbeitgeber oder sein Vertreter hat mindestens einmal in jedem Kalenderjahr in einer Betriebsversammlung über das Personal- und Sozialwesen des Betriebs und über die wirtschaftliche Lage und Entwicklung des Betriebs zu berichten, soweit dadurch nicht Betriebs- oder Geschäftsgeheimnisse gefährdet werden.

(3) Der Betriebsrat ist berechtigt und auf Wunsch des Arbeitgebers oder von mindestens einem Viertel der wahlberechtigten Arbeitnehmer verpflichtet, eine Betriebsversammlung einzuberufen und den beantragten Beratungsgegenstand auf die Tagesordnung zu setzen. Vom Zeitpunkt der Versammlungen, die auf Wunsch des Arbeitgebers stattfinden, ist dieser rechtzeitig zu verständigen.

(4) Auf Antrag einer im Betrieb vertretenen Gewerkschaft muß der Betriebsrat vor Ablauf von zwei Wochen nach Eingang des Antrags eine Betriebsversammlung nach Absatz 1 Satz 1 einberufen, wenn im vorhergegangenen Kalenderhalbjahr keine Betriebsversammlung und keine Abteilungsversammlungen durchgeführt worden sind.

1 (1) Die Bestimmung ist **zwingend.** Sie verpflichtet den BR, **vierteljährlich mindestens** eine Betriebsversamml. durchzuführen, die halbjährlich auch in Form von Abteilungsversamml. stattfinden kann, wenn die Voraussetzungen hierfür vorliegen. Der AG hat alles zu **unterlassen,** was die Durchführung der gesetzlich vorgesehenen Betriebsversamml. **verhindern oder stören könnte.** So ist z. B. der Versuch des AG, eine Betriebsversamml. durch Überhängen der Einladung und durch das Versprechen eines halben Tages Zusatzurlaubs bei Nichtteilnahme zu verhindern, ein grober Verstoß i. S. von § 23 Abs. 3 BetrVG (LAG Baden-Württemberg v. 30. 4. 87 – 13 [7] TaBV 15/86 –). Die Betriebs- bzw. Abteilungsversamml. finden grundsätzlich während der **Arbeitszeit** statt (vgl. § 44 Abs. 1). Der in den Versamml. zu erstattende **Tätigkeitsbericht** des BR soll über alle in dem Berichtszeitraum eingetretenen Ereignisse, die für die AN des Betriebs bedeutsam sind, berichten. Der Bericht hat sich vor allem auf die Tätigkeit des BR und seiner Ausschüsse zu erstrecken. Den Teilnehmern der Betriebsversamml. ist Gelegenheit zu geben, die einzelnen Punkte des Tätigkeitsberichts mit dem BR zu diskutieren.

2 Die Teilnehmer der Betriebsversamml. haben das Recht, den Tätigkeitsbericht und andere Themen, für die die Betriebsversamml. nach § 45 zuständig ist, **unbeeinflußt** zu diskutieren. Deshalb sind **Tonbandaufnahmen** oder **Aufzeichnungen auf Bildträger** vom Verlauf der Betriebsversamml. nur ausnahmsweise mit **Zustimmung des Versamml.-Leiters** zulässig. Dabei muß die Tatsache der Aufnahme

bekanntgegeben werden (Fitting/Auffarth/Kaiser/Heither, 15. Aufl., § 42 Anm. 45; LAG München, DB 78, 895). Auch die Anfertigung eines **Wortprotokolls** ist nur zulässig, wenn der Versamml.-Leiter zustimmt. Auf keinen Fall hat der AG das Recht, ohne Zustimmung des BR Wortprotokolle von Betriebsversamml. anzufertigen, da ansonsten die freie Meinungsäußerung behindert würde (LAG Hamm v. 9. 7. 86 – 3 TaBV 31/86; a. A. LAG Baden-Württemberg, DB 79, 316). Der BR kann die Unterlassung der Anfertigung eines Wortprotokolls bzw. von Notizen durch den AG auch dann verlangen, wenn er die Protokollierung in der Vergangenheit geduldet hat, da er auf betriebsverfassungsrechtliche Rechte nicht wirksam verzichten kann (LAG Hamm a.a.O.).

Neben den vierteljährlich durchzuführenden Betriebs- bzw. Abteilungsversamml. kann der BR in jedem Kalenderhalbjahr eine weitere Betriebs- bzw. Abteilungsversamml. durchführen. Bei der Frage, ob ihre Durchführung aus besonderen Gründen zweckmäßig erscheint, hat der BR einen weitgehenden **Ermessensspielraum.** So können z. B. besondere Gründe gegeben sein, wenn der BR die AN über bevorstehende Betriebsänderungen informieren oder ihre Auffassung zu bestimmten Fragen, etwa zum bevorstehenden Abschluß einer BV, kennenlernen und diese mit ihnen besprechen will. **3**

(2) Der AG ist **berechtigt,** an den regelmäßigen Betriebsversamml. teilzunehmen. Er ist vom BR unter Mitteilung der Tagesordnung einzuladen. Der AG ist **verpflichtet,** mindestens einmal in jedem Kalenderjahr in einer Betriebsversamml. einen umfassenden Bericht über das **Personal-** und **Sozialwesen** des Betriebs sowie über die **wirtschaftliche Lage** und **Entwicklung** des Betriebs zu geben (z. B. Entwicklung des Personalbestands, weitere Entwicklung der Belegschaftsstärke und ihre Zusammensetzung, Sozialeinrichtungen des Betriebs, Produktions- und Absatzlage, Rationalisierungsmaßnahmen oder sonstige Betriebsänderungen i. S. des § 111). Die Frage, ob durch den Bericht Betriebs- oder Geschäftsgeheimnisse gefährdet werden, hängt **nicht** von der subjektiven Beurteilung durch den AG ab. Es kommt vielmehr **ausschließlich** darauf an, daß ein Betriebs- oder Geschäftsgeheimnis objektiv besteht (vgl. auch § 79 Abs. 1). **4**

(3) Der BR kann jederzeit **außerordentliche Betriebsversamml.** einberufen, wenn er dies für erforderlich erachtet. Er ist zur Einberufung verpflichtet, wenn dies vom **AG** oder von mindestens einem **Viertel** der **wahlberechtigten AN** des Betriebs verlangt wird. Diese außerordentlichen Betriebsversamml. ermöglichen es, Angelegenheiten zu behandeln, die für die AN von unmittelbarem **aktuellem** Interesse sind und daher nicht bis zu der nächsten ordentlichen Betriebsversamml. nach Abs. 1 verschoben werden können. Wegen **5**

des Verdienstausfalls für die Teilnahme an diesen Betriebsversamml. vgl. § 44 Rn. 7.

6 (4) Der hier vorgesehene Antrag der Gew. setzt voraus, daß der BR im vorangegangenen Kalenderhalbjahr keine Betriebsversamml. und keine Abteilungsversamml. durchgeführt hat. Unter Kalenderhalbjahr i. S. dieser Bestimmung ist **nicht** ein beliebiger Zeitraum von sechs Monaten zu verstehen, sondern entweder die Zeit vom 1. 1. bis 30. 6. oder die vom 1. 7. bis 31. 12. eines Jahres.

7 Der BR ist **verpflichtet,** vor Ablauf von zwei Wochen nach Eingang des Antrags der im Betrieb vertretenen Gew. eine Betriebsversamml. einzuberufen. Eine Aufteilung in Abteilungsversamml. ist in diesem Fall nicht vorgesehen. Die Betriebsversamml. muß innerhalb der zweiwöchigen Frist nicht durchgeführt, sondern nur **einberufen** werden. Die Durchführung hat allerdings innerhalb eines angemessenen Zeitraums zu erfolgen. Kommt der BR dem Antrag der Gew. nicht nach, so begeht er eine **grobe Amtspflichtsverletzung,** die nach § 23 Abs. 1 zu seiner Auflösung führen kann.

§ 44
Zeitpunkt und Verdienstausfall

(1) Die in den §§ 17 und 43 Abs. 1 bezeichneten und die auf Wunsch des Arbeitgebers einberufenen Versammlungen finden während der Arbeitszeit statt, soweit nicht die Eigenart des Betriebs eine andere Regelung zwingend erfordert. Die Zeit der Teilnahme an diesen Versammlungen einschließlich der zusätzlichen Wegezeiten ist den Arbeitnehmern wie Arbeitszeit zu vergüten. Dies gilt auch dann, wenn die Versammlungen wegen der Eigenart des Betriebs außerhalb der Arbeitszeit stattfinden; Fahrtkosten, die den Arbeitnehmern durch die Teilnahme an diesen Versammlungen entstehen, sind vom Arbeitgeber zu erstatten.

(2) Sonstige Betriebs- oder Abteilungsversammlungen finden außerhalb der Arbeitszeit statt. Hiervon kann im Einvernehmen mit dem Arbeitgeber abgewichen werden; im Einvernehmen mit dem Arbeitgeber während der Arbeitszeit durchgeführte Versammlungen berechtigen den Arbeitgeber nicht, das Arbeitsentgelt der Arbeitnehmer zu mindern.

1 (1) Während der Arbeitszeit finden folgende Versamml. statt: Die vierteljährlich durchzuführenden **regelmäßigen Betriebs- bzw. Abteilungsversamml.** (§ 43 Abs. 1 Satz 1 und 2); die **zusätzlichen Betriebsversamml.** bzw. **zusätzlichen Abteilungsversamml.** (§ 43 Abs. 1 Satz 4); die Versamml. zur **Bestellung des WV** (§ 17 Abs. 1) und die auf Antrag des AG einzuberufenden **außerordentlichen Betriebsversamml.** oder Abteilungsversamml. (§ 43 Abs. 3). Wird im Betrieb in der Form der gleitenden Arbeitszeit gearbeitet, ist der BR berechtigt, diese Versamml. in die **Kernarbeitszeit** zu legen.

Die Abhaltung der Betriebsversamml. **außerhalb** der Arbeitszeit ist **2** an strenge Voraussetzungen geknüpft. Rein wirtschaftliche Erwägungen reichen nicht aus, um die Versamml. außerhalb der Arbeitszeit durchzuführen. Der AG kann sich somit nicht darauf berufen, daß Produktionsausfälle oder das Nichterbringen von Dienstleistungen zu wirtschaftlichen Einbußen führen. Deshalb haben auch in Lebensmittelfilialbetrieben und Kaufhäusern Betriebsversamml. grundsätzlich während der Öffnungszeiten stattzufinden (BAG v. 9. 3. 76, AP Nr. 3 zu § 44 BetrVG 1972, 31. 8. 82, AP Nr. 8 zu § 87 BetrVG 1972 Arbeitszeit). Die Duldung der Durchführung der Betriebsversamml. während der Arbeitszeit kann ggf. durch eine einstweilige Verfügung im Beschlußverfahren erzwungen werden (ArbG Frankfurt v. 17. 5. 76 – 11 BV GA 6/76).

Der Anspruch auf Zahlung des Arbeitsentgelts für die Zeit der Teil- **3** nahme ist nicht auf die Zeit begrenzt, in der die Versamml. während der persönlichen Arbeitszeit des betreffenden AN stattfindet. Geht die Betriebsversamml. über die Arbeitszeit hinaus, ist der AN so zu stellen, als wenn er während dieser Zeit der Teilnahme **gearbeitet hätte.**

Das gilt auch, wenn AN nur geringfügig oder nur zu bestimmten **4** Zeiten tätig sind, wie beispielsweise **Teilzeitbeschäftigte** oder AN mit **kapazitätsorientierter variabler Arbeitszeit.** Der Grundsatz, daß die Zeit der Teilnahme an den angeführten Versamml. wie Arbeitszeit zu vergüten ist, gilt auch dann, wenn AN während ihres **Urlaubs, Kurzarbeitszeiten** oder während eines **Arbeitskampfes** an der Betriebsversamml. teilnehmen (BAG, DB 87, 1945 f., 1947 f.). Auch ein AN, der während des **Erziehungsurlaubs** an einer Betriebsversamml. teilnimmt, hat Anspruch auf Vergütung und Kostenerstattung (ArbG Bochum v. 23. 2. 88 – DB 88, 1400). Ein hoher Anteil von **ausländischen AN** ist ein sachlicher Grund dafür, daß der BR zur Betriebsversamml. Dolmetscher hinzuzieht. Der Anspruch auf die Vergütung bleibt auch während der Dolmetscherzeit für alle AN bestehen (ArbG Stuttgart, AiB 86, 168).

Der Grundsatz, daß der AN so zu stellen ist, als wenn er während **5** der Zeit der Teilnahme gearbeitet hätte, gilt auch dann, wenn die Versamml. wegen der **Eigenart des Betriebs** von vornherein außerhalb der Arbeitszeit stattfindet. Nach Auffassung des BAG (v. 18. 9. 73, AP Nr. 1 zu § 44 BetrVG 1972) ist allerdings die Zeit der Teilnahme, soweit sie über die normale Arbeitszeit hinausgeht, keine »Mehrarbeit«. Ein Anspruch auf Mehrarbeitszuschlag besteht nach dieser Rechtspr. deshalb nicht, es sei denn, ein AN hätte **während** der Betriebsversamml. Mehrarbeit leisten müssen. Auch **beson-**

dere Zuschüsse, wie zum Beispiel Schmutzzulagen oder Erschwerniszulagen, die bei einer Arbeitsleistung bezahlt worden wären, sind
fortzuzahlen. Ebenso sind zusätzliche Wegezeiten und Fahrtkosten
zu erstatten. Nach Meinung des BAG steht den AN für die Teilnahme an einer vom BR **zu Unrecht außerhalb der Arbeitszeit** einberufenen regelmäßigen Betriebsversamml. ein Vergütungs- und Kosten-
erstattungsanspruch dann nicht zu, wenn der AG vorher gegenüber
der Belegschaft der Einberufung der Betriebsversamml. außerhalb
der Arbeitszeit widersprochen hat (BAG, DB 88, 810).

6 Die Behandlung nicht auf der Tagesordnung stehender, jedoch zulässiger Fragen läßt die Lohnzahlungspflicht des AG unberührt
(Fitting/Auffarth/Kaiser/Heither, 15. Aufl., § 44 Anm 34; ArbG
Augsburg v. 2. 12. 86 – 5 Ca 1936/86; vgl. auch LAG Düsseldorf,
AP Nr. 7 zu § 43 BetrVG). Die Lohnzahlungspflicht des AG entfällt
auch nicht dadurch, daß eine Betriebsversamml. an dem betreffenden Tag, für den sie einberufen worden ist, nicht zu Ende gebracht
werden kann und deshalb der Schluß der Versamml. auf einen **weiteren Tag vertagt** wird (LAG Baden-Württemberg, AiB 86, 67).

7 (2) Die vom BR bzw. auf Wunsch von mindestens einem Viertel
der wahlberechtigten AN nach § 43 Abs. 3 einberufenen Betriebsversamml. finden nur im **Einvernehmen** mit dem AG während der
Arbeitszeit statt. Ist der AG mit der Abhaltung dieser Versamml.
während der Arbeitszeit einverstanden, so darf den teilnehmenden
AN das Arbeitsentgelt nicht gemindert werden. Ein Anspruch auf
Vergütung der zusätzlichen Wegezeiten bzw. Erstattung zusätzlicher Fahrtkosten besteht allerdings nicht.

§ 45
Themen der Betriebs- und Abteilungsversammlungen

**Die Betriebs- und Abteilungsversammlungen können Angelegenheiten
einschließlich solcher tarifpolitischer, sozialpolitischer und wirtschaftlicher Art behandeln, die den Betrieb oder seine Arbeitnehmer unmittelbar betreffen; die Grundsätze des § 74 Abs. 2 finden Anwendung.
Die Betriebs- und Abteilungsversammlungen können dem Betriebsrat
Anträge unterbreiten und zu seinen Beschlüssen Stellung nehmen.**

1 In den Betriebs- oder Abteilungsversamml. dürfen alle Fragen erörtert werden, die zum Aufgabenbereich des BR gehören oder das
Verhältnis zwischen AG und AN betreffen.

2 Somit können auch **betriebliche Mißstände** angesprochen und die
dafür verantwortlichen Personen kritisiert werden, sofern die Kritik
nicht grob unsachlich oder in ehrverletzender Weise vorgetragen
wird. In den Rahmen der sozialpolitisch zulässigen Themen gehören auch gew. **Aktivitäten und Angelegenheiten,** und zwar nicht nur
tarifpolitischer Art. Die in der Betriebsverfassung ohnehin gesetz-

lich vorgesehene Zusammenarbeit zwischen BR und der im Betrieb vertretenen Gew. läßt einen weiten Rahmen zu. Deshalb ist beispielsweise ein Referat über »Vertrauensleutearbeit im Betrieb« zulässig (vgl. LAG Düsseldorf, DB 81, 1729; bejahend auch LAG Hamm, DB 87, 2659, mit der Einschränkung, daß das Referat keine Gew.-Werbung enthält). Zulässig ist somit auch die Erörterung der Auswirkungen der Neuregelung des § 116 AFG auf den Betrieb und die AN.

Der Hinweis auf § 74 Abs. 2 macht im übrigen deutlich, daß Angelegenheiten **tarifpolitischer, sozialpolitischer** und **wirtschaftlicher Art** auch dann erörtert werden können, wenn diese Fragen gleichzeitig parteipolitischen Charakter haben (vgl. § 74 Rn. 4). Daher können auch Politiker, sofern sie sich an diesen so gegebenen Rahmen halten, als **Referenten** in Betriebsversamml. auftreten. Deshalb liegt **keine verbotene parteipolitische Betätigung** in der Betriebsversamml. vor, wenn ein Politiker z. B. ein Referat über ein sozialpolitisches Thema hält, das **auch** die AN des Betriebs betrifft. Nach der Rechtspr. des BAG liegt aber dann eine unzulässige parteipolitische Betätigung vor, wenn ein solches Referat gerade und nur zu Zeiten des **Wahlkampfes** von einem Spitzenpolitiker in seinem **Wahlkreis** im Rahmen seiner **Wahlkampfstrategie** gehalten wird (BAG v. 13. 9. 77, AP Nr. 1 zu § 42 BetrVG 1972). Im übrigen ist darauf hinzuweisen daß der BR, wenn er einen außenstehenden Referenten zur Betriebsversamml. hinzuziehen will, **keines Einverständnisses** des AG bedarf. Das ergibt sich daraus, daß der BR in der **Gestaltung der Tagesordnung** im Rahmen der Zuständigkeit der Betriebsversamml. und unter Berücksichtigung der gestellten Anträge frei ist (BAG a.a.O.). **3**

Der geforderte unmittelbare Bezug zum Betrieb und seinen AN bedeutet nicht, daß ein Thema lediglich die Interessen **nur** des betreffenden Betriebs oder seiner AN berühren muß. Es kann sich vielmehr auch um Fragen handeln, die für die AN **insgesamt** von Bedeutung sind. Soweit hinsichtlich der Zulässigkeit der Behandlung bestimmter Themen das Gesetz Grenzen vorsieht, sind diese rechtlich ohne Belang, wenn derartige Fragen in **ausdrücklicher** oder **stillschweigender** Übereinstimmung aller Beteiligten in einer Betriebs- oder Abteilungsversamml. erörtert werden. **4**

Ferner ist darauf hinzuweisen, daß der BR grundsätzlich **nicht** darauf beschränkt ist, die Belegschaft allein auf Betriebsversamml. oder durch Anschläge am Schwarzen Brett zu unterrichten. Unter bestimmten Voraussetzungen kann der BR für die AN notwendige und innerhalb seiner Zuständigkeit liegende Informationen durch **schriftliche Mitteilung,** etwa durch ein **Informationsblatt,** bekanntgeben (so grundsätzlich BAG v. 21. 11. 78, AP Nr. 15 zu § 40 BetrVG 1972). Dabei muß jedoch der BR die Dringlichkeit der Un- **5** terrichtung der AN vor der nächsten ordentlichen Betriebsversamml. und die etwaige Unzulänglichkeit anderer Informationsmittel (Schwarzes Brett, mündliche Unterrichtung) einerseits sowie die Kostenbelastung für den AG andererseits berücksichtigen (BAG a.a.O.).

6 Im Rahmen der Behandlung von Themen in einer Betriebs- oder Abteilungsversamml. haben die AN das Recht auf **freie Meinungsäußerung** über alle betrieblichen Angelegenheiten. Im Rahmen kritischer Äußerungen zu betrieblichen Mißständen kann sich die Kritik auch auf den AG und die mit der Leitung des Betriebs beauftragten Personen erstrecken, sofern sie nicht in einer grob unsachlichen, ehrverletzenden Weise ausgeübt wird. Die Betriebs- und Abteilungsversamml. hat aber **keine Beteiligungsrechte** gegenüber dem AG. Sie kann auch dem BR keine bindenden Aufträge oder Weisungen erteilen (vgl. auch § 42 Rn. 1).

§ 46
Beauftragte der Verbände

(1) An den Betriebs- oder Abteilungsversammlungen können Beauftragte der im Betrieb vertretenen Gewerkschaften beratend teilnehmen. Nimmt der Arbeitgeber an Betriebs- oder Abteilungsversammlungen teil, so kann er einen Beauftragten der Vereinigung der Arbeitgeber, der er angehört, hinzuziehen.

(2) Der Zeitpunkt und die Tagesordnung der Betriebs- oder Abteilungsversammlungen sind den im Betriebsrat vertretenen Gewerkschaften rechtzeitig schriftlich mitzuteilen.

1 (1, 2) Die im **Betrieb vertretenen Gew.** (zum Gew.-Begriff vgl. § 2 Rn. 2) haben bei Betriebs- oder Abteilungsversamml. ein **eigenständiges Recht** auf Teilnahme. Solche Gew. können daher einen oder mehrere von ihnen bestimmte Vertr. zu diesen Versamml. entsenden. Die Gew. entscheidet **selbst,** wen sie als Beauftragten entsendet (vgl. auch LAG Hamburg, DB 87, 1595, das zutreffend darauf hinweist, der Erfolg der Unterstützung durch einen Beauftragten der Gew. hänge wesentlich von der Kompetenz des Beraters ab).

2 Das Entsendungsrecht der Gew. gilt sowohl für die ordentliche als auch für die außerordentliche Betriebs- bzw. Abteilungsversamml. Der Beauftragte der Gew. ist **nicht** verpflichtet, den AG über seine Teilnahme an der Betriebs- oder Abteilungsversamml. vorher zu unterrichten, da § 46 gegenüber § 2 Abs. 2 eine Sonderregelung ist. Der AG kann dem Beauftragten der Gew. die Teilnahme nicht verwehren. Beauftragte der Gew. nehmen an den Betriebs- oder Abteilungsversamml. beratend teil. Sie können daher auch das Wort ergreifen und zu den anstehenden Themen Stellung nehmen.

3 Im Gegensatz zum Beauftragten der Gew. hat der Vertr. einer AG-

Vereinigung **kein selbständiges Recht** auf Teilnahme an einer Betriebs- oder Abteilungsversamml. Er kann zu dieser vielmehr nur dann vom AG hinzugezogen werden, wenn der AG dem AG-Verband angehört **und** er oder sein Vertr. tatsächlich an der Betriebs- oder Abteilungsversamml. teilnimmt. Der Vertr. der AG-Vereinigung hat auch **kein** selbständiges Rederecht. Nimmt aber der AG an einer Betriebsversamml. teil, so kann er vom Leiter der Versamml. (BR-Vors.) verlangen, daß dem von ihm hinzugezogenen Beauftragten seiner AG-Vereinigung zu bestimmten Einzelthemen an seiner Stelle und für ihn das Wort erteilt wird (BAG v. 19. 5. 78, AP Nr. 3 zu § 43 BetrVG 1972).

Fünfter Abschnitt:

Gesamtbetriebsrat

§ 47
Voraussetzungen der Errichtung, Mitgliederzahl, Stimmengewicht

(1) Bestehen in einem Unternehmen mehrere Betriebsräte, so ist ein Gesamtbetriebsrat zu errichten.

(2) In den Gesamtbetriebsrat entsendet jeder Betriebsrat, wenn ihm Vertreter beider Gruppen angehören, zwei seiner Mitglieder, wenn ihm Vertreter nur einer Gruppe angehören, eines seiner Mitglieder. Werden zwei Mitglieder entsandt, so dürfen sie nicht derselben Gruppe angehören. Ist der Betriebsrat nach § 14 Abs. 2 in getrennten Wahlgängen gewählt worden und gehören jeder Gruppe mehr als ein Zehntel der Mitglieder des Betriebsrats, jedoch mindestens drei Mitglieder an, so wählt jede Gruppe den auf sie entfallenden Gruppenvertreter; dies gilt auch, wenn der Betriebsrat nach § 14 Abs. 2 in gemeinsamer Wahl gewählt worden ist und jeder Gruppe im Betriebsrat mindestens ein Drittel der Mitglieder angehört. Die Sätze 1 bis 3 gelten entsprechend für die Abberufung.

(3) Der Betriebsrat hat für jedes Mitglied des Gesamtbetriebsrats mindestens ein Ersatzmitglied zu bestellen und die Reihenfolge des Nachrückens festzulegen; § 25 Abs. 3 gilt entsprechend. Für die Bestellung gilt Absatz 2 entsprechend.

(4) Durch Tarifvertrag oder Betriebsvereinbarung kann die Mitgliederzahl des Gesamtbetriebsrats abweichend von Absatz 2 Satz 1 geregelt werden.

(5) Gehören nach Absatz 2 Satz 1 dem Gesamtbetriebsrat mehr als vierzig Mitglieder an und besteht keine tarifliche Regelung nach Absatz 4, so ist zwischen Gesamtbetriebsrat und Arbeitgeber eine Be-

triebsvereinbarung über die Mitgliederzahl des Gesamtbetriebsrats abzuschließen, in der bestimmt wird, daß Betriebsräte mehrerer Betriebe eines Unternehmens, die regional oder durch gleichartige Interessen miteinander verbunden sind, gemeinsam Mitglieder in den Gesamtbetriebsrat entsenden.

(6) Kommt im Fall des Absatzes 5 eine Einigung nicht zustande, so entscheidet eine für das Gesamtunternehmen zu bildende Einigungsstelle. Der Spruch der Einigungsstelle ersetzt die Einigung zwischen Arbeitgeber und Gesamtbetriebsrat.

(7) Jedes Mitglied des Gesamtbetriebsrats hat so viele Stimmen, wie in dem Betrieb, in dem es gewählt wurde, wahlberechtigte Angehörige seiner Gruppe in der Wählerliste eingetragen sind. Entsendet der Betriebsrat nur ein Mitglied in den Gesamtbetriebsrat, so hat es so viele Stimmen, wie in dem Betrieb wahlberechtigte Arbeitnehmer in der Wählerliste eingetragen sind.

(8) Ist ein Mitglied des Gesamtbetriebsrats für mehrere Betriebe entsandt worden, so hat es so viele Stimmen, wie in den Betrieben, für die es entsandt ist, wahlberechtigte Angehörige seiner Gruppe in den Wählerlisten eingetragen sind. Sind für eine Gruppe mehrere Mitglieder des Betriebsrats entsandt worden, so stehen diesen die Stimmen nach Absatz 7 Satz 1 anteilig zu. Absatz 7 Satz 2 gilt entsprechend.

1 (1) Die Bildung des GBR ist **zwingend** vorgeschrieben. Es bedarf hierzu keines Beschlusses der Einzel-BR. BR i. S. dieser Vorschrift ist auch der nur aus einer Person bestehende BR. Für den Begriff UN ist die rechtliche Selbständigkeit entscheidend. Für mehrere rechtlich selbständige UN kann ein GBR auch dann nicht errichtet werden, wenn die UN untereinander organisatorisch und wirtschaftlich verflochten sind (BAG v. 5. 12. 75, AP Nr. 1 zu § 47 BetrVG 1972) oder Personengleichheit der Geschäftsführer besteht (BAG, DB 88, 759).

2 (2) Bei dem GBR handelt es sich **nicht um ein gewähltes,** sondern um ein aus entsandten Mitgl. der BR bestehendes Organ (BAG v. 15. 8. 78, AP Nr. 3 zu § 47 BetrVG 1972). Eine Beendigung tritt insoweit nur ein, wenn die Voraussetzungen für die Bildung des GBR entfallen. Die Wahl eines GBR durch ein aus Delegierten bestehendes Gremium ist unzulässig (LAG Frankfurt, DB 77, 2056). Der GBR **als Institution** hat keine feste Amtszeit; die von den BR in den GBR entsandten Mitgl. verlieren aber mit dem Amtsende des BR ihre Mitgliedschaft auch im GBR, ungeachtet ihrer möglichen Wiederentsendung (ArbG Stuttgart, DB 76, 1160).

3 Ist ein AN als Vertr. einer anderen Gruppe in den BR gewählt worden, so kann er auch nur als deren Vertr. in den GBR entsandt werden. Für die unter bestimmten Voraussetzungen vorgesehene Entsendung durch die Gruppen gelten dieselben Grundsätze wie für

die Wahl der Gruppenvertr. in den BA (vgl. § 27 Abs. 2). Die ab
1. 1. 89 geltenden Gesetzesänderungen haben eine Ausweitung der
Gruppenrechte mit sich gebracht. War der BR nach § 14 Abs. 2 in
getrennter Wahl gewählt, so wählte bisher jede Gruppe den auf sie
entfallenden Vertr. für den GBR dann, wenn jeder Gruppe mehr als
ein Zehntel der Mitgl. des BR, mindestens jedoch 5 Mitgl. angehörten; nunmehr reichen **mindestens 3 Mitgl.** aus. Im Falle der gemeinsamen Wahl des BR ist die Gruppenwahl für die Entsendung der
Vertr. in den GBR nun bereits vorgesehen, wenn jeder Gruppe im
BR **mindestens** – nach der bisherigen Regelung »mehr« als – ein
Drittel der Mitgl. angehören. Bei Stimmengleichheit auch im zwei-
ten Wahlgang entscheidet das Los (LAG Hamm, DB 83, 2788;
BAG v. 26. 2. 87, AP Nr. 5 zu § 26 BetrVG 1972).

Besteht in einem Betrieb der BR nur aus einer Person oder gehört **4**
der Minderheitsgruppe in einem BR nur ein Mitglied an, so sind
diese automatisch Mitgl. des GBR. Im übrigen werden die zu entsendenden Mitgl. von jedem BR durch **einfachen Mehrheitsbeschluß**
bestimmt. Sämtliche BR eines UN müssen sich an der Bildung des
GBR beteiligen. Ein BR, der keine Vertr. entsendet, **verletzt seine
gesetzl. Pflichten** (§ 23). Der BR kann die in den GBR entsandten
Mitgl. jederzeit abberufen und durch andere ersetzen. Eines besonderen Grundes hierzu bedarf es nicht.

(3) Ist ein nur aus einer Person bestehender BR im GBR vertreten, **5**
kommt die Bestellung eines Ersatzmitgl. nicht in Betracht. Es rückt
dann das nach § 14 Abs. 4 in getrenntem Wahlgang gewählte Ersatzmitgl. zwingend nach oder übernimmt die Stellvertr. Dasselbe
gilt für einen einzigen Gruppenvertr., wenn er aus einem in Gruppenwahl gewählten BR entsandt worden ist.

(4) Durch TV oder BV **kann** die Mitgl.-Zahl des GBR sowohl er- **6**
höht **als auch** verringert werden. Es können für mehrere BR gemeinsame oder für einen BR mehr Vertr. entsandt werden als im Gesetz
vorgesehen. Einer Berücksichtigung des Gruppenprinzips bedarf es
dabei nicht. Zuständig für den Abschluß der BV ist der GBR in der
nach Abs. 2 Satz 1 vorgesehenen Größe und Zusammensetzung.
Die BV ist nicht erzwingbar.

(5) Die Vorschrift ist **zwingend.** Sie kommt aber **nicht** zur Anwen- **7**
dung, **wenn** eine **tarifliche** Regelung über die Mitgl.-Zahl des GBR
besteht. Dabei ist es unerheblich, ob der TV für den GBR mehr
oder weniger als 40 Mitgl. festlegt. Die BV über die Verringerung
der Mitgl.-Zahl ist zwischen dem GBR in seiner ursprünglichen
Größe und dem UN abzuschließen. Die BV darf nur die herabge-
setzte Mitgl.-Zahl des nunmehr zu bildenden GBR regeln und die
gemeinsame Entsendung von Mitgl. in dieses Gremium durch BR
von Betrieben, die unter Gesichtspunkten der räumlichen Nähe

und/oder gleichartiger Interessen zusammengefaßt sind. Der gesetzl. GBR nach Abs. 2 ist zur Entsendung von Mitgl. in den verkleinerten GBR nicht berufen. Die **Entsendung hat** vielmehr **durch die zusammengefaßten BR zu erfolgen** (BAG v. 15. 8. 78, AP Nr. 3 zu § 47 BetrVG 1972). Die neue Zahl der Mitgl. kann auch über 40 liegen; entscheidend ist allein, daß durch gemeinsame Entsendung von Mitgl. mehrerer BR eine Reduzierung der ursprünglichen Mitgl.-Zahl herbeigeführt wird. Das Gruppenprinzip findet im Gegensatz zu Abs. 2 keine Anwendung (siehe aber auch BAG a.a.O.). Die Gew. hat nach Auffassung des BAG (v. 30. 10. 86, AP Nr. 6 zu § 47 BetrVG 1972) kein Antragsrecht, Mängel bei der Konstituierung des GBR oder den Abschluß oder Inhalt von BV gerichtl. überprüfen zu lassen.

8 (6) Die Initiative zur Anrufung der ESt. kann ebenso wie die zum Abschluß einer BV nach Abs. 5 sowohl vom AG als auch vom GBR ausgehen.

9 (7) Maßgebend für die **Stimmenzahl** der einzelnen Mitgl. des GBR ist der Stand der Wählerliste bei der vorangegangenen **BR-Wahl.**

10 (8) Die Bestimmung regelt das Stimmengewicht der Mitgl. des GBR in Fällen der Abs. 4 und 5. Da hier kein Gruppenprinzip gilt, ist es möglich, daß ein Mitgl. des GBR nicht nur mehrere Betriebe, sondern auch beide Gruppen zu vertreten hat. Dann hat es nicht nur so viele Stimmen, wie wahlberechtigte Angehörige seiner, sondern auch der anderen Gruppe in den Wählerlisten eingetragen sind. Wegen der Aufteilung dieser Stimmen bei Gruppenentscheidungen vgl. die Erl. zu § 51 Abs. 2.

§ 48
Ausschluß von Gesamtbetriebsratsmitgliedern

Mindestens ein Viertel der wahlberechtigten Arbeitnehmer des Unternehmens, der Arbeitgeber, der Gesamtbetriebsrat oder eine im Unternehmen vertretene Gewerkschaft können beim Arbeitsgericht den Ausschluß eines Mitglieds aus dem Gesamtbetriebsrat wegen grober Verletzung seiner gesetzlichen Pflichten beantragen.

Während ein gerichtl. Ausschluß aus dem BR automatisch auch zur Beendigung der Mitgliedschaft im GBR führt, hat der Ausschluß aus dem GBR **nicht zwangsläufig** auch den Verlust des BR-Amtes zur Folge. Die grobe Pflichtverletzung eines Mitgl. des GBR wird oft aber auch eine Verletzung der Pflichten als Mitgl. des BR sein. Der Ausschluß wird mit **Rechtskraft** des arbeitsgerichtl. Beschlusses wirksam. Es rückt das nach § 47 Abs. 3 bestellte Ersatzmitgl. entsprechend der festgelegten Reihenfolge nach. Ist kein Ersatzmitgl. mehr vorhanden, so hat der entsendende BR ein neues Mitgl. zu bestellen.

§ 49
Erlöschen der Mitgliedschaft

Die Mitgliedschaft im Gesamtbetriebsrat endet mit dem Erlöschen der Mitgliedschaft im Betriebsrat, durch Amtsniederlegung, durch Ausschluß aus dem Gesamtbetriebsrat auf Grund einer gerichtlichen Entscheidung oder Abberufung durch den Betriebsrat.

Der GBR ist eine **ständige Einrichtung**. Er hat **keine feste Amtszeit.** Ein kollektiver Rücktritt des GBR mit der Folge seines völligen Wegfalls ist nicht möglich. Die Amtszeit der einzelnen Mitgl. des GBR kann aus den in dieser Bestimmung vorgesehenen Gründen zu unterschiedlichen Zeitpunkten enden. Die Amtsniederlegung kann im übrigen jederzeit erklärt werden. Sie ist ohne Einfluß auf die Mitgliedschaft im entsendenden BR.

§ 50
Zuständigkeit

(1) Der Gesamtbetriebsrat ist zuständig für die Behandlung von Angelegenheiten, die das Gesamtunternehmen oder mehrere Betriebe betreffen und nicht durch die einzelnen Betriebsräte innerhalb ihrer Betriebe geregelt werden können. Er ist den einzelnen Betriebsräten nicht übergeordnet.

(2) Der Betriebsrat kann mit der Mehrheit der Stimmen seiner Mitglieder den Gesamtbetriebsrat beauftragen, eine Angelegenheit für ihn zu behandeln. Der Betriebsrat kann sich dabei die Entscheidungsbefugnis vorbehalten. § 27 Abs. 3 Satz 3 und 4 gilt entsprechend.

(1) Der GBR ist den einzelnen BR nicht übergeordnet. Die Beteiligungsbefugnisse nach dem Gesetz werden vielmehr, soweit dieses nicht ausdrücklich etwas anderes bestimmt (etwa bei Regelungen über den WA), primär durch die BR wahrgenommen. Im übrigen ist eine originäre Zuständigkeit des GBR nur dann gegeben, wenn von der zu regelnden Materie her eine **zwingende sachliche Notwendigkeit** für eine einheitliche Regelung auf UN-Ebene besteht. Ob dies zutrifft, läßt sich nur von Fall zu Fall beurteilen. Bloße Gesichtspunkte der Zweckmäßigkeit und der Rentabilität reichen jedoch nicht aus. Sprechen solche Gründe für eine einheitliche Regelung innerhalb des UN, so kann der GBR sich lediglich um eine Koordinierung der Tätigkeit der einzelnen BR bemühen. Der GBR kann den BR insoweit jedoch keine Weisungen erteilen und auch keine bindenden Richtlinien für deren Arbeit beschließen. Bei **personellen Einzelmaßnahmen** scheidet eine Zuständigkeit des GBR grundsätzlich aus. Vielmehr sind bei Einstellungen, Eingruppierungen, Umgruppierungen und Versetzungen regelmäßig die einzelnen BR zu beteiligen. Dies gilt auch bei der Versetzung eines AN von einem Betrieb in einen anderen desselben UN (LAG Berlin, DB

78, 2491) oder der Besetzung einer Stelle bei der Leitung des UN, auch wenn deren Inhaber Kompetenzen für sämtliche Betriebe haben soll (ArbG Berlin, BB 83, 1920). Ebenso ist für eine Kündigung nicht der GBR, sondern der BR des Betriebs zu hören, in dem der AN beschäftigt ist (LAG Köln, DB 84, 937).

2 Bei **allgemeinen personellen** Angelegenheiten, wie Personalplanung (§ 92), Personalfragebogen und Beurteilungsgrundsätzen (§ 94), Auswahlrichtlinien (§ 95) oder Angelegenheiten, die die Förderung der Berufsbildung (§ 96) oder die Einrichtung und Maßnahmen der Berufsbildung (§ 97) betreffen, kann ein tatsächliches Bedürfnis nach einer UN-einheitlichen Regelung bestehen und damit die Zuständigkeit des GBR gegeben sein (vgl. aber auch LAG Baden-Württemberg v. 27. 8. 87 – 13/7 TaBV 7/86, das die Zuständigkeit des GBR für die Aufstellung allgemeiner Beurteilungsgrundsätze für Auszubildende verneint). Entsprechendes gilt für die Ausschreibung von Arbeitsplätzen (§ 93), wenn tatsächlich eine Personaleinsatzplanung auf UN-Ebene erfolgt und sachgerecht ist (vgl. auch Schumann, AiB 81, 184ff.).

3 Auch in **sozialen** Angelegenheiten ist regelmäßig die Zuständigkeit des BR und nicht des GBR gegeben. In die Zuständigkeit des BR fällt beispielsweise die Festlegung von Beginn und Ende der Arbeitszeit, die Einführung von Kurzarbeit (BAG v. 23. 9. 1975, AP Nr. 1 zu § 50 BetrVG 1972), die Aufstellung eines Urlaubsplans oder eine Regelung über die bargeldlose Lohnzahlung (BAG, DB 82, 1674). Bejaht wurde die Zuständigkeit des GBR dagegen für Fragen im Zusammenhang mit Sozialeinrichtungen, deren Wirkungsbereich sich auf das UN erstreckt, etwa eine UN-einheitliche Altersversorgung (BAG v. 8. 12. 1981, AP Nr. 1 zu § 1 BetrAVG), UN-einheitliche Richtlinien für die Gewährung von Darlehen an AN aller Betriebe (BAG v. 6. 4. 1976, AP Nr. 2 zu § 50 BetrVG 1972) oder die Ausgestaltung eines Systems erfolgsabhängiger Vergütung für sämtliche Vertriebsbeauftragte eines UN (LAG Hamm, BB 76, 1028).

4 In **wirtschaftlichen** Angelegenheiten sind dem GBR nach dem Gesetz ausdrücklich Zuständigkeiten im Zusammenhang mit der Errichtung und der Wahrnehmung der Aufgaben des WA (§§ 107ff.) zugewiesen. Bei Betriebsänderungen (§§ 111ff.) ist dagegen grundsätzlich die Zuständigkeit des betroffenen BR gegeben. Werden etwa alle Betriebe des UN infolge eines Konkurses stillgelegt, so ist allerdings der GBR nicht nur für die Aufstellung eines Sozialplans, sondern auch für den Interessenausgleich zuständig (BAG v. 17. 2. 81, AP Nr. 11 zu § 112 BetrVG 1972).

5 Soweit eine Zuständigeit des GBR zu bejahen ist, beschränkt sie sich auf die **notwendigerweise** einheitlich zu regelnden Fragen. Eine

vom GBR getroffene **Rahmenvereinbarung** kann der BR unter Berücksichtigung betriebsspezifischer Besonderheiten ggf. näher ausgestalten und konkretisieren (BAG v. 31. 5. 83, AP Nr. 2 zu § 95 BetrVG 1972). Der GBR kann in einer von ihm getroffenen Vereinbarung auch ausdrücklich eine **Öffnungsklausel** für ergänzende Regelungen durch die einzelnen BR aufnehmen. Soweit die Zuständigkeit des GBR besteht, dieser aber von ihr keinen Gebrauch macht, bleiben die einzelnen BR ebenfalls zur Regelung der Angelegenheit befugt. Eine im Rahmen seiner Zuständigkeit getroffene Vereinbarung des GBR gilt unmittelbar für alle AN sämtlicher Betriebe des UN, auch wenn in ihnen kein BR besteht, und zwar unabhängig davon, ob sie an sich betriebsratsfähig sind oder nicht (a. A. BAG v. 16. 3. 83, AP Nr. 5 zu § 50 BetrVG 1972, wonach die Zuständigkeit nicht gegeben sein soll für BR-fähige Betriebe des UN, in denen kein BR gewählt worden ist). Die Frage, ob der GBR oder ein einzelner örtlicher BR zuständig ist, hat das ArbG auch im Rahmen einer Entscheidung über die Bestellung des Vors. einer ESt. nach § 98 ArbGG zu prüfen (LAG Frankfurt, NZA 85, 33).

(2) Beauftragt ein BR den GBR mit der Mehrheit seiner Stimmen, **6** eine Angelegenheit für ihn zu behandeln, so kann sich der GBR der Übertragung solcher Aufgaben **nicht entziehen;** dasselbe gilt für den **Widerruf,** der **jederzeit** erfolgen kann. Der GBR hat in der ihm übertragenen Angelegenheit grundsätzlich nur für den BR zu verhandeln. Er kann keine endgültige Entscheidung treffen, wenn er hierzu vom BR nicht **ausdrücklich** ermächtigt worden ist. Der BR kann deshalb differenzieren, ob er den GBR nur beauftragen will, für ihn zu verhandeln, oder ob er ihm von vornherein eine Abschlußvollmacht erteilt. Der GBR kann von einem BR auch beauftragt werden, einen Anspruch des BR für diesen **gerichtl. geltend zu machen** (BAG v. 6. 4. 76, AP Nr. 2 zu § 50 BetrVG 1972).

§ 51
Geschäftsführung

(1) Für den Gesamtbetriebsrat gelten § 25 Abs. 1, § 26 Abs. 1 und 3, § 27 Abs. 3 und 4, § 28 Abs. 1 Satz 1 und 3, Abs. 3, die §§ 30, 31, 34, 35, 36, 37 Abs. 1 bis 3 sowie die §§ 40 und 41 entsprechend. § 27 Abs. 1 Satz 1 und 2 gilt entsprechend mit der Maßgabe, daß der Gesamtbetriebsausschuß aus dem Vorsitzenden des Gesamtbetriebsrats, dessen Stellvertreter und bei Gesamtbetriebsräten mit

**9 bis 16 Mitgliedern aus 3 weiteren Ausschußmitgliedern,
17 bis 24 Mitgliedern aus 5 weiteren Ausschußmitgliedern,
25 bis 36 Mitgliedern aus 7 weiteren Ausschußmitgliedern,
mehr als 36 Mitgliedern aus 9 weiteren Ausschußmitgliedern
besteht.**

(2) Haben die Vertreter jeder Gruppe mindestens ein Drittel aller Stimmen im Gesamtbetriebsrat, so schlägt jede Gruppe aus ihrer Mitte ein Mitglied für den Vorsitz des Gesamtbetriebsrats vor. Der Gesamtbetriebsrat wählt aus den Vorgeschlagenen seinen Vorsitzenden und stellvertretenden Vorsitzenden. Der Gesamtbetriebausschuß muß aus Angehörigen der im Gesamtbetriebsrat vertretenen Gruppen entsprechend dem Stimmenverhältnis bestehen. Die Gruppen müssen mindestens durch ein Mitglied vertreten sein. Haben die nach § 47 Abs. 2 Satz 3 entsandten Mitglieder des Gesamtbetriebsrats mehr als die Hälfte und die Vertreter jeder Gruppe mehr als ein Zehntel aller Stimmen im Gesamtbetriebsrat und gehören jeder Gruppe mindestens drei Mitglieder des Gesamtbetriebsrats an, so wählt jede Gruppe ihre Vertreter für den Gesamtbetriebsausschuß. Für die Zusammensetzung der weiteren Ausschüsse sowie die Wahl der Ausschußmitglieder durch die Gruppen gelten die Sätze 3 bis 5 entsprechend. Die Sätze 3 und 4 gelten nicht, soweit dem Ausschuß Aufgaben übertragen sind, die nur eine Gruppe betreffen. Ist eine Gruppe nur durch ein Mitglied im Gesamtbetriebsrat vertreten, so können diesem die Aufgaben nach Satz 7 übertragen werden.

(3) Ist ein Gesamtbetriebsrat zu errichten, so hat der Betriebsrat der Hauptverwaltung des Unternehmens oder, soweit ein solcher Betriebsrat nicht besteht, der Betriebsrat des nach der Zahl der wahlberechtigten Arbeitnehmer größten Betriebs zu der Wahl des Vorsitzenden und des stellvertretenden Vorsitzenden des Gesamtbetriebsrats einzuladen. Der Vorsitzende des einladenden Betriebsrats hat die Sitzung zu leiten, bis der Gesamtbetriebsrat aus seiner Mitte einen Wahlleiter bestellt hat. § 29 Abs. 2 bis 4 gilt entsprechend.

(4) Die Beschlüsse des Gesamtbetriebsrats werden, soweit nichts anderes bestimmt ist, mit Mehrheit der Stimmen der anwesenden Mitglieder gefaßt. Bei Stimmengleichheit ist ein Antrag abgelehnt. Der Gesamtbetriebsrat ist nur beschlußfähig, wenn mindestens die Hälfte seiner Mitglieder an der Beschlußfassung teilnimmt und die Teilnehmenden mindestens die Hälfte aller Stimmen vertreten; Stellvertretung durch Ersatzmitglieder ist zulässig. § 33 Abs. 3 gilt entsprechend.

(5) Auf die Beschlußfassung des Gesamtbetriebsausschusses und weiterer Ausschüsse des Gesamtbetriebsrats ist § 33 Abs. 1 und 2 anzuwenden.

(6) Die Vorschriften über die Rechte und Pflichten des Betriebsrats gelten entsprechend für den Gesamtbetriebsrat, soweit dieses Gesetz keine besonderen Vorschriften enthält.

1 (1, 2) Nach Satz 1 gelten einige der für die **Geschäftsführung** des BR und dessen innere Organisation maßgebenden Vorschriften entsprechend auch für den GBR. Soweit es die Erforderlichkeit der

Teilnahme an **Schulungs- und Bildungsveranstaltungen** nach § 37 Abs. 6 angeht, kann diese nicht allein nach der im entsendenden BR ausgeübten Tätigkeit beurteilt werden. Es muß auch die hierüber hinausgehende Tätigkeit im GBR berücksichtigt werden. Die Entsendung von Mitgl. des GBR zu Schulungsveranstaltungen erfolgt aber nicht durch den GBR, sondern durch die jeweiligen BR (BAG v. 10. 6. 75, AP Nr. 1 zu § 73 BetrVG 1972). Für die **Wahl des Vors.** und stellvertr. Vors. des GBR gelten dieselben Grundsätze wie für die Wahl der Vors. und stellvertr. des BR (vgl. § 26 Abs. 1). Allerdings sind der Vors. und der stellvertr. Vors. nach Durchführung der regelmäßigen BR-Wahlen (§ 13 Abs. 1) und der anschließend notwendig werdenden **Neuentsendung** der Mitgl. des GBR **stets neu zu wählen** (ArbG Stuttgart, DB 76, 1160).

Auf die Zusammensetzung des GBA findet das **Gruppenprinzip** Anwendung. Anders als beim BA müssen die Gruppen jedoch nicht entsprechend dem Verhältnis der Mitgl.-Zahl im GBR, sondern entsprechend dem Stimmenverhältnis im GBA vertreten sein (zum d'Hondtschen Höchstzahlensystem vgl. § 14 Rn. 4f.) Im übrigen gilt für die Wahl und die Abberufung der weiteren Mitgl. des GBA im Gegensatz zu der des BA (vgl. § 27 Abs. 1 Satz 3–5) weder der Grundsatz der geheimen noch der Verhältniswahl; die Wahl findet vielmehr als **Mehrheitswahl** statt und muß nicht geheim sein. **2**

Die **Gruppen wählen** ihre Mitgl. in den GBA dann selbst, wenn nachstehende Voraussetzungen erfüllt sind: **3**

1. Die Mitgl. des GBR, die von BR entsandt wurden, die in Gruppenwahl gewählt haben, müssen **mehr als die Hälfte aller Stimmen** im GBR auf sich vereinigen;

2. **jede** der beiden Gruppen muß **mehr als ein Zehntel** aller Stimmen im GBR haben und

3. **jeder** Gruppe müssen **mindestens** drei Mitgl. im GBR angehören.

Beispiel: Im GBR sind 25 Arb. mit 24 000 Stimmen und 15 Ang. mit 13 000 Stimmen, zusammen also 40 BR-Mitgl. mit 37 000 Stimmen. 15 Arb. und 10 Ang. mit zusammen 20 000 Stimmen wurden durch Gruppenwahl in den GBR entsandt.

Hier sind die Mitgl. für den GBA **getrennt** durch die Gruppen zu bestimmen, weil 25 Mitgl. des GBR, die durch Gruppenentscheid in den GBR eingerückt sind, mehr als die Hälfte aller Stimmen haben (mehr als 18 500). Jede Gruppe hat auch mehr als ein Zehntel aller Stimmen (mehr als 3 700). Außerdem hat jede Gruppe mindestens drei Mitgl. im GBR.

Nicht geregelt ist die Frage, für welche Gruppe ein GBR-Mitgl. seine Stimmen abzugeben hat oder welcher Gruppe diese Stimmen zuzurechnen sind, wenn es beispielsweise als Mitgl. eines einköpfigen **4**

BR oder als ein gemeinsamer Vertr. (§ 47 Abs. 4 und 5) die Stimmen beider Gruppen auf sich vereinigt. Man kommt in diesem Fall nur dann zu einem vertretbaren Ergebnis, wenn man – entgegen der Bestimmung des § 47 Abs. 7 Satz 2 und Abs. 8 Satz 3 – dem GBR-Mitgl. das Recht gibt, **in beiden Gruppen** mit dem jeweiligen Stimmenanteil mitzustimmen (str.). Soweit es für das Entsendungsrecht der Gruppen in den GBA auf die Mitgl.-Zahl ankommt, ist im Falle einer Verkleinerung oder Vergrößerung des GBR nach § 47 Abs. 4 oder 5 darauf abzustellen, wie viele Mitgl. den Gruppen nach dem normalen Entsendungsverfahren des § 47 Abs. 2 im GBR zustehen würden. Ein in den GBR entsandtes Mitgl. eines einköpfigen BR ist in diesem Fall ohne Rücksicht darauf, ob es sich um einen Arb. oder Ang. handelt, der Gruppe zuzurechnen, der die meisten Wahlberechtigten im Betrieb angehören. Für die Zusammensetzung der weiteren Ausschüsse des GBR sowie die Wahl ihrer Mitgl. durch die Gruppen gelten die vorstehend erläuterten Grundsätze für die Wahl der **weiteren Mitgl.** des GBA entsprechend, soweit einem solchen Ausschuß nicht Aufgaben übertragen sind, die nur eine Gruppe betreffen.

5 (3) Abs. 3 gilt für die Einladung zur **konstituierenden** Sitzung des GBR. Für die Einberufung der späteren Sitzungen gelten die Vorschriften für den BR entsprechend (§ 29 Abs. 2 bis 4). Der GBR ist nicht verpflichtet, seine Sitzungen nur am Ort der Hauptverwaltung eines UN einzuberufen; er kann Sitzungen auch in einem **anderen Betrieb des UN** abhalten (BAG v. 24. 7. 1979, AP Nr. 1 zu § 51 BetrVG 1972). Es ist nicht zu beanstanden, wenn die Sitzungen des GBR in einem Hotel stattfinden. Entsprechende **Tagungskosten** hat insoweit der AG zu tragen. Dies gilt jedenfalls dann, wenn ein geeigneter Sitzungsraum beispielsweise im am Ort befindlichen Betrieb des UN nicht vorhanden ist (ArbG Darmstadt, AiB 88, 285). **Häufigkeit und Dauer** der Sitzungen bestimmt allein der GBR. Der AG hat bei einer zweitägigen Sitzung auch die anfallenden Übernachtungskosten und weitere Tagespauschalen zu tragen. Stellt der AG üblicherweise für Dienstreisen – auch für BR-Tätigkeit – Firmenfahrzeuge aus einem Pool zur Verfügung, so ist eine Nutzung solcher Fahrzeuge auch für die Anreise zur Sitzung des GBR zu gestatten (ArbG Darmstadt a.a.O.).

6 (4) Bei der Beschlußfassung kommt es **nicht** auf die Zahl der **anwesenden** Mitgl., sondern auf deren Stimmenzahlen an, die diese gemäß § 47 Abs. 7 haben. Ein GBR-Mitgl. kann die ihm zustehenden Stimmen nur einheitlich abgeben; ein Aufteilen der Stimmen ist nicht möglich (vgl. aber die Erl. zu Abs. 1, 2). Wie bei der Beschlußfassung des BR (§ 33 Abs. 1) ist auch im GBR ein Antrag bei Stimmengleichheit abgelehnt.

7 In besonderen Fällen (z. B. bei der Übertragung von Aufgaben des

GBR auf den GBA zur selbständigen Erledigung nach § 51 Abs. 1,
§ 27 Abs. 3 oder der Abstimmung über die Geschäftsordnung nach
§ 51 Abs. 1, § 36) ist für die Beschlußfassung nicht die Mehrheit der
anwesenden, sondern die Mehrheit **aller Stimmen** der GBR-Mitgl.
erforderlich. Im übrigen setzt die **Beschlußfähigkeit** des GBR **nicht
nur** die Anwesenheit von mindestens der Hälfte seiner Mitgl. voraus. Diese müssen vielmehr auch die Hälfte aller Stimmen auf sich
vereinigen. Nimmt die GJAV an der Beschlußfassung teil, so werden die Stimmen der GJAV bei der Feststellung der Stimmenmehrheit, nicht dagegen bei der Frage der Beschlußfähigkeit, mitgerech-
net.

(5) Anders als im GBR hat bei der Beschlußfassung des GBA und **8**
weiterer Ausschüsse des GBR jedes Mitgl. **nur eine Stimme** (§ 33
Abs. 1 und 2). Ein Ausschuß ist im übrigen nur dann beschlußfähig,
wenn mindestens die Hälfte seiner Mitgl. an der Beschlußfassung
teilnimmt.

(6) Die Vorschrift bezieht sich nicht auf **Organisation** und **Ge- 9
schäftsführung** des GBR, da diese entweder durch besondere Bestimmungen oder durch Verweisung auf die für den BR geltenden
(vgl. Abs. 1) geregelt sind.

§ 52
Teilnahme der Gesamtschwerbehindertenvertretung

**Die Gesamtschwerbehindertenvertretung (§ 27 Abs. 1 des Schwer-
hindertengesetzes) kann an allen Sitzungen des Gesamtbetriebsrats
beratend teilnehmen.**

Die Vorschrift entspricht der für den BR geltenden Regelung des
§ 32 (vgl. auch dort). Von ihr kann weder durch TV noch durch BV
abgewichen werden. Ein **Teilnahmerecht** der Gesamtschwerbehindertenvertretung an den Sitzungen des KBR läßt sich aus dieser
Bestimmung allerdings nicht ableiten.

§ 53
Betriebsräteversammlung

**(1) Mindestens einmal in jedem Kalenderjahr hat der Gesamtbe-
triebsrat die Vorsitzenden und die stellvertretenden Vorsitzenden der
Betriebsräte sowie die weiteren Mitglieder der Betriebsausschüsse zu
einer Versammlung einzuberufen. Zu dieser Versammlung kann der
Betriebsrat abweichend von Satz 1 aus seiner Mitte andere Mitglieder
entsenden, soweit dadurch die Gesamtzahl der sich für ihn nach Satz 1
ergebenden Teilnehmer nicht überschritten wird.**

(2) In der Betriebsräteversammlung hat

1. der Gesamtbetriebsrat einen Tätigkeitsbericht,

2. der Unternehmer einen Bericht über das Personal- und Sozialwesen und über die wirtschaftliche Lage und Entwicklung des Unternehmens, soweit dadurch nicht Betriebs- und Geschäftsgeheimnisse gefährdet werden,

zu erstatten.

(3) § 42 Abs. 1 Satz 1 zweiter Halbsatz und Satz 2, § 43 Abs. 2 Satz 1 und 2 sowie die §§ 45 und 46 gelten entsprechend.

Das Wort »mindestens« in Abs. 1 bringt zum Ausdruck, daß auch mehrere Versamml. möglich sind, wenn die Gesamtumstände es angezeigt erscheinen lassen. Sind der Vors., sein Stellvertr. oder andere Mitgl. des BA gleichzeitig Mitgl. des GBR, so kann der BR an deren Stelle zusätzliche Vertr. zu BR-Versamml. entsenden. Dabei braucht das **Gruppenprinzip** nicht berücksichtigt zu werden.

Sechster Abschnitt:

Konzernbetriebsrat

§ 54
Errichtung des Konzernbetriebsrats

(1) Für einen Konzern (§ 18 Abs. 1 des Aktiengesetzes) kann durch Beschlüsse der einzelnen Gesamtbetriebsräte ein Konzernbetriebsrat errichtet werden. Die Errichtung erfordert die Zustimmung der Gesamtbetriebsräte der Konzernunternehmen, in denen insgesamt mindestens 75 vom Hundert der Arbeitnehmer der Konzernunternehmen beschäftigt sind.

(2) Besteht in einem Konzernunternehmen nur ein Betriebsrat, so nimmt dieser die Aufgaben eines Gesamtbetriebsrats nach den Vorschriften dieses Abschnitts wahr.

1 (1) Ein KBR wird **nur** für Konzerne i. S. des § 18 Abs. 1 AktG vorgesehen. Darunter sind Konzerne zu verstehen, bei denen **ein herrschendes und** ein oder mehrere **abhängige** UN unter der **einheitlichen Leitung** des herrschenden UN zusammengefaßt sind. Das Herrschaftsverhältnis kann auf einem Beherrschungsvertrag oder dem Mehrheitsbesitz am Gesellschaftskapital beruhen. Die **Rechtsform** des herrschenden oder der abhängigen UN ist unerheblich (ArbG München, ArbuR 74, 217). Ein KBR kann deshalb auch gebildet werden, wenn die einzelnen UN des Konzerns nicht in Form einer Aktiengesellschaft, sondern etwa als GmbH oder als Personengesellschaften geführt werden. Ein **faktischer** Unterordnungskonzern, in dem ein KBR gebildet werden kann, ist dann anzunehmen, wenn das herrschende UN über Mittel verfügt, die es ihm ermöglichen, das abhängige UN seinem Willen zu unterwerfen und diesen bei ihm durchzusetzen. Die einheitliche Leitung kommt dabei oft dergestalt zustande, daß leit. Ang. des führenden Konzern-UN zugleich Organmitgl. der einzelnen Konzerngesellschaften sind (LAG Düsseldorf, ArbuR 88, 92; zu neuen Formen faktischer Beherrschung im Automobilbereich vgl. Däubler, CR 88, 834 ff.). Für einen **Gleichordnungskonzern** (§ 18 Abs. 2 AktG) kommt kein KBR in Betracht.

Ein KBR kann auch bei einem Tochter-UN eines **mehrstufigen,** vertikal gegliederten Konzerns gebildet werden, wenn diesem ein betriebsverfassungsrechtlich relevanter Spielraum für die bei ihm und für die von ihm abhängigen UN zu treffenden Entscheidungen verbleibt (BAG v. 21. 10. 80, AP Nr. 1 zu § 54 BetrVG 1972). Wird ein UN von mehreren UN beherrscht, etwa wenn zwei Obergesellschaften ein Stammkapital von jeweils 50 v. H. an einem **Gemeinschafts-UN** halten, bildet das Gemeinschafts-UN mit jedem der herrschenden UN einen Konzern (BAG v. 30. 10. 86, AP Nr. 1 zu § 55 BetrVG 1972). Das beherrschte UN kann in diesem Fall Mitgl. in beide KBR entsenden. UN im Ausland nehmen nicht an der Bildung der KBR im Inland teil. Liegt die Konzernspitze im **Ausland,** ist kein KBR zu bilden, es sei denn, sie unterhält im Bundesgebiet eine eigene Direktion mit einer gewissen Leitungsmacht. Dann ist dort die Errichtung des KBR möglich. **2**

Während die Errichtung des GBR zwingend vorgeschrieben ist (§ 47 Abs. 1), ist die Bildung eines KBR vom Willen der GBR abhängig. Sie bedarf der **Zustimmung** der GBR der Konzern-UN, die mindestens 75 v. H. der AN des Konzerns beschäftigen. Das bedeutet, daß ein GBR eines Konzern-UN, das mindestens die genannte Zahl von AN beschäftigt, **auch gegen den Willen der GBR** der anderen Konzern-UN die Errichtung des KBR beschließen kann. Andererseits kann der GBR nur eines Konzern-UN, in dem lediglich mehr als 25 v. H. der AN des Konzerns beschäftigt sind, die Bildung des KBR verhindern. **3**

Soweit es für die Errichtung eines KBR auf die Zahl der AN ankommt, zählen **alle AN** mit, ohne Rücksicht darauf, ob sie wahlberechtigt oder nicht wahlberechtigt sind. Maßgebend ist die Zahl der AN im Zeitpunkt der Beschlußfassung. Die Beschlüsse werden in Einzelsitzungen der GBR gefaßt. Es genügt die einfache Stimmenmehrheit. **4**

Die **Initiative** zur Errichtung des KBR kann **von jedem** GBR ergriffen werden. Der GBR, der die Errichtung des KBR anstrebt, sollte alle übrigen GBR anschreiben und sie auffordern, einen Beschluß über die Errichtung des KBR zu fassen. **5**

Die für die Bildung des KBR maßgebenden Grundsätze gelten auch **6** für dessen Auflösung. Der KBR kann also **nicht selbst** seine Auflösung beschließen.

7 (2) Die Bestimmung gilt sowohl für den Fall, in dem ein Konzern-UN nur aus einem BR-fähigen Betrieb besteht, als auch dann, wenn zwar mehrere Betriebe zu einem UN gehören, aber nur in einem Betrieb ein BR gewählt wurde (str.).

8 Der **BR** hat nach dieser Bestimmung die **Stellung eines GBR,** jedoch nur im Rahmen der Vorschriften über den KBR. So hat er z.B. bei der Errichtung des KBR so viele Stimmen, wie AN in dem UN, dem sein Betrieb angehört, beschäftigt sind. Soweit Aufgaben nicht den KBR betreffen, übt der BR in diesem UN dagegen nicht die Funktion des GBR aus.

§ 55
Zusammensetzung des Konzernbetriebsrats, Stimmengewicht

(1) In den Konzernbetriebsrat entsendet jeder Gesamtbetriebsrat, wenn ihm Vertreter beider Gruppen angehören, zwei seiner Mitglieder, wenn ihm Vertreter nur einer Gruppe angehören, eines seiner Mitglieder. Werden zwei Mitglieder entsandt, so dürfen sie nicht derselben Gruppe angehören. Haben die nach § 47 Abs. 2 Satz 3 entsandten Mitglieder des Gesamtbetriebsrats mehr als die Hälfte und die Vertreter jeder Gruppe mehr als ein Zehntel aller Stimmen im Gesamtbetriebsrat und gehören jeder Gruppe mindestens drei Mitglieder des Gesamtbetriebsrats an, so wählt jede Gruppe den auf sie entfallenden Gruppenvertreter. Die Sätze 1 bis 3 gelten entsprechend für die Abberufung.

(2) Der Gesamtbetriebsrat hat für jedes Mitglied des Konzernbetriebsrats mindestens ein Ersatzmitglied zu bestellen und die Reihenfolge des Nachrückens festzulegen. Für die Bestellung gilt Absatz 1 entsprechend.

(3) Jedes Mitglied des Konzernbetriebsrats hat so viele Stimmen, wie die Mitglieder seiner Gruppe im Gesamtbetriebsrat insgesamt Stimmen haben. Entsendet ein Gesamtbetriebsrat nur ein Mitglied in den Konzernbetriebsrat, so hat dieses Mitglied so viele Stimmen, wie die Mitglieder des Gesamtbetriebsrats, von dem es entsandt wurde, insgesamt im Gesamtbetriebsrat Stimmen haben.

(4) Durch Tarifvertrag oder Betriebsvereinbarung kann die Mitgliederzahl des Konzernbetriebsrats abweichend von Absatz 1 Satz 1 geregelt werden. § 47 Abs. 5 bis 8 gilt entsprechend.

1 (1) Auf die **Zusammensetzung** des KBR findet das **Gruppenprinzip** Anwendung. Dies soll nach Auffassung des BAG auch dann gelten, wenn in einem UN nur ein BR besteht und dieser Mitgl. in den KBR entsendet (BAG v. 10. 2. 81, AP Nr. 2 zu § 54 BetrVG 1972), obwohl es insoweit an einer ausdrücklichen gesetzlichen Regelung fehlt. Im übrigen gelten für die Entsendung und Abberufung der Mitgl. des KBR die Grundsätze, die für die Bildung des GBA eines GBR maßgebend sind (vgl. § 51 Abs. 2).

(2) Mindestens ein **Ersatzmitgl.** ist jeweils **für ein bestimmtes Mitgl.** **2** des KBR zu bestellen. Werden für ein bestimmtes KBR-Mitgl. mehrere Ersatzmitgl. bestellt, so ist gleichzeitig die **Reihenfolge des Nachrückens** festzulegen. Die Bestellung der Ersatzmitgl. erfolgt in derselben Weise wie die der ordentlichen Mitgl. des KBR.

(3) Für die **Stimmenzahl** eines Mitgl. des KBR kommt es nicht auf **3** die Mitgl.-Zahl im GBR an. Abzustellen ist vielmehr auf die **Summe aller Stimmen,** die die Mitgl. seiner Gruppe im GBR haben (vgl. § 47 Abs. 7). Soweit nach Satz 2 auf ein KBR-Mitgl. die Stimmen aller Mitgl. des GBR entfallen, ist ein **Aufteilen dieser Stimmen** bei einer Beschlußfassung des KBR **nicht möglich.** Etwas anderes gilt nur, soweit es (z. B. nach den Abs. 1 und 2) hinsichtlich der Entsendung auf die Zahl der auf die Gruppen entfallenden Stimmen ankommt. In diesem Fall kann das KBR-Mitgl. in beiden Gruppen mit dem jeweiligen Stimmenanteil mitstimmen. In ihrer Stimmabgabe sind die Mitgl. des KBR frei und an **keine Aufträge oder Weisungen** des entsendenden GBR oder BR gebunden. Allerdings kann der entsendende GBR oder BR das seine Beschlüsse ignorierende Mitgl. jederzeit aus dem KBR **abberufen** und durch ein anderes Mitgl. ersetzen.

(4) Hinsichtlich der Änderung der Mitgl.-Zahl des KBR durch TV **4** oder BV gelten die Erläuterungen zu § 47 Abs. 4 bis 8 entsprechend.

§ 56
Ausschluß von Konzernbetriebsratsmitgliedern

Mindestens ein Viertel der wahlberechtigten Arbeitnehmer der Konzernunternehmen, der Arbeitgeber, der Konzernbetriebsrat oder eine im Konzern vertretene Gewerkschaft können beim Arbeitsgericht den Ausschluß eines Mitglieds aus dem Konzernbetriebsrat wegen grober Verletzung seiner gesetzlichen Pflichten beantragen.

Die Bestimmung hinsichtlich des **gerichtl. Ausschlusses** von Mitgl. des KBR wegen grober Pflichtverletzung entspricht der für den GBR geltenden (vgl. § 48).

§ 57
Erlöschen der Mitgliedschaft

Die Mitgliedschaft im Konzernbetriebsrat endet mit dem Erlöschen der Mitgliedschaft im Gesamtbetriebsrat, durch Amtsniederlegung, durch Ausschluß aus dem Konzernbetriebsrat auf Grund einer gerichtlichen Entscheidung oder Abberufung durch den Gesamtbetriebsrat.

Für den KBR sieht das Gesetz **keine bestimmte Amtszeit** der einzelnen Mitgl. vor. Ist der KBR einmal errichtet, so bleibt er auch über die Amtszeit der einzelnen BR hinaus bestehen. Er wird also **ständig** durch die GBR **ergänzt**. Lediglich die Mitgl. des KBR werden für eine bestimmte Amtszeit, die regelmäßig mit der im GBR identisch ist, in diesen entsandt. Unabhängig davon endet ihre Mitgliedschaft im KBR aus den in dieser Vorschrift genannten Gründen. Die Vorschrift lehnt sich an die auch für den GBR maßgebenden Regelungen an (vgl. § 49). Scheidet ein UN nach Bildung des KBR aus dem Konzern aus, so endet die Mitgliedschaft der Vertr. dieses UN im KBR ebenfalls.

§ 58
Zuständigkeit

(1) Der Konzernbetriebsrat ist zuständig für die Behandlung von Angelegenheiten, die den Konzern oder mehrere Konzernunternehmen betreffen und nicht durch die einzelnen Gesamtbetriebsräte innerhalb ihrer Unternehmen geregelt werden können. Er ist den einzelnen Gesamtbetriebsräten nicht übergeordnet.

(2) Der Gesamtbetriebsrat kann mit der Mehrheit der Stimmen seiner Mitglieder den Konzernbetriebsrat beauftragen, eine Angelegenheit für ihn zu behandeln. Der Gesamtbetriebsrat kann sich dabei die Entscheidungsbefugnis vorbehalten. § 27 Abs. 3 Satz 3 und 4 gilt entsprechend.

1 (1) Die **Zuständigkeit** des KBR ist in Anlehnung an den für den GBR maßgebenden § 50 Abs. 1 geregelt (vgl. dort). Der KBR ist z. B. zuständig hinsichtlich der Errichtung und Verwaltung von Sozialeinrichtungen, deren Wirkungsbereich sich auf den Konzern erstreckt (BAG v. 21. 6. 79, AP Nr. 1 zu § 87 BetrVG 1972 Sozialeinrichtung). Bei personellen Einzelmaßnahmen im Konzernleitungsbereich besteht auch dann keine Zuständigkeit des KBR, sondern des dort gebildeten BR, wenn ein AN eingestellt werden soll, der nach dem Inhalt seines Arbeitsvertrages im gesamten Konzernbereich eingesetzt werden kann. Entsprechendes gilt für die Versetzung eines AN von einem Konzern-UN in ein anderes (BAG v. 30. 4. 81, AP Nr. 12 zu § 99 BetrVG 1972). **Im Rahmen seiner Zuständigkeit** kann der KBR mit dem herrschenden UN BV abschließen, die auch für die abhängigen Konzern-UN und deren AN gelten.

2 (2) Soweit der GBR nach dieser Bestimmung **Aufgaben** auf den KBR **übertragen** kann, gelten dieselben Grundsätze wie für die Übertragung von Aufgaben durch den BR auf den GBR (vgl. § 50 Abs. 2).

§ 59
Geschäftsführung

(1) Für den Konzernbetriebsrat gelten § 25 Abs. 1, § 26 Abs. 1 und 3, § 27 Abs. 3 und 4, § 28 Abs. 1 Satz 1 und 3, Abs. 3, die §§ 30, 31, 34, 35, 36, 37 Abs. 1 bis 3 sowie die §§ 40, 41 und 51 Abs. 1 Satz 2 und Abs. 2, 4 bis 6 entsprechend.

(2) Ist ein Konzernbetriebsrat zu errichten, so hat der Gesamtbetriebsrat des herrschenden Unternehmens oder, soweit ein solcher Gesamtbetriebsrat nicht besteht, der Gesamtbetriebsrat des nach der Zahl der wahlberechtigten Arbeitnehmer größten Konzernunternehmens zu der Wahl des Vorsitzenden und des stellvertretenden Vorsitzenden des Konzernbetriebsrats einzuladen. Der Vorsitzende des einladenden Gesamtbetriebsrats hat die Sitzung zu leiten, bis der Konzernbetriebsrat aus seiner Mitte einen Wahlleiter bestellt hat. § 29 Abs. 2 bis 4 gilt entsprechend.

(1) Für die **Geschäftsführung** des KBR gilt die für den GBR maßgebende Vorschrift des § 51 entsprechend (vgl. dort). **1**

(2) Die Vorschrift über die Einladung zur **konstituierenden** Sitzung des KBR entspricht dem für den GBR geltenden § 51 (vgl. dort). Die Einladung muß im übrigen auch an die BR und GBR gerichtet werden, die sich **gegen** einen KBR ausgesprochen oder sich an der Beschlußfassung über dessen Bildung nicht beteiligt haben. **2**

Dritter Teil:
Jugend- und Auszubildendenvertretung

Erster Abschnitt:
Betriebliche Jugend- und Auszubildendenvertretung

§ 60
Errichtung und Aufgabe

(1) In Betrieben mit in der Regel mindestens fünf Arbeitnehmern, die das 18. Lebensjahr noch nicht vollendet haben (jugendliche Arbeitnehmer) oder die zu ihrer Berufsausbildung beschäftigt sind und das 25. Lebensjahr noch nicht vollendet haben, werden Jugend- und Auszubildendenvertretungen gewählt.

(2) Die Jugend- und Auszubildendenvertretung nimmt nach Maßgabe der folgenden Vorschriften die besonderen Belange der in Absatz 1 genannten Arbeitnehmer wahr.

1 (1, 2) Mit Wirkung v. 20. 7. 88 sind die **früheren Vorschriften** über die Errichtung einer betrieblichen JV **geändert worden** (BGBl. I S. 1034). Anlaß war der Umstand, daß die Zahl der für die Wahl von JV wahlberechtigten jugendlichen AN in den letzten Jahren vor allem wegen des erhöhten Einstiegsalters Jugendlicher in Ausbildung und Beruf immer mehr zurückgegangen war. Interessenvertretung der Jugendlichen und Auszubildenden i. S. des Abs. 1 ist nun die **JAV** (vgl. Brill, ArbuR 88, 334 ff.).

2 Das **Wahlrecht** wurde entsprechend geändert (vgl. § 61). Ersetzt wurde die bisherige ausschließliche Persönlichkeitswahl durch das Verhältniswahlrecht, wenn mehrere Vorschlagslisten eingereicht werden (vgl. § 63). Verabschiedet wurde in diesem Zusammenhang auch eine neue **WO zum JAVG** (vgl. BGBl. I S. 1034).

3 Zum Kreis der zu ihrer Berufsausbildung Beschäftigten gehören außer den Auszubildenden nach dem BBiG Anlernlinge, Umschüler sowie Teilnehmer an berufsvorbereitenden Ausbildungsmaßnahmen im Betrieb, auch wenn es sich nur um kurzzeitige handelt (BAG v. 10. 2. 81, AP Nr. 25 zu § 5 BetrVG 1972; vgl. im übrigen auch § 5 Rn. 1); ferner **Volontäre** und **Praktikanten,** jedenfalls soweit für sie – wie im Regelfall – eine Pflicht zur Arbeit besteht (str. bei Studenten, die ein betriebliches Praktikum als Bestandteil des Studiums absolvieren müssen, und bei Schülern, die in einigen Bundesländern im Rahmen der schulischen Ausbildung ein ein- oder zweiwöchiges Betriebspraktikum abzuleisten haben, um einen Einblick in die Arbeitswelt zu gewinnen; vgl. hierzu Engels/Natter, BB 88, 1453, 1455; Brill a.a.O.).

Für die Errichtung der JAV wird **nicht vorausgesetzt, daß** in dem **4** Betrieb ein **BR besteht** (str.). Auch **überbetriebliche Ausbildungsstätten** sind Betriebe i. S. dieses Gesetzes; ebenso sind Auszubildende dort wahlberechtigte AN (BAG v. 26. 11. 87 – 6 ABR 8/83). Dasselbe gilt für Auszubildende, die ein AG mangels entsprechender Einrichtungen für die Ausbildungszeit in einem anderen Betrieb ausbilden läßt (LAG Hamm, DB 1988, 2058). Die JAV hat ihre Aufgaben (vgl. § 70) allerdings in enger **Zusammenarbeit** mit dem **BR** zu erfüllen, soweit ein solcher besteht. Sie vertritt diese Interessen somit nicht unabhängig vom BR und direkt gegenüber dem AG, sondern gemeinsam mit dem BR. Die JAV kann deshalb **allein** auch **keine** gegenüber dem AG wirksamen Beschlüsse fassen (BAG v. 20. 11. 73, AP Nr. 1 zu § 65 BetrVG 1972, 8. 2. 77 AP Nr. 10 zu § 80 BetrVG 1972).

§ 61
Wahlberechtigung und Wählbarkeit

(1) Wahlberechtigt sind alle in § 60 Abs. 1 genannten Arbeitnehmer des Betriebs.

(2) Wählbar sind alle Arbeitnehmer des Betriebs, die das 25. Lebensjahr noch nicht vollendet haben; § 8 Abs. 1 Satz 3 findet Anwendung. Mitglieder des Betriebsrats können nicht zu Jugend- und Auszubildendenvertretern gewählt werden.

(1, 2) **Wahlberechtigt** sind alle in § 60 Abs. 1 genannten AN, die am **1** Wahltage das 18. bzw. 25. Lebensjahr noch nicht vollendet haben. Erstreckt sich die Wahl über mehrere Tage, ist das Alter am letzten Wahltag maßgebend. Ein **Mindestalter** für die Ausübung des aktiven Wahlrechts wird **nicht** vorausgesetzt. In die JAV können alle AN **gewählt** werden, die das 25. Lebensjahr noch nicht vollendet haben, und zwar auch dann, wenn sie nicht zu ihrer Berufsausbildung beschäftigt werden. Eine untere Lebensaltersgrenze gibt es auch hier nicht. Ferner ist für die Wählbarkeit **keine Mindestdauer der Betriebszugehörigkeit** vorgeschrieben. AN können auch dann wahlberechtigt für JAV-Wahlen sein, wenn sie nicht in einem Vertragsverhältnis zum Betriebsinhaber stehen, aber wie die anderen AN so auf Dauer in den Betrieb eingegliedert sind, daß sie von diesen nur noch das Fehlen vertraglicher Beziehungen zum Betriebsinhaber unterscheidet (LAG Frankfurt, BB 85, 2173).

Mitgl. einer JAV können in den BR gewählt werden, aber nicht **2** umgekehrt. Mit der Annahme der Wahl zum BR-Mitgl. erlischt das Amt als Mitgl. der JAV. Damit soll eine **Doppelmitgliedschaft** in beiden Organen vermieden werden. Rückt ein Mitgl. der JAV, das zugleich Ersatzmitgl. des BR ist, auf Dauer in den BR nach, endet **automatisch** die Mitgliedschaft in der JAV (nach BAG v. 21. 8. 79, AP Nr. 6 zu § 78 a BetrVG 1972 soll dies auch bei nur vorübergehendem Nachrücken für ein zeitweilig verhindertes Mitgl. des BR gelten). Wird ein Mitgl. der JAV im Laufe der Amtszeit 25 Jahre alt, bleibt es bis zum Ende der Amtszeit Mitgl. in der JAV (§ 64 Abs. 3).

§ 62
Zahl der Jugend- und Auszubildendenvertreter,
Zusammensetzung der Jugend- und Auszubildendenvertretung

(1) Die Jugend- und Auszubildendenvertretung besteht in Betrieben mit in der Regel

5 bis 20 der in § 60 Abs. 1 genannten Arbeitnehmer aus 1 Jugend- und Auszubildendenvertreter,

21 bis 50 der in § 60 Abs. 1 genannten Arbeitnehmer aus 3 Jugend- und Auszubildendenvertretern,

51 bis 200 der in § 60 Abs. 1 genannten Arbeitnehmer aus 5 Jugend- und Auszubildendenvertretern,

201 bis 300 der in § 60 Abs. 1 genannten Arbeitnehmer aus 7 Jugend- und Auszubildendenvertretern,

301 bis 600 der in § 60 Abs. 1 genannten Arbeitnehmer aus 9 Jugend- und Auszubildendenvertretern,

601 bis 1 000 der in § 60 Abs. 1 genannten Arbeitnehmer aus 11 Jugend- und Auszubildendenvertretern,

mehr als 1 000 der in § 60 Abs. 1 genannten Arbeitnehmer aus 13 Jugend- und Auszubildendenvertretern.

(2) Die Jugend- und Auszubildendenvertretung soll sich möglichst aus Vertretern der verschiedenen Beschäftigungsarten und Ausbildungsberufe der im Betrieb tätigen in § 60 Abs. 1 genannten Arbeitnehmer zusammensetzen.

(3) Die Geschlechter sollen entsprechend ihrem zahlenmäßigen Verhältnis vertreten sein.

1 (1) Die Zahl der Mitgl. der JAV in Großbetrieben ist erhöht worden. Maßgebend für die Größe der JAV ist die Zahl der **am Tage des Erlasses des Wahlausschreibens** »in der Regel« im Betrieb beschäftigten in § 60 Abs. 1 genannten AN. In Grenzfällen hat der WV nach pflichtgemäßem Ermessen zu entscheiden. Ein **späteres Ansteigen oder Sinken** der Zahl der in § 60 Abs. 1 genannten AN ist ohne Bedeutung. Sinkt die Zahl allerdings **nicht nur vorübergehend** unter fünf, so entfallen die Voraussetzungen für die Bildung einer JAV (§ 60 Abs. 1); eine bestehende JAV verliert ihr Amt. Auch bei einer außerordentlichen vorzeitigen Wahl ist die Mitgliederzahl einer

JAV nach der Zahl der bei Erlaß des Wahlausschreibens zu dieser Wahl im Betrieb beschäftigten jugendlichen AN zu bestimmen (BAG v. 22. 11. 84, AP Nr. 1 zu § 64 BetrVG 1972).

(2.3) Wie auch der BR, so **soll** sich die JAV möglichst aus Vertr. der **verschiedenen Beschäftigungsarten** sowie der **Ausbildungsberufe** der im Betrieb tätigen in § 60 Abs. 1 genannten AN zusammensetzen. Auch die Geschlechter **sollen** entsprechend ihrem zahlenmäßigen Verhältnis vertreten sein. Es handelt sich um Soll-Vorschriften. **2**

§ 63
Wahlvorschriften

(1) Die Jugend- und Auszubildendenvertretung wird in geheimer, unmittelbarer und gemeinsamer Wahl gewählt.

(2) Spätestens acht Wochen vor Ablauf der Amtszeit der Jugend- und Auszubildendenvertretung bestellt der Betriebsrat den Wahlvorstand und seinen Vorsitzenden. Für die Wahl der Jugend- und Auszubildendenvertreter gelten § 14 Abs. 3 bis 5, 6 Satz 1 zweiter Halbsatz, Abs. 7 und 8, § 16 Abs. 1 Satz 6, § 18 Abs. 1 Satz 1 und Abs. 3 sowie die §§ 19 und 20 entsprechend.

(3) Bestellt der Betriebsrat den Wahlvorstand nicht oder nicht spätestens sechs Wochen vor Ablauf der Amtszeit der Jugend- und Auszubildendenvertretung oder kommt der Wahlvorstand seiner Verpflichtung nach § 18 Abs. 1 Satz 1 nicht nach, so gelten § 16 Abs. 2 Satz 1 und 2 und § 18 Abs. 1 Satz 2 entsprechend mit der Maßgabe, daß der Antrag beim Arbeitsgericht auch von jugendlichen Arbeitnehmern gestellt werden kann.

(1–3) Die **Wahlvorschriften** sind weitgehend an die für die Wahl des BR geltenden angepaßt worden. **1**

Die Wahl der JV erfolgte bisher ausschließlich nach den Grundsätzen des Mehrheitswahlrechts, und zwar auch dann, wenn mehrere Vorschlagslisten eingereicht wurden. Regelwahl für die Bildung der JAV ist nun die **Verhältniswahl**. Lediglich dann, wenn nur **ein** Wahlvorschlag eingereicht wird oder nur **ein** JAV zu wählen ist, findet die Wahl wie bisher nach den Grundsätzen der **Mehrheitswahl** statt. **2**

Wie bei der Wahl des BR ist auch für die Wahl der JAV das Wahlvorschlagsrecht für Wahlvorschläge der AN geändert (Herabsetzung des **Unterschriftenquorums)** und den Gew. ein eigenständiges Recht zur Einreichung von Wahlvorschlägen eingeräumt worden (vgl. Erl. zu § 14 Rn. 8). Ferner können wie bei der BR-Wahl dem Betrieb angehörende Gew.-Vertr. in den WV entsandt werden. Die Regelung über die öffentliche Feststellung des Wahlergebnisses (§ 18 Abs. 3) ist auch bei der Wahl der JAV zu beachten. **3**

Im Unterschied zur BR-Wahl erfolgt die Wahl der JAV jedoch – **4** wie schon früher die Wahl der JV – nicht als Gruppenwahl, also für Arbeiter und Angestellte getrennt, sondern stets als **gemeinsame Wahl.**

5 Werden irrtümlich **mehr Mitgl.** zur JAV gewählt, als nach dem Gesetz zu wählen sind, und wird die Wahl nicht angefochten, verbleibt es für die Wahlperiode bei der vom WV festgelegten Zahl (BAG v. 14. 1. 72, AP Nr. 2 zu § 20 BetrVG Jugendvertretung). Für den **Schutz** und die **Kosten der Wahl** gelten die für den BR maßgebenden Bestimmungen entsprechend. Eine einstweilen – und sei es auch auf gerichtl. Anordnung hin – abgesetzte Wahl zur JAV kann nicht später fortgeführt werden; die Wahl muß vielmehr neu ausgeschrieben werden (LAG Hamm, DB 74, 1241). Im Verfahren über die Anfechtung der Wahl einer JAV ist der BR Beteiligter (BAG v. 20. 2. 86, AP Nr. 1 zu § 63 BetrVG 1972).

§ 64
Zeitpunkt der Wahlen und Amtszeit

(1) Die regelmäßigen Wahlen der Jugend- und Auszubildendenvertretung finden alle zwei Jahre in der Zeit vom 1. Oktober bis 30. November statt. Für die Wahl der Jugend- und Auszubildendenvertretung außerhalb dieser Zeit gilt § 13 Abs. 2 Nr. 2 bis 6 und Abs. 3 entsprechend.

(2) Die regelmäßige Amtszeit der Jugend- und Auszubildendenvertretung beträgt zwei Jahre. Die Amtszeit beginnt mit der Bekanntgabe des Wahlergebnisses oder, wenn zu diesem Zeitpunkt noch eine Jugend- und Auszubildendenvertretung besteht, mit Ablauf von deren Amtszeit. Die Amtszeit endet spätestens am 30. November des Jahres, in dem nach Absatz 1 Satz 1 die regelmäßigen Wahlen stattfinden. In dem Fall des § 13 Abs. 3 Satz 2 endet die Amtszeit spätestens am 30. November des Jahres, in dem die Jugend- und Auszubildendenvertretung neu zu wählen ist. In dem Fall des § 13 Abs. 2 Nr. 2 endet die Amtszeit mit der Bekanntgabe des Wahlergebnisses der neu gewählten Jugend- und Auszubildendenvertretung.

(3) Ein Mitglied der Jugend- und Auszubildendenvertretung, das im Laufe der Amtszeit das 25. Lebensjahr vollendet, bleibt bis zum Ende der Amtszeit Mitglied der Jugend- und Auszubildendenvertretung.

1 (1) Die **Wahl** der JAV wird **alle zwei Jahre** durchgeführt. Die Wahl der JV hat bisher einheitlich in der Zeit vom 1. Mai bis 30. Juni des Wahljahres stattgefunden. Als neuer **einheitlicher Wahlzeitraum** der JAV ist nunmehr die Zeit vom **1. Oktober bis 30. November** festgelegt worden. Außerhalb des einheitlichen Wahlzeitraumes findet die Wahl einer JAV dann statt, wenn für sie einer der Tatbestände des § 13 Abs. 2 Nr. 2 bis 6 gegeben ist. Die Regelung des § 13 Abs. 2 Nr. 1 (Steigen oder Sinken der Zahl der beschäftigten AN) findet auf die

JAV keine Anwendung. Durch den Hinweis auf § 13 Abs. 3 wird sichergestellt, daß auch in den Fällen, in denen die Wahl der JAV außerhalb des einheitlichen Wahlzeitraumes durchgeführt wird, die nächste Wahl wieder in den gesetzlich vorgeschriebenen einheitlichen Wahlzeitraum fällt.

(2) Hinsichtlich des **Beginns und des Endes der regelmäßigen** zweijährigen Amtszeit der JAV gelten die für die vierjährige Amtszeit des BR maßgebenden Grundsätze (vgl. die Erl. zu § 21) entsprechend mit dem Unterschied, daß in den Fällen, in denen das Ende der Amtszeit mit dem Ende des einheitlichen Wahlzeitraums zusammenfällt, nicht auf den 31. Mai, sondern auf den 30. November abzustellen ist.   **2**

(3) Es wird klargestellt, daß ein Mitgl. der JAV, das während der Amtszeit durch Überschreiten der Altersgrenze die Voraussetzungen für die Wählbarkeit verliert, im Interesse einer kontinuierlichen Weiterführung des Amtes **nicht vorzeitig** aus der JAV ausscheiden **muß.** Das Mitgl. der JAV darf allerdings das 25. Lebensjahr nicht bereits vor Beginn der Amtszeit vollendet haben. Zum Beginn der Amtszeit vgl. Abs. 2.   **3**

§ 65
Geschäftsführung

(1) **Für die Jugend- und Auszubildendenvertretung gelten § 23 Abs. 1, § 24 Abs. 1, die §§ 25, 26 Abs. 1 Satz 1 und Abs. 3, die §§ 30, 31, 33 Abs. 1 und 2 sowie die §§ 34, 36, 37, 40 und 41 entsprechend.**

(2) **Die Jugend- und Auszubildendenvertretung kann nach Verständigung des Betriebsrats Sitzungen abhalten; § 29 gilt entsprechend. An diesen Sitzungen kann der Betriebsratsvorsitzende oder ein beauftragtes Betriebsratsmitglied teilnehmen.**

(1) Eine Reihe der für die **Organisation** und die **Geschäftsführung** des BR maßgebenden Bestimmungen gelten hiernach für die JAV entsprechend. Dies gilt beispielsweise für die Möglichkeit, die JAV aufzulösen oder einzelne Mitgl. aus ihr auszuschließen (§ 23 Abs. 1), die Beendigung der Mitgliedschaft in der JAV (§ 24 Abs. 1), das Nachrücken von **Ersatzmitgl.** (§ 25) oder die **Wahl des Vors.** und seines Stellvertr., wobei in diesem Fall das Gruppenprinzip allerdings keine Anwendung findet (§ 26 Abs. 1 Satz 1 u. Abs. 3). Die Mitgl. der JAV haben auch Anspruch auf Arbeitsbefreiung, soweit dies für ihre Aufgabenerfüllung erforderlich ist (§ 37); für notwendige Tätigkeit außerhalb ihrer Arbeitszeit besteht Anspruch auf Freizeitausgleich oder Entgeltzahlung. Ebenso haben sie Anspruch auf Arbeitsbefreiung für die Teilnahme an **Schulungs- und Bildungsveranstaltungen** (§ 37 Abs. 6 und 7). Die Kosten der JAV trägt der AG   **1**

(§ 40). Vgl. im übrigen die entsprechenden Erl. zu den in dieser Vorschrift angeführten Bestimmungen.

2 (2) Für die **Einberufung der Sitzungen** der JAV, die diese nach vorheriger Information des BR abhalten kann, gelten die für den BR maßgebenden Regelungen (§ 29) entsprechend. Soweit der BR-Vors. oder ein Beauftragter des BR an den Sitzungen der JAV teilnimmt, steht ihnen kein Stimmrecht zu.

§ 66
Aussetzung von Beschlüssen des Betriebsrats

(1) Erachtet die Mehrheit der Jugend- und Auszubildendenvertreter einen Beschluß des Betriebsrats als eine erhebliche Beeinträchtigung wichtiger Interessen der in § 60 Abs. 1 genannten Arbeitnehmer, so ist auf ihren Antrag der Beschluß auf die Dauer von einer Woche auszusetzen, damit in dieser Frist eine Verständigung, gegebenenfalls mit Hilfe der im Betrieb vertretenen Gewerkschaften, versucht werden kann.

(2) Wird der erste Beschluß bestätigt, so kann der Antrag auf Aussetzung nicht wiederholt werden; dies gilt auch, wenn der erste Beschluß nur unerheblich geändert wird.

(1,2) Die Bestimmung entspricht § 35 (vgl. dort).

§ 67
Teilnahme an Betriebsratssitzungen

(1) Die Jugend- und Auszubildendenvertretung kann zu allen Betriebsratssitzungen einen Vertreter entsenden. Werden Angelegenheiten behandelt, die besonders die in § 60 Abs. 1 genannten Arbeitnehmer betreffen, so hat zu diesen Tagesordnungspunkten die gesamte Jugend- und Auszubildendenvertretung ein Teilnahmerecht.

(2) Die Jugend- und Auszubildendenvertreter haben Stimmrecht, soweit die zu fassenden Beschlüsse des Betriebsrats überwiegend die in § 60 Abs. 1 genannten Arbeitnehmer betreffen.

(3) Die Jugend- und Auszubildendenvertretung kann beim Betriebsrat beantragen, Angelegenheiten, die besonders die in § 60 Abs. 1 genannten Arbeitnehmer betreffen und über die sie beraten hat, auf die nächste Tagesordnung zu setzen. Der Betriebsrat soll Angelegenheiten, die besonders die in § 60 Abs. 1 genannten Arbeitnehmer betreffen, der Jugend- und Auszubildendenvertretung zur Beratung zuleiten.

1 (1) Es obliegt der JAV, welches ihrer Mitgl. sie zu der BR-Sitzung entsenden will. Es können **auch weitere Mitgl.** der JAV an der BR-Sitzung teilnehmen, **wenn der BR damit einverstanden ist.** Werden allerdings Angelegenheiten behandelt, die **besonders** die in § 60 Abs. 1 genannten AN betreffen, so hat die gesamte JAV ein Teil-

nahmerecht. »Besonders« bedeutet nicht, daß eine Frage ausschließlich oder überwiegend die in § 60 Abs. 1 genannten AN berühren muß. Es kann sich vielmehr auch um Angelegenheiten handeln, die für die anderen AN ebenso von Belang sind. Entscheidend
ist, daß eine Frage erörtert werden soll, deren Behandlung für die in
§ 60 Abs. 1 genannten AN **von nicht unerheblicher** Bedeutung ist.
Das Teilnahmerecht der JAV besteht auch dann, wenn der BR aus
besonderem Anlaß ein Verhalten der JAV oder sein Verhältnis zu
dieser erörtert. Schließlich hängt es nicht davon ab, daß die behan-
delten Maßnahmen kollektiven Charakter haben; es ist vielmehr
auch bei jeder **personellen Einzelmaßnahme** gegenüber einem der in
§ 60 Abs. 1 genannten AN gegeben.

(2) Über die Heranziehung der JAV zu den BR-Sitzungen hinaus **2**
haben ihre Mitgl. dann ein **Stimmrecht,** wenn Beschlüsse gefaßt
werden sollen, die **überwiegend** die von den JAV vertretenen AN
betreffen. Das Merkmal »überwiegend« ist erfüllt, wenn eine Angelegenheit entweder zahlenmäßig oder aber vom Gewicht her mehr
die in § 60 Abs. 1 genannten als die übrigen AN berührt. Eine
pflichtwidrige Nichthinzuziehung der JAV zu den Sitzungen des BR
kann zur Unwirksamkeit der jeweiligen Beschlüsse des BR führen,
sofern nicht feststeht, daß eine Beteiligung der JAV auf das Ergebnis der Beschlußfassung keinen Einfluß gehabt hätte, etwa weil der
Beschluß dem Antrag der JAV selbst entsprach (vgl. auch BAG v.
6. 5. 75, AP Nr. 5 zu § 65 BetrVG 1972). Für die Ermittlung der
Beschlußfähigkeit des BR werden die Stimmen der JAV nicht mitgezählt.

(3) Die Vorschrift will sicherstellen, daß die JAV bei Angelegenhei- **3**
ten, die besonders die von ihr vertretenen AN betreffen (vgl.
Abs. 1), nicht nur initiativ werden, sondern auch erreichen kann,
daß die betreffende Frage in der nächsten BR-Sitzung behandelt
wird. Der BR **ist verpflichtet,** diesem Antrag nachzukommen. Unabhängig von dem Antragsrecht hat der BR alle Angelegenheiten,
die besonders die in § 60 Abs. 1 genannten AN betreffen, der JAV
zuzuleiten.

§ 68
Teilnahme an gemeinsamen Besprechungen

**Der Betriebsrat hat die Jugend- und Auszubildendenvertretung zu Be-
sprechungen zwischen Arbeitgeber und Betriebsrat beizuziehen, wenn
Angelegenheiten behandelt werden, die besonders die in § 60 Abs. 1
genannten Arbeitnehmer betreffen.**

Es sind hier nicht nur die mindestens monatlich einmal stattfindenden Besprechungen nach § 74 Abs. 1 gemeint, sondern **Besprechungen jeglicher Art** zwischen AG und BR, in denen Angelegenheiten

behandelt werden, die besonders die von der JAV vertretenen AN (§ 60 Abs. 1) betreffen (zum Merkmal »besonders« vgl. § 67 Rn. 1). Soweit Besprechungen zwischen dem AG und dem BA oder anderen Ausschüssen des BR stattfinden und diesen die selbständige Erledigung von Angelegenheiten übertragen ist, gilt die Vorschrift entsprechend.

§ 69
Sprechstunden

In Betrieben, die in der Regel mehr als fünfzig der in § 60 Abs. 1 genannten Arbeitnehmer beschäftigen, kann die Jugend- und Auszubildendenvertretung Sprechstunden während der Arbeitszeit einrichten. Zeit und Ort sind durch Betriebsrat und Arbeitgeber zu vereinbaren. § 39 Abs. 1 Satz 3 und 4 und Abs. 3 gilt entsprechend. An den Sprechstunden der Jugend- und Auszubildendenvertretung kann der Betriebsratsvorsitzende oder ein beauftragtes Betriebsratsmitglied beratend teilnehmen.

Es obliegt der JAV, ob sie für die von ihr vertretenen AN des Betriebs **Sprechstunden** während der Arbeitszeit einrichten will. Einen entsprechenden Beschluß faßt daher sie, nicht der BR. Voraussetzung ist allerdings, daß im Betrieb in der Regel mehr als 50 der in § 60 Abs. 1 genannten AN beschäftigt sind. Hat die JAV den Beschluß gefaßt, ist zwischen BR und AG Zeit und Ort der Durchführung der Sprechstunden zu vereinbaren. Im Streitfall entscheidet die ESt. verbindlich. **Versäumnis von Arbeitszeit**, die zum Besuch der Sprechstunden oder durch sonstige Inanspruchnahme der JAV erforderlich ist, berechtigt den AG nicht zur Minderung des Arbeitsverdienstes. Faßt die JAV keinen Beschluß über die Abhaltung eigener Sprechstunden oder hat der Betrieb regelmäßig 50 oder weniger der in § 60 Abs. 1 genannten AN, so kann ein Mitgl. der JAV an den Sprechstunden des BR zur Beratung von ihr vertretener AN teilnehmen (§ 39 Abs. 2).

§ 70
Allgemeine Aufgaben

(1) Die Jugend- und Auszubildendenvertretung hat folgende allgemeine Aufgaben:

1. **Maßnahmen, die den in § 60 Abs. 1 genannten Arbeitnehmern dienen, insbesondere in Fragen der Berufsbildung, beim Betriebsrat zu beantragen;**

2. **darüber zu wachen, daß die zugunsten der in § 60 Abs. 1 genannten Arbeitnehmer geltenden Gesetze, Verordnungen, Unfallverhütungsvorschriften, Tarifverträge und Betriebsvereinbarungen durchgeführt werden;**

3. **Anregungen von in § 60 Abs. 1 genannten Arbeitnehmern, insbesondere in Fragen der Berufsbildung, entgegenzunehmen und, falls sie berechtigt erscheinen, beim Betriebsrat auf eine Erledigung hinzuwirken. Die Jugend- und Auszubildendenvertretung hat die betroffenen in § 60 Abs. 1 genannten Arbeitnehmer über den Stand und das Ergebnis der Verhandlungen zu informieren.**

(2) Zur Durchführung ihrer Aufgaben ist die Jugend- und Auszubildendenvertretung durch den Betriebsrat rechtzeitig und umfassend zu unterrichten. Die Jugend- und Auszubildendenvertretung kann verlangen, daß ihr der Betriebsrat die zur Durchführung ihrer Aufgaben erforderlichen Unterlagen zur Verfügung stellt.

(1) Die Vorschrift konkretisiert die **Aufgaben** der JAV. Es handelt sich jedoch **nicht** um eine **abschließende** Aufzählung. Durch die Hervorhebung der **Berufsbildung** wird deutlich, daß in diesem Bereich einer der Schwerpunkte der Tätigkeit der JAV liegt. Das **Überwachungsrecht** beinhaltet gleichzeitig eine Überwachungspflicht. Gemeint sind alle Rechtsnormen, die für die von der JAV vertretenen AN von Bedeutung sind, wie insbesondere das BBiG und das JArbSchG. Soweit Maßnahmen beim AG zu beantragen sind oder auf eine Erledigung von Anregungen der von der JAV vertretenen AN hinzuwirken ist, kann dies **nur über** den **BR** geschehen. Der BR ist nach § 80 Abs. 1 Nr. 3 verpflichtet, solche Anregungen gegenüber dem AG zu verfolgen. Die JAV ist zwar auch befugt, in allen die in § 60 Abs. 1 genannten AN betreffenden Angelegenheiten selbst Beschlüsse zu fassen. Die Durchführung dieser Beschlüsse erfordert jedoch in jedem einzelnen Fall die Einschaltung des BR (BAG v. 6. 5. 75, AP Nr. 1 zu § 65 BetrVG 1972). Will sie beispielsweise unter den von ihr vertretenen AN des Betriebes eine **Fragebogenaktion** durchführen, ist ein Beschluß des BR unter Beteiligung der JAV über die Durchführung der Meinungsumfrage erforderlich (BAG v. 8. 2. 77, AP Nr. 10 zu § 80 BetrVG 1972). Der BR kann der JAV bei ihrer Aufgabenerfüllung allerdings keine Vorschriften machen. Ebensowenig hat er die JAV zu überwachen; er soll diese lediglich beraten, unterstützen sowie berechtigte Anliegen der JAV dem AG gegenüber vertreten. Die der JAV nach Nr. 2 dieser Bestimmung zugewiesenen Überwachungsaufgaben kann diese selbständig **ohne Hinzuziehung** des BR ausüben. Zu diesem Zweck kann die JAV auch die Arbeitsplätze der von ihr vertretenen AN aufsuchen, ohne daß sie einen konkreten Verdacht der Nichtbeachtung von zugunsten dieser AN bestehenden Rechtsvorschriften darlegen muß. Allerdings bedarf sie nach Auffassung des BAG auch für eine solche **Betriebsbegehung** der Zustimmung des BR (BAG v. 21. 1. 82, AP Nr. 1 zu § 70 BetrVG 1972). In einem sie berührenden arbeitsgerichtl. Beschlußverfahren ist die JAV selbst Beteiligter (BAG v. 8. 2. 77, AP Nr. 10 zu § 80 BetrVG 1972).

1

2 (2) Der BR ist verpflichtet, die zur Durchführung der Aufgaben der JAV **notwendigen Auskünfte** zu erteilen und sie sich ggf. vom AG zu beschaffen. Reicht die bloße Einsichtnahme in Unterlagen zur Durchführung der Aufgaben der JAV nicht aus, kann diese verlangen, daß ihr die **Unterlagen auf Zeit überlassen** werden, damit sie ihr etwa in einer JAV-Sitzung zur Verfügung stehen. Zu solchen Unterlagen gehören z. B. betriebliche Ausbildungspläne oder Berichte über die nach den Bestimmungen des JArbSchG vorgeschriebenen ärztlichen Untersuchungen, soweit sie zur Überwachung der Einhaltung des Gesetzes durch den AG notwendig sind.

§ 71
Jugend- und Auszubildendenversammlung

Die Jugend- und Auszubildendenvertretung kann vor oder nach jeder Betriebsversammlung im Einvernehmen mit dem Betriebsrat eine betriebliche Jugend- und Auszubildendenversammlung einberufen. Im Einvernehmen mit Betriebsrat und Arbeitgeber kann die betriebliche Jugend- und Auszubildendenversammlung auch zu einem anderen Zeitpunkt einberufen werden. § 43 Abs. 2 Satz 1 und 2, die §§ 44 bis 46 und § 65 Abs. 2 Satz 2 gelten entsprechend.

1 Die hier vorgesehenen Jugend- und Auszubildendenversamml. sollen den von der JAV vertretenen AN Gelegenheit geben, die sie betreffenden Angelegenheiten zu erörtern. Eine zwingende Verpflichtung der JAV zur Einberufung der Versamml. besteht allerdings nicht. Will sie sie einberufen, bedarf sie der **Übereinstimmung** mit dem BR. Der BR darf sein Einvernehmen jedoch nicht ohne sachlich gerechtfertigten Grund versagen. Die Versamml. wird vom Vors. der JAV geleitet. Ihm steht auch das Hausrecht zu.

2 Die Jugend- und Auszubildendenversamml. wird grundsätzlich in einem **zeitlichen Zusammenhang** mit einer Betriebsversamml. durchgeführt. Soweit es möglich und zumutbar ist, soll sie möglichst an demselben Tag stattfinden, an dem die Betriebsversamml. durchgeführt wird, und zwar unmittelbar vor oder nach dieser bzw. – je nach den Umständen des Einzelfalles – auch am Tag davor oder danach. Der Besuch von zwei Versamml. an einem Tag ist für die betreffenden AN jedenfalls dann nicht als unzumutbar angesehen worden, wenn zwischen den beiden Versamml. eine Mittagspause liegt (LAG Düsseldorf, DB 76, 539; vgl. auch BAG v. 15. 8. 78, AP Nr. 1 zu § 23 BetrVG 1972). Im **Einvernehmen** mit dem BR und AG kann die betriebliche Jugend- und Auszubildendenversamml. auch ohne direkten zeitlichen Zusammenhang mit einer Betriebsversamml. zu jedem beliebigen anderen Zeitpunkt durchgeführt werden.

3 Als Betriebsversamml. gelten auch die **Abteilungsversamml.** nach

§ 42 Abs. 2. Die Jugend- und Auszubildendenversamml. ist **als einheitliche Versamml.** durchzuführen. Sie kann auch in Form von Teilversamml. durchgeführt werden (str.). Auch dann, wenn die von der JAV vertretenen AN eigene Versamml. durchführen, können sie darüber hinaus an den Betriebsversamml. teilnehmen. Hinsichtlich der **zeitlichen Lage** der Jugend- und Auszubildendenversamml. und der **Erstattung des Entgeltsausfalls** gelten die für die Teilnahme an Betriebsversamml. maßgebenden Vorschriften entsprechend (§ 44). Entsprechende Anwendung finden auch die Vorschriften über die Teilnahme von Vertr. der Verbände und die in den Jugend- und Auszubildendenversamml. zulässigen Themen (§§ 45, 46). Der AG ist zu den Jugend- und Auszubildendenversamml. unter Mitteilung der Tagesordnung einzuladen. Er hat das Recht, in den Versamml. zu sprechen. Ebenso kann der BR-Vors. oder ein beauftragtes BR-Mitgl. an der Jugend- und Auszubildendenversamml. teilnehmen und sich zu Wort melden.

Zweiter Abschnitt:

Gesamt-Jugend- und Auszubildendenvertretung

§ 72
Voraussetzungen der Errichtung, Mitgliederzahl, Stimmengewicht

(1) Bestehen in einem Unternehmen mehrere Jugend- und Auszubildendenvertretungen, so ist eine Gesamt-Jugend- und Auszubildendenvertretung zu errichten.

(2) In die Gesamt-Jugend- und Auszubildendenvertretung entsendet jede Jugend- und Auszubildendenvertretung ein Mitglied.

(3) Die Jugend- und Auszubildendenvertretung hat für das Mitglied der Gesamt-Jugend- und Auszubildendenvertretung mindestens ein Ersatzmitglied zu bestellen und die Reihenfolge des Nachrückens festzulegen.

(4) Durch Tarifvertrag oder Betriebsvereinbarung kann die Mitgliederzahl der Gesamt-Jugend- und Auszubildendenvertretung abweichend von Absatz 2 geregelt werden.

(5) Gehören nach Absatz 2 der Gesamt-Jugend- und Auszubildendenvertretung mehr als zwanzig Mitglieder an und besteht keine tarifliche Regelung nach Absatz 4, so ist zwischen Gesamtbetriebsrat und Arbeitgeber eine Betriebsvereinbarung über die Mitgliederzahl der Gesamt-Jugend- und Auszubildendenvertretung abzuschließen, in der bestimmt wird, daß Jugend- und Auszubildendenvertretungen mehrerer

Betriebe eines Unternehmens, die regional oder durch gleichartige Interessen miteinander verbunden sind, gemeinsam Mitglieder in die Gesamt-Jugend- und Auszubildendenvertretung entsenden. Satz 1 gilt entsprechend für die Abberufung der Gesamt-Jugend- und Auszubildendenvertretung und die Bestellung von Ersatzmitgliedern.

(6) Kommt im Fall des Absatzes 5 eine Einigung nicht zustande, so entscheidet eine für das Gesamtunternehmen zu bildende Einigungsstelle. Der Spruch der Einigungsstelle ersetzt die Einigung zwischen Arbeitgeber und Gesamtbetriebsrat.

(7) Jedes Mitglied der Gesamt-Jugend- und Auszubildendenvertretung hat so viele Stimmen, wie in dem Betrieb, in dem es gewählt wurde, in § 60 Abs. 1 genannte Arbeitnehmer in der Wählerliste eingetragen sind. Ist ein Mitglied der Gesamt-Jugend- und Auszubildendenvertretung für mehrere Betriebe entsandt worden, so hat es so viele Stimmen, wie in den Betrieben, für die es entsandt ist, in § 60 Abs. 1 genannte Arbeitnehmer in den Wählerlisten eingetragen sind. Sind mehrere Mitglieder der Jugend- und Auszubildendenvertretung entsandt worden, so stehen diesen die Stimmen nach Satz 1 anteilig zu.

1 (1) Die GJAV ist den einzelnen JAV nicht übergeordnet. Ihre **Bildung** ist **zwingend** vorgeschrieben, wenn in einem UN mehrere JAV bestehen. Das Bestehen eines GBR ist dagegen nicht Voraussetzung für die Bildung einer GJAV (str.).

2 Die GJAV ist eine **ständige Einrichtung.** Sie hat keine feste Amtszeit. Lediglich die einzelnen Mitgl. werden für eine bestimmte Amtszeit in die GJAV entsandt, die regelmäßig mit ihrer Amtszeit in der JAV identisch ist.

3 (2) **Jede JAV entsendet** – da das Gruppenrecht keine Anwendung findet – **nur ein Mitgl.** in die GJAV. Die Entscheidung darüber wird durch Beschluß der JAV mit einfacher Stimmenmehrheit gefaßt.

4 (3) Es besteht die Verpflichtung der JAV, für jedes entsandte Mitgl. **mindestens ein Ersatzmitgl.** zu bestellen, das in die GJAV nachrückt, wenn das betreffende ordentliche Mitgl. zeitweilig verhindert ist oder ganz aus der GJAV ausscheidet. Bestellt die JAV mehrere Ersatzmitgl., hat sie die Reihenfolge des Nachrückens festzulegen.

Zu beachten ist allerdings, daß dann, wenn eine JAV **nur aus einem JAV** besteht, in diesem Fall das Ersatzmitgl. das nach § 63 Abs. 2 i. V. m. § 14 Abs. 4 in einem **gesonderten Wahlgang** gewählte Ersatzmitgl. des betreffenden JAV ist.

5 Im Gegensatz zu § 47 Abs. 2 Satz 4 wird die Abberufung von Mitgl. der GJAV nicht geregelt. Es ist jedoch davon auszugehen, daß das GJAV-Mitgl. von der entsendenden JAV **jederzeit** und ohne Angabe von Gründen durch einfachen Mehrheitsbeschluß wieder **abberu-**

fen werden kann. In diesem Fall rückt das bestellte Ersatzmitgl. nach.

(4) Die hier vorgesehenen TV oder BV können bestimmen, daß so- **6**
wohl **eine JAV mehrere** Mitgl. als auch **mehrere JAV ein gemeinsames Mitgl.** in die GJAV entsenden. Sofern ein TV nicht besteht, ist für den Abschluß einer entsprechenden BV der GBR zuständig. Dabei wirken die Mitgl. der GJAV stimmberechtigt mit (§ 73 Abs. 2, § 77 Abs. 2).

Soweit die Mitgl.-Zahl der GJAV durch TV oder BV geregelt wird, **7**
legt das Gesetz **keine obere Begrenzung** fest. Die GJAV kann daher in solchen Fällen auch aus mehr als 20 Mitgl. bestehen.

(5) Der erzwingbare Abschluß einer BV über die Verkleinerung der **8**
Mitgl.-Zahl ist – anders als bei dem GBR (vgl. § 47 Abs. 5) – bereits vorgeschrieben, wenn die Zahl der GJAV 20 Mitgl. übersteigt. Zu beachten ist jedoch, daß die Regelung **nur in Betracht** kommt, wenn die Zahl der Mitgl. der GJAV **nach dem normalen Entsendungsverfahren** nach Abs. 2 **mehr als zwanzig** beträgt. Beruht die erhöhte Mitgl.-Zahl auf einem TV oder einer BV nach Abs. 4, ist eine BV nach dieser Regelung nicht abzuschließen.

(6) Diese Vorschrift entspricht wörtlich der Regelung, wie sie für **9**
den GBR nach § 47 Abs. 6 maßgebend ist (vgl. dort). Zu beachten ist jedoch, daß die ESt. nur durch den AG oder den GBR, nicht dagegen durch die GJAV angerufen werden kann.

(7) Das **Stimmengewicht** der Mitgl. ist in Anlehnung an das der **10**
Mitgl. des GBR geregelt worden (vgl. § 47 Abs. 7 und 8). Es kommt hier jedoch **nicht** auf das **Gruppenprinzip** an – das bei der JAV ohnehin keine Rolle spielt –, sondern auf die Gesamtheit der in die Wählerlisten eingetragen in § 60 Abs. 1 genannten AN des Betriebs, aus dem das Mitgl. der GJAV kommt.

Wird die Größe der GJAV durch TV oder BV abweichend vom **11**
Gesetz geregelt, und entsenden die JAV mehrerer Betriebe nur einen Vertr. in die GJAV, so hat dieser so viele Stimmen, wie in § 60 Abs. 1 genannte AN insgesamt in diesen Betrieben in den Wählerlisten eingetragen waren. Entsendet dagegen die JAV eines Betriebs mehrere Mitgl. in die GJAV (Abs. 4), so wird die gesamte Stimmenzahl gleichmäßig auf die einzelnen Mitgl. aufgeteilt.

§ 73
Geschäftsführung und Geltung sonstiger Vorschriften

**(1) Die Gesamt-Jugend- und Auszubildendenvertretung kann nach
Verständigung des Gesamtbetriebsrats Sitzungen abhalten. An den
Sitzungen kann der Vorsitzende des Gesamtbetriebsrats oder ein beauftragtes Mitglied des Gesamtbetriebsrats teilnehmen.**

(2) Für die Gesamt-Jugend- und Auszubildendenvertretung gelten § 25 Abs. 1 und 3, § 26 Abs. 1 Satz 1 und Abs. 3, die §§ 30, 31, 34, 36, 37 Abs. 1 bis 3, die §§ 40, 41, 48, 49, 50, 51 Abs. 3, 4 und 6 sowie die §§ 66 bis 68 entsprechend.

1 (1) Für die **Durchführung der Sitzungen** der GJAV gelten die für den GBR maßgebenden Regelungen entsprechend (§ 51 Abs. 3). Die geforderte vorherige Verständigung des GBR setzt lediglich dessen **Unterrichtung** voraus. Der GBR hat also Kenntnis von der beabsichtigten Sitzung des GJAV zu erhalten; er kann sie jedoch nicht untersagen.

2 (2) Die Bestimmung legt fest, daß eine Reihe von Vorschriften für die **Organisation** und **Geschäftsführung** der GJAV entsprechend gelten (vgl. Erl. zu den entsprechenden Bestimmungen).

Vierter Teil:
Mitwirkung und Mitbestimmung der Arbeitnehmer

Erster Abschnitt:
Allgemeines

§ 74
Grundsätze für die Zusammenarbeit

(1) Arbeitgeber und Betriebsrat sollen mindestens einmal im Monat zu einer Besprechung zusammentreten. Sie haben über strittige Fragen mit dem ernsten Willen zur Einigung zu verhandeln und Vorschläge für die Beilegung von Meinungsverschiedenheiten zu machen.

(2) Maßnahmen des Arbeitskampfes zwischen Arbeitgeber und Betriebsrat sind unzulässig; Arbeitskämpfe tariffähiger Parteien werden hierdurch nicht berührt. Arbeitgeber und Betriebsrat haben Betätigungen zu unterlassen, durch die der Arbeitsablauf oder der Frieden des Betriebs beeinträchtigt werden. Sie haben jede parteipolitische Betätigung im Betrieb zu unterlassen; die Behandlung von Angelegenheiten tarifpolitischer, sozialpolitischer und wirtschaftlicher Art, die den Betrieb oder seine Arbeitnehmer unmittelbar betreffen, wird hierdurch nicht berührt.

(3) Arbeitnehmer, die im Rahmen dieses Gesetzes Aufgaben übernehmen, werden hierdurch in der Betätigung für ihre Gewerkschaft auch im Betrieb nicht beschränkt.

(1) Die mindestens einmal im Monat durchzuführenden Zusammenkünfte sollen den BR wie den AG anhalten, über **beide Seiten berührende Probleme** zu sprechen. Zu diesen Gesprächen können Gew.-Beauftragte hinzugezogen werden. Der **Schwerbehindertenvertretung** steht nunmehr **ein Teilnahmerecht** nach § 25 Abs. 5 SchwbG zu (daher überholt BAG v. 19. 1. 84, AP Nr. 4 zu § 74 BetrVG 1972). Die Verpflichtung des AG, mit dem BR mit dem ernsten Willen zur Einigung zu verhandeln und Vorschläge für die Beilegung von Meinungsverschiedenheiten zu machen, ist Ausdruck der in § 2 Abs. 1 geforderten grundsätzlichen Verhaltensweise. Da der AG nur in ganz seltenen Fällen auf die Mitwirkung des BR angewiesen ist, während der BR, da ihm das Direktionsrecht nicht zusteht, in der Regel eines **Entgegenkommens des AG** bedarf, betrifft diese Bestimmung überwiegend den AG. Der AG hat die Vorstellungen des BR nicht nur anzuhören, sondern auch zu bedenken und zu überprüfen, wieweit er ihnen nachkommen kann. Er ist dabei auch zur Überprüfung der eigenen Position verpflichtet. Eine aus § 74 Abs. 1 herzuleitende rechtliche Verpflichtung zum Kom-

promiß besteht zwar nicht (BAG v. 27. 11. 73, AP Nr. 4 zu § 40 BetrVG 1972), doch kann die dauernde Verweigerung der Zusammenarbeit eine grobe Pflichtverletzung i. S. des § 23 sein.

2 (2) Das Verbot, **Maßnahmen des Arbeitskampfes** durchzuführen, gilt nur für den AG und den BR als Organe. Der BR kann also nicht Arbeitskämpfe zur Erzwingung betriebsverfassungsrechtlicher Regelungen durchführen (BAG v. 17. 12. 76, AP Nr. 52 zu Art. 9 GG Arbeitskampf). Die einzelnen Mitgl. des BR können sich aber, wie jeder andere AN des Betriebs, an gewerkschaftlichen Kampfmaßnahmen beteiligen. Sie dürfen jedoch Streikaufrufe nicht unter Bezugnahme auf ihre BR-Mitgliedschaft unterzeichnen. Sie können gleichwohl auch Mitgl. einer Streikleitung sein oder als Streikposten tätig werden. Das BR-Amt mit seinen Rechten und Pflichten besteht grundsätzlich auch während eines Arbeitskampfes weiter (BAG v. 21. 4. 71, AP Nr. 43 zu Art. 9 GG Arbeitskampf, 6. 3. 79, AP Nr. 20 zu § 102 BetrVG 1972; vgl. auch Bobke/Grimberg, AiB 84, 20 ff. und ArbG Regensburg, ArbuR 87, 178). Auch das BVerfG betont (BVerfG v. 19. 2. 75, AP Nr. 50 zu Art. 9 GG Arbeitskampf) die Bedeutung der weiteren Funktionsfähigkeit des BR. Im übrigen verstößt der BR nicht gegen die Friedenspflicht, wenn er sich bei spontan streikenden AN gegenüber dem AG um eine Vermittlung bemüht, um den Betriebsfrieden wiederherzustellen (BAG v. 5. 12. 78 – 6 AZR 485/76). Zur Verneinung des Lohnanspruchs bei BR-Tätigkeit während des Arbeitskampfes durch das BAG vgl. § 37 Rn. 6.

3 Betätigungen, durch die der **Arbeitsablauf oder der Frieden** des Betriebs beeinträchtigt wird, liegen nur dann vor, wenn es sich um eine konkrete Störung handelt (vgl. dazu BAG v. 9. 12. 82, AP Nr. 73 zu § 626 BGB). Die bloße Möglichkeit einer Beeinträchtigung reicht nicht aus. Die Wahrnehmung der dem BR zustehenden Rechte, insbesondere die Durchführung einer Betriebsversamml. unter Darlegung des Scheiterns von Verhandlungen mit dem AG, stellt in keinem Fall einen Verstoß gegen § 74 Abs. 2 Satz 2 dar. Der BR kann auch eine Fragebogenaktion unter den AN durchführen, wenn sich die Fragen im Rahmen der Zuständigkeit der Betriebsverfassungsorgane halten und die Persönlichkeitssphäre anderer AN nicht unnötig verletzt wird (BAG v. 8. 2. 77, AP Nr. 10 zu § 80 BetrVG 1972).

4 Das Verbot der **parteipolitischen Betätigung** gilt für AG wie BR als Organ. Es gilt nicht für die einzelnen AN. Für diese besteht ein Verbot, sich im Betrieb parteipolitisch zu betätigen erst dann, wenn dadurch der Arbeitsablauf beeinträchtigt oder der Betriebsfrieden gestört wird (so auch BAG v. 9. 12. 82 a. a. O.). Unter parteipolitischer Betätigung ist **nicht jede politische Tätigkeit** zu verstehen (BVerfG v. 28. 4. 76, AP Nr. 2 zu § 74 BetrVG 1972). Angelegenheiten tarifpolitischer, sozialpolitischer und wirtschaftlicher Art, die den Betrieb oder seine AN unmittelbar betreffen, z. B. Fragen der Berufsausbildung oder der Mitbestimmung, können vom BR in Betriebsversamml. behandelt werden, auch wenn sie gleichzeitig von Parteien diskutiert werden. Eine unzulässige parteipolitische Betätigung liegt allerdings dann vor, wenn in einer Betriebsversamml. ein Referat über ein sozialpolitisches Thema nur zu Zeiten des Wahlkampfes von einem Spitzenpolitiker in seinem Wahlkreis im Rahmen seiner Wahlkampfstrategie gehalten wird (BAG v. 13. 9. 77, AP Nr. 1 zu § 42 BetrVG 1972). Eine parteipolitische Betätigung ist jedoch zu verneinen, wenn ein BR-Mitgl. an seinem Privatwagen den **Aufkleber einer bestimmten Partei** angebracht hat oder ein entsprechendes Zeichen an seinem Anzug trägt. Auch das Tragen von sog. **Anti-Strauß-Plaketten** war nicht grundsätzlich unzulässig. Es darf sich nur nicht um große, auffällige Plaketten handeln, mit denen der politische Gegner diffamiert und verächtlich gemacht werden soll (BAG v. 9. 12. 82 a. a. O.). Zulässig ist auch das Tragen einer Plakette mit einer stilisierten weißen Taube auf blauem Grund (**Friedenstaube**) oder einer Plakette, auf der die gewerkschaftliche Forderung nach der **35-Stunden-Woche** in den Farben rot-gelb abgebildet ist (ArbG Köln, ArbuR 85, 98, a. A. LAG Rheinland-Pfalz v. 28. 8. 86 – 5 Sa 240/86). Auch das Tragen von sog. **Anti-Atom-Plaketten** ist keine parteipolitische Betätigung. Da die Kernenergie in fast allen politischen Gruppierungen umstritten ist, fehlt insoweit der parteipolitische Bezug (vgl. dazu aber BAG v. 2. 3. 82, AP Nr. 8 zu Art. 5 Abs. 1 GG Meinungsfreiheit, das Lehrern im öffentlichen Dienst das Tragen derartiger Plaketten während des Unterrichts untersagt hat). Von einer parteipolitischen Betätigung kann auch keine Rede sein, wenn ein BR-Mitgl. außerhalb des Betriebs im Rahmen seiner zulässigerweise ausgeübten parteipolitischen Tätigkeit auf seine BR-Funktion hinweist (vgl. dazu auch BAG v. 20. 3. 79 – 1 AZR 450/76).

Im eindeutigen Widerspruch sowohl zur Rechtspr. des BVerfG (vgl. **5** BVerfG v. 28. 4. 76 a. a. O.) als auch zu seiner früheren eigenen (vgl. z. B. BAG v. 18. 1. 68, AP Nr. 28 zu § 66 BetrVG) vertritt das BAG in seiner **neueren Rechtspr.** die Ansicht, daß **alle politischen Fragen** in den Bereich der parteipolitischen Stellungnahme fallen und deshalb vom BR nicht behandelt werden dürfen. Diese Schlußfolgerung soll sich insbesondere daraus ergeben, daß angeblich eine Trennung zulässiger allgemeinpolitischer Betätigung von der verbotenen parteipolitischen Betätigung nicht möglich ist (BAG, DB 87, 1898). Hier verkennt das BAG die Realitäten in den Betrieben. Seine Auffassung ist lebensfremd (zur Kritik vgl. Wendeling-Schröder, AiB 87, 173; Derleder, ArbuR 88, 17; zutreffend LAG Hamburg, BetrR 86, 475; LAG Baden-Württemberg, BB 85, 589; LAG Mün-

chen v. 4. 10. 84 – 2 Sa 29/84; allgemein zur parteipolitischen Betätigung im Betrieb Däubler, AiB 83, 27 ff.).

6 (3) Durch diese Bestimmung wird klargestellt, daß sich BR-Mitgl.
in gleicher Weise wie alle anderen AN für ihre Gew. im Betrieb betätigen können. Sie dürfen ihr Amt nur nicht dazu benutzen, **unzulässigen** Druck zum Eintritt in eine bestimmte Gew. auszuüben. Bei
neu in den Betrieb eintretenden AN kann der BR darauf hinweisen,
daß eine enge Zusammenarbeit mit der Gew. und ein hoher Organi-
sationsgrad bestehen. Das BR-Mitgl. darf auch ansonsten für seine
Gew. werbend tätig werden.

§ 75
Grundsätze für die Behandlung der Betriebsangehörigen

**(1) Arbeitgeber und Betriebsrat haben darüber zu wachen, daß alle im
Betrieb tätigen Personen nach den Grundsätzen von Recht und Billigkeit behandelt werden, insbesondere, daß jede unterschiedliche Behandlung von Personen wegen ihrer Abstammung, Religion, Nationalität, Herkunft, politischen oder gewerkschaftlichen Betätigung oder
Einstellung oder wegen ihres Geschlechts unterbleibt. Sie haben darauf zu achten, daß Arbeitnehmer nicht wegen Überschreitung bestimmter Altersstufen benachteiligt werden.**

**(2) Arbeitgeber und Betriebsrat haben die freie Entfaltung der Per-
sönlichkeit der im Betrieb beschäftigten Arbeitnehmer zu schützen
und zu fördern.**

1 (1) Die Vorschrift erfaßt **alle im Betrieb beschäftigten Personen,** also auch die AN, die im Betrieb des AG tätig sind, ohne zu diesem in
einem Arbeitsverhältnis zu stehen (z. B. Monteure, entsandte Bau-
arbeiter u. ä.). Darüber hinaus handelt es sich um eine **Rahmenvor-
schrift** hinsichtlich der Regelungsmacht des BR, die u. a. durch die
MBR eine nähere Konkretisierung erfährt. Aus der Überwachungspflicht ergibt sich, daß AG und BR nicht gegen die aufgeführten
Grundsätze verstoßen dürfen. Die Formulierung »insbesondere«
macht deutlich, daß unter Recht und Billigkeit nicht nur das **Verbot
einer Diskriminierung** aus den genannten Gründen, sondern jede
sachlich **nicht gerechtfertigte willkürliche Behandlung** zu verstehen
ist. Eine solche liegt dann vor, wenn zwar die Rechtsansprüche aller
Betriebsangehörigen anerkannt und erfüllt werden, jedoch deren
berechtigte soziale, wirtschaftliche und persönliche Interessen in
Abwägung gegenüber den Interessen anderer Personen nicht ausreichend berücksichtigt werden (zum Maßregelungsverbot nach einem
Arbeitskampf vgl. BAG, ArbuR 87, 416; vgl. auch BVerfG, NZA
88, 473 und NZA 87, 810; zum Ausschluß von übertariflichen Zulagen wegen Teilnahme an einer gewerkschaftlichen Protestveranstal-
tung vgl. LAG Rheinland-Pfalz, BB 87, 1459).

Aus Abs. 1 folgt u. a., daß AG und BR darauf zu achten haben, daß **2**
der **Grundsatz der Lohngleichheit** von Mann und Frau bei gleichartiger Arbeit im Betrieb eingehalten wird und Frauen gleichberechtigt an Fortbildungsmaßnahmen teilnehmen (vgl. auch §§ 611 a und
b BGB; zum Grundsatz der Lohngleichheit vgl. u. a. BAG v. 25. 8.
82, AP Nr. 53 zu § 242 BGB Gleichbehandlung; zur unzulässigen
»mittelbaren Diskriminierung« von teilzeitbeschäftigten Frauen bei
der betrieblichen Altersversorgung vgl. BAG, ArbuR 87, 180). Aus
dieser Vorschrift kann sich auch die Verpflichtung zum Abschluß
und zur Durchführung von besonderen **Frauenförderplänen** ergeben
(vgl. auch Pfarr, Frauenförderung und Grundgesetz [1988]).

Der BR hat weiterhin darauf zu achten, daß kein AN wegen seiner **3**
gewerkschaftlichen Betätigung benachteiligt wird. Ein AG darf die
Einstellung eines AN nicht von dessen **Austritt aus der Gew.** abhängig machen. Die betroffene Gew. kann sich gegen diesen rechtswidrigen Angriff auf ihr Koalitionsbetätigungsrecht mit einer **Unter-**
lassungsklage gegen den AG wehren (BAG v. 2. 6. 87, AP Nr. 49 zu
Art. 9 GG).

Aus Satz 2 ergibt sich die konkrete Verpflichtung des BR, darauf zu **4**
achten, daß **ältere AN** nicht benachteiligt werden. Dies bedeutet,
daß er sich ggf. um Umschulungsmaßnahmen oder Versetzungen
bemühen muß.

Die Vorschrift des Abs. 1 spricht zwar direkt nur den AG und den **5**
BR an. Sie räumt aber auch dem einzelnen AN das **individuelle**
Recht ein, nach diesen Grundsätzen behandelt zu werden (so zutref-
fend BAG v. 5. 4. 84, AP Nr. 2 zu § 17 BBiG; a. A. und ohne Be-
gründung für die Abweichung BAG v. 3. 12. 85, AP Nr. 2 zu § 74
BAT).

Die Verpflichtungen des BR aus Abs. 1 bestehen nach Auffassung **6**
des BAG nicht gegenüber leit. Ang. (BAG v. 19. 2. 75, AP Nr. 9 zu
§ 5 BetrVG 1972).

(2) Diese Bestimmung verpflichtet den AG, bei seinen Maßnahmen **7**
auf die freie Entfaltung der Persönlichkeit der im Betrieb beschäftigten AN zu achten. Dieser Grundsatz ist insbesondere bei der
rechtlich zulässigen Einschränkung einzelner Persönlichkeitsrechte
gegenüber betrieblichen Interessen zu berücksichtigen, z. B. bei
Kontrolleinrichtungen. Die damit zusammenhängenden Fragen
unterliegen dem MBR des BR nach § 87 Abs. 1 Nr. 1 oder Nr. 6.
Das MBR des BR nach dieser Vorschrift besteht auch dann, wenn
der AG in Arbeitsbereichen allgemein zugänglich einen sog. Perso-
nalplaner aushängt, auf dem für jeden einzelnen Arbeitnehmer für
das laufende Jahr An- und Abwesenheitszeiten, diese nach Gründen
wie Beurlaubung, Krankheit, Freischicht aufgeschlüsselt, aufgeführt sind. Darin liegt zugleich ein Verstoß gegen § 75 Abs. 2.

8 In einem besonderen Maße ist die freie Entfaltung der Persönlichkeit der AN durch den **Einsatz neuer Technologien,** vor allem durch moderne Personalinformationssysteme gefährdet, mit deren Hilfe fast unbegrenzt AN-Daten gespeichert und ausgewertet werden können (zu den Grenzen einer umfassenden Registrierung und dem daraus resultierenden »informationellen Selbstbestimmungsrecht« des Menschen vgl. das »Volkszählungsurteil« des BVerfG, NJW 84, 419). Abs. 2 verpflichtet daher BR und AG, bei Regelungen über die Verarbeitung von personenbezogenen Daten der AN den Grundsätzen über den **Persönlichkeitsschutz des** AN im Arbeitsverhältnis Rechnung zu tragen. Das gilt nicht nur für Regelungen im Rahmen einer BV, sondern auch bei einem Spruch der ESt. (BAG v. 27. 5. 86, AP Nr. 14 zu § 87 BetrVG 1972 Überwachung).

9 Verstößt der AG gegen die in dieser Vorschrift genannten Grundsätze, ist der BR berechtigt, dem AG die Pflichtverletzung gerichtlich untersagen zu lassen, und zwar auch dann, wenn die Voraussetzungen des § 23 Abs. 3 BetrVG nicht vorliegen (so u. a. LAG Bremen, ArbuR 82, 353; LAG Niedersachsen, ArbuR 86, 58).

§ 76
Einigungsstelle

(1) Zur Beilegung von Meinungsverschiedenheiten zwischen Arbeitgeber und Betriebsrat, Gesamtbetriebsrat oder Konzernbetriebsrat ist bei Bedarf eine Einigungsstelle zu bilden. Durch Betriebsvereinbarung kann eine ständige Einigungsstelle errichtet werden.

(2) Die Einigungsstelle besteht aus einer gleichen Anzahl von Beisitzern, die vom Arbeitgeber und Betriebsrat bestellt werden, und einem unparteiischen Vorsitzenden, auf dessen Person sich beide Seiten einigen müssen. Kommt eine Einigung über die Person des Vorsitzenden nicht zustande, so bestellt ihn das Arbeitsgericht. Dieses entscheidet auch, wenn kein Einverständnis über die Zahl der Beisitzer erzielt wird.

(3) Die Einigungsstelle faßt ihre Beschlüsse nach mündlicher Beratung mit Stimmenmehrheit. Bei der Beschlußfassung hat sich der Vorsitzende zunächst der Stimme zu enthalten; kommt eine Stimmenmehrheit nicht zustande, so nimmt der Vorsitzende nach weiterer Beratung an der erneuten Beschlußfassung teil. Die Beschlüsse der Einigungsstelle sind schriftlich niederzulegen, vom Vorsitzenden zu unterschreiben und Arbeitgeber und Betriebsrat zuzuleiten.

(4) Durch Betriebsvereinbarung können weitere Einzelheiten des Verfahrens vor der Einigungsstelle geregelt werden.

(5) In den Fällen, in denen der Spruch der Einigungsstelle die Einigung zwischen Arbeitgeber und Betriebsrat ersetzt, wird die Einigungsstelle auf Antrag einer Seite tätig. Benennt eine Seite keine Mitglieder oder bleiben die von einer Seite genannten Mitglieder trotz rechtzeitiger Einladung der Sitzung fern, so entscheiden der Vorsitzende und die erschienenen Mitglieder nach Maßgabe des Absatzes 3 allein. Die Einigungsstelle faßt ihre Beschlüsse unter angemessener Berücksichtigung der Belange des Betriebs und der betroffenen Arbeitnehmer nach billigem Ermessen. Die Überschreitung der Grenzen des Ermessens kann durch den Arbeitgeber oder den Betriebsrat nur binnen einer Frist von zwei Wochen, vom Tage der Zuleitung des Beschlusses an gerechnet, beim Arbeitsgericht geltend gemacht werden.

(6) Im übrigen wird die Einigungsstelle nur tätig, wenn beide Seiten es beantragen oder mit ihrem Tätigwerden einverstanden sind. In diesen Fällen ersetzt ihr Spruch die Einigung zwischen Arbeitgeber und Betriebsrat nur, wenn beide Seiten sich dem Spruch im voraus unterworfen oder ihn nachträglich angenommen haben.

(7) Soweit nach anderen Vorschriften der Rechtsweg gegeben ist, wird er durch den Spruch der Einigungsstelle nicht ausgeschlossen.

(8) Durch Tarifvertrag kann bestimmt werden, daß an die Stelle der in Absatz 1 bezeichneten Einigungsstelle eine tarifliche Schlichtungsstelle tritt.

(1) Die ESt. ist bei **Bedarf** zu bilden, d. h., wenn alle anderen Einigungsmöglichkeiten zwischen BR und AG erschöpft sind und die Streitigkeit in die Kompetenz der ESt. fällt. Das Verfahren vor der ESt. verstößt nicht gegen das Rechtsstaatsprinzip (vgl. BVerfG, NZA 88, 25). Die **Kosten** der ESt. trägt der AG (vgl. im übrigen zu den am 1. 1. 89 in Kraft getretenen Gesetzesänderungen hinsichtlich der Kosten der ESt. § 76 a). **1**

Das Gesetz geht von einer nicht ständigen ESt. aus. Von der Einrichtung einer ständigen ESt. ist abzuraten, da sonst u. a. nicht auszuschließen ist, daß die Einigungsmöglichkeiten nicht voll ausgeschöpft werden, sondern im Streitfall sofort die ESt. angerufen wird. **2**

(2) Die Vorschrift ist zwingend. Akzeptiert der AG den Vorschlag des BR hinsichtlich der **Person des Vors.,** so ist dieser damit bestellt. Kommt eine Einigung über den Vors. nicht zustande, bestellt ihn das **zuständige ArbG.** In der Regel ist der vom Antragsteller beantragte Vors. einzusetzen, wenn nicht begründete Bedenken gegen seine Unparteilichkeit und Neutralität bestehen (LAG Bremen, AiB 88, 315) und die Zuständigkeit der ESt. ganz offensichtlich unter keinem denkbaren Gesichtspunkt gegeben ist (§ 98 Abs. 1 ArbGG; vgl. dazu z. B. LAG Hamburg, NZA 85, 604). Bei der Bestellung des Vors. der ESt. hat das Gericht die Wünsche und auch die rein subjektiven Vorstellungen der Beteiligten zu beachten (LAG Frankfurt, BB 86, 600). Vors. einer ESt. wird regelmäßig ein Nichtbetriebsangehöriger sein. **Beisitzer** der ESt. können sowohl der AG **3**

selbst als auch Mitgl. des BR sein (BAG, ArbuR 86, 282). Es können aber auch allein Nichtbetriebsangehörige bestellt werden. Wird
im **Konkurs** des AG aus Anlaß einer Betriebsstillegung ein Sozialplan aufgestellt, brauchen Vertreter der Gläubiger nicht zu Mitgl.
der ESt. bestellt zu werden (BAG v. 6. 5. 86, AP Nr. 8 zu § 128
HGB). Die Beisitzer werden für die AN-Seite vom BR benannt,
während der AG seine Beisitzer bestimmt. Im allgemeinen sind für
beide Seiten drei Beisitzer zu bestellen (LAG Bremen, ArbuR 84,
91). Die Gegenseite kann die Beisitzer der anderen Seite, gleich aus
welchen Gründen, nicht ablehnen, auch nicht wegen Besorgnis der
Befangenheit (LAG Düsseldorf, ArbuR 81, 284). Für die AN-Seite
ist es regelmäßig zweckmäßig, neben einem betrieblichen Beisitzer
einen Gew.-Sekretär zu berufen. Die ESt. ist befugt, einen Sachverständigen nach § 80 Abs. 3 hinzuzuziehen, soweit dies zur ordnungsgemäßen Erfüllung ihrer Aufgaben erforderlich ist. Es bedarf
dabei keiner Einschaltung des ArbG, um eine fehlende Einigung
zwischen AG und BR zu ersetzen (LAG Niedersachsen, AiB 88,
311).

4 (3–4) Die für die ESt. maßgeblichen **Verfahrensvorschriften** sind in
dieser Bestimmung zwar zwingend, aber nicht abschließend geregelt. Bei der **Abstimmung** ist für die Mitgl. der ESt. Stimmenthaltung unzulässig (zur Beschlußfassung vgl. auch LAG Baden-Württemberg v. 8. 10. 86 – 2 Ta BV 3/86).

5 Die schriftliche **Begründung der Beschlüsse** ist nicht zwingend vorgeschrieben, dient jedoch den Interessen aller Beteiligten. Von Verfassungs wegen ist eine Begründung allerdings nicht geboten (BVerfG,
NZA 88, 25). Beschluß nebst Begründung sind unverzüglich BR
und AG zuzuleiten. Die Sitzungen sind nicht öffentlich. Die Pflicht
der Zusammenarbeit bedingt, daß AG und BR der ESt. die angeforderten Unterlagen zur Verfügung stellen. Zwangsmittel hat die ESt.
aber nicht.

6 (5–8) In den Fällen, in denen der Spruch der ESt. die Einigung zwischen AG und BR ersetzt, kommt in aller Regel eine BV zustande,
z. B. in den Fällen der sozialen MB nach § 87 Abs. 1. In diesen Fällen wird sie auf Antrag einer Seite tätig. In den Fällen der § 37 Abs.
6, 7, § 38 Abs. 2 und § 95 Abs. 1 kann sie nur vom AG, im Falle des
§ 85 nur vom BR angerufen werden. Ihre Zuständigkeit ist auch in
Eilfällen gegeben (BAG v. 14. 11. 74, AP Nr. 1 zu § 87 BetrVG
1972). Bestimmt ein TV, daß in einer **nicht mitbestimmungspflichtigen** Angelegenheit ein Einvernehmen zwischen AG und BR zu erzielen ist, kann festgelegt werden, daß bei einer Nichteinigung die
ESt. **verbindlich** entscheidet (BAG v. 18. 8. 87, AP Nr. 23 zu § 77
BetrVG 1972). Die ESt. hat ihre Beschlüsse unter angemessener Berücksichtigung der Belange des Betriebs und der betroffenen AN
nach billigem Ermessen zu treffen. Sie hat einen Ermessensspiel-

raum, der als solcher gerichtl. nicht nachgeprüft werden kann. Die Frage, ob ein Spruch der ESt. die **Grenzen des Ermessens** überschreitet, ist eine Rechtsfrage, die der unbeschränkten Überprüfung durch das ArbG unterliegt. Ob der Spruch der ESt. die Grenzen des Ermessens wahrt, ist davon abhängig, ob die getroffene Regelung die Belange des Betriebs und der betroffenen AN angemessen berücksichtigt und billigem Ermessen entspricht. Es kommt nicht darauf an, welche Überlegungen die ESt. selbst angestellt hat und von welchen Umständen sie sich bei ihrer Entscheidung hat leiten lassen (BAG v. 31. 8. 82, AP Nr. 8 zu § 87 BetrVG 1972 Arbeitszeit).

Das ArbG kann den Spruch der ESt. aufheben, wenn diese ihren **7** Ermessensspielraum überschritten hat. Die Anrufung des ArbG suspendiert den Spruch nicht. Dieser ist während des noch laufenden Gerichtsverfahrens auszuführen. Die **Durchführung** kann durch einstweilige Verfügung erzwungen werden (vgl. u. a. LAG Berlin, BB 85, 1199). Nach Auffassung des BAG kann der AG auch während des laufenden ESt.-Verfahrens beim ArbG im Beschlußverfahren geltend machen, dem BR stehe in der streitigen Angelegenheit ein MBR nicht zu (vgl. u. a. BAG v. 6. 12. 83, AP Nr. 7 zu § 87 BetrVG 1972 Überwachung; a. A. ArbG Wetzlar, ArbuR 87, 181, wonach ein entsprechender Antrag des AG unzulässig ist, da die ESt. über diese Frage selbst zu entscheiden habe).

Ermessensfehler darf das ArbG nur überprüfen, wenn es innerhalb **8** der vorgeschriebenen 2-Wochen-Frist angerufen wird (vgl. dazu auch BAG v. 14. 5. 85, AP Nr. 16 zu § 76 BetrVG 1972). Bei der Frist von zwei Wochen handelt es sich um eine materiellrechtliche Ausschlußfrist. Sie ist nicht gewahrt, wenn innerhalb dieser Frist die Feststellung der Unwirksamkeit eines Sozialplanes ohne Begründung beim ArbG beantragt wird (BAG, DB 88, 2154). Andere rechtliche Mängel des Spruchs können jederzeit bei Gericht geltend gemacht werden.

§ 76 a
Kosten der Einigungsstelle

(1) Die Kosten der Einigungsstelle trägt der Arbeitgeber.

(2) Die Beisitzer der Einigungsstelle, die dem Betrieb angehören, erhalten für ihre Tätigkeit keine Vergütung; § 37 Abs. 2 und 3 gilt entsprechend. Ist die Einigungsstelle zur Beilegung von Meinungsverschiedenheiten zwischen Arbeitgeber und Gesamtbetriebsrat oder Konzernbetriebsrat zu bilden, so gilt Satz 1 für die einem Betrieb des Unternehmens oder eines Konzernunternehmens angehörenden Beisitzer entsprechend.

(3) Der Vorsitzende und die Beisitzer der Einigungsstelle, die nicht zu den in Absatz 2 genannten Personen zählen, haben gegenüber dem

Arbeitgeber Anspruch auf Vergütung ihrer Tätigkeit. Die Höhe der Vergütung richtet sich nach den Grundsätzen des Absatzes 4 Satz 3 bis 5.

(4) Der Bundesminister für Arbeit und Sozialordnung kann durch Rechtsverordnung die Vergütung nach Absatz 3 regeln. In der Vergütungsordnung sind Höchstsätze festzusetzen. Dabei sind insbesondere der erforderliche Zeitaufwand, die Schwierigkeit der Streitigkeit sowie ein Verdienstausfall zu berücksichtigen. Die Vergütung der Beisitzer ist niedriger zu bemessen als die des Vorsitzenden. Bei der Festsetzung der Höchstsätze ist den berechtigten Interessen der Mitglieder der Einigungsstelle und des Arbeitgebers Rechnung zu tragen.

(5) Von Absatz 3 und einer Vergütungsordnung nach Absatz 4 kann durch Tarifvertrag oder in einer Betriebsvereinbarung, wenn ein Tarifvertrag dies zuläßt oder eine tarifliche Regelung nicht besteht, abgewichen werden.

1 (1–5) Der neue § 76 a bringt **keine wesentliche Änderung** der bisherigen Rechtslage. Schon bisher hatte der AG die durch die Tätigkeit der ESt. entstandenen Kosten zu tragen. Auch soweit in Abs. 4 die Ermächtigung des Bundesministers für Arbeit und Sozialordnung zum Erlaß einer **Rechtsverordnung** über die Vergütung des ESt.-Vors. und der außerbetrieblichen Beisitzer festgelegt wird, dürfte keine grundsätzliche Änderung gegeben sein. Schon bislang waren der Zeitaufwand für die Tätigkeit der ESt. und der Schwierigkeitsgrad der Streitigkeit entscheidende Maßstäbe bei der Festsetzung des Honorars für den ESt.-Vors. und die sich daran orientierende Vergütung für die außerbetrieblichen Beisitzer. Solange die Rechtsverordnung noch nicht erlassen worden ist, gilt die **Rechtspr. des BAG** zum Vergütungsanspruch des ESt.-Vors. und der außerbetrieblichen Beisitzer weiter. Dabei ist zu beachten, daß der ESt.-Vors. und die außerbetrieblichen Beisitzer nunmehr nach Abs. 3 einen gesetzlichen Anspruch auf Vergütung haben, deren Höhe im Rahmen der Grundsätze des Abs. 4 festzusetzen sein wird. Das bedeutet, daß im Regelfall für den **ESt.-Vors.** auch weiterhin zwei $13/10$ Gebühren nach der BRAGO dem **billigen Ermessen** (§§ 315, 612 BGB) entsprechen, wenn die Vergütungshöhe im Hinblick auf die Bedeutung und die Schwierigkeit der Angelegenheit und den Zeitaufwand angemessen ist (vgl. BAG v. 15. 12. 78, 13. 1. 81, AP Nrn. 5, 8 zu § 76 BetrVG 1972). Die **außerbetrieblichen Beisitzer** haben, soweit nicht eine andere Regelung durch die Rechtsverordnung erfolgt, Anspruch auf $7/10$ der Vors.-Vergütung (vgl. BAG v. 3. 5. 84, AP Nr. 15 zu § 76 BetrVG 1972). Der AG hat analog §§ 40, 76 BetrVG auch die Kosten zu tragen, die bei der Durchsetzung des Honoraranspruchs des außerbetrieblichen Beisitzers entstehen (ArbG Offenbach v. 4. 2. 87 – 3 BV 35/87; vgl. aber auch LAG Frankfurt [NZA 88, 740], das eine Zuständigkeit des ArbG nach

§ 2 a Abs. 1 Nr. 1 ArbGG nur annimmt, wenn eine Kostenübernahmevereinbarung zwischen BR und AG oder eine einseitige Kostendeckungszusage des BR, die allerdings kompetenzüberschreitend sein kann, behauptet wird).

Die Beisitzer der ESt., die dem Betrieb angehören, erhalten – wie **2** schon bisher – keine Vergütung. Das soll nach Auffassung des LAG Niedersachsen (NZA, 88, 290) auch für betriebsfremde, aber unternehmensangehörige Beisitzer gelten. Die dem Betrieb bzw. UN angehörenden Beisitzer haben jedoch nunmehr einen gesetzlich ausdrücklich festgelegten **Anspruch auf Arbeitsbefreiung** für die Tätigkeit in der ESt. unter **Fortzahlung des Arbeitsentgelts** (§ 37 Abs. 2). Aufwendungen, wie z. B. Fahrtkosten oder Übernachtungskosten, sind ebenfalls zu erstatten. Hat der dem Betrieb angehörende Beisitzer die Tätigkeit für die ESt. **außerhalb der Arbeitszeit** durchgeführt, hat er Anspruch auf entsprechende Arbeitsbefreiung unter Fortzahlung des Arbeitsentgelts. Sie ist vor Ablauf eines Monats zu gewähren. Kann aus betriebsbedingten Gründen die Arbeitsbefreiung nicht gewährt werden, ist die außerhalb der Arbeitszeit in der ESt. aufgewendete Zeit **wie Mehrarbeit** zu vergüten (§ 37 Abs. 3). Die Regelungen des § 37 Abs. 2 und 3 gelten für die Beisitzer der ESt., die dem Betrieb angehören, **unabhängig** davon, ob sie BR-Mitgl. sind. Diese Vorschriften finden ferner auf die Tätigkeit in einer ESt. Anwendung, die zur Beilegung von Meinungsverschiedenheiten zwischen **AG** und **GBR** oder **KBR** gebildet worden ist, sofern der Beisitzer einem Betrieb des UN oder des Konzerns angehört.

§ 77
Durchführung gemeinsamer Beschlüsse, Betriebsvereinbarungen

(1) Vereinbarungen zwischen Betriebsrat und Arbeitgeber, auch soweit sie auf einem Spruch der Einigungsstelle beruhen, führt der Arbeitgeber durch, es sei denn, daß im Einzelfall etwas anderes vereinbart ist. Der Betriebsrat darf nicht durch einseitige Handlungen in die Leitung des Betriebs eingreifen.

(2) Betriebsvereinbarungen sind von Betriebsrat und Arbeitgeber gemeinsam zu beschließen und schriftlich niederzulegen. Sie sind von beiden Seiten zu unterzeichnen; dies gilt nicht, soweit Betriebsvereinbarungen auf einem Spruch der Einigungsstelle beruhen. Der Arbeitgeber hat die Betriebsvereinbarungen an geeigneter Stelle im Betrieb auszulegen.

(3) Arbeitsentgelte und sonstige Arbeitsbedingungen, die durch Tarifvertrag geregelt sind oder üblicherweise geregelt werden, können nicht Gegenstand einer Betriebsvereinbarung sein. Dies gilt nicht, wenn ein

Tarifvertrag den Abschluß ergänzender Betriebsvereinbarungen ausdrücklich zuläßt.

(4) Betriebsvereinbarungen gelten unmittelbar und zwingend. Werden Arbeitnehmern durch die Betriebsvereinbarung Rechte eingeräumt, so ist ein Verzicht auf sie nur mit Zustimmung des Betriebsrats zulässig. Die Verwirkung dieser Rechte ist ausgeschlossen. Ausschlußfristen für ihre Geltendmachung sind nur insoweit zulässig, als sie in einem Tarifvertrag oder einer Betriebsvereinbarung vereinbart werden; dasselbe gilt für die Abkürzung der Verjährungsfristen.

(5) Betriebsvereinbarungen können, soweit nichts anderes vereinbart ist, mit einer Frist von drei Monaten gekündigt werden.

(6) Nach Ablauf einer Betriebsvereinbarung gelten ihre Regelungen in Angelegenheiten, in denen ein Spruch der Einigungsstelle die Einigung zwischen Arbeitgeber und Betriebsrat ersetzen kann, weiter, bis sie durch eine andere Abmachung ersetzt werden.

1 (1) Die Durchführung von Vereinbarungen im Betrieb obliegt dem AG. Führt der AG eine BV nicht oder nicht vollständig durch, kann der BR auch bei individuellen Ansprüchen der AN vom AG verlangen und ggf. durch Einleitung eines arbeitsgerichtl. Beschlußverfahrens durchsetzen, daß dieser die BV ihrem Regelungsinhalt entsprechend im Betrieb anwendet und die durch die BV geschaffene Ordnung verwirklicht (BAG, DB 87, 1435; LAG Baden-Württemberg v. 16. 12. 83 – 12 TaBV 5/83). Verstöße gegen BV können dem AG vom Gericht auf Antrag des BR (Unterlassungsantrag) untersagt werden (BAG, NZA 88, 255).

2 In den Fragen seiner eigenen Geschäftsführung, z. B. den Inhalt einer Bekanntmachung am »Schwarzen Brett«, das der AG zur Verfügung zu stellen hat, bestimmt allein der BR.

3 Von der **formbedürftigen BV** (vgl. Abs. 4) zu unterscheiden ist die **formlose Regelungsabrede** (»mündliche« Vereinbarung zwischen AG und BR). Regelungsabreden erfüllen eine wichtige Funktion z. B. bei Freistellungen und Arbeitsbefreiung von BR-Mitgl. (§§ 38 Abs. 2, 37 Abs. 2, 6, 7). Auch in sozialen Angelegenheiten kommen entsprechende formlose Einigungen in Betracht, z. B. in **Eilfällen** oder bei echten **Einzelmaßnahmen** (z. B. Überstunden). Bei der Regelungsabrede müssen jedoch die Aushöhlung der MBR des BR und die Verschleppung des Abschlusses einer BV vermieden werden. Die Regelungsabrede gibt dem einzelnen AN keine unmittelbaren Ansprüche; sie ist nicht unabdingbar und hat auch keine Nachwirkung.

4 (2) Die **BV** bedarf zwingend der **Schriftform.** Sie kann nur zwischen AG und BR abgeschlossen werden. Ein gemeinsam von AG und BR unterzeichnetes Protokoll kann eine BV darstellen. Der Erklärung muß ein entsprechender Beschluß zugrunde liegen. Der Verpflichtung zur Auslegung wird am besten genügt, wenn nach Abschluß der BV am »**Schwarzen Brett**« mitgeteilt wird, wo sie eingesehen werden kann. Die Verletzung dieser Vorschrift bewirkt nicht die Unwirksamkeit der BV, kann jedoch den AG schadensersatzpflichtig machen. Unwirksam ist eine BV, die dem AN finanzielle Verpflichtungen für Arbeits- und Schutzkleidung, die er allein im Betrieb benötigt, auferlegt (BAG v. 10. 3. 76, AP Nr. 17 zu § 618 BGB). Die funktionale **Zuständigkeit der Parteien der BV** ist nicht unbeschränkt. So kann durch eine BV z. B. nur in dem unbedingt erforderlichen Umfang in die **Persönlichkeitsrechte der einzelnen AN** oder in bereits fällige Einzelansprüche der AN eingegriffen werden. In einer BV kann festgelegt werden, daß das Arbeitsverhältnis in dem Zeitpunkt, zu dem der AN das 65. Lebensjahr vollendet, endet. Im Streitfall ist eine entsprechende BV dahingehend auszulegen, daß das Arbeitsverhältnis allerdings nur enden soll, wenn der betroffene AN zu diesem Zeitpunkt auch ein gesetzliches Altersruhegeld zu beanspruchen hat (BAG, DB 88, 1501). In einer BV kann sich der AG dem BR gegenüber auch verpflichten, Arbeitsverträge nur mit festen Arbeitszeiten abzuschließen und **Teilzeitbeschäftigte** nur zu den zuvor im Arbeitsvertrag festgelegten festen Arbeitszeiten zu beschäftigten (BAG v. 13. 10. 87, AP Nr. 2 zu § 77 BetrVG 1972 Auslegung). In einer BV kann abschließend festgelegt werden, mit welchen Mitteln ein zwischen AG und BR vereinbartes Alkoholverbot überwacht wird (BAG, NZA 88, 255).

Eine BV verdrängt die Normen einer alten BV (BAG v. 17. 3. 87, **5** AP Nr. 9 zu § 1 BetrAVG Ablösung), aber grundsätzlich **nicht vertraglich begründete Ansprüche** der AN auf Sozialleistungen oder sog. **vertragliche Einheitsregelungen** bzw. **Gesamtzusagen**, wenn diese für die AN günstiger sind. Solche Ansprüche können durch eine nachfolgende BV in den Grenzen von Recht und Billigkeit nur beschränkt werden, wenn die Neuregelung insgesamt bei kollektiver Betrachtung nicht ungünstiger ist (BAG v. 16. 9. 86, AP Nr. 17 zu § 77 BetrVG 1972). Dies gilt auch für konzerneinheitliche Regelungen (z. B. Jubiläumszuwendungen), die mit dem KBR abgestimmt sind (BAG v. 3. 11. 87, AP Nr. 25 zu § 77 BetrVG 1972). Etwas anderes gilt allerdings dann, wenn der AG die Kürzung oder Streichung der Sozialleistung wegen eines Widerrufvorbehaltes, sofern die Voraussetzungen vorliegen, die ihn zur Ausübung des Widerrufs berechtigen, oder wegen Wegfalls der Geschäftsgrundlage verlangen kann (BAG v. 16. 9. 86 a. a. O.). Bei einer die AN begünstigenden, aber nichtigen BV bleiben den AN ihre Ansprüche jedoch dann erhalten, wenn diese gemäß § 140 BGB als Vertragsangebot an die AN umgedeutet werden können (LAG Hamm, DB 88, 1706). Eine BV kann nicht durch eine Regelungsabrede abgelöst werden (BAG

v. 27. 6. 85, AP Nr. 14 zu § 77 BetrVG 1972). Die BV endet nicht beim **Wechsel des Betriebsinhabers.** Auch der **Zusammenschluß von UN** berührt bei Wahrung der Identität des Betriebs den Bestand der BV nicht.

6 (3) Diese Vorschrift trägt dem **Vorrang der Tarifautonomie** (Art. 9 Abs. 3 GG) Rechnung und stellt klar, daß auch die inhaltliche Übernahme eines für den Betrieb geltenden TV durch eine BV und damit die Erstreckung auf Außenseiter nicht möglich ist. Eine tarifliche Regelung liegt bereits dann vor, wenn der AG tarifgebunden ist und bei Tarifbindung auch des AN die tarifliche Regelung unmittelbar und zwingend gelten würde; ob und wie viele AN tatsächlich tarifgebunden sind, ist unerheblich (BAG v. 24. 2. 87, AP Nr. 21 zu § 77 BetrVG 1972). Durch die Sperrwirkung werden jedoch nicht Zahlungen für zusätzliche Leistungen (z. B. Prämien, sofern sich der TV nur auf die Regelung des Zeitlohns beschränkt, oder für Leistungen mit anderen tatbestandlichen Voraussetzungen (z. B. Schmutz-, Erschwernis- oder Funktionszulage) erfaßt. § 87 hat Vorrang vor § 77 Abs. 3, d. h., bei Angelegenheiten des § 87 besteht ein MBR des BR nur dann nicht, wenn ein TV eine abschließende Regelung enthält. Die MBR des BR nach § 87 Abs. 1 sind folglich nicht ausgeschlossen, wenn die entsprechende mitbestimmungspflichtige Angelegenheit nur **üblicherweise** durch TV geregelt ist (BAG v. 24. 2. 87 a. a. O., 24. 11. 87, AP Nr. 6 zu § 87 BetrVG 1972 Auszahlung). Ein lediglich nachwirkender TV schließt ebenfalls das MBR des BR nach § 87 Abs. 1 nicht aus (BAG v. 24. 2. 87 a. a. O.).

7 Da Zweck der Vorschrift die Gewährleistung des Vorrangs der Tarifautonomie und nicht etwa die Vermeidung kollektiver Auseinandersetzungen über materielle Vertragsbedingungen im Betrieb ist, ist eine BV für AT-Ang. möglich (BAG v. 22. 1. 80, AP Nr. 3 zu § 87 BetrVG 1972 Lohngestaltung). Von **TV-Üblichkeit** kann gesprochen werden, wenn überhaupt für den räumlichen, betrieblichen und fachlichen Tätigkeitsbereich des Betriebs TV über entsprechende Regelungen abgeschlossen zu werden pflegen. Üblichkeit liegt aber nicht schon vor, wenn die TV-Parteien erklären, sie wollten in Zukunft bestimmte Arbeitsbedingungen durch TV regeln. TV-Üblichkeit ist auch nicht gegeben, wenn der AG die Geltung eines TV, von dessen Geltungsbereich er nicht erfaßt wird, einzelvertraglich mit seinen AN vereinbart (BAG v. 27. 1. 87, AP Nr. 42 zu § 99 BetrVG 1972). Auch der Abschluß von Firmen-TV mit einzelnen UN begründet keine TV-Üblichkeit für die Branche (BAG a. a. O.).

8 BV können immer abgeschlossen werden, wenn tarifliche **Öffnungsklauseln** bestehen. Die Zulassung kann auch von der Genehmigung der TV-Parteien abhängig gemacht werden. Für **Sozialpläne** gilt das Vorrangprinzip generell nicht (§ 112 Abs. 1). Nach der Auffassung des BAG soll die Gew. kein originäres Recht haben, durch ein arbeitsgerichtl. Beschlußverfahren überprüfen zu lassen, ob eine BV oder ein Spruch einer ESt. gegen einen TV verstößt (BAG v. 18. 8. 87, AP Nr. 6 zu § 81 ArbGG 1979, 23. 2. 88 – 1 ABR 75/86; a. A. LAG Schleswig-Holstein, NZA 86, 795, vgl. auch Matthießen, DB 88, 285). Dies ist insbesondere dann nicht nachvollziehbar, wenn die Betriebsparteien die Regelungsbefugnis überhaupt erst durch die TV-Parteien übertragen erhalten haben (wie z. B. über den Rahmen der AZO hinausgehende Verteilung der wöchentlichen Arbeitszeit).

(4) Weder durch eine **Vereinbarung** noch durch eine **Ausgleichsquit-** **9** **tung** kann auf Rechte aus einer BV verzichtet werden, es sei denn, der BR hat zugestimmt. Die BV sind wie Gesetze auszulegen. Es kommt nicht nur auf den Wortlaut, sondern auch auf den von den Betriebsverfassungsorganen verfolgten Sinn und Zweck an, soweit er im Wortlaut wenigstens andeutungsweise Ausdruck gefunden hat.

(5) Neben der gesetzlichen **Frist** von drei Monaten – wenn keine **10** andere Vereinbarung getroffen worden ist – kann eine BV auch **fristlos gekündigt** werden, wenn ein wichtiger Grund vorliegt oder die Geschäftsgrundlage entfallen ist. Dies gilt auch für eine BV, die auf dem Spruch einer ESt. beruht, es sei denn, die BV hat eine feste Laufzeit.

(6) Die **Nachwirkung** setzt voraus, daß es sich um eine BV in Ange- **11** legenheiten der sog. **erzwingbaren** MB (z. B. nach § 87) handelt. Ei- ne andere Abmachung ist nicht nur ein TV oder eine neue BV, son- dern auch ein Einzelvertrag. Das MBR darf auch nicht durch den Abschluß gleichlautender Einzelverträge umgangen werden. Die Nachwirkung kann nicht durch BV ausgeschlossen werden (a. A. BAG v. 9. 2. 74, AP Nr. 9 zu § 77 BetrVG 1972). Dagegen kann für **freiwillige** BV die Nachwirkung ausdrücklich vereinbart werden. Sind in einer BV z. B. Regelungstatbestände nach § 87 (erzwingba- re) und § 88 (freiwillige) untrennbar verbunden, wirkt die BV insge- samt nach.

§ 78
Schutzbestimmungen

Die Mitglieder des Betriebsrats, des Gesamtbetriebsrats, des Kon- zernbetriebsrats, der Jugend- und Auszubildendenvertretung, der Ge- samt-Jugend- und Auszubildendenvertretung, des Wirtschaftsaus- schusses, der Bordvertretung, des Seebetriebsrats, der in § 3 Abs. 1 Nr. 1 und 2 genannten Vertretungen der Arbeitnehmer, der Eini- gungsstelle, einer tariflichen Schlichtungsstelle (§ 76 Abs. 8) und einer betrieblichen Beschwerdestelle (§ 86) dürfen in der Ausübung ihrer Tätigkeit nicht gestört oder behindert werden. Sie dürfen wegen ihrer

Tätigkeit nicht benachteiligt oder begünstigt werden; dies gilt auch für ihre berufliche Entwicklung.

1 Eine verbotene **Behinderung** oder **Störung** der Tätigkeit der Betriebsverfassungsorgane der AN-Seite kann jedes positive Tun und – soweit eine Mitwirkungspflicht besteht – auch ein Unterlassen sein, z. B. ständige Unterlassung der Mitteilungs- und Auskunftspflicht nach § 99 Abs. 1, § 102 Abs. 1, § 105 oder Verhinderung von BR-Sitzungen oder Verweigerung des Zutritts von Gew.-Beauftragten ohne Vorliegen der Ausnahmetatbestände des § 2 Abs. 2 oder das Aussprechen von außerordentlichen anstelle von ordentlichen Kündigungen, um das Widerspruchsrecht des BR nach § 102 zu umgehen. Eine unzulässige **Behinderung liegt auch vor, wenn der AG einem BR-Mitgl., dessen Kündigung er beabsichtigt und deswegen** das Zustimmungsersetzungsverfahren **nach § 103 Abs. 2 betreibt,** den Zugang zum Betrieb verwehrt (LAG Berlin v. 14. 8. 87 – 13 TaBV 5/87).

2 Es genügt allein eine **objektiv feststellbare Beeinträchtigung,** ohne daß eine darauf zielende Absicht vorhanden sein muß. Verstöße werden nach § 119 Abs. 1 Nr. 2 auf Antrag des BR oder der Gew. strafrechtlich verfolgt. Dabei ist strafbar allerdings nur ein vorsätzliches Verhalten. Ein Antrag nach § 23 Abs. 3 kann zusätzlich gestellt werden. Unter Benachteiligung kann z. B. die Versetzung oder Zuweisung einer unangenehmen Arbeit fallen (LAG Bremen v. 12. 8. 82, AP Nr. 15 zu § 99 BetrVG 1972; LAG Frankfurt, BB 86, 2199) oder der Ausschluß vom beruflichen Aufstieg. Schlechterstellungen, die alle AN des Betriebs betreffen, gelten grundsätzlich auch für BR-Mitgl. Eine unzulässige Behinderung der BR-Tätigkeit liegt z. B. vor bei Androhung und Durchführung von Sanktionen gegenüber WA-Mitgl. (ArbG Köln, AiB 86, 68), bei monatlicher Bekanntgabe der Kosten des BR (ArbG Darmstadt, AiB 87, 140) oder bei Öffnung der Post des BR, auch wenn diese an das UN adressiert, aber in der Anschrift erkennbar ist, daß sie an den BR gerichtet ist (ArbG Stuttgart, AiB 88, 109). Der BR kann ggf. per einstweilige Verfügung durchsetzen, daß der AG diesen Gesetzesverstoß unterläßt (ArbG Stuttgart a. a. O.).

§ 78 a
Schutz Auszubildender in besonderen Fällen

(1) Beabsichtigt der Arbeitgeber, einen Auszubildenden, der Mitglied der Jugend- und Auszubildendenvertretung, des Betriebsrats, der Bordvertretung oder des Seebetriebsrats ist, nach Beendigung des Berufsausbildungsverhältnisses nicht in ein Arbeitsverhältnis auf unbestimmte Zeit zu übernehmen, so hat er dies drei Monate vor Beendigung des Berufsausbildungsverhältnisses dem Auszubildenden schriftlich mitzuteilen.

(2) Verlangt ein in Absatz 1 genannter Auszubildender innerhalb der letzten drei Monate vor Beendigung des Berufsausbildungsverhältnisses schriftlich vom Arbeitgeber die Weiterbeschäftigung, so gilt zwischen Auszubildendem und Arbeitgeber im Anschluß an das Berufsausbildungsverhältnis ein Arbeitsverhältnis auf unbestimmte Zeit als begründet. Auf dieses Arbeitsverhältnis ist insbesondere § 37 Abs. 4 und 5 entsprechend anzuwenden.

(3) Die Absätze 1 und 2 gelten auch, wenn das Berufsausbildungsverhältnis vor Ablauf eines Jahres nach Beendigung der Amtszeit der Jugend- und Auszubildendenvertretung, des Betriebsrats, der Bordvertretung oder des Seebetriebsrats endet.

(4) Der Arbeitgeber kann spätestens bis zum Ablauf von zwei Wochen nach Beendigung des Berufsausbildungsverhältnisses beim Arbeitsgericht beantragen,

1. festzustellen, daß ein Arbeitsverhältnis nach Absatz 2 oder 3 nicht begründet wird, oder

2. das bereits nach Absatz 2 oder 3 begründete Arbeitsverhältnis aufzulösen,
   wenn Tatsachen vorliegen, auf Grund derer dem Arbeitgeber unter Berücksichtigung aller Umstände die Weiterbeschäftigung nicht zugemutet werden kann. In dem Verfahren vor dem Arbeitsgericht sind der Betriebsrat, die Bordvertretung, der Seebetriebsrat, bei Mitgliedern der Jugend- und Auszubildendenvertretung auch diese Beteiligte.

(5) Die Absätze 2 bis 4 finden unabhängig davon Anwendung, ob der Arbeitgeber seiner Mitteilungspflicht nach Absatz 1 nachgekommen ist.

(1–5) Da ein Berufsausbildungsverhältnis grundsätzlich mit Ablauf der Ausbildungszeit endet, ohne daß es einer Kündigung bedarf, kommt der nach diesem Gesetz geltende besondere Kündigungsschutz (§ 103) für Auszubildende, die zugleich Mitgl. eines betriebsverfassungsrechtlichen Vertretungsorgans sind, nicht zur Anwendung. § 78 a soll die insoweit bestehende Gesetzeslücke füllen. **1**

Die Vorschrift ist nicht nur auf die nach dem BBiG staatlich anerkannten Ausbildungsberufe anzuwenden, sondern auch auf Ausbildungsverhältnisse, die tariflichen Regelungen entsprechen und eine geordnete Ausbildung von mindestens zwei Jahren Dauer vorsehen (BAG v. 23. 6. 81, AP Nr. 10 zu § 78 a BetrVG 1972). Auszubildender ist auch, wer sich in einem Umschulungsverhältnis für einen anerkannten Ausbildungsberuf befindet. **2**

Der Schutz der Auszubildenden beginnt bereits zu dem Zeitpunkt, zu dem das Wahlergebnis feststeht, ohne Rücksicht darauf, ob das Wahlergebnis schon bekanntgegeben wurde oder die JAV schon **3**

Amtsbefugnisse ausüben kann (BAG v. 22. 9. 83, AP Nr. 11 zu § 78 a BetrVG 1972).

4 Die **Nichtmitteilung** nach Abs. 1 durch den AG bedingt zwar nicht das Zustandekommen eines Arbeitsverhältnisses, jedoch können dem Auszubildenden dadurch Schadensersatzansprüche entstehen. Ein Arbeitsverhältnis kommt nur dann zustande, wenn der Auszubildende **innerhalb** der letzten drei Monate vor Beendigung der Berufsausbildung vom AG **schriftlich** die Weiterbeschäftigung verlangt. Ansonsten scheidet er mit Ablauf des Ausbildungsverhältnisses aus.

5 Ein früher als drei Monate vor Beendigung des Ausbildungsverhältnisses erklärtes Weiterbeschäftigungsverlangen ist unwirksam und muß innerhalb der Dreimonatsfrist wiederholt werden (BAG v. 15. 1. 80, AP Nr. 7 zu § 78 a BetrVG 1972). Umgekehrt kann ein in einem Ausbildungsverhältnis stehendes Mitgl. der JAV nicht durch einen **vor Beginn** der Dreimonatsfrist abgeschlossenen **Aufhebungsvertrag** auf den Sonderschutz nach dieser Vorschrift verzichten (LAG Frankfurt, BB 75, 1205). Für die Berechnung der Dreimonatsfrist ist auf die vertraglich vereinbarte Beendigung des Ausbildungsverhältnisses abzustellen und nicht auf den Zeitpunkt der **Bekanntgabe** des Prüfungsergebnisses der Abschlußprüfung (so aber BAG v. 31. 10. 85, AP Nr. 15 zu § 78 a BetrVG 1972), da diese zu Beginn der Frist und auch danach vielfach noch gar nicht feststeht.

6 Der Auszubildende hat keinen Anspruch auf einen bestimmten Arbeitsplatz, aber auf Weiterbeschäftigung in dem Betrieb, für den er als Mitgl. der JAV gewählt worden ist, weil er sonst sein Amt verlieren würde (LAG Berlin, BB 75, 837). Verlangt der Auszubildende vom AG fristgemäß und schriftlich die Übernahme in ein **Vollzeitarbeitsverhältnis,** so gilt gemäß Abs. 2 zwischen Auszubildendem und AG im Anschluß an das Berufsausbildungsverhältnis ein Vollzeitarbeitsverhältnis auf unbestimmte Zeit als begründet (BAG, BB 88, 2244). Ist dem AG unter Berücksichtigung aller Umstände die Weiterbeschäftigung im Rahmen eines unbefristeten Vollzeitarbeitsverhältnisses nicht zumutbar, muß er dies in einem Beschlußverfahren nach Abs. 5 geltend machen (BAG a. a. O.; vgl. auch Rn. 7).

7 Der AG kann sich **gegen** eine **Übernahme** des Auszubildenden nur wenden, indem er nach Abs. 4 das ArbG im **Beschlußverfahren** anruft (BAG v. 5. 4. 84, AP Nr. 13 zu § 78 a BetrVG 1972). Allerdings gilt mit dem Weiterbeschäftigungsverlangen nach Abs. 2 zwischen dem Auszubildenden und dem AG im Anschluß an das Beschäftigungsverhältnis ein Arbeitsverhältnis auf unbestimmte Zeit zunächst als begründet. Mit einem Feststellungsantrag nach Abs. 4 Nr. 1 kann der AG deshalb nur noch die **spätere Auflösung** des Arbeitsverhältnisses erreichen. Der Auszubildende hat deshalb unabhängig vom Zeitpunkt der Verfahrenseinleitung durch den AG einen Beschäftigungsanspruch aus dem Arbeitsverhältnis, der auch mit Hilfe einer einstweiligen Verfügung gesichert werden kann (LAG Frankfurt, BB 87, 2160; abweichend BAG, DB 87, 2104, das einen im **Urteilsverfahren** geltend zu machenden Anspruch des Auszubildenden auf vorläufige Weiterbeschäftigung bis zur rechtskräftigen Entscheidung des vom AG eingeleiteten Verfahrens davon abhängig macht, daß der Feststellungsantrag des AG entweder offensichtlich unwirksam ist oder eine ihn zurückweisende, eine Instanz abschließende Entscheidung ergeht).

Der Antrag auf Nichtweiterbeschäftigung ist nur dann begründet, **8** wenn **schwerwiegende persönliche** Gründe, z. B. wiederholtes Nichtbestehen der Abschlußprüfung, oder **dringende betriebliche** Gründe die Weiterbeschäftigung für den AG nicht zumutbar machen (BAG v. 16. 1. 79, AP Nr. 5 zu § 78 a BetrVG 1972). Eine Ausschlußfrist, vergleichbar der des § 626 Abs. 2 BGB oder § 15 Abs. 4 BBiG, nach der das Gericht nur binnen zwei Wochen nach Kenntniserlangung von den die Unzumutbarkeit begründenden Umständen angerufen werden kann, besteht nicht (BAG v. 15. 12. 83, AP Nr. 12 zu § 78 a BetrVG 1972).

Kann der AG nur einen Teil der Auszubildenden in ein Arbeitsver- **9** hältnis übernehmen, so muß er dies jedenfalls bezüglich des in § 78 a geschützten Personenkreises tun. Die Schaffung zusätzlicher Arbeitsplätze oder Entlassung anderer AN kann nicht verlangt werden (BAG a. a. O.), jedoch können vom AG **organisatorische Maßnahmen** verlangt werden, die eine Übernahme des Auszubildenden ermöglichen, sofern sie nicht unzumutbar sind (LAG Niedersachsen, ArbuR 84, 287). Für die Beurteilung der Unzumutbarkeit kommt es nicht auf den Zeitpunkt der Beendigung des Ausbildungsverhältnisses, sondern auf den der letzten mündlichen Verhandlung in der Tatsacheninstanz an. Im Laufe des Verfahrens eingetretene Umstände, die eine Unzumutbarkeit beseitigen, sind zu berücksichtigen (LAG Hamm, AiB 88, 285).

Der AG hat die **Beweislast,** daß eine Beschäftigung nicht möglich **10** ist. Bis zu einer rechtskräftigen negativen Entscheidung bleibt der JAV im Betrieb (BAG v. 15. 1. 80, AP Nr. 9 zu § 78 a BetrVG 1972). Grundsätzlich hat auch das vorzeitig vor Ablauf der Amtsperiode der JAV ausgeschiedene Mitgl. der JAV die Rechte nach § 78 a Abs. 3 i. V. m. Abs. 2, sofern das vorzeitige Ende der Mitgliedschaft nicht auf einer gerichtl. Entscheidung beruht (BAG v. 21. 8. 79, AP Nr. 6 zu § 78 a BetrVG 1972).

Auch ein **Ersatzmitgl.** der JAV, selbst wenn es nur vorübergehend **11** nachgerückt war, hat den Schutz nach dieser Bestimmung, sofern das Berufsausbildungsverhältnis innerhalb eines Jahres nach dem Vertretungsfall erfolgreich abgeschlossen wird und der Auszubildende innerhalb von drei Monaten vor der Beendigung des Ausbildungsverhältnisses seine Weiterbeschäftigung verlangt (BAG v. 13. 3. 86, AP Nr. 3 zu § 9 BPersVG).

§ 79
Geheimhaltungspflicht

(1) Die Mitglieder und Ersatzmitglieder des Betriebsrats sind verpflichtet, Betriebs- oder Geschäftsgeheimnisse, die ihnen wegen ihrer Zugehörigkeit zum Betriebsrat bekanntgeworden und vom Arbeitgeber ausdrücklich als geheimhaltungsbedürftig bezeichnet worden sind, nicht zu offenbaren und nicht zu verwerten. Dies gilt auch nach dem Ausscheiden aus dem Betriebsrat. Die Verpflichtung gilt nicht gegenüber Mitgliedern des Betriebsrats. Sie gilt ferner nicht gegenüber dem Gesamtbetriebsrat, dem Konzernbetriebsrat, der Bordvertretung, dem Seebetriebsrat und den Arbeitnehmervertretern im Aufsichtsrat sowie im Verfahren vor der Einigungsstelle, der tariflichen Schlichtungsstelle (§ 76 Abs. 8) oder einer betrieblichen Beschwerdestelle (§ 86).

(2) Absatz 1 gilt sinngemäß für die Mitglieder und Ersatzmitglieder des Gesamtbetriebsrats, des Konzernbetriebsrats, der Jugend- und Auszubildendenvertretung, der Gesamt-Jugend- und Auszubildendenvertretung, des Wirtschaftsausschusses, der Bordvertretung, des Seebetriebsrats, der gemäß § 3 Abs. 1 Nr. 1 und 2 gebildeten Vertretungen der Arbeitnehmer, der Einigungsstelle, der tariflichen Schlichtungsstelle (§ 76 Abs. 8) und einer betrieblichen Beschwerdestelle (§ 86) sowie für die Vertreter von Gewerkschaften oder von Arbeitgebervereinigungen.

1 (1, 2) Die Geheimhaltungspflicht, die von UN sehr häufig auch als Druckmittel gegenüber dem BR eingesetzt wird (vgl. Th. Schmidt, AiB 80 [Heft 4], 2), erstreckt sich nur auf Betriebs- und Geschäftsgeheimnisse, also auf Tatsachen, die im Zusammenhang mit dem technischen Betrieb oder der wirtschaftlichen Betätigung stehen, nur einem engbegrenzten Personenkreis bekannt, also nicht offenkundig sind und nach dem bekundeten Willen des AG geheimgehalten werden sollen und deren Geheimhaltung für den Betrieb oder das UN wichtig ist. **Vertrauliche Angaben,** die diesen Kriterien nicht standhalten, unterliegen auch dann nicht der Verschwiegenheitspflicht, wenn der AG sie ausdrücklich als geheimhaltungsbedürftig bezeichnet. **Betriebsgeheimnisse** sind z. B. Patente, Herstellungsverfahren, Versuchsprotokolle. **Geschäftsgeheimnisse** sind dagegen z. B. Kundenlisten, Kalkulationsunterlagen, Liquidität des UN.

2 Anonymisierte Daten über gezahlte durchschnittliche Bruttogehälter (-Löhne), übertarifliche Zulagen und Spannen der übertariflichen Zulagen, die der BR nach erfolgter Einblicknahme in die Listen über Bruttolöhne und -gehälter selbst erstellt, unterliegen nicht der Verschwiegenheitspflicht (Blanke, AiB 82, 6; a. A., wenn die Gehaltsdaten weitgehend mit den Produktionskosten identisch sind, BAG v. 26. 2. 87, AP Nr. 2 zu § 79 BetrVG 1972, das aber auch in diesem Fall die Information einzelner AN über festgestellte Ungleichbehandlungen in abstrakter Form anerkennt).

Der Verschwiegenheitspflicht unterliegen nur Kenntnisse, die den **3** BR-Mitgl. wegen ihrer Zugehörigkeit zum BR bekanntgeworden sind. Gesetzwidrige Vorgänge sind keine Geschäftsgeheimnisse. Die Verschwiegenheitspflicht besteht z. B. nicht gegenüber BR- und AR-Mitgl. (BAG v. 26. 2. 87, AP Nr. 2 zu § 79 BetrVG 1972). § 82 Abs. 2, § 83 Abs. 1, § 99 Abs. 1 und § 102 Abs. 2 enthalten Sondervorschriften über die Schweigepflicht. Es besteht keine generelle Pflicht, Stillschweigen über den Inhalt von **BR-Sitzungen** zu bewahren (BAG v. 5. 9. 67, AP Nr. 8 zu § 37 BetrVG; LAG München, DB 78, 894). Eine entsprechende Verschwiegenheitspflicht gegenüber dem AG kann sich aber aus der Natur der Sache ergeben (BAG a. a. O.; LAG München a. a. O.), z. B. bei vertraulichen oder internen Überlegungen hinsichtlich eines Vorgehens des BR gegenüber dem AG.

§ 80
Allgemeine Aufgaben

(1) Der Betriebsrat hat folgende allgemeine Aufgaben:

1. darüber zu wachen, daß die zugunsten der Arbeitnehmer geltenden Gesetze, Verordnungen, Unfallverhütungsvorschriften, Tarifverträge und Betriebsvereinbarungen durchgeführt werden;

2. Maßnahmen, die dem Betrieb und der Belegschaft dienen, beim Arbeitgeber zu beantragen;

3. Anregungen von Arbeitnehmern und der Jugend- und Auszubildendenvertretung entgegenzunehmen und, falls sie berechtigt erscheinen, durch Verhandlungen mit dem Arbeitgeber auf eine Erledigung hinzuwirken; er hat die betreffenden Arbeitnehmer über den Stand und das Ergebnis der Verhandlungen zu unterrichten;

4. die Eingliederung Schwerbehinderter und sonstiger besonders schutzbedürftiger Personen zu fördern;

5. die Wahl einer Jugend- und Auszubildendenvertretung vorzubereiten und durchzuführen und mit dieser zur Förderung der Belange der in § 60 Abs. 1 genannten Arbeitnehmer eng zusammenzuarbeiten; er kann von der Jugend- und Auszubildendenvertretung Vorschläge und Stellungnahmen anfordern;

6. die Beschäftigung älterer Arbeitnehmer im Betrieb zu fördern;

7. die Eingliederung ausländischer Arbeitnehmer im Betrieb und das Verständnis zwischen ihnen und den deutschen Arbeitnehmern zu fördern.

(2) Zur Durchführung seiner Aufgaben nach diesem Gesetz ist der Betriebsrat rechtzeitig und umfassend vom Arbeitgeber zu unterrichten. Ihm sind auf Verlangen jederzeit die zur Durchführung seiner Aufgaben erforderlichen Unterlagen zur Verfügung zu stellen; in diesem Rahmen ist der Betriebsausschuß oder ein nach § 28 gebildeter Ausschuß berechtigt, in die Listen über die Bruttolöhne und -gehälter Einblick zu nehmen.

(3) Der Betriebsrat kann bei der Durchführung seiner Aufgaben nach näherer Vereinbarung mit dem Arbeitgeber Sachverständige hinzuziehen, soweit dies zur ordnungsgemäßen Erfüllung seiner Aufgaben erforderlich ist. Für die Geheimhaltungspflicht der Sachverständigen gilt § 79 entsprechend.

1 (1) Im Rahmen seiner Überwachungspflicht nach Nr. 1 hat der BR auch die im Betrieb verwandten **Formulararbeitsverträge** daraufhin zu überprüfen, wieweit sie den gesetzl. Bestimmungen entsprechen sowie darauf zu achten, daß sämtliche Vorschriften einschließlich der allgemeinen arbeitsrechtlichen Grundsätze (wie Gleichbehandlungsgrundsatz), die zugunsten der AN wirken, beachtet werden. Auch das **BDSG** ist ein zugunsten der AN geltendes Gesetz i. S. dieser Vorschrift (BAG v. 17. 3. 87, AP Nr. 29 zu § 80 BetrVG 1972). Außerdem hat er das Recht, **Betriebsbegehungen** durchzuführen (BAG v. 21. 1. 82, AP Nr. 1 zu § 70 BetrVG 1972). In diesem Rahmen ist der AG verpflichtet, dem BR jederzeit ohne Begleitung durch den AG nach erfolgter Abmeldung beim jeweiligen Vorgesetzten durch das/die begehenden BR-Mitgl. Zugang zu allen Arbeitsplätzen zu gewähren (ArbG Berlin, AiB 88, 187). Der BR hat zur Wahrnehmung seiner betriebsverfassungsrechtlichen Aufgaben das Recht, **alle Arbeitsplätze** – auch in »Hochsicherheitsabteilungen« – selbst dann aufzusuchen, wenn keine bestimmten Verdachtsmomente eines drohenden oder erfolgten Verstoßes gegen AN-Schutzvorschriften vorliegen (ArbG Frankfurt v. 30. 10. 86 – 13 BV 16/86). Die allgemeine Überwachungsaufgabe gibt dem BR nach Auffassung des BAG keinen Anspruch, die zu treffende Durchführung entsprechender Vorschriften durch den AG in einem arbeitsgerichtl. Beschlußverfahren durchzusetzen (BAG v. 16. 7. 85, 10. 6. 86, 24. 2. 87, AP Nr. 17 zu § 87 BetrVG 1972 Lohngestaltung und Nrn. 26, 28 zu § 80 BetrVG 1972; a. A. noch BAG v. 29. 4. 82, AP Nr. 4 zu § 15 BAT).

2 Dem BR steht jedoch das Recht zu, AN über bestehende Tarifbestimmungen zu informieren, eine andere Rechtsauffassung wie der

AG zu vertreten und Reaktionsmöglichkeiten zu erläutern (ArbG Detmold, ArbuR 86, 349; vgl. auch Mache, AiB 87, 200) sowie **Fremdfirmen-** bzw. **Leih-AN** über die Einhaltung von Sicherheits- und Unfallverhütungsvorschriften zu belehren (ArbG Hagen v. 1. 7. 87 – 3 Ca 143/87; im Ergebnis bestätigt durch LAG Hamm v. 17. 2. 88 – 3 Sa 1575/87). Eine ordnungsgemäße Geltendmachung von AN-Ansprüchen zur Wahrung von tariflichen Ausschlußfristen durch den BR setzt voraus, daß eine ausdrückliche Bevollmächtigung durch den AN vorliegt (LAG Berlin, NZA 88, 442).

Nr. 2 gibt dem BR das Recht, Maßnahmen, die dem Betrieb und **3**
der Belegschaft dienen, beim AG zu beantragen. Dies gilt z. B. auch für die Verbesserung der materiellen **Arbeitsbedingungen** und der **Arbeitsmethoden,** Beseitigung von Arbeitserschwernissen, Maßnahmen des **Arbeitsschutzes.** Eine Durchsetzung seiner Anträge kann der BR jedoch nur in den im Gesetz ausdrücklich genannten Fällen erzwingen.

Bei der **Eingliederung Schwerbehinderter** hat der BR zunächst dar- **4**
auf zu achten, daß ein bestimmter Teil der Arbeitsplätze mit Schwerbehinderten besetzt wird und das UN sich nicht durch Zahlung der Ausgleichsabgabe von dieser Pflicht entbindet. Er hat darauf hinzuwirken, daß den Schwerbehinderten eine ihren Kräften und Fähigkeiten entsprechende Beschäftigung zugewiesen wird und ggf. auch eine Änderung der Arbeitsplätze erfolgt.

Bei seiner **Zusammenarbeit mit der JAV** nach Nrn. 3, 5 hat der BR **5**
mit dieser darauf zu achten, daß die Ausbildungsplätze gut ausgestattet sind, ein Werksunterricht in ausreichendem Maße angeboten wird, die Aus- und Fortbildung der Ausbilder gesichert ist, ein angemessenes Verhältnis der Ausbilder zur Anzahl der Auszubildenden besteht, moderne Ausbildungsmittel verwandt werden und eine planmäßige Ausbildung stattfindet.

Bei der Ausfüllung der Nr. 7, der **Eingliederung ausländischer AN** im **6**
Betrieb, geht es z. B. darum, gesonderte Informationsveranstaltungen für Ausländer oder besondere Sprechstunden für diese durchzuführen oder ggf. den AG dazu zu bringen, einen Deutschkursus während der Arbeitszeit durchzuführen.

(2) Der AG hat den BR – unaufgefordert und ggf. mehrmals zur **7**
gleichen Sache – in den Fällen, in denen dieser nach dem BetrVG Rechte hat, **rechtzeitig und umfassend** zu unterrichten. Diese Generalklausel, die ggf. ergänzend für sämtliche Aufgaben und Befugnisse des BR nach dem BetrVG gilt, bedeutet, daß der AG die Unterrichtung anhand von Unterlagen vorzunehmen und diese dem BR auch zur Verfügung zu stellen und zu erläutern hat, weil nur so eine sinnvolle Vorbereitung und Zusammenarbeit möglich ist. Rechtzeitig bedeutet, daß noch Alternativvorschläge des BR berücksichtigt

werden können. Die Informationspflicht des AG über die Verarbeitung personenbezogener Daten der AN ist auch gegeben, wenn die Verarbeitung nicht im Betrieb selbst, sondern in einem Dritt-UN erfolgt (so auch BAG v. 17. 3. 87, AP Nr. 29 zu § 80 BetrVG 1972 bei der Verarbeitung der Daten in einem anderen UN einer UN-Gruppe). Der AG ist auch verpflichtet, den BR vor Ausspruch von Abmahnungen zu informieren, damit dieser überprüfen kann, ob seine MBR aus § 87 Abs. 1 Nr. 1 tangiert werden (LAG Niedersachsen, ArbuR 85, 99, das den AG jedenfalls für verpflichtet hält, den BR gleichzeitig mit der Äußerung an den AN zu informieren; ArbG Bremen, AiB 84, 95, das den AG verpflichtet hält, den BR anhand von Unterlagen über kollektive Abmahnungen zu informieren; a. A. LAG Hamburg v. 16. 6. 83 – 7 TaBV 1/83).

8 Auf Verlangen des BR sind ihm die zur Erfüllung seiner Aufgaben erforderlichen (vorhandenen oder erstellbaren; vgl. BAG v. 17. 3. 1983, AP Nr. 18 zu § 80 BetrVG 1972) **Unterlagen zur Verfügung** zu stellen, d. h. im Original, in Durchschrift oder Fotokopie zu überlassen. Will der BR z. B. von seinem Initiativrecht nach § 87 Gebrauch machen, hat ihm der AG die dazu notwendigen Unterlagen zur Verfügung zu stellen. So ist dem BR auf Verlangen vom AG jeweils mitzuteilen, welche AN an welchen Arbeitsplätzen, wann und wie viele Überstunden geleistet haben (ArbG München v. 24. 11. 87 – 2 BV 148/87). Die Vorlagepflicht ist grundsätzlich nicht von einem konkreten Streitfall abhängig. Diese Vorschrift soll nach Meinung des BAG den BR jedoch nicht berechtigen, vom AG die Installierung von Meßgeräten zu verlangen, um auf diese Weise Unterlagen über die tatsächliche Lärmbelästigung der AN zu erhalten (BAG v. 7. 8. 86, AP Nr. 25 zu § 80 BetrVG 1972). Für den **Auskunftsanspruch** genügt es, daß der BR die Auskunft benötigt, um feststellen zu können, ob ihm – z. B. bei der Gewährung einer **Streikprämie** – ein MBR zusteht und ob er davon Gebrauch machen soll (BAG v. 26. 1. 88, AP Nr. 31 zu § 80 BetrVG 1972). Der BR hat auch Anspruch auf Zurverfügungstellung der **Werkverträge,** die der AG mit Fremdfirmen abschließt, um überprüfen zu können, ob ihm ein MBR gemäß §§ 99 ff. zusteht (LAG Hamm, BetrR 3/88, 19). Der BR soll dagegen keinen Anspruch auf Vorlage von vorhandenen Kontrollisten über den Zeitpunkt des Betretens und des Verlassens des Werks durch die **Fremdfirmen-AN** haben (LAG Hamm a. a. O.).

9 In die **Listen über die Bruttolöhne und -gehälter** hat der BA, wo ein solcher nicht besteht, der BR-Vors. oder ein beauftragtes BR-Mitgl., ein Einsichtsrecht (vgl. auch Blanke, AiB 81, 162 sowie 82, 6 und 95; Schneider, AiB 87, 209). Einblick bedeutet nicht Aushändigung der Listen, schließt aber die Möglichkeit ein, Notizen zu machen (BAG v. 15. 6. 76, AP Nr. 9 zu § 80 BetrVG 1972). Ein Anwesenheitsrecht des AG bei der Einsichtnahme besteht nicht (LAG Frankfurt, BetrR 85, 386). Das Einblicksrecht erstreckt sich auch auf die **effektiven Bruttobezüge** einschließlich der übertariflichen Zulagen (BAG v. 18. 9. 73, 12. 2. 80, AP Nrn. 3, 12 zu § 80 BetrVG 1972), freiwilligen Prämien (BAG v. 17. 3. 83, AP Nr. 18 zu § 80 BetrVG 1972) und auf alle Zahlungen, die individuell ausgehandelt und gewährt werden (BAG v. 10. 2. 87, AP Nr. 27 zu § 80 BetrVG 1972). Es ist nicht davon abhängig, daß die über- bzw. außertariflichen Lohnbestandteile **kollektiven oder kollektivähnlichen Bezug** haben (BAG v. 8. 2. 77, 30. 6. 81, AP Nrn. 10, 15 zu § 80 BetrVG 1972). Der Begriff »Liste« bezieht sich auch auf in EDV-Anlagen gespeicherte Gehaltsdaten (BAG v. 17. 3. 83 a. a. O.). Für die Ausübung des Einblicksrechts benötigt der BR keinen besonderen Anlaß (BAG v. 18. 9. 73, 28. 5. 74, 17. 3. 83, AP Nrn. 4, 7, 18 zu § 80 BetrVG 1972). Dies gilt auch dann bei AT-Ang., wenn die Höhe der Gehälter individuell ohne kollektiven Bezug vereinbart wurde (BAG v. 30. 6. 81, AP Nr. 15 zu § 80 BetrVG 1972). AT-Ang. sind Ang., die kraft ihrer Tätigkeitsmerkmale nicht mehr unter den persönlichen Geltungsbereich des TV fallen (BAG v. 18. 9. 73, 28. 5. 74, AP Nrn. 3, 6 zu § 80 BetrVG 1972). In der Einblicknahme liegt **keine Verletzung der geschützten Individualsphäre** des einzelnen AN (BAG v. 18. 9. 73, 30. 6. 81, AP Nrn. 3, 15 zu § 80 BetrVG 1972) und kein Verstoß gegen das BDSG (BAG v. 17. 3. 83 a. a. O.).

(3) Ein Recht auf Beauftragung eines **Sachverständigen** (vgl. hierzu auch Pflüger, NZA 88, 45) besteht nur nach näherer Vereinbarung mit dem AG. Nur dann hat der AG die Kosten zu tragen (BAG v. 25. 4. 78, AP Nr. 11 zu § 80 BetrVG 1972). Die vorherige Zustimmung des AG braucht nach richtiger Auffassung jedoch nicht vorzuliegen, sofern das verweigerte Einverständnis nachträglich gerichtl. ersetzt wird (LAG Frankfurt, BB 87, 614). Allerdings muß nach Auffassung des BAG der BR zunächst alle betrieblichen Informationsmöglichkeiten ausschöpfen und versuchen, sich auf andere Weise sachkundig zu machen, bevor er einen außerbetrieblichen Sachverständigen beauftragt (BAG v. 17. 3. 87, 4. 6. 87, AP Nrn. 29, 30 zu § 80 BetrVG 1972). Bei der Vermittlung besonderer fachlicher Kenntnisse kommt jedoch die Hinzuziehung eines Sachverständigen bereits im Informationsstadium in Betracht, damit der BR ggf. in der Lage ist, zu erkennen, welche Aufgaben sich für ihn stellen (so offenbar auch BAG v. 17. 3. 87 a. a. O. und ArbG Berlin v. 7. 5. 87 – 4 BV 8/87, das den BR bei der Einführung von EDV immer für berechtigt hält, einen Sachverständigen hinzuzuziehen, wenn dem BR keine EDV-Spezialisten angehören). Der BR kann als Sachverständiger eine Person seines Vertrauens hinzuziehen; er ist nicht auf die kostengünstigste Möglichkeit beschränkt (LAG Ba-

10

den-Württemberg, AiB 86, 261). Jedenfalls dann, wenn der BR lediglich aus Mitgl. mit technischer Ausbildung besteht, kann der BR bei anstehenden Interessenausgleichs- und Sozialplanverhandlungen einen Bilanzsachverständigen hinzuziehen (LAG Düsseldorf, ArbuR 84, 191). Bei entsprechender Eilbedürftigkeit kann der AG im Wege der einstweiligen Verfügung verpflichtet werden, die Zustimmung zur Hinzuziehung eines Sachverständigen zu erteilen (LAG Baden-Württemberg a. a. O.; LAG Düsseldorf a. a. O., vgl. auch Knauber-Bergs, AiB 87, 160). Sofern dies zur ordnungsgemäßen Erfüllung ihrer Aufgaben erforderlich ist, kann auch die ESt. einen Sachverständigen ohne vorherige Zustimmung des AG hinzuziehen (LAG Niedersachsen v. 4. 3. 88 – 15 TaBV 61/87).

11 **Auskunftspersonen** oder **Gewerkschaftsbeauftragte** kann der BR jederzeit hinzuziehen. Sofern diese nicht als Sachverständige i. S. dieser Vorschrift tätig werden, bedarf es keiner Vereinbarung mit dem AG.

Zweiter Abschnitt:

Mitwirkungs- und Beschwerderecht des Arbeitnehmers

§ 81
Unterrichtungs- und Erörterungspflicht des Arbeitgebers

(1) Der Arbeitgeber hat den Arbeitnehmer über dessen Aufgabe und Verantwortung sowie über die Art seiner Tätigkeit und ihre Einordnung in den Arbeitsablauf des Betriebs zu unterrichten. Er hat den Arbeitnehmer vor Beginn der Beschäftigung über die Unfall- und Gesundheitsgefahren, denen dieser bei der Beschäftigung ausgesetzt ist, sowie über die Maßnahmen und Einrichtungen zur Abwendung dieser Gefahren zu belehren.

(2) Über Veränderungen in seinem Arbeitsbereich ist der Arbeitnehmer rechtzeitig zu unterrichten. Absatz 1 gilt entsprechend.

(3) Der Arbeitgeber hat den Arbeitnehmer über die auf Grund einer Planung von technischen Anlagen, von Arbeitsverfahren und Arbeitsabläufen oder der Arbeitsplätze vorgesehenen Maßnahmen und ihre Auswirkungen auf seinen Arbeitsplatz, die Arbeitsumgebung sowie auf Inhalt und Art seiner Tätigkeit zu unterrichten. Sobald feststeht, daß sich die Tätigkeit des Arbeitnehmers ändern wird und seine beruflichen Kenntnisse und Fähigkeiten zur Erfüllung seiner Aufgaben nicht ausreichen, hat der Arbeitgeber mit dem Arbeitnehmer zu erörtern, wie dessen berufliche Kenntnisse und Fähigkeiten im Rahmen der betrieblichen Möglichkeiten den künftigen Anforderungen ange-

paßt werden können. Der Arbeitnehmer kann bei der Erörterung ein Mitglied des Betriebsrats hinzuziehen.

(1–3) Die Bestimmung enthält allgemeine, sich bereits aus vertraglichen Nebenpflichten ergebende, arbeitsrechtliche Grundsätze. Der AN ist nicht nur über seinen unmittelbaren Aufgabenbereich, sondern darüber hinaus auch darüber zu unterrichten, wie sich seine **Tätigkeit im Arbeitsablauf** darstellt. Die vom AG nach dieser Vorschrift vorzunehmenden Informationen verdrängen **nicht** die Rechte des BR **nach den §§ 96 bis 98,** sondern bestehen unabhängig von diesen (zur Abgrenzung zu den Maßnahmen der Berufsbildung vgl. auch BAG v. 5. 11. 85, AP Nr. 2 zu § 98 BetrVG 1972). Der neue Abs. 3 stellt insbesondere auf eine Unterrichtung und Erörterung bei Problemen ab, wie sie mit der Einführung neuer Techniken verbunden sind.   **1**

Solange der AG seine Verpflichtungen nach dieser Vorschrift nicht erfüllt, hat der AN ein Leistungsverweigerungsrecht nach § 273 BGB, ohne daß er seinen Lohnanspruch verliert. Für die Unterweisung in die Unfall- und Gesundheitsgefahren genügt nicht die Aushändigung eines Merkblatts. Sind im Betrieb Betriebsärzte und Fachkräfte für Arbeitssicherheit, gehört es zu ihren Aufgaben, den AG bei seiner Unterweisungspflicht zu unterstützen. Ausländische AN sind ggf. in ihrer Muttersprache zu belehren.   **2**

§ 82
Anhörungs- und Erörterungsrecht des Arbeitnehmers

(1) Der Arbeitnehmer hat das Recht, in betrieblichen Angelegenheiten, die seine Person betreffen, von den nach Maßgabe des organisatorischen Aufbaus des Betriebs hierfür zuständigen Personen gehört zu werden. Er ist berechtigt, zu Maßnahmen des Arbeitgebers, die ihn betreffen, Stellung zu nehmen sowie Vorschläge für die Gestaltung des Arbeitsplatzes und des Arbeitsablaufs zu machen.

(2) Der Arbeitnehmer kann verlangen, daß ihm die Berechnung und Zusammensetzung seines Arbeitsentgelts erläutert und daß mit ihm die Beurteilung seiner Leistungen sowie die Möglichkeiten seiner beruflichen Entwicklung im Betrieb erörtert werden. Er kann ein Mitglied des Betriebsrats hinzuziehen. Das Mitglied des Betriebsrats hat über den Inhalt dieser Verhandlungen Stillschweigen zu bewahren, soweit es vom Arbeitnehmer im Einzelfall nicht von dieser Verpflichtung entbunden wird.

(1, 2) Das Recht des AN, in bestimmten Angelegenheiten, die seine Person betreffen, gehört zu werden, beschränkt sich nicht auf ein bloßes Anhören. Der AN kann vielmehr verlangen, in der betreffenden Angelegenheit eine **Auskunft** vom AG oder der dafür zuständigen Person zu erhalten. Der AN kann selbst dann ein Mitgl. des

BR hinzuziehen, wenn ein **Beratungs- und Förderungsgespräch** auf
Veranlassung des AG stattfindet (BAG v. 24. 4. 79, AP Nr. 1 zu
§ 82 BetrVG 1972). Unabhängig von der Bestimmung des § 82 kann
sich auch aus dem allgemeinen Persönlichkeitsrecht aus Art. 2
Abs. 1 GG i. V. m. Art. 1 Abs. 1 GG das Recht des AN auf Zulassung eines Rechtsbeistandes seiner Wahl bei dienstlichen Gesprächen über seinen Gesundheitszustand ergeben, da nur so der Eintritt von Nachteilen zu Lasten des AN vermieden werden kann
(ArbG Münster, BB 88, 164).

§ 83
Einsicht in die Personalakten

**(1) Der Arbeitnehmer hat das Recht, in die über ihn geführten Perso-
nalakten Einsicht zu nehmen. Er kann hierzu ein Mitglied des Betriebsrats hinzuziehen. Das Mitglied des Betriebsrats hat über den
Inhalt der Personalakte Stillschweigen zu bewahren, soweit es vom
Arbeitnehmer im Einzelfall nicht von dieser Verpflichtung entbunden
wird.**

**(2) Erklärungen des Arbeitnehmers zum Inhalt der Personalakte sind
dieser auf sein Verlangen beizufügen.**

1 (1) Die Vorschrift schreibt nicht vor, daß eine Personalakte zu führen ist und welchen Inhalt sie haben muß, wie sie geführt wird.
§ 83 geht der Bestimmung des § 26 **BDSG** vor. Personalakte ist **jede
Sammlung von schriftlichen Unterlagen** über einen bestimmten AN,
ohne Rücksicht auf die Form, in der sie geführt wird. Darunter fallen auch die in **elektronischen Datenbanken** gespeicherten Personaldaten. Dem AN ist dabei in allgemeiner Form lesbar und entschlüs-
selt Auskunft darüber zu erteilen, welche Daten über ihn gespeichert werden und an wen sie übermittelt worden sind (ArbG Berlin,
BB 88, 70). Das Einsichtsrecht aus dieser Vorschrift geht dem Auskunftsanspruch des § 26 Abs. 2 Satz 1 und Abs. 3 BDSG vor (zum
BDSG vgl. im übrigen die Erl. zu § 94).Aufgrund des verfassungs-
rechtlich gewährleisteten Persönlichkeitsschutzes ist der AG verpflichtet, die Personalakten des AN **sorgfältig** zu verwahren, bestimmte Informationen **vertraulich** zu behandeln und für die vertrauliche Behandlung durch die Sachbearbeiter Sorge zu tragen.
Auch muß der AG den Kreis der mit Personalakten befaßten AN
möglichst eng halten (BAG, DB 87, 2571).

2 Die Personalakten dürfen nur Angaben enthalten, für die ein **sachli-
ches Interesse** des AG besteht (LAG Niedersachsen v. 10. 7. 80, AP
Nr. 85 zu § 611 BGB Fürsorgepflicht). Auch **Sonder- und Nebenak-
ten, persönliche Aufzeichnungen** des Vorgesetzten sowie **Unterlagen
des Werkschutzes** gehören zur Personalakte. Entscheidend ist nicht,
was der AG als Personalakte bezeichnet. Maßgebend ist vielmehr

der sog. **materielle Begriff** der Personalakte (BAG, ArbuR 81, 124). Der AN hat somit das Recht der Einsichtnahme in alle Unterlagen, die auf das Arbeitsverhältnis bezogene Aufzeichnungen enthalten und damit in einem Zusammenhang stehen.

Die Führung von **Geheimakten** ist unzulässig. Der AN hat An-   **3**
spruch darauf, daß in der Personalakte auf geführte Son-
derakten angebracht werden (LAG Bremen, BB 77, 648). Das Einsichtsrecht besteht **jederzeit** und erfolgt grundsätzlich während der
Arbeitszeit. Eine Minderung des Arbeitsentgelts darf nicht stattfinden. Auch **außerbetrieblich** geführte Unterlagen dürfen eingesehen
werden. **Verschlüsselte Angaben** sind dem AN zu erläutern. Das ist
von besonderer Bedeutung, wenn Personaldaten in Datenbanken
gespeichert werden. Sie müssen dem AN in einer für ihn verständli-
chen Form zugänglich gemacht werden. Der AN kann sich anhand
der Personalakten auch **Notizen** machen oder auf eigene Kosten **Ko-
pien** anfertigen. Eine BV, beispielsweise nach § 87 Abs. 1 Nr. 1, darf
nicht zu einer grundsätzlichen Beschränkung des Einsichtsrechts
führen. Von der Möglichkeit, ein BR-Mitgl. hinzuzuziehen, sollte
regelmäßig Gebrauch gemacht werden. Ansonsten ist der Personenkreis, der sich mit Personalakten befaßt, möglichst klein zu halten.
Ohne Einverständnis des AN ist es unzulässig, die Personalakten an
Betriebsfremde weiterzugeben, z. B. an einen AG, bei dem sich der
AN bewerben will (vgl. BAG v. 18. 12. 84, AP Nr. 8 zu § 611 BGB
Persönlichkeitsrecht).

(2) Die Erklärung ist auch dann beizufügen, wenn der AG sie für   **4**
unzutreffend oder nicht in die Personalakten gehörend ansieht. Daneben hat der AN das **Recht auf Entfernung** von unrichtigen Angaben und mißbilligenden Äußerungen aus den Personalakten, wenn
diese unzutreffende Tatsachenbehauptungen enthalten, die den AN
in seiner Rechtsstellung und in seinem beruflichen Fortkommen beeinträchtigen können (BAG v. 25. 4. 72, AP Nr. 9 zu § 611 BGB
Öffentlicher Dienst, 27. 11. 85, AP Nr. 93 zu § 611 BGB Fürsorgepflicht). Entsprechendes gilt, wenn sich in den Personalakten eine
auf die Verletzung arbeitsvertraglicher Pflichten erstreckende
schriftliche Abmahnung befindet, die unbegründet ist (BAG v.
19. 7. 83, AP Nr. 5 zu § 87 BetrVG 1972 Betriebsbuße; vgl. auch § 87
Rn. 12).

§ 84
Beschwerderecht

**(1) Jeder Arbeitnehmer hat das Recht, sich bei den zuständigen Stel-
len des Betriebs zu beschweren, wenn er sich vom Arbeitgeber oder
von Arbeitnehmern des Betriebs benachteiligt oder ungerecht behandelt oder in sonstiger Weise beeinträchtigt fühlt. Er kann ein Mitglied
des Betriebsrats zur Unterstützung oder Vermittlung hinzuziehen.**

(2) Der Arbeitgeber hat den Arbeitnehmer über die Behandlung der Beschwerde zu bescheiden und, soweit er die Beschwerde für berechtigt erachtet, ihr abzuhelfen.

(3) Wegen der Erhebung einer Beschwerde dürfen dem Arbeitnehmer keine Nachteile entstehen.

1 (1–3) Das Beschwerderecht kann auch von mehreren AN gemeinsam ausgeübt werden. Die Beschwerde hat **keine aufschiebende Wirkung** gegenüber Anordnungen des AG. Gesetzl. Fristen werden durch eine Beschwerde nicht gehemmt. Es besteht kein Anspruch auf anonyme Behandlung der Beschwerde.

2 Lehnt der AG die Beschwerde ab, soll die Ablehnung eine **Begründung** enthalten. Der AN kann im Falle der Ablehnung seiner Beschwerden den BR nach § 85 anrufen. Daneben hat er, soweit Gegenstand der Beschwerde ein Rechtsanspruch ist, die Möglichkeit der Einleitung eines Klageverfahrens oder, allerdings nur wenn die Voraussetzungen des § 273 BGB erfüllt sind, der Zurückbehaltung seiner Arbeitsleistung.

§ 85
Behandlung von Beschwerden durch den Betriebsrat

(1) Der Betriebsrat hat Beschwerden von Arbeitnehmern entgegenzunehmen und, falls er sie für berechtigt erachtet, beim Arbeitgeber auf Abhilfe hinzuwirken.

(2) Bestehen zwischen Betriebsrat und Arbeitgeber Meinungsverschiedenheiten über die Berechtigung der Beschwerde, so kann der Betriebsrat die Einigungsstelle anrufen. Der Spruch der Einigungsstelle ersetzt die Einigung zwischen Arbeitgeber und Betriebsrat. Dies gilt nicht, soweit Gegenstand der Beschwerde ein Rechtsanspruch ist.

(3) Der Arbeitgeber hat den Betriebsrat über die Behandlung der Beschwerde zu unterrichten. § 84 Abs. 2 bleibt unberührt.

(1–3) Unabhängig von der Möglichkeit, sich selbst beim AG zu beschweren, kann der AN die Beschwerde auch beim BR anbringen. Nur in diesem Fall kann Abhilfe einer berechtigten Beschwerde unabhängig von der Haltung des AG durchgesetzt werden. Der BR ist verpflichtet, die Beschwerde gegenüber dem AG weiterzuverfolgen, wenn er sie für berechtigt erachtet. Auch Beschwerden, die vom AG nach § 84 abschlägig beschieden worden sind, können auf diese Weise weiterverfolgt werden. Gegenstand einer Beschwerde können hierbei auch **Rechtsansprüche** sein (ArbG Hamburg, AiB 83, 189; LAG Hamburg, BB 85, 1729), etwa eine vom AN beanstandete Ablehnung von Sonderurlaub durch den AG oder die Geltendmachung eines Anspruchs auf Rücknahme einer Abmahnung (str.; wie hier LAG Köln, BB 85, 524; a. A. LAG Berlin, BB 88, 2040). Bei

Nichteinigung zwischen BR und AG kann in jedem Fall die ESt. angerufen werden, für die allerdings nicht die Möglichkeit einer verbindlichen Entscheidung über den Rechtsanspruch besteht (a. A. BAG v. 28. 6. 1984, AP Nr. 1 zu § 85 BetrVG 1972, das entgegen des ausdrücklich zwischen der Anrufungsmöglichkeit der ESt. und der Nichtverbindlichkeit ihres Spruchs über einen Rechtsanspruch unterscheidenden Gesetzeswortlauts die ESt. in solchen Fällen schlechthin als unzuständig bezeichnet). Nur der BR, nicht jedoch der einzelne AN, kann die ESt. anrufen.

§ 86
Ergänzende Vereinbarungen

Durch Tarifvertrag oder Betriebsvereinbarung können die Einzelheiten des Beschwerdeverfahrens geregelt werden. Hierbei kann bestimmt werden, daß in den Fällen des § 85 Abs. 2 an die Stelle der Einigungsstelle eine betriebliche Beschwerdestelle tritt.

Besteht ein BR, ist die Errichtung einer betrieblichen Beschwerdestelle überflüssig.

Dritter Abschnitt:

Soziale Angelegenheiten

§ 87
Mitbestimmungsrechte

(1) Der Betriebsrat hat, soweit eine gesetzliche oder tarifliche Regelung nicht besteht, in folgenden Angelegenheiten mitzubestimmen:

1. **Fragen der Ordnung des Betriebs und des Verhaltens der Arbeitnehmer im Betrieb;**

2. **Beginn und Ende der täglichen Arbeitszeit einschließlich der Pausen sowie Verteilung der Arbeitszeit auf die einzelnen Wochentage;**

3. **vorübergehende Verkürzung oder Verlängerung der betriebsüblichen Arbeitszeit;**

4. **Zeit, Ort und Art der Auszahlung der Arbeitsentgelte;**

5. **Aufstellung allgemeiner Urlaubsgrundsätze und des Urlaubsplans sowie die Festsetzung der zeitlichen Lage des Urlaubs für einzelne Arbeitnehmer, wenn zwischen dem Arbeitgeber und den beteiligten Arbeitnehmern kein Einverständnis erzielt wird;**

6. **Einführung und Anwendung von technischen Einrichtungen, die dazu bestimmt sind, das Verhalten oder die Leistung der Arbeitnehmer zu überwachen;**

7. Regelungen über die Verhütung von Arbeitsunfällen und Berufskrankheiten sowie über den Gesundheitsschutz im Rahmen der gesetzlichen Vorschriften oder der Unfallverhütungsvorschriften;

8. Form, Ausgestaltung und Verwaltung von Sozialeinrichtungen, deren Wirkungsbereich auf den Betrieb, das Unternehmen oder den Konzern beschränkt ist;

9. Zuweisung und Kündigung von Wohnräumen, die den Arbeitnehmern mit Rücksicht auf das Bestehen eines Arbeitsverhältnisses vermietet werden, sowie die allgemeine Festlegung der Nutzungsbedingungen;

10. Fragen der betrieblichen Lohngestaltung, insbesondere die Aufstellung von Entlohnungsgrundsätzen und die Einführung und Anwendung von neuen Entlohnungsmethoden sowie deren Änderung;

11. Festsetzung der Akkord- und Prämiensätze und vergleichbarer leistungsbezogener Entgelte, einschließlich der Geldfaktoren;

12. Grundsätze über das betriebliche Vorschlagswesen.

(2) Kommt eine Einigung über eine Angelegenheit nach Absatz 1 nicht zustande, so entscheidet die Einigungsstelle. Der Spruch der Einigungsstelle ersetzt die Einigung zwischen Arbeitgeber und Betriebsrat.

1 (1) Dem AG ist es in allen MB-Angelegenheiten verwehrt, einseitige Maßnahmen durchzuführen. Kann zwischen AG und BR keine Übereinstimmung erzielt werden, sind beide Seiten berechtigt, die ESt. anzurufen, die verbindlich entscheidet. Deshalb sind **einseitige Maßnahmen** des AG **rechtswidrig** und damit unwirksam (vgl. BAG v. 4. 5. 82, AP Nr. 6 zu § 87 BetrVG 1972 Altersversorgung; BAG, DB 88, 2412). Ordnet der AG z. B. einseitig Kurzarbeit oder Überstunden an, ist kein AN verpflichtet, derartigen Anordnungen Folge zu leisten (LAG Berlin, BetrR 82, 418ff.). Dem AG ist es auch untersagt, das MBR bei der Anordnung von Überstunden durch den Einsatz von Leih-AN zu umgehen (ArbG Mannheim, AiB 87, 141) oder durch sonstigen Fremdfirmeneinsatz (LAG Frankfurt, AiB 88, 313f.; LAG Baden-Württemberg, AiB 88, 314). Auch die Umgehung des MBR durch Änderung der Arbeitsverträge ist unzulässig, wobei die gewählte Form gleichgültig ist (vgl. dazu BAG v. 31. 1. 84, AP Nr. 15 zu § 87 BetrVG 1972 Lohngestaltung). Andererseits bleibt der AG zur Lohnzahlung verpflichtet, wenn AN Überstunden leisten, obwohl diese ohne Berücksichtigung des MBR vom AG angeordnet wurden. Im übrigen kann der BR die **Unterlassung** derartiger Maßnahmen des AG – bei entsprechender Eilbedürftigkeit auch im Wege der einstweiligen Verfügung – gerichtlich durchsetzen (zu diesem allgemeinen Unterlassungsanspruch vgl. BAG v.

18. 4. 85, AP Nr. 5 zu § 23 BetrVG 1972; zum Unterlassungsanspruch nach § 23 Abs. 3 vgl. dort Rn. 7 f.).

Die MB räumt beiden Seiten (BR und AG) gleiche Rechte ein **2** (BAG v. 14. 11. 74, AP Nr. 1 zu § 87 BetrVG 1972). Somit steht dem BR grundsätzlich ein sog. **Initiativrecht** zu. Der BR kann also an den AG herantreten und von ihm verlangen, daß dieser eine MB-Maßnahme durchführt. Dabei kann es sich z. B. um die Einführung der gleitenden Arbeitszeit oder der bargeldlosen Lohnzahlung, der Reduzierung von Schichtarbeit, der Einführung eines neuen Entlohnungssystems oder einer Regelung für die Vergabe von Werkwohnungen handeln. Kann eine Übereinstimmung mit dem AG nicht erzielt werden, entscheidet die ESt. verbindlich. Das Initiativrecht ist dem BR in allen MB-Angelegenheiten eingeräumt, da sonst von einer gleichberechtigten MB keine Rede sein könnte, obwohl dadurch, zumindest mittelbar, die **unternehmerische Entscheidungsfreiheit eingeschränkt** wird (vgl. BAG v. 31. 8. 82, AP Nr. 8 zu § 87 BetrVG 1972 Arbeitszeit, 4. 3. 86, AP Nr. 3 zu § 87 BetrVG 1972 Kurzarbeit; BAG, DB 88, 811 f.). Allerdings wird das Initiativrecht in einigen Fällen kaum praktisch werden. So ist es beispielsweise nicht vorstellbar, daß der BR beim AG beantragen wird, die AN mittels technischer Kontrolleinrichtungen zu überwachen.

Die MB besteht unabhängig davon, wie viele AN von einer MB- **3** Maßnahme erfaßt werden (BAG v. 18. 11. 80, AP Nr. 3 zu § 87 BetrVG 1972 Arbeitszeit); sie besteht somit auch **im Einzelfall,** wenn noch ein kollektiver Bezug vorliegt (BAG v. 17. 12. 85, AP Nr. 5 zu § 87 BetrVG 1972 Tarifvorrang). Darüber hinaus vermögen **Eilfälle** die MB ebensowenig auszuschließen (BAG v. 2. 3. 82, AP Nr. 6 zu § 87 BetrVG 1972 Arbeitszeit) wie die **probeweise** Durchführung von Maßnahmen (LAG Berlin, CR 87, 26 ff.).

Die MB entfällt dagegen, wenn eine zwingende **gesetzl. Regelung** **4** vorliegt. So kann der BR z. B. keine Arbeitszeitregelung mit dem AG vereinbaren, die gegen zwingende Vorschriften der AZO verstößt (BAG v. 28. 7. 81, AP Nr. 4 zu § 87 BetrVG 1972 Arbeitszeit). Dann gilt allein die gesetzl. Regelung. Muß ein gesetzl. Gebot jedoch noch betrieblich konkretisiert werden, besteht insoweit ein MBR des BR (vgl. z. B. BAG v. 23. 4. 85, AP Nr. 12 zu § 87 BetrVG 1972 Überwachung). **Verwaltungsakte** oder sonstige Anordnungen aufgrund gesetzl. Vorschriften (z. B. Sicherheitskontrolle in Kernforschungsanlagen) stehen einer gesetzl. Regelung **nicht** gleich (LAG Baden-Württemberg, NZA 87, 251 f., durch BAG, DB 88, 2055 offengelassen). Nach der abzulehnenden Auffassung des BAG (a. a. O.) sollen MBR dann allerdings ausscheiden, wenn die Anordnung für den AG eine bindende Anweisung ohne Gestaltungsspielraum darstellt.

5 Weiterhin entfällt die MB, wenn ein Tatbestand, der ansonsten der MB unterliegt, bereits **tariflich geregelt** ist. Der TV muß aber eine vollständige Regelung enthalten, die keiner Ergänzung mehr bedarf (BAG v. 17. 12. 85, AP Nr. 5 zu § 87 BetrVG 1972 Tarifvorrang). Unter Umständen ist durch Auslegung des TV festzustellen, ob eine Ergänzung durch die MB des BR noch in Frage kommt. Im übrigen kann die MB durch einen TV nur dann ausgeschlossen werden, wenn der TV selbst eine ausreichende Regelung beinhaltet, die dem Zweck der gesetzl. MB nicht widerspricht (vgl. ArbG Hamburg, ArbuR 88, 221). Ein völliger Ausschluß der MB ohne »Ersatzlösung« durch TV ist unzulässig. Der BR kann auch nicht auf die ihm gesetzlich eingeräumten MBR verzichten, z. B. durch Untätigbleiben (BAG v. 29. 11. 83, AP Nr. 10 zu § 113 BetrVG 1972). Nach der zu weit gehenden Auffassung des BAG (vgl. z. B. DB 88, 1272 m. w. N.) sollen allerdings **BV** oder der **Spruch der ESt.** dem AG eine Freiheit (z. B. bei zukünftigen Überstunden in Eilfällen) einräumen können, die einem mitbestimmungsfreien Zustand nahekommt. Neuerdings hat das BAG diese Auffassung allerdings richtigerweise wieder beschränkt, wenn es feststellt, das **MBR** könne durch eine BV **nicht aufgehoben** oder eingeschränkt werden. Eine Übertragung von Befugnissen auf den AG oder eine paritätische Kommission dürfe das MBR nicht in seiner **Substanz** beeinträchtigen (BAG v. 26. 7. 88 – 1 AZR 54/87).

6 Durch den Tarifvorbehalt des § 77 Abs. 3 wird das MBR weder eingeschränkt noch ausgeschlossen, wenn die mitbestimmungspflichtige Angelegenheit **üblicherweise** durch TV geregelt ist (keine sog. Zweischrankentheorie; vgl. dazu BAG, ArbuR 87, 276; BAG, DB 88, 813). Ein lediglich nachwirkender TV schließt die MBR des BR ebenfalls nicht aus (BAG v. 13. 7. 77, AP Nr. 2 zu § 87 BetrVG 1972 Kurzarbeit).

7 Eine **Erweiterung** des gesetzl. MBR ist sowohl durch TV als auch durch BV zulässig (BAG v. 18. 8. 87, AP Nr. 23 zu § 77 BetrVG 1972; BAG, DB 88, 1397 ff.).

8 Dem MBR unterliegen alle AN des Betriebs, somit auch die AT-Ang. Nur die leit. Ang. (§ 5 Abs. 3) sind ausgeschlossen (BAG v. 10. 6. 86, AP Nr. 18 zu § 87 BetrVG 1972 Arbeitszeit).

9 *Zu Nr. 1:* Nach der Rechtspr. des BAG bestehen MBR bei der Gestaltung der **betrieblichen Ordnung** durch Schaffung allgemein gültiger verbindlicher Verhaltensregeln und bei jeder Maßnahme des AG, durch die das Verhalten des AN in bezug auf diese betriebliche Ordnung berührt wird. Das BAG unterscheidet dabei mitbestimmungspflichtige Maßnahmen, die das **Ordnungsverhalten** zum Gegenstand haben, von mitbestimmungsfreien, die auf das **Arbeitsverhalten** bezogen sind oder ansonsten lediglich das Verhältnis AN/

AG betreffen (ständige Rechtspr.; vgl. u. a. BAG v. 24. 3. 81,
14. 1. 86, AP Nr. 2 zu § 87 BetrVG 1972 Arbeitssicherheit, AP
Nr. 10 zu § 87 BetrVG 1972 Ordnung des Betriebes). Um Arbeitsverhalten soll es sich handeln, wenn der AG in Ausübung seiner
Organisations- und Leitungsmacht bestimmt, welche Arbeiten in
welcher Weise auszuführen sind. Diese Rechtspr. schränkt die
Möglichkeit des BR, Persönlichkeitsrechte der AN auch ohne Einsatz technischer Einrichtungen zu schützen, erheblich ein. Sie verstößt auch gegen den Wortlaut des Gesetzes und ist daher abzulehnen. Richtigerweise wird jede Anordnung, die verbindlich oder mittelbar auf ein einheitliches Verhalten der AN im Betrieb zielt, erfaßt, sofern es sich nicht um eine konkrete arbeitsbezogene Einzelanweisung handelt (zur Kritik vgl. z. B. Pfarr, Anm. zu AP Nr. 2 zu
§ 87 BetrVG 1972 Ordnung des Betriebes).

10 Auch wenn man die zu enge Rechtspr. des BAG zugrunde legt, besteht bei folgenden Sachverhalten ein MBR: **Anwesenheitskontrollen, An- und Abmeldeverfahren** (BAG, ArbuR 78, 278 f.), Einführung und Anwendung von **Passierscheinen** und **Betriebsausweisen**
(BAG v. 16. 12. 86, AP Nr. 13 zu § 87 BetrVG 1972 Ordnung des
Betriebes), Tragen einer vorgeschriebenen **Arbeitskleidung** (BAG v.
15. 12. 61, AP Nr. 3 zu § 56 BetrVG Ordnung des Betriebes), **Alkohol-** (BAG v. 23. 9. 86, AP Nr. 20 zu § 75 BPersVG) und **Rauchverbote** (BAG v. 15. 12. 61, AP Nr. 3 zu § 56 BetrVG Ordnung des
Betriebes; LAG München, NZA 86, 577 f.), Benutzung von betrieblichen **Park- und Abstellmöglichkeiten** (BAG v. 5. 3. 59, AP Nr. 26
zu § 611 BGB Fürsorgepflicht; LAG Hamm, NZA 87, 35), Gründung und Tätigkeit eines betrieblichen **Werkschutzes, Torkontrollen**
aller Art (BAG, DB 88, 2055; a. A. zu Unrecht BAG v. 10. 4. 84,
AP Nr. 7 zu § 87 BetrVG 1972 Ordnung des Betriebes für den **Sonderfall** eines Zugangssicherungssystems mit kodierten und Ausweiskarten nach dem »Schlüsselprinzip« ohne weitere Festlegungen für
den Zugang), Regelung zur generellen **Herausgabe von Werbegeschenken** (LAG Köln, DB 84, 2202). Der MB unterliegt auch die
Einführung eines **Sicherheitswettbewerbs,** der zu einem sicherheitsbewußten Verhalten anregen soll und der für die Verringerung von
Unfallzahlen Prämien aussetzt (BAG v. 24. 3. 81, AP Nr. 2 zu § 87
BetrVG 1972 Arbeitssicherheit), die generelle Versendung von **Abmahnungsschreiben wegen Krankheit** (ArbG Köln v. 1. 9. 77 – 13 BV
55/77), die Festlegung von **Krankenkontrollen** (Kohte, AiB 83, 22),
die Verwendung von **Formularen zum Arztbesuch** (LAG Düsseldorf,
DB 81, 1677), eine Anordnung zum **Radiohören** im Betrieb (BAG v.
14. 1. 86, AP Nr. 10 zu § 87 BetrVG 1972 Ordnung des Betriebes)
und eine Regelung über die Mitnahme und Bearbeitung von **Arbeitsunterlagen** zu Hause (ArbG Hamburg, MitbGespr. 77, 66).

11 Kein MBR soll nach der abzulehnenden Rechtspr. des BAG bei

arbeitsbegleitenden Papieren bestehen (ggf. kommen allerdings Rechte nach § 87 Abs. 1 Nr. 6 oder § 94 in Betracht). Nach Meinung des BAG ist die Anordnung des AG, über die einzelnen Arbeitsvorgänge, Pausen u. ä. Buch zu führen, auf die Erbringung der Arbeitsleistung bezogen, also »arbeitsbezogen« (BAG v. 24. 11. 81, AP Nr. 3 zu § 87 BetrVG 1972 Ordnung des Betriebes). Mit der gleichen Begründung lehnt das BAG das MBR beim Ausfüllen sog. Tageszettel zum Überstundennachweis (v. 9. 12. 80, 4. 8. 81, AP Nr. 2 zu § 87 BetrVG 1972 Ordnung des Betriebes, AP Nr. 1 zu § 87 BetrVG 1972 Tarifvorrang), beim Erlaß einer **Dienstreiseordnung** (v. 8. 12. 81, AP Nr. 6 zu § 87 BetrVG 1972 Lohngestaltung) oder von **Führungsrichtlinien** (v. 23. 10. 84, AP Nr. 8 zu § 87 BetrVG 1972 Ordnung des Betriebes) ab.

12 Sollen bei Verstößen gegen die betriebliche Ordnung sog. **Betriebsbußen** verhängt werden, ist das nur möglich, wenn zuvor eine betriebliche Bußordnung eingeführt worden ist, die der MB ebenso unterliegt wie die Verhängung der Buße in jedem Einzelfall (BAG v. 5. 12. 75, AP Nr. 1 zu § 87 BetrVG 1972 Betriebsbuße). Darin müssen im einzelnen die Tatbestände aufgeführt sein, die zur Verhängung einer Buße berechtigen. Das Verfahren muß ebenfalls in allen Einzelheiten geregelt sein und rechtsstaatlichen Grundsätzen entsprechen (für eine Unzulässigkeit z. B. LAG Niedersachsen, DB 81, 1985 f.). Auch der **Entzug von Vergünstigungen** (z. B. ermäßigte Flugscheine) kann eine Betriebsbuße sein, wenn es sich um die Reaktion auf Verstöße gegen die betriebliche Ordnung oder gegen nach § 87 Abs. 1 Nr. 1 begründete Verhaltenspflichten handelt (BAG v. 22. 10. 85, AP Nr. 18 zu § 87 BetrVG 1972 Lohngestaltung). Rügt der AG ein Verhalten des AN, so kann es sich ebenfalls um eine Betriebsbuße **(Verwarnung, Verweis)** handeln. Dies ist der Fall, wenn ein Verstoß gegen die kollektive betriebliche Ordnung und nicht nur gegen einzelvertragliche Pflichten **(Abmahnung)** kritisiert wird. Ist in dem kritisierten Verhalten des AN sowohl eine Verletzung seiner arbeitsvertraglichen Pflichten als auch ein Verstoß gegen die betriebliche Ordnung zu sehen, ist die beabsichtigte Maßnahme des AG stets mitbestimmungspflichtig (einschränkend BAG v. 30. 1. 79, 7. 11. 79, 19. 7. 83, AP Nr. 2, 3, 5 zu § 87 BetrVG 1972 Betriebsbuße, das zu Unrecht ausschließlich auf die Formulierung des AG abstellt).

13 *Zu Nr. 2:* Das MBR erstreckt sich nicht nur auf **Beginn und Ende,** sondern auch auf die **Dauer** der **täglichen** Arbeitszeit (vgl. BAG, BB 88, 274 und zum Begriff BAG v. 29. 4. 82, AP Nr. 4 zu § 15 BAT) und der Pausen. Das gilt auch dann, wenn die Arbeitszeit nur an einem Tag abgeändert werden soll. Der BR hat auch ein MBR und damit ein Initiativrecht bei der Frage, ob die Arbeitszeit bereits am

Werkstor oder erst am Arbeitsplatz beginnt, ob Waschen und Um-
kleiden zur Arbeitszeit zählen (vgl. BAG v. 12. 3. 88 – 2 AZR 576/
87, LAG Baden-Württemberg, AiB 87, 246 ff.). Nach der
Rechtsspr. des BAG unterliegt allerdings die **Dauer** der **wöchentlichen** Arbeitszeit nicht der MB (vgl. zuletzt BAG, DB 87, 2257 ff.
und BB 88, 274). Die Rechtsspr. des BAG ist insofern inkonsequent, als es entgegen seiner früheren Auffassung inzwischen zwar
das MBR auch hinsichtlich der Dauer der täglichen Arbeitszeit mit
der Begründung bejaht hat, daß die Festlegung von Beginn und Ende der täglichen Arbeitszeit zwangsläufig zugleich auch deren Dauer festlegt. Ähnlich ließe sich hinsichtlich der **Dauer** der **wöchentlichen** Arbeitszeit argumentieren, da auch sie durch die Festlegung
der täglichen Arbeitszeit bestimmt wird. Ein MBR des BR hinsichtlich der Dauer der wöchentlichen Arbeitszeit kann allerdings dann
nicht bestehen, wenn der TV diese, was in aller Regel üblich ist,
abschließend festlegt. Im übrigen erfaßt die MB sowohl die Einführung oder den Abbau von **Schichtarbeit** und alle anderen damit zusammenhängenden Fragen (BAG v. 28. 10. 86, AP Nr. 20 zu § 87
BetrVG 1972 Arbeitszeit). Sie greift auch bei der Anordnung des
Schichtwechsels für einen einzelnen AN ein, wenn der AG in einer
Vielzahl von Situationen, die sich mit betriebsbedingter Notwendigkeit immer wieder ergeben, veranlaßt ist, für einen oder mehrere
AN einen Schichtwechsel durchzuführen (LAG Köln, AiB 88,
187 ff.). Das MBR besteht auch bei der Einführung der **gleitenden
Arbeitszeit.** Im letzteren Fall gilt dies auch hinsichtlich des Umfangs
der Kernarbeitszeit und der sog. Gleitspanne. Zeiten einer sog. **Ruf-
bereitschaft** sind Arbeitszeiten i. S. dieser Vorschrift, so daß auch
bei der Aufstellung eines Rufbereitschaftsplans ein MBR besteht
(BAG v. 21. 12. 82, AP Nr. 9 zu § 87 BetrVG 1972 Arbeitszeit; zur
Abgrenzung der Arbeitsbereitschaft von Bereitschaftsdienst und
Ruhezeit BVerwG, BB 88, 1046 f.). Der BR hat auch ein MBR,
wenn die wöchentliche Arbeitszeit von 38,5 Std. auf sechs Arbeitstage in der Woche verteilt werden muß, und zwar sowohl hinsichtlich der Frage, ob in einem sog. **Rolliersystem** oder in einem
Schichtdienst anderer Art gearbeitet werden soll, als auch hinsichtlich der Frage, auf welche einzelnen Tage der Woche die Arbeitszeit
verteilt wird. Damit besteht das MBR auch für die Frage, ob einzelne Tage, wie z. B. (Wochen-) Feiertage, als freie Tage »ausgespart«
bleiben (LAG Bremen, DB 87, 1945; LAG Frankfurt, DB 88, 449).
Wenn sich durch öffentlich-rechtlich angeordnete Zeitumstellung
die Bezeichnung der Stunden ändert **(Sommerzeit),** hat der BR ein
MBR z. B. wegen vorübergehender Verkürzung der Arbeitszeit in
der entsprechenden Schicht (BAG v. 11. 9. 85, AP Nr. 38 zu § 615
BGB). Im Einzelhandel besteht auch bei der Änderung der **Laden-
öffnungszeiten** ein MBR. Dabei kann eine Regelung getroffen werden, die die Ausschöpfung der gesetzl. Ladenschlußzeiten unmög-

lich macht (BAG v. 31. 8. 82, AP Nr. 8 zu § 87 BetrVG 1972 Arbeitszeit).

14 Bei der Einführung von **Teilzeitarbeit** unterliegen alle Regelungen der MB, die für Teilzeit-AN eine tägliche Mindestarbeitszeit, eine Höchstzahl von Arbeitstagen in der Woche und einen zeitlichen Rahmen vorsehen, innerhalb dessen Teilzeit-AN an den einzelnen Tagen zu beschäftigen sind. Gleiches gilt für Regelungen, die die Lage der **Pausen** und deren Dauer betreffen und somit die tägliche Schichtzeit der Teilzeit-AN berühren (BAG, DB 88, 341 ff.). Der AG kann sich in einer BV verpflichten, Teilzeit-AN nur in den zuvor im Arbeitsvertrag festgelegten festen Arbeitszeiten zu beschäftigen und Arbeitsverträge nur mit festen Arbeitszeiten unter Verzicht auf Abrufmöglichkeiten entsprechend dem Arbeitsanfall zu vereinbaren (BAG v. 13. 10. 87, AP Nr. 2 zu § 77 BetrVG 1972 Auslegung). Das **BeschFG** beschränkt die MBR nicht. Die MB besteht auch hinsichtlich der kapazitätsorientierten variablen Arbeitszeit (**KAPOVAZ**) und des **Job-Sharing-Systems.** Solche können nicht einseitig eingeführt werden (BAG v. 13. 10. 87 a. a. O.; vgl. auch Kleveman, AiB 86, 156 ff.).

15 *Zu Nr. 3:* Nach dieser Bestimmung besteht das MBR bei der **Einführung von Überstunden** (vgl. dazu Blanke, AiB 84, 179 ff.), und zwar auch dann, wenn der AG diese nur für einen AN anordnen will, sofern noch ein kollektiver Bezug vorliegt (vgl. BAG v. 17. 12. 85, AP Nr. 5 zu § 87 BetrVG 1972 Tarifvorrang, 10. 6. 86, AP Nr. 18 zu § 87 BetrVG 1972 Arbeitszeit). Die MB wird nicht dadurch ausgeschlossen, daß AN auf Wunsch des AG bereit sind, freiwillig Überstunden zu leisten (BAG v. 10. 6. 86, 11. 11. 86, AP Nrn. 18, 21 zu § 87 BetrVG 1972 Arbeitszeit). Zur Einführung von Überstunden zählt auch die Einlegung von ganzen Schichten (Sonderschichten; zur MB bei der sog. Flexibilisierung vgl. Kleveman, AiB 86, 107 ff.) und die Anordnung von zusätzlicher Arbeit für Teilzeitbeschäftigte, die die betriebsübliche Arbeitszeit für Vollzeitbeschäftigte nicht überschreitet (ArbG Berlin, AiB 88, 287). Sollen zwischen Weihnachten und Neujahr sog. **Feierschichten** eingelegt werden, bedarf es auch dazu einer Übereinstimmung zwischen BR und AG (BAG v. 9. 5. 84, AP Nr. 58 zu § 1 LohnFG).

16 Darüber hinaus unterliegt aber auch die Einführung von **Kurzarbeit** der MB. Diese umfaßt auch das Recht des BR, selbst die Einführung von Kurzarbeit zu verlangen (Initiativrecht; vgl. BAG v. 4. 3. 86, AP Nr. 3 zu § 87 BetrVG 1972 Kurzarbeit). Im übrigen besteht die MB auch dann, wenn das Landesarbeitsamt der Kurzarbeit zugestimmt hat (§ 19 Abs. 1 KSchG), um Massenentlassungen zu verhindern oder hinauszuschieben. Bestimmt ein TV, daß Kurzarbeit nach einer **Ankündigungsfrist** von zwei Wochen eingeführt werden kann, berechtigt das den AG nicht, die Kurzarbeit einseitig einzuführen. Durch eine solche TV-Regelung bleibt das MBR des BR unberührt (BAG v. 25. 11. 81, AP Nr. 3 zu § 9 TVAL II). Wird die Kurzarbeit durch den AG einseitig eingeführt, bleibt dieser zur vollen Lohnzahlung verpflichtet. Nach der Rechtspr. des BAG (vgl. BAG v. 22. 12. 80, AP Nr. 70 zu Art. 9 GG Arbeitskampf) entfällt das MBR, wenn der AG wegen eines **Arbeitskampfes** in einem anderen Tarifgebiet »arbeitskampfbedingte« Kurzarbeit einführt. Dem BR wird lediglich ein MBR hinsichtlich der mit der Einführung derartiger Kurzarbeit verbundenen Modalitäten eingeräumt. Diese Auffassung des BAG findet im BetrVG keine Stütze und ist deshalb abzulehnen. Sie wird auch den neuen technologischen Rahmenbedingungen nicht gerecht. Darüber hinaus verneint das BAG zu Unrecht (BAG v. 21. 11. 78, AP Nr. 2 zu § 87 BetrVG 1972 Arbeitszeit) dann das MBR, wenn Kurzarbeit früher als zunächst vorgesehen wieder aufgehoben werden soll. Gleiches gilt auch für den **Abbau von Überstunden,** die über eine längere Zeit geleistet worden sind (BAG v. 25. 10. 77, AP Nr. 1 zu § 87 BetrVG 1972 Arbeitszeit).

Zu Nr. 4: Die MB bei der **Auszahlung des Arbeitsentgelts** umfaßt die **17** Festlegung der Lohnzahlungszeiträume (monatlich, wöchentlich u. ä.), den Ort (Betrieb oder sonstige Zahlstelle) und die Art (Barzahlung oder bargeldlose Überweisung) der Entgeltzahlung. Zum Entgelt gehört u. a. auch das zusätzliche Urlaubsgeld (LAG Baden-Württemberg, NZA 88, 325ff.). Bei der Einführung der bargeldlosen Lohnzahlung, die als solche der MB unterliegt, erstreckt sich das MBR auch auf die Übernahme der **Kontoführungsgebühren** (BAG v. 8. 3. 77, AP Nr. 1 zu § 87 BetrVG 1972 Auszahlung; BAG, DB 88, 813). Derartige Gebühren können in Form einer Pauschale erstattet werden (2,50 DM monatlich steuerfrei). Es ist auch eine BV zulässig, die es dem AN gestattet, die Bank zur Abhebung des Lohnes während der Arbeitszeit aufzusuchen (vgl. dazu auch BAG, DB 82, 1674).

Wird durch TV die Einführung der bargeldlosen Lohnzahlung für **18** zulässig erklärt, nicht aber ausdrücklich bestimmt, wer im Falle der Einführung die Kontoführungsgebühren zu tragen hätte, sollen nach der abzulehnenden Rechtspr. des BAG (v. 31. 8. 82, AP Nr. 2 zu § 87 BetrVG 1972 Auszahlung) die AN selbst verpflichtet sein, diese Gebühren zu zahlen.

Zu Nr. 5: Die Vorschrift erfaßt **jede Form des Urlaubs,** z. B. auch **19** den Bildungs- (ArbG Frankfurt, AiB 88, 288) oder Sonderurlaub. Letzterer steht gerade bei ausländischen AN häufig im Vordergrund (BAG v. 17. 11. 77, AP Nr. 8 zu § 9 BUrlG). Eine Form des Urlaubs sind auch allgemeine **Betriebsferien** unter Schließung des Betriebs. Sie können nur unter Berücksichtigung der MB des BR eingeführt werden (BAG v. 28. 7. 81, AP Nr. 2 zu § 87 BetrVG 1972

Urlaub; BAG, DB 88, 2262). Auch der Zusatzurlaub von Schwerbehinderten unterliegt der MB (LAG Frankfurt, BB 87, 1461).

20 Das MBR erstreckt sich auf die »allgemeinen Urlaubsgrundsätze«. Das sind Richtlinien, nach denen dem AN im Einzelfall Urlaub zu gewähren ist (BAG v. 28. 7. 81 a. a. O.). Der »Urlaubsplan«, der ebenfalls der MB unterliegt, regelt die genaue Festlegung des Urlaubs der einzelnen AN und deren Vertretung. Ist der einzelne AN mit der zeitlichen Festlegung seines Urlaubs nicht einverstanden, so besteht hier wiederum ein MBR des BR, und zwar auch, wenn nur zwischen den AN ein Konflikt besteht (ArbG Frankfurt, AiB 88, 288 f.). Im übrigen ist jede Änderung der Urlaubsgrundsätze oder des Urlaubsplans dem MBR unterworfen. Dies gilt auch dann, wenn bereits erteilter Urlaub widerrufen werden soll (LAG München, BB 88, 2175). Die Dauer des Urlaubs ist dagegen der MB entzogen, da sie sich aus dem TV oder den gesetzlichen Bestimmungen (BUrlG) ergibt.

21 *Zu Nr. 6:* Die Vorschrift dient dem Schutz der Persönlichkeitssphäre gegen **anonyme technische Kontrolleinrichtungen.** Nach Auffassung des BAG ist eine technische Einrichtung dazu bestimmt, Verhalten und Leistung der AN zu überwachen, wenn sie zur Überwachung objektiv und unmittelbar geeignet ist. Dies ist der Fall, wenn durch sie **Verhaltens- oder Leistungsdaten** der AN ermittelt und aufgezeichnet (vgl. z. B. BAG v. 14. 5. 74, 9. 9. 75, 10. 7. 79, AP Nrn. 1–3 zu § 87 BetrVG 1972 Überwachung) oder sonstige Daten zu Aussagen über Leistung und Verhalten verarbeitet werden (BAG v. 11. 3. 86, AP Nr. 14 zu § 87 BetrVG 1972 Überwachung; a. A. zu Unrecht der für die Frage von MBR unzuständige 5. Senat des BAG v. 22. 10. 86, AP Nr. 2 zu § 23 BDSG mit kritischer Anm. v. Däubler). Für das MBR ist es gleichgültig, ob die Verarbeitung der Daten bis zu einer Beurteilung von Leistung oder Verhalten im Sinne eines Soll-Ist-Vergleichs erfolgt, ob der AG eine solche Beurteilung auch ohne technische Einrichtung anschließend überhaupt wahrnehmen will, ob er eine subjektive Überwachungsabsicht hat (BAG v. 14. 9. 84, 23. 4. 85, AP Nrn. 9 und 12 zu § 87 BetrVG 1972 Überwachung).

22 Ebensowenig kommt es darauf an, ob die Daten eine vernünftige und sachgerechte Beurteilung ermöglichen. Die Voraussetzungen der Vorschrift sind erfüllt, wenn überhaupt Informationen über Leistung und Verhalten erfaßt oder gewonnen werden (BAG v. 6. 12. 83, 14. 9. 84, 23. 4. 85, 11. 3. 86, AP Nrn. 7, 9, 12, 14 zu § 87 BetrVG 1972 Überwachung; vgl. im einzelnen auch Apitzsch-Schmitz, AiB 85, 165 ff.).

23 Damit unterliegen, sozusagen als erste Generation von Kontrolleinrichtungen, die folgenden technischen Geräte der MB: **Multimo-**

mentkameras, Produktographen, Fahrtenschreiber, Filmkameras
(BAG v. 14. 5. 74, 9. 9. 75, 10. 7. 79, AP Nrn. 1–4 zu § 87 BetrVG
1972 Überwachung), **Fernsehanlagen** (BVerwG, PersR 88, 271), **Vi-
deokameras** (LAG Baden-Württemberg, AiB 88, 281), **Stechuhren**
oder **automatische Zeiterfassungsgeräte** (LAG Berlin, DB 84, 2098),
Spiegel oder **Einwegscheiben** (a. A. zu Unrecht BVerwG a. a. O.) sowie **automatische Sicherungssysteme** (vgl. z. B. OVG Hamburg, BB
88, 2245).

Inzwischen haben sich die Akzente in den Betrieben erheblich ver-   **24**
schoben: Im Zuge der **zunehmenden Computerisierung** stehen jetzt in
erster Linie **EDV-gestützte** Anwendungen im Mittelpunkt. Dabei
geht es zunächst um **Personaldatenverarbeitung jeder Art** (Personalinformationssysteme, Betriebsdatenerfassung, Technikerberichts-
systeme usw.) und den Schutz von Persönlichkeitsrechten. Darüber
hinaus entsteht jedoch für den BR mit dem EDV-Einsatz eine Vielzahl weiterer Handlungsnotwendigkeiten. Arbeitsplatzsicherung,
Erhaltung und Ausbau der Qualifikation, Schaffung einer humanen
Arbeitsorganisation und Gesundheitsschutz sind hierbei einige
Stichworte. Da die sonstigen Mitbestimmungspositionen (vgl. z. B.
§ 87 Abs. 1 Nr. 7, §§ 91, 111 ff.) weniger ausgeprägt sind, bekommt
§ 87 Abs. 1 Nr. 6 eine zentrale Funktion. Daneben wird die aktive
Wahrnehmung von Informations- und Beratungsrechten (vgl. z. B.
§§ 80, 90) immer wichtiger. Bei neuen Technologien reichen reaktive
Schutzstrategien, die im nachhinein soziale Folgen abzufedern versuchen, nicht aus. Will der BR negative Folgen vermeiden, muß er
mehr denn je mit aktiven Gestaltungsvorschlägen die Ursachen bereits in der Planungs- und Einführungsphase beeinflussen.

Das BAG bejaht das MBR bei der Einrichtung von **Bildschirmar-**   **25**
beitsplätzen, wenn aufgrund vorhandener Programme Verhaltens-
und Leistungsdaten aufgezeichnet werden (BAG v. 6. 12. 83, AP
Nr. 7 zu § 87 BetrVG 1972 Überwachung), ebenso wie bei Compu-
tern zur automatischen Erfassung von Telefondaten/Gebühren
(BAG v. 27. 5. 1987, AP Nr. 15 zu § 87 BetrVG 1972 Überwachung;
zum Regelungsbedarf bei Telefoncomputern vgl. Schumann, AiB
85, 89 f. u. Hexel/Oberhofer, BetrR 85, 287 ff.). Es hat weiter klargestellt, daß das MBR auch bei bloß datenverarbeitenden, nicht selbst
datenerhebenden Systemen besteht (BAG v. 14. 9. 84, 23. 4. 85,
23. 4. 85, 11. 3. 86 AP Nrn. 9, 11, 12, 14 zu § 87 BetrVG 1972 Überwachung).

Das MBR besteht bereits dann, wenn überhaupt personenbezogene   **26**
oder -beziehbare Daten (eine Zuordnung auf einzelne AN kann
auch anhand von Zusatzwissen erfolgen wie Arbeitsgebieten oder
Anwesenheitslisten) verarbeitet werden (str.). Diese Auffassung
deckt sich mit dem **Volkszählungsurteil** des BVerfG (DB 84, 37):
Entscheidend für die Bedeutung von Daten für das Persönlichkeits-

recht ist ihre Verwendungs**möglichkeit.** Durch die den Informationstechnologien eigenen Verarbeitungs- und Verknüpfungsmöglichkeiten können Daten einen neuen Stellenwert erhalten. Demzufolge gibt es kein belangloses Datum, **kein harmloses Datum** mehr. Jedes Datum kann in seinem konkreten Verwendungszusammenhang das Persönlichkeitsrecht beeinträchtigen (zu Krankheitsdaten vgl. BAG v. 11. 3. 86, AP Nr. 14 zu § 87 BetrVG 1972 Überwachung; zum Begriff der »Leistung« vgl. BAG v. 23. 4. 85, AP Nr. 12 zu § 87 BetrVG 1972 Überwachung).

27 Werden Personaldaten im Auftrag des AG bei einem **Dritt-UN** verarbeitet, so muß dieser durch Vereinbarungen sicherstellen, daß der BR seine Rechte ungehindert ausüben kann (LAG Frankfurt, NZA 85, 35; LAG Hamburg, DB 85, 2308; vgl. auch zum Unterrichtungsrecht BAG, DB 1987, 1492). Dies gilt bereits für **Probeläufe** (ArbG Hamburg v. 13. 8. 82 – 18 BVGa 1/82; LAG Berlin, CR 87, 26 ff.).

28 Das MBR ist auch gegeben, wenn Daten lediglich für eine **Gruppe** erhoben oder ausgewertet werden. Zumindest gilt dies dann, wenn eine kleine und überschaubare Gruppe für eine Leistung oder ein Verhalten gemeinsam verantwortlich ist (vgl. die Nachweise bei Klebe/Roth, AiB 84, 77 Fn. 25 und BAG v. 18. 2. 86, AP Nr. 13 zu § 87 BetrVG 1972 Überwachung). Auf solchen Arbeitsgruppen laste, so das BAG (a. a. O.), ebenfalls ein **Überwachungsdruck,** der sich in Gruppenzwängen auch für den einzelnen AN auswirken könne. Diese Gesichtspunkte treffen jedoch auf jede Arbeitsgruppe zu, die ein abgrenz- und vergleichbares Ergebnis produziert.

29 Besteht das MBR, so erstreckt es sich auf die gesamte technische Einrichtung und nicht nur auf bestimmte Programmfunktionen (BAG v. 14. 9. 84, AP Nr. 9 zu § 87 BetrVG 1972 Überwachung). Es erstreckt sich u. a. auf die Festlegung der verwendeten Geräte (z. B. den Einsatz von PC; vgl. hierzu auch Schapper, ArbuR 88, 97 ff.), der einzugebenden Daten, die Verwendungszwecke (vgl. BAG, DB 88, 1552 f.), Protokollierung der Datenläufe, Zugriffsrechte, BR-Rechte und auch auf den Zugriffsschutz (so offenbar BAG v. 11. 3. 86, AP Nr. 14 zu § 87 BetrVG 1972 Überwachung, demgegenüber noch a. A. BAG v. 6. 12. 83, AP Nr. 7 zu § 87 BetrVG 1972 Überwachung, für eine Vollzugs- und Kontrollordnung; zu den **Regelungsnotwendigkeiten** der Personaldatenverarbeitung vgl. Klebe/Roth, Personalinformationssysteme, B-Reihe des IG-Metall-Vorstandes [1986]; zu computergestützten Bürokommunikationssystemen vgl. Hexel, BetrR 87, 713 ff.). Soll der BR seiner »präventiven Schutzfunktion« für die AN effektiv nachkommen, so ist das MBR bereits bei der manuellen Erfassung von AN-Daten anzunehmen, falls diese in ein elektronisches Datenverarbeitungssystem eingespeichert werden sollen und eine Verarbeitung zulassen, die die

Kontrolle von Leistung und Verhalten ermöglicht (so auch ArbG
Offenbach v. 29. 1. 85 – 3 BVGa 1/85).

BV über Personaldatenverarbeitung dürfen nicht in das **Persönlich-** **30**
keitsrecht eingreifen (vgl. BAG, DB 88, 403: Einsatz verdeckter Vi-
deokameras; BAG, DB 88, 1552 f.: Weitergabe von Schaublättern
aus Fahrtenschreibern). § 75 Abs. 2 und insbesondere das Volks-
zählungsurt. des BVerfG sind zu beachten (vgl. BAG v. 11. 3. 86,
AP Nr. 14 zu § 87 BetrVG 1972 Überwachung und vor allem auch
Däubler, Gläserne Belegschaften? [1987]).

Zu Nr. 7: Wenn man berücksichtigt, daß im Jahre 1986 in der Bun- **31**
desrepublik trotz der bekannt hohen Dunkelziffer 1 795 721 Arbeitsunfälle, Berufskrankheiten und Wegeunfälle angezeigt worden
sind, ist es nur folgerichtig, daß durch diese Vorschrift das MBR
alle Maßnahmen des Arbeitsschutzes erfaßt, die im Rahmen der
gesetzlichen Vorschriften oder der **Unfallverhütungsvorschriften** im
Betrieb zu treffen sind. Voraussetzung ist, daß eine **Gesundheitsge-**
fahr oder die Gefahr besteht, daß Arbeitsunfälle oder Berufskrankheiten eintreten (zu Bildschirmarbeitsplätzen vgl. die Sicherheitsregeln des Hauptverbandes der gewerblichen Berufsgenossenschaften
ZH 1/618 Vorbemerkung; Boikat, AiB 84, 13 f., 39 f.). Weiter muß
dem AG ein gewisser Beurteilungsspielraum zur Verfügung stehen,
die Vorschriften müssen also einen **Regelungsspielraum** lassen
(BAG v. 28. 7. 81, 6. 12. 83, AP Nr. 3 zu § 87 BetrVG 1972 Arbeitssicherheit, Nr. 7 zu § 87 BetrVG 1972 Überwachung). Zu den durch
die MB ausfüllungsfähigen gesetzl. Vorschriften gehören insbesondere § 120 a GewO, § 618 BGB und § 62 HGB (sog. **Generalklau-**
seln). Daneben sind z. B. die Arbeitsstättenverordnung mit den dazu erlassenen Richtlinien, das Maschinenschutzgesetz oder die Gef-
StoffV (vgl. J. Heilmann, Gefahrstoffe am Arbeitsplatz – Basiskommentar [1989]) von Bedeutung (zu eng LAG Baden-Württemberg,
NZA 88, 515 ff., das die Vorschrift bei Vorliegen eines Beurteilungs-
spielraums ablehnt und ein MBR nur bei § 20 GefStoffV für möglich hält). Weiterhin haben die Berufsgenossenschaften eine Vielzahl von (ausfüllungsbedürftigen) Unfallverhütungsvorschriften erlassen. Das BAG hat die Frage, ob die sog. Generalklauseln als
ausfüllungsfähige Rahmenvorschriften in Betracht kommen, in seiner »**Bildschirmentscheidung**« offengelassen (BAG v. 6. 12. 83, AP
Nr. 7 zu § 87 BetrVG 1972 Überwachung). Es hat allerdings die
Auffassung vertreten, daß Rahmenvorschriften konkret und nicht
durch Regelungen, die selbst allgemeinen Charakter haben, auszu-
füllen sind. Hieraus folgt für den BR, daß er möglichst detaillierte
Forderungen z. B. zur ergonomischen Gestaltung von Bildschirmarbeitsplätzen aufstellen muß. Nicht mehr im Rahmen von § 120 a
GewO oder den sonstigen Generalklauseln sollen sich nach Auffassung des BAG (a. a. O.) Regelungen bewegen, die durch eine **Be-**

schränkung der Bildschirmarbeit und **bezahlte Pausen** Gesundheits-schutz bewirken wollen. Dies ist ebensowenig überzeugend (vgl. Kohte, ArbuR 84, 263 ff.) wie die Behauptung des BAG, durch § 4 MuSchG sei der **Schutz werdender Mütter** abschließend geregelt.

32 Ist der AG zur Bestellung von **Betriebsärzten** oder **Fachkräften für Arbeitssicherheit** verpflichtet, können diese als AN eingestellt oder als freiberufliche Kräfte verpflichtet werden. Es besteht aber auch die Möglichkeit, einen überbetrieblichen Dienst zu verpflichten (§§ 2 Abs. 3, 5 Abs. 3, 19 ASiG). Von welcher Möglichkeit Gebrauch gemacht wird, unterliegt dem MBR (BAG v. 10. 4. 79, AP Nr. 1 zu § 87 BetrVG 1972 Arbeitssicherheit). Soll ein Betriebsarzt oder eine Fachkraft für Arbeitssicherheit in den Betrieb eingestellt werden, ist dazu die Zustimmung des BR ebenso wie bei einer Abberufung erforderlich (§ 9 Abs. 3 ASiG). Die Beteiligungsrechte nach § 99 bzw. § 102 bleiben hiervon unberührt. Da die Aufgaben der Betriebsärzte, Sicherheitsingenieure und anderen Fachkräfte für Arbeitssicherheit im Gesetz nicht abschließend geregelt sind, hat der BR nach Nr. 7 auch ein MBR bei der konkreten Festlegung der Tätigkeit, der Rangordnung der einzelnen Aufgaben und der Durchführung zusätzlicher Maßnahmen (vgl. im einzelnen Partikel, Mitb. 86, 367 ff.).

33 Nach § 3 der Unfallverhütungsvorschrift »Lärm« hat der BR ein MBR bei der **Einführung bezahlter »Lärmpausen«** (vgl. aber BAG v. 28. 7. 81, AP Nr. 3 zu § 87 BetrVG 1972 Arbeitssicherheit). Die ESt. ist auch zuständig, wenn der BR betriebliche Lärmschutzmaßnahmen zur Einhaltung von § 15 ArbStättV durchsetzen will (LAG Niedersachsen, AiB 88, 110). Für die Verteilung der Arbeitsplätze in einem Großraumbüro wird das MBR zu Unrecht teilweise abgelehnt (LAG München, DB 88, 186 f.). Jedenfalls kommt aber die Anwendung von § 91 in Betracht (LAG München a. a. O.).

34 *Zu Nr. 8:* Als **Sozialeinrichtungen** gelten alle Einrichtungen des Betriebs (UN oder Konzern), durch die den AN oder ihren Angehörigen zusätzliche Vorteile gewährt werden. Es muß allerdings eine gewisse Organisation vorhanden sein, die sich mit der anfallenden Verwaltung befaßt. Zu den Sozialeinrichtungen zählen u. a. Kantinen und Werksküchen (BAG v. 26. 10. 65, AP Nr. 8 zu § 56 BetrVG Wohlfahrtseinrichtungen, 15. 9. 87, AP Nr. 9 zu § 87 BetrVG 1972 Sozialeinrichtung), Verkaufsautomaten, Betrieb eines Selbstbedienungsladens durch einen rechtlich selbständigen Dritten, wenn der AG Räume zur Verfügung stellt und Kosten übernimmt (LAG Hamm v. 2. 3. 83 – 12 TaBV 68/82), Sportanlagen, Bibliotheken, Erholungsheime, Fortbildungseinrichtungen und Kindergärten (BAG v. 22. 10. 81, AP Nr. 10 zu § 76 BetrVG 1972). Ein Werkverkehr mit Bussen kann eine Sozialeinrichtung darstellen, wenn eine eigenständige Organisation mit abgesonderten Betriebsmitteln vor-

liegt (BAG v. 9. 7. 85, AP Nr. 16 zu § 75 BPersVG). Betriebliche
Pensions- und Unterstützungseinrichtungen sind nur dann als Sozialeinrichtungen anzusehen, wenn die Leistungen aus einem
zweckgebundenen Sondervermögen erbracht werden (BAG, DB 88,
2411). Sog. Direktzusagen sind keine Sozialeinrichtungen (BAG v.
12. 6. 75, 18. 3. 76, AP Nrn. 1–4 zu § 87 BetrVG 1972 Altersversorgung); vgl. im übrigen Rn. 43.

Der MB des BR unterliegen die Form, Ausgestaltung und Verwal-   **35**
tung der Sozialeinrichtung (BAG, DB 88, 2411). Unter »Form« ist
die juristische Gestaltung (eingetragener Verein, GmbH u. ä.) zu
verstehen. Zur »Ausgestaltung« der Sozialeinrichtung gehört insbesondere deren gesamte Organisation. Zur »Verwaltung« zählt nicht
nur die Aufstellung allgemeiner Verwaltungsrichtlinien; die MB erstreckt sich vielmehr auch auf die **einzelnen Verwaltungsmaßnahmen**
(BAG v. 14. 2. 67, AP Nr. 9 zu § 56 BetrVG Wohlfahrtseinrichtungen). Dazu zählt auch bei freiwilligen, jederzeit widerruflichen Leistungen die Verteilung der zur Verfügung stehenden finanziellen
Mittel (Leistungsplan) und die konkrete Auswahl der begünstigten
AN (vgl. BAG v. 13. 7. 78, AP Nr. 5 zu § 87 BetrVG 1972 Altersversorgung; BAG DB 88, 2412). Darüber hinaus ist die **Änderung des
Leistungsplans** mitbestimmungspflichtig (BAG v. 5. 6. 84, AP Nr. 3
zu § 1 BetrAVG Unterstützungskassen). Beim Bestehen einer
Werkskantine unterliegt sowohl die Festsetzung der einzelnen Kan-
tinenpreise als auch der Öffnungszeiten dem MBR (vgl. dazu u. a.
BAG v. 6. 12. 63, 22. 1. 65, AP Nrn. 6, 7 zu § 56 BetrVG Wohl-
fahrtseinrichtungen). Der AG kann auch nicht ohne Zustimmung
des BR die bisher übliche Nutzung (z. B. für Jubiläumsfeiern der
AN) einschränken (BAG v. 15. 9. 87, AP Nr. 9 zu § 87 BetrVG 1972
Sozialeinrichtung).

Wird die Sozialeinrichtung als selbständige juristische Einrichtung   **36**
betrieben, kann der MB dadurch Rechnung getragen werden, daß
der BR in den zur Entscheidung befugten Organen **paritätisch** vertreten ist oder die zu treffenden Entscheidungen **unmittelbar zwischen BR und AG** vereinbart werden (BAG v. 13. 7. 78, AP Nr. 5 zu
§ 87 BetrVG 1972 Altersversorgung; BAG, DB 88, 2412). Wird das
MBR z. B. bei der Aufstellung einer neuen Leistungsordnung verletzt, ist der Widerruf der Versorgungszusagen (individualrechtlich)
unwirksam (BAG, DB 88, 2412; a. A. noch BAG v. 13. 7. 78, AP
Nr. 5 zu § 87 BetrVG 1972 Altersversorgung).

Der BR als solcher kann nicht Träger einer Sozialeinrichtung sein,   **37**
weil er insoweit weder rechts- noch vermögensfähig ist. Allerdings
kann dem BR die Alleinverwaltung einer Sozialeinrichtung übertragen werden (BAG v. 24. 4. 86, AP Nr. 7 zu § 87 BetrVG 1972 Sozialeinrichtung).

38 Nicht der MB unterliegen die Errichtung und Schließung einer Sozialeinrichtung, die Festlegung des allgemeinen Benutzerkreises (vgl. hierzu aber auch BAG, DB 88, 2412) sowie die sog. Dotierung. Der AG bestimmt also allein, welche finanziellen Mittel er der Einrichtung zur Verfügung stellt (BAG, DB 88, 2411).

39 *Zu Nr. 9:* Das MBR erstreckt sich auf die **Zuweisung von Wohnräumen** (insbesondere Werkmietwohnungen) aller Art, soweit diese im Eigentum des AG stehen oder dem AG daran ein Verfügungsrecht zusteht. Auch die Zuweisung an leit. Ang. kann nur mit Zustimmung des BR erfolgen, wenn ein einheitlicher Bestand von Wohnungen vorliegt (BAG v. 30. 4. 74, AP Nr. 2 zu § 87 BetrVG 1972 Werkmietwohnungen).

40 Zu den **Nutzungsbedingungen** zählen u. a. der Inhalt der Mietverträge und der Hausordnung. Aber auch die Festsetzung der Miethöhe (im Rahmen der vorgegebenen Dotierung) gehört dazu. Die Erhöhung der **Grundmiete** kann nur unter Berücksichtigung des MBR erfolgen (BAG v. 13. 3. 73, AP Nr. 1 zu § 87 BetrVG 1972 Werkmietwohnungen). Die MB besteht auch bei der Festlegung der **Übernachtungsgebühren** für AN in einem möblierten betrieblichen Wohnheim (BAG v. 3. 6. 76, AP Nr. 3 zu § 87 BetrVG 1972 Werkmietwohnungen). Dagegen gehört die Lieferung von Heizgas nicht zu den Nutzungsbedingungen, wenn der AG nur die Wohnräume einschließlich einer Heizgelegenheit zur Verfügung stellt (BAG v. 22. 10. 85, AP Nr. 5 zu § 87 BetrVG Werkmietwohnungen). Die Kündigung der Wohnräume unterliegt wiederum dem MBR. Dabei ist aber davon auszugehen, daß die fristgerechte Kündigung des Mietverhältnisses regelmäßig nur in Verbindung mit der gleichzeitigen Beendigung des Arbeitsverhältnisses möglich ist.

41 *Zu Nr. 10:* **Betriebliche Lohngestaltung** i. S. dieser Bestimmung ist die Festlegung allgemeiner Regelungen, die sich auf die Grundlagen der Lohnfindung beziehen (BAG v. 22. 1. 80, AP Nr. 3 zu § 87 BetrVG 1972 Lohngestaltung). Das MBR in diesem Bereich soll den AN vor einer einseitig an den Interessen des AG orientierten oder gar willkürlichen Lohngestaltung schützen. Dabei geht es um die Angemessenheit und Durchsichtigkeit des innerbetrieblichen Lohngefüges (BAG v. 17. 12. 85, AP Nr. 5 zu § 87 BetrVG 1972 Tarifvorrang und dazu Herbst, AiB 86, 186 ff.). Dennoch können auch auf diesem Wege die finanziellen Aufwendungen des AG erhöht werden, wenn der BR eine Lohnfindung unter dem Gesichtspunkt der Lohngerechtigkeit (zusätzliche Vergütung für zusätzliche Leistung) betreibt (BAG v. 14. 11. 74, AP Nr. 1 zu § 87 BetrVG 1972).

42 Zu den Fragen der betrieblichen Lohngestaltung gehören alle **Formen der Vergütung,** die aus Anlaß eines Arbeitsverhältnisses gewährt werden. Dazu gehören alle AG-Leistungen, bei denen die Bemessung nach bestimmten Grundsätzen oder nach einem System erfolgt (BAG v. 10. 6. 86, AP Nr. 22 zu § 87 BetrVG 1972 Lohngestaltung). Demnach unterliegen beispielsweise der MB auch alle allgemeinen freiwilligen Leistungen, wie z. B. Zulagen des AG, die dieser zusätzlich zum tariflich geregelten Entgelt zahlt (BAG v. 17. 12. 85, AP Nr. 5 zu § 87 BetrVG 1972 Tarifvorrang; BAG, DB 88, 1551). Bei freiwilligen Leistungen unterliegt der MB zumindest, ob sie überhaupt gewährt und wie sie im einzelnen ausgestaltet werden sollen (BAG, DB 88, 1551). Will der AG die finanzielle Belastung durch freiwillige übertarifliche Zulagen insgesamt kürzen, hat der BR darüber mitzubestimmen, wie das gekürzte Zulagenvolumen auf die von der Kürzung betroffenen AN verteilt werden soll (BAG v. 13. 1. 87, AP Nr. 26 zu § 87 BetrVG 1972 Lohngestaltung; BAG, DB 88, 1223 f.). Das MBR besteht auch dann, wenn eine zusätzliche Sozialleistung (Fahrgeldzuschuß) nicht nur gekürzt, sondern vollständig in Wegfall gebracht werden soll (ArbG Mannheim AiB 88, 88; Trittin, AiB 88, 81 ff., str.). Die Kürzung eines betrieblichen **Essensmarkenzuschusses** soll dann nicht der MB unterfallen, wenn der AG insoweit den Dotierungsrahmen ändert (BAG, ArbuR 87, 377). Beabsichtigt der AG, eine **freiwillig gewährte** und **jederzeit widerrufliche Zulage** gegenüber sämtlichen Zulageempfängern zu widerrufen, um sie zukünftig nach anderen Grundsätzen gewähren zu können, handelt es sich jedoch um eine Maßnahme der betrieblichen Lohngestaltung, die der MB unterliegt. Bleibt das MBR unberücksichtigt, ist der Widerruf unwirksam (BAG v. 3. 8. 82, AP Nr. 12 zu § 87 BetrVG 1972 Lohngestaltung). Wird eine übertarifliche Zulage jederzeit widerruflich und auf Tariflohnerhöhungen anrechenbar vereinbart, kann diese »automatisch« – ohne MB des BR – auf eine Tariflohnerhöhung angerechnet werden, die zum Ausgleich einer Arbeitszeitverkürzung gewährt wird (BAG, DB 87, 1943). Das MBR besteht jedoch dann, wenn der AG es nicht bei dieser »Automatik« beläßt und die Anrechnung in unterschiedlicher Weise vornimmt (BAG, DB 88, 556 f.). Die Anordnung des AG, **Zeiten der Dienstbereitschaft** künftig nicht mehr pauschal abzurechnen, sondern nur noch nach den **tatsächlich geleisteten Stunden,** unterliegt ebenfalls der MB (LAG Frankfurt, DB 85, 1799). Bei der Zahlung von **Prämienlohn** erstreckt sich das MBR sowohl auf den Verlauf der Prämienkurve als auch auf die Zuordnung von Geldbeträgen zu bestimmten Leistungsgraden (BAG v. 16. 12. 86, AP Nr. 8 zu § 87 BetrVG 1972 Prämie). Der BR hat auch darüber mitzubestimmen, ob innerhalb eines Akkordlohnsystems die in der Vorgabezeit enthaltene Erholungszeit zu feststehenden Kurzpausen zusammengefaßt werden soll (BAG, DB 88, 811 f.). Besteht im Betrieb eine besondere Vergütungsgruppenordnung, greift die MB ein, wenn diese abgeändert oder durch eine andere ersetzt werden soll

(BAG v. 31. 1. 84, AP Nr. 15 zu § 87 BetrVG 1972 Lohngestaltung, 27. 1. 87, AP Nr. 42 zu § 99 BetrVG 1972). Das gilt auch für die Festlegung von Kriterien zur Bildung von Gehaltsgruppen der AT-Ang. (BAG v. 22. 1. 80, AP Nr. 3 zu § 87 BetrVG 1972 Lohngestaltung). Bei Provisionszahlungen besteht zumindest ein MBR nach Nr. 10 (vgl. auch Rn. 48), das sich zwar nicht auf den Geldfaktor, aber auf alle anderen Elemente, die das Provisionssystem im einzelnen ausgestalten, bezieht. Das MBR erfaßt daher z. B. bei einer Abschlußprovision auch die Frage, welche Verkaufsartikel jeweils den unterschiedlich provisionierten Gruppen zuzuordnen sind (BAG v. 26. 7. 88 – 1 AZR 54/87).

43 Schließlich besteht auch ein MBR bei der Zahlung von **Mietzuschüssen** oder bei der Übernahme der Kosten für **Familienheimfahrten** durch den AG (BAG, ArbuR 86, 317). Gleiches gilt für die Festsetzung der **Beiträge für betriebliche Kindergärten** (BAG v. 22. 10. 81, AP Nr. 10 zu § 76 BetrVG 1972) und für die Einführung eines **Unfallfreiheitsprämienplans** (LAG Schleswig-Holstein, BetrR 81, 428). Zur betrieblichen Lohngestaltung gehört auch die Gewährung einer **betrieblichen Altersversorgung** in Form von sog. Direktzusagen oder Gruppenversicherungen (BAG v. 12. 6. 75, 18. 3. 76, AP Nrn. 1–4 zu § 87 BetrVG 1972 Altersversorgung). Sie unterliegt damit dem MBR, wenn auch der AG allein die Entscheidung darüber treffen kann, welchen Personenkreis er versorgen will, welche Versorgungsform (z. B. Direktzusage) zur Anwendung kommt und welche finanziellen Mittel zur Verfügung gestellt werden.

44 **Entlohnungsgrundsätze** und **Entlohnungsmethoden** sind lediglich Unterfälle der umfassenden betrieblichen Lohngestaltung und in dieser Vorschrift nur beispielhaft angeführt (BAG v. 22. 1. 80, AP Nr. 3 zu § 87 BetrVG 1972 Lohngestaltung).

45 Bei den **Entlohnungsgrundsätzen** handelt es sich um Systeme, nach denen das Arbeitsentgelt bemessen werden soll, und um ihre Ausformung (BAG v. 22. 1. 80 a. a. O.). Dazu zählt u. a. die Entscheidung, ob im Betrieb im Zeitlohn oder im Leistungslohn zu arbeiten ist. Aber auch Prämien- und andere Systeme einer erfolgsabhängigen Vergütung (z. B. Provisionen) sowie ihre nähere Ausgestaltung gehören zu den Entlohnungsgrundsätzen.

46 Unter **Entlohnungsmethoden** ist die Art und Weise der Durchführung des gewählten Entlohnungssystems zu verstehen (BAG v. 22. 1. 80 a. a. O.). Ist z. B. festgelegt worden, daß im Akkordlohn gearbeitet wird, muß im Rahmen der Entlohnungsmethode noch bestimmt werden, ob nach einem arbeitswissenschaftlichen System (Refa, Bedaux) oder nach einer frei ausgehandelten Methode verfahren werden soll. Gleiches gilt auch bei der Einführung von Prämien- oder Provisionsgrundsätzen. Der MB unterliegt nicht nur die

Einführung von Entlohnungsgrundsätzen und -methoden, sondern auch deren Änderung.

Zu Nr. 11: Die MBR beziehen sich auf den gesamten Bereich der **Leistungsentlohnung.** Sie erstrecken sich zunächst auf die **Festsetzung der Akkordsätze.** Darunter ist die Festlegung aller Bezugsgrößen zu verstehen, die für die Ermittlung und Berechnung des Akkordlohns von Bedeutung sind. In diesem Rahmen unterliegt auch die Festsetzung und Änderung der sog. **Vorgabezeiten** der MB (BAG v. 13. 9. 83, AP Nr. 11 zu § 19 HAG; BAG, ArbuR 87, 276; BAG, DB 88, 811 f.). Bei der Festsetzung der **Prämiensätze** erstreckt sich die MB ebenfalls auf die Festlegung aller Bezugsgrößen (vgl. dazu Pornschlegel, AiB 82, 9 ff.).

47

Nach der Auffassung des BAG sind Akkord- und Prämiensätzen »vergleichbare leistungsbezogene Entgelte« Vergütungsformen, bei denen eine »Leistung« des AN gemessen und mit einer Bezugsleistung verglichen wird. Dabei muß sich die Höhe der Vergütung in irgendeiner Weise nach dem Verhältnis der Leistung des AN zur Bezugsgröße bemessen (BAG v. 13. 3. 84, AP Nr. 4 zu § 87 BetrVG 1972 Provision). Zu den vergleichbaren leistungsbezogenen Entgelten zählen grundsätzlich auch **Provisionen,** soweit sie leistungsbezogen sind. Das BAG nimmt aber zu Unrecht an, daß ein MBR bei den Abschlußprovisionen nicht besteht (BAG v. 13. 3. 84 a. a. O., unter Aufgabe seiner bisherigen Rechtspr.; vgl. auch BAG v. 26. 7. 88 – 1 AZR 54/87) und verweist den BR auf Nr. 10 (vgl. Rn. 42). Gleiches gilt auch für Anteils- und Leitungsprovisionen (BAG v. 28. 7. 81, AP Nr. 2 zu § 87 BetrVG 1972 Provision).

48

Unter »Geldfaktor« i. S. dieser Vorschrift ist der Geldbetrag zu verstehen, der in einem Leistungssystem die Lohnhöhe für die Bezugs- und Ausgangsleistung und damit den Preis für die im Leistungslohn zu erbringende Arbeit bestimmt (BAG v. 16. 12. 86, AP Nr. 8 zu § 87 BetrVG 1972 Prämie).

49

Durch die MB bei der **Festsetzung der Geldfaktoren** ist dem BR ein unmittelbarer Einfluß auf die Lohnhöhe der AN eingeräumt worden (BAG v. 29. 3. 77, AP Nr. 1 zu § 87 BetrVG 1972 Provision).

50

Zu Nr. 12: Die Vorschrift erfaßt alle sog. **Verbesserungsvorschläge.** Das sind von AN entwickelte Vorschläge, die die Vereinfachung oder Verbesserung betrieblicher Einrichtungen oder Verfahren bezwecken. Die MB erstreckt sich sowohl auf die **Einführung** als auch auf die **Ausgestaltung** von Grundsätzen über das betriebliche Vorschlagswesen. Insoweit steht dem BR selbstverständlich auch ein Initiativrecht zu. Er kann also die Aufstellung allgemeiner Grundsätze für das betriebliche Vorschlagswesen verlangen, sobald für eine solche Regelung ein Bedürfnis besteht (BAG v. 28. 4. 81, AP Nr. 1 zu § 87 BetrVG 1972 Vorschlagswesen). Ob der AG bereits

51

finanzielle Mittel zur Verfügung gestellt hat, ist für die MB bedeutungslos (BAG a. a. O.).

52 Bei der Aufstellung von Grundsätzen über das betriebliche Vorschlagswesen ist vor allem auch festzulegen, wie die Prüfung der eingereichten Vorschläge vorzunehmen ist und welche Bewertungsmethoden Anwendung finden sollen. Wird ein **Prüfungsausschuß** eingesetzt, muß dieser paritätisch (AG und BR) besetzt werden. Das MBR besteht auch bei der Einrichtung von sog. **Qualitätszirkeln,** da in diesen auch Verbesserungsvorschläge erarbeitet werden sollen (Schüttkemper, BB 83, 1163).

53 Zu den Verbesserungsvorschlägen zählen nicht die AN-Erfindungen. Diese werden durch das ArbNErfG geregelt.

54 (2) Für den Fall, daß in einer dem MBR unterliegenden Angelegenheit eine Übereinstimmung zwischen AG und BR nicht erzielt werden kann, besteht die Möglichkeit der Anrufung der betriebsverfassungsrechtlichen ESt. Der Spruch der ESt. ist für beide Seiten verbindlich. Zur Möglichkeit der Überprüfung des ESt.-Spruchs durch das ArbG und zum ESt.-Verfahren selbst vgl. § 76 Rn. 1–8.

§ 88
Freiwillige Betriebsvereinbarungen

Durch Betriebsvereinbarung können insbesondere geregelt werden

1. **zusätzliche Maßnahmen zur Verhütung von Arbeitsunfällen und Gesundheitsschädigungen;**

2. **die Errichtung von Sozialeinrichtungen, deren Wirkungsbereich auf den Betrieb, das Unternehmen oder den Konzern beschränkt ist;**

3. **Maßnahmen zur Förderung der Vermögensbildung.**

Die Aufzählung ist nicht abschließend. Durch freiwillige BV können über § 87 hinaus weitere Maßnahmen dem obligatorischen MBR des BR unterworfen werden, soweit nicht das tarifliche oder gesetzl. Vorrangprinzip berührt wird; vgl. §§ 77 Abs. 3, 87 Abs. 1 Satz 1.

§ 89
Arbeitsschutz

(1) Der Betriebsrat hat bei der Bekämpfung von Unfall- und Gesundheitsgefahren die für den Arbeitsschutz zuständigen Behörden, die Träger der gesetzlichen Unfallversicherung und die sonstigen in Betracht kommenden Stellen durch Anregung, Beratung und Auskunft zu unterstützen sowie sich für die Durchführung der Vorschriften über den Arbeitsschutz und die Unfallverhütung im Betrieb einzusetzen.

(2) Der Arbeitgeber und die in Absatz 1 genannten Stellen sind verpflichtet, den Betriebsrat oder die von ihm bestimmten Mitglieder des Betriebsrats bei allen im Zusammenhang mit dem Arbeitsschutz oder der Unfallverhütung stehenden Besichtigungen und Fragen und bei Unfalluntersuchungen hinzuzuziehen. Der Arbeitgeber hat dem Betriebsrat unverzüglich die den Arbeitsschutz und die Unfallverhütung betreffenden Auflagen und Anordnungen der in Absatz 1 genannten Stellen mitzuteilen.

(3) An den Besprechungen des Arbeitgebers mit den Sicherheitsbeauftragten oder dem Sicherheitsausschuß nach § 719 Abs. 3 der Reichsversicherungsordnung nehmen vom Betriebsrat beauftragte Betriebsratsmitglieder teil.

(4) Der Betriebsrat erhält die Niederschriften über Untersuchungen, Besichtigungen und Besprechungen, zu denen er nach den Absätzen 2 und 3 hinzuzuziehen ist.

(5) Der Arbeitgeber hat dem Betriebsrat eine Durchschrift der nach § 1552 der Reichsversicherungsordnung vom Betriebsrat zu unterschreibenden Unfallanzeige auszuhändigen.

(1–5) § 89 ergänzt die Bestimmungen des § 80 Abs. 1, § 87 Abs. 1 Nr. 7, §§ 88, 90, 91, § 115 Abs. 7 Nr. 7. Aus Abs. 1 ergibt sich, daß der BR ein **selbständiges Überwachungsrecht** und eine **Überwachungspflicht** bei der Bekämpfung von Gefahren für Leben und Gesundheit der AN hat. So kann er Betriebsbegehungen und unangekündigte Stichproben vornehmen und ist dabei nicht von dem Vorliegen konkreter Verdachtsmomente abhängig (vgl. auch § 80 Rn. 1). Besonders empfiehlt sich die Bildung von **paritätischen Arbeitsschutzausschüssen,** die gemeinsam den Arbeitsschutz im Betrieb weiterentwickeln und fördern. Soweit der BR Betriebskontrollen der Gewerbeaufsichtsämter anregt, entfällt seine Schweigepflicht nach § 79. Bei der **Bestellung der Sicherheitsbeauftragten** hat der BR bei der Auswahl und hinsichtlich der Zahl der Sicherheitsbeauftragten sowie bei deren Abberufung ein MBR. Der AG hat die beabsichtigte Bestellung von Sicherheitsbeauftragten rechtzeitig und eingehend mit dem BR zu erörtern. Anspruch und Aushändigung der Niederschriften nach Abs. 4 hat der BR selbst dann, wenn er nicht an den einzelnen Maßnahmen teilgenommen hat. Durch seine Unterschrift unter die Unfallanzeige (Abs. 5) übernimmt der BR keine Mitverantwortung für den Inhalt der Anzeige. Der BR kann ggf. auch eine abweichende Darstellung geben.

Vierter Abschnitt:

Gestaltung von Arbeitsplatz, Arbeitsablauf und Arbeitsumgebung

§ 90
Unterrichtungs- und Beratungsrechte

(1) Der Arbeitgeber hat den Betriebsrat über die Planung

1. von Neu-, Um- und Erweiterungsbauten von Fabrikations-, Verwaltungs- und sonstigen betrieblichen Räumen,

2. von technischen Anlagen,

3. von Arbeitsverfahren und Arbeitsabläufen oder

4. der Arbeitsplätze

rechtzeitig unter Vorlage der erforderlichen Unterlagen zu unterrichten.

(2) Der Arbeitgeber hat mit dem Betriebsrat die vorgesehenen Maßnahmen und ihre Auswirkungen auf die Arbeitnehmer, insbesondere auf die Art ihrer Arbeit sowie die sich daraus ergebenden Anforderungen an die Arbeitnehmer so rechtzeitig zu beraten, daß Vorschläge und Bedenken des Betriebsrats bei der Planung berücksichtigt werden können. Arbeitgeber und Betriebsrat sollen dabei auch die gesicherten arbeitswissenschaftlichen Erkenntnisse über die menschengerechte Gestaltung der Arbeit berücksichtigen.

1 (1) Die geänderte Vorschrift gibt dem BR wie bisher das Recht auf **Unterrichtung und Beratung** bei Planungsmaßnahmen der angeführten Angelegenheiten. Informations- und Beratungsrechte haben gerade beim Einsatz neuer Technologien eine ganz entscheidende Bedeutung. Nur ihre aktive Nutzung versetzt den Betriebsrat in die Lage, sozial gestaltend Einfluß zu nehmen.

2 Im Rahmen der *Nr. 1* spielt es keine Rolle, ob es sich um einen Neubau oder um einen Um- bzw. Erweiterungsbau handelt. Es ist ferner **unerheblich**, in welchem Umfang die bauliche Substanz verändert wird. Bloße Reparatur- oder Renovierungsmaßnahmen werden im allgemeinen nicht darunter fallen. Dagegen erfaßt die Bestimmung auch sog. Sozialräume, wie z. B. Kantinen, Aufenthaltsräume, Waschräume und Toiletten.

3 Der Begriff »technische Anlagen« in *Nr. 2* bezieht sich auf Maschinen und sonstige technische Geräte und technische Einrichtungen, die dem Betriebszweck und damit dem Arbeitsablauf dienen, für die Arbeitsumgebung von Bedeutung sind oder sonst Auswirkungen auf die Gestaltung des Arbeitsplatzes haben, auch wenn dies nur **mittelbar** (z. B. Klimaanlage, Raumbeleuchtung, Fahrstühle) der

Fall ist (OLG Düsseldorf, BB 82, 1113). Gemeint ist im übrigen nicht nur der technische (gewerbliche) Bereich des Betriebs, sondern auch der kaufmännische (Verwaltung), sofern dort technische Anlagen zum Einsatz kommen (z. B. Büromaschinen). Hierzu zählen z. B. die Umstellung der Lohn- und Gehaltsabrechnung von Off-Line- auf On-Line-Betrieb (LAG Hamburg, AiB 86, 23 f.; die Rechtsbeschwerdeentscheidung des BAG, DB 87, 1492 stützt den Anspruch auf § 80 Abs.2 Satz 1), die Einführung einer neuen EDV-Anlage (OLG Stuttgart, ArbuR 85, 293) und die Einführung von Robotern, NC-. CNC-Maschinen, Datensichtgeräten oder CAD-Terminals (vgl. Klebe/Roth, AiB 84, 70 ff.).

In *Nr. 3* werden die Arbeitsverfahren und die Arbeitsabläufe ange-   **4**
sprochen. Es geht hier um die Konzipierung der **Art und Weise** der Arbeit im Zusammenwirken mit den technischen Betriebsmitteln. Darunter ist sowohl die **organisatorische** als auch die **zeitliche** Gestaltung der Arbeit zu verstehen (z. B. Gruppen- oder Einzelarbeit, Schichtarbeit). Vor allem sind aber hier auch Fragen der **Rationalisierungsmaßnahmen** einzuordnen (wie die Ersetzung der Handarbeit durch Maschinenarbeit, Übergang zur Fließbandarbeit).

Die *Nr. 4*, die die Planung von Arbeitsplätzen nennt, stellt eine Art   **5**
begrenzter **Generalklausel** dar. Sie begründete nicht nur ein Unterrichtungs- und Beratungsrecht des BR bei der Ausgestaltung der einzelnen Arbeitsplätze, damit die Leistungsanforderungen die physische und psychische Leistungsfähigkeit der AN nicht übersteigen. Darüber hinaus will sie erreichen, daß schädigende Einflüsse auch aus der Arbeitsumgebung auf den Arbeitsplatz ausgeschaltet oder zumindest zurückgedrängt werden. An **Anwendungsbeispielen** sind etwa anzuführen: räumliche Anordnung und Gestaltung der Maschinen und sonstiger Betriebsmittel; Raumbedarf der AN entsprechend der Arbeitssituation; Ablösesysteme bei Tätigkeiten mit hohen körperlichen und nervlichen Beanspruchungen; Arbeitseinsatzbeschränkungen für Jugendliche, Schwerbehinderte und sonstige schutzbedürftige Personengruppen; Ausschaltung schädigender Einflüsse wie Staub, Gase, Lärm; Verminderung zu schneller Arbeitstakte und Probleme bei der Schaffung von Großraumbüros.

Die Unterrichtung hat **rechtzeitig** zu erfolgen: Die Information muß   **6**
so frühzeitig wie möglich gegeben werden (BAG v. 18. 7. 72, AP Nr. 10 zu § 72 BetrVG), spätestens jedoch zu einem Zeitpunkt, in dem der AG noch Alternativen überlegt, also noch Einfluß auf die Entscheidung genommen werden kann (HansOLG Hamburg, DB 85, 1846 f.; LAG Hamburg, DB 85, 2308). Diese bereits von der Rechtspr. entwickelte Konkretisierung hat der Gesetzgeber nun sinngemäß in Abs. 2 für den Beratungszeitpunkt aufgenommen; für die Information muß sie selbstverständlich erst recht gelten. Die Rechte des BR setzen bei der **Planung** an. Sie werden allerdings

nicht dadurch beseitigt, daß der AG eine unvorhergesehene Maßnahme trifft bzw. keine systematische Vorbereitung erfolgt (OLG
Hamm, BB 78, 748).

7 Die Unterrichtung hat unter **Vorlage der erforderlichen Unterlagen**
zu erfolgen. Der AG muß also **unaufgefordert** alle Unterlagen vorlegen, die notwendig sind, damit sich der BR ein möglichst genaues
Bild von Umfang und Auswirkungen der geplanten Maßnahmen
machen kann (so BT-Drucks. 11/2503 S. 35). Der BR muß alle wesentlichen Tatsachen, Einschätzungen und Bewertungen in ver-
ständlicher Sprache und in überschaubarer Form aufbereitet erhalten (vgl. auch BAG, DB 87, 1494). Falls eine sinnvolle Beschäftigung mit den Problemen und eine Vorbereitung auf spätere Beratungen nur mit schriftlichen Unterlagen möglich ist, sind diese vom
AG ggf. auch zur Verfügung zu stellen (so schon ArbG Bochum v.
19. 2. 86 – 2 BV 15/85). Falls erforderlich, hat der AG weitere Erläuterungen zu geben. Der BR kann zudem, dies wird insbesondere
bei neuen Technologien erforderlich sein, auf **gewerkschaftliche Unterstützung** zurückgreifen und im Rahmen von § 80 Abs. 3 **Sachverständige** und auch betriebsinterne Fachleute (**Auskunftspersonen**)
heranziehen. Da die Planung ein **dynamischer Prozeß** ist, hat der
AG die Informationen ständig zu aktualisieren und jeweils die erforderlichen Beratungen vorzunehmen.

8 Der BR verliert seine Rechte nicht dadurch, daß der AG ohne die
erforderliche Information bereits die Veränderungen vorgenommen
hat oder der BR in Kenntnis der Vorgänge seine Rechte unzurei-
chend wahrnimmt. Der Informations- und Beratungsanspruch des
BR entsteht ständig neu; ein Verzicht auf zukünftige Mitwirkungs-
und Mitbestimmungsrechte ist zudem unwirksam (vgl. hierzu BAG
v. 14. 2. 67, AP Nr. 9 zu § 56 BetrVG Wohlfahrtseinrichtung,
29. 11. 83, AP Nr. 10 zu § 113 BetrVG 1972).

9 (2) Die Information ist von der anschließenden **Beratung**, deren
Gegenstand und Zeitpunkt jetzt in Abs. 2 festgelegt sind, zu trennen. Sie muß ebenfalls so rechtzeitig erfolgen, daß die Vorstellungen
des BR bei der Planung noch berücksichtigt werden können. Erst
wenn ausreichende Informationen gegeben worden sind, kann der
BR sinnvoll mit dem AG beraten. Hierbei geht es um die Beeinflussung der betrieblichen Vorhaben i. S. einer sozialen Gestaltung. Der
BR kann Änderungen vorschlagen, z. B. beim EDV-Einsatz alter-
native Lösungen und Systemauslegungen fordern, und Einfluß auf
die Auswahlkriterien nehmen. Der AG ist verpflichtet, diese Vorschläge und Forderungen mit dem BR mit dem ernsten Willen zur
Verständigung zu beraten. Er hat ihm auch ausreichend Zeit zu lassen, eigene Vorstellungen zu erarbeiten.

10 Die Beratung hat sich auf die Maßnahme selbst und **alle ihre Aus-**

wirkungen auf die AN zu erstrecken. Insbesondere ist über die Auswirkungen auf die Art der Arbeit (z. B. Grad der Arbeitsteilung, Umfang der Automatisierung, Arbeitstempo, Einzel- oder Gruppenarbeit, Arbeitsinhalte) und die Anforderungen an die AN (z. B. Kenntnisse, Geschicklichkeit, Verantwortung, Belastungen, Umgebungseinflüsse) zu beraten. Dabei sollen die gesicherten arbeitswissenschaftlichen Erkenntnisse über die menschengerechte Gestaltung der Arbeit berücksichtigt werden (vgl. Erl. zu § 91).

Erfüllt der AG die ihm nach dieser Bestimmung obliegenden Pflichten nicht rechtzeitig, unvollständig oder wahrheitswidrig, so handelt er **ordnungswidrig** i.S. des § 121. Darüber hinaus kann der BR seine Rechte mit einer **einstweiligen Verfügung** verfolgen, wenn die erforderliche Eilbedürftigkeit gegeben ist (vgl. z. B. LAG Hamburg v. 2. 12. 76 – 1 TaBV 5/75). Weiter kann er das Beratungsrecht dadurch sichern, daß die vom AG beabsichtigten Maßnahmen durch einstweilige Verfügung gestoppt werden (str., wie hier LAG Frankfurt, DB 83, 613 und DB 85, 178 ff.; LAG Hamburg, DB 83, 2369 ff.; ArbG Berlin v. 4. 11. 82 – 25 BVGa 3/82). Soweit das BAG (v. 22. 2. 83, AP Nr. 2 zu § 23 BetrVG 1972) einen **allgemeinen Unterlassungsanspruch** des BR verneint, ist diese Rechtspr. abzulehnen (vgl. insoweit anders BAG v. 18. 4. 85, AP Nr. 5 zu § 23 BetrVG 1972 und die Erl. zu § 23 Abs. 3 auch im Hinblick auf einstweilige Verfügungen).

11

§ 91
Mitbestimmungsrecht

Werden die Arbeitnehmer durch Änderungen der Arbeitsplätze, des Arbeitsablaufs oder der Arbeitsumgebung, die den gesicherten arbeitswissenschaftlichen Erkenntnissen über die menschengerechte Gestaltung der Arbeit offensichtlich widersprechen, in besonderer Weise belastet, so kann der Betriebsrat angemessene Maßnahmen zur Abwendung, Milderung oder zum Ausgleich der Belastung verlangen. Kommt eine Einigung nicht zustande, so entscheidet die Einigungsstelle. Der Spruch der Einigungsstelle ersetzt die Einigung zwischen Arbeitgeber und Betriebsrat.

Die Bestimmung, die den »gesetzlichen Arbeitsschutz« nach § 87 Abs. 1 Nr. 7 ergänzt, gibt dem BR ein **erzwingbares** MBR, wenn der AG bei Änderungen der Arbeitsplätze, des Arbeitsablaufs oder der Arbeitsumgebung die Grundsätze einer menschengerechten Gestaltung der Arbeit nicht ausreichend berücksichtigt. Sie bringt zum Ausdruck, daß die Rentabilität **nicht** der allein ausschlaggebende Gesichtspunkt sein darf. Ein zumindest **gleichrangiges Ziel** ist die menschengerechte Arbeitsgestaltung, mit der die Arbeit den Bedürfnissen und Interessen des arbeitenden Menschen anzupassen ist.

1

2 Die Arbeit muß für ihn zumindest **ausführbar, erträglich, zumutbar** und möglichst **subjektiv zufriedenstellend** sein. Die **Arbeitswissenschaft** soll hierzu die entsprechenden Grundlagen und Erkenntnisse liefern.

3 Arbeitswissenschaft ist die Wissenschaft von der menschlichen Arbeit, den Voraussetzungen und Bedingungen, unter denen die Arbeit sich vollzieht, den Wechselwirkungen und Folgen, die sie auf Menschen, ihr Verhalten und damit auch auf ihre Leistungsfähigkeit hat, sowie den Faktoren, durch die die Arbeit, ihre Bedingungen und Wirkungen menschengerecht beeinflußt werden können. Sie umfaßt damit eine Reihe von Bereichen der Wissenschaft, wie etwa die **Arbeitsmedizin,** die **Arbeitsphysiologie** und die **Arbeitspsychologie.**

4 Diese Wissenschaftsbereiche können wichtige Erkenntnisse über die Anpassung der Arbeit an den Menschen liefern, wie z. B. die Anpassung von Maschinen und Büromöbeln an die Körpermaße des Menschen, die optimale Gestaltung der Arbeitsumgebung und der äußeren Umwelteinflüsse, wie Licht-, Lärm-, Temperaturverhältnisse u. ä. mehr (vgl. LAG München, DB 88, 186 f. zur Verteilung von Arbeitsplätzen in Großraumbüros). In den Gesamtkomplex der menschengerechten Arbeitsgestaltung gehören neben den ergonomischen Fragen auch **Arbeitsablaufprobleme** (z. B. Rationalisierungsmaßnahmen, Mehrstellenbedienung) und Probleme der **sozialen Angemessenheit** der Arbeit (z. B. Abbau autoritärer Führungsstrukturen, Verbesserung der innerbetrieblichen Kommunikationsmöglichkeiten).

5 Als **mögliche Quellen** für die vom Gesetz geforderten wissenschaftlichen Erkenntnisse sind beispielsweise zu nennen: **überwiegende Meinungen** innerhalb der Fachkreise, wie sie in der Fachliteratur ihren Ausdruck finden können, **Gesetze** und **Verordnungen,** wie vor allem die ArbStättV, die Arbeitsschutzgesetze und Unfallverhütungsvorschriften, **Tarifverträge,** wie beispielgebend der Lohnrahmentarifvertrag II für die Metallindustrie von Nord-Württemberg/Nord-Baden v. 1. 11. 73 oder der TV über die Einführung und Anwendung rechnergesteuerter Textsysteme v. 20. 3. 78 (Druck- und Verlagsbereich), **DIN-Normen, VDI-Richtlinien** u. ä. technische Regelwerke. Für **Bildschirmarbeitsplätze** sind jedenfalls die von der Verwaltungs-Berufsgenossenschaft herausgegebenen Sicherheitsregeln (ZH 1/618) als gesicherte arbeitswissenschaftliche Erkenntnisse anzusehen (vgl. hierzu auch BAG v. 6. 12. 83, AP Nr. 7 zu § 87 BetrVG 1972 Überwachung). Darüber hinaus ist darauf hinzuweisen, daß sich der BR im Rahmen des § 80 Abs. 3 eines **Sachverständigen** bedienen kann, um festzustellen, ob und inwieweit arbeitswissenschaftliche Erkenntnisse vorliegen bzw. eine nicht menschengerechte Gestaltung der Arbeit gegeben ist. Dies gilt selbstverständlich auch für die Software-Gestaltung (vgl. Becker-Töpfer, AiB 88, 147 ff.).

Das Gesetz spricht von »**gesicherten**« arbeitswissenschaftlichen Er- **6** kenntnissen. Rein theoretische Überlegungen, die noch keinen An- klang in der Fachwelt gefunden haben, scheiden damit ebenso aus wie noch erheblich umstrittene praktische Versuche. Eine Erkennt- nis ist nach richtiger Auffassung dann gesichert, wenn sie nach anerkannten Methoden zu plausiblen/wahrscheinlichen Ergebnis- sen geführt hat und nicht widerlegt ist. Offenkundig ist ein Wider- spruch hierzu, wenn er für einen auf dem einschlägigen Gebiet der Arbeitswissenschaften ausreichend Sachkundigen deutlich erkenn- bar ist. Für die **Arbeit an Bildschirmgeräten** hält es das BAG (v. 6. 12. 83, AP Nr. 7 zu § 87 BetrVG 1972 Überwachung) für mög- lich, daß zu **ergonomischen Anforderungen** (vgl. die oben zitierten Sicherheitsregeln) und **Augenuntersuchungen** gesicherte arbeitswis- senschaftliche Erkenntnisse vorliegen. Ob dies auch für eine **zeitli- che Beschränkung der Arbeit** an Bildschirmgeräten und Arbeitsun- terbrechungen der Fall ist, hat es letztendlich offengelassen. Es for- dert allerdings vom BR, daß er seine MBR nach § 91 konkret auf den einzelnen Arbeitsplatz bezogen geltend macht und nicht ledig- lich generelle Regelungen anstrebt. Demnach muß der BR für jeden einzelnen Arbeitsplatz den offensichtlichen Widerspruch zu gesi- cherten arbeitswissenschaftlichen Erkenntnissen benennen. Diese Vorschrift kommt auch bei der Verteilung der Arbeitsplätze in ei- nem Großraumbüro in Betracht (vgl. LAG München, DB 88, 186 f.).

Für das Einsetzen des MBR ist **allein** entscheidend, daß die (ggf. **7** erst geplante) Arbeitsgestaltung (vgl. BAG v. 6. 12. 83, AP Nr. 7 zu § 87 BetrVG 1972 Überwachung) den wissenschaftlichen Erkennt- nissen über die menschengerechte Gestaltung der Arbeit offensicht- lich widerspricht. Ist das gegeben, bedarf es **keiner zusätzlichen** Feststellung mehr, ob eine besondere Belastung vorhanden ist. Eine Arbeitsgestaltung, die in einem offensichtlichen Widerspruch zu ge- sicherten arbeitswissenschaftlichen Erkenntnissen steht, bringt **im- mer** eine Belastung für die AN mit sich. Die besondere Belastung ist daher keine zusätzliche Voraussetzung, sondern lediglich eine Ver- deutlichung dessen, was der Gesetzgeber **sozialpolitisch** anstrebt: den Wegfall bzw. die Milderung dieser Belastung (a.A. offenbar BAG a.a.O.).

Aus der im Gesetz genannten **Reihenfolge** ergibt sich, daß der BR **8** zunächst fordern kann, daß Maßnahmen zur **Abwendung** der Bela- stung ergriffen werden. Es muß also in erster Linie versucht werden, die Quelle der **Belastungen selbst zu beseitigen**. Das bedeutet bei- spielsweise den Ersatz gesundheitsschädlicher Werkstoffe durch solche unschädlicher Art oder die Beseitigung von Staub, Lärm oder Gasen an der Entstehungsquelle. Es ist nicht erforderlich, daß die vom BR zur **Abhilfe** vorgeschlagenen Maßnahmen ihrerseits wieder gesicherten arbeitswissenschaftlichen Erkenntnissen entsprechen.

9 Sofern die Abwendung technisch nicht möglich oder wirtschaftlich nicht vertretbar ist (dies kann nur in Ausnahmefällen, wenn die Kosten außer Verhältnis zu dem belastungsbeseitigenden Erfolg stehen, der Fall sein; vgl. auch BAG v. 10. 4. 79, AP Nr. 1 zu § 87 BetrVG 1972 Arbeitssicherheit), haben Maßnahmen zur **Milderung** zur Anwendung zu kommen. Das kann etwa durch Schutzeinrichtungen aller Art (Schutzbekleidung bei staubigen Arbeiten, schallisolierende Maßnahmen bei großem Lärm) geschehen. Auch die Herabsetzung der Arbeitsgeschwindigkeit oder die Einführung zusätzlicher Pausen kann eine Milderung in bestimmten Fällen herbeiführen. Als ein weiteres Beispiel sind Vorsorge- und Überwachungsuntersuchungen zu nennen (vgl. z. B. BAG v. 6. 12. 83, AP Nr. 7 zu § 87 BetrVG 1972 Überwachung: **Augenuntersuchungen** bei Bildschirmarbeit). Lassen sich auch Maßnahmen der Milderung nicht durchführen, kann der BR für die betroffenen AN einen **Ausgleich** verlangen. Zu denken ist hier insbesondere an eine Herabsetzung der Arbeitszeit, zusätzlich bezahlte Arbeitsunterbrechungen oder Sonderurlaub. **Geldzuwendungen** sind im Hinblick auf den sozialpolitischen Zweck der Vorschrift prinzipiell verfehlt (vgl. zum CAD/CAM-Einsatz Klebe/Roth, AiB 84, 70 ff.). Kommt zwischen BR und AG eine Einigung über die zu ergreifenden Maßnahmen nicht zustande, so entscheidet die ESt. (§ 76) **verbindlich**. Der Spruch der ESt. erstreckt sich darauf, welche Maßnahmen zur Abwendung, Milderung oder zum Ausgleich der sich für die AN ergebenden Belastungen angemessen sind und durchgeführt werden müssen. Nach § 77 Abs. 1 trifft den AG eine **Durchführungspflicht**, die der BR ggf. auch mit einer einstweiligen Verfügung durchsetzen kann (vgl. LAG Berlin, BB 85, 1199 und LAG Baden-Württemberg v. 16. 12. 83 – 12 TaBV 5/83).

10 Schließlich ist darauf hinzuweisen, daß die Vorschrift ihrem Wortlaut nach zwar nur von Änderungen der Arbeitsplätze, des Arbeitsablaufs oder der Arbeitsumgebung spricht. Von der **sozialpolitischen Zielsetzung** ist jedoch auch dann ein MBR zu bejahen, wenn bereits bestehende Arbeitsplätze, der Arbeitsablauf oder die Arbeitsumgebung den Grundsätzen über eine menschengerechte Gestaltung der Arbeit offensichtlich widersprechen (so auch ArbG Hamm, MitbGespr. 73, 100; a.A. wegen des Wortlauts allerdings BAG v. 28. 7. 81, AP Nr. 3 zu § 87 BetrVG 1972 Arbeitssicherheit).

Fünfter Abschnitt:

Personelle Angelegenheiten

Erster Unterabschnitt:

Allgemeine personelle Angelegenheiten

§ 92
Personalplanung

(1) Der Arbeitgeber hat den Betriebsrat über die Personalplanung, insbesondere über den gegenwärtigen und künftigen Personalbedarf sowie über die sich daraus ergebenden personellen Maßnahmen und Maßnahmen der Berufsbildung an Hand von Unterlagen rechtzeitig und umfassend zu unterrichten. Er hat mit dem Betriebsrat über Art und Umfang der erforderlichen Maßnahmen und über die Vermeidung von Härten zu beraten.

(2) Der Betriebsrat kann dem Arbeitgeber Vorschläge für die Einführung einer Personalplanung und ihre Durchführung machen.

(1, 2) Der BR soll durch die Beteiligung an der Personalplanung in die Lage versetzt werden, auf personelle Maßnahmen des AG, wie Einstellungen, Versetzungen und Kündigungen nicht nur reagieren zu müssen; er soll vielmehr die Daten und Voraussetzungen **mit beeinflussen** können, die zu den Einzelentscheidungen führen. Es soll auch eine stärkere **Objektivierung** und bessere **Durchschaubarkeit** personeller Entscheidungen erreicht werden. **1**

Personalplanung besteht aus den **Einzelbereichen:** Personalbedarf, Personalbeschaffung, Personaleinsatz, Personalabbau, Personalentwicklung und Personalkosten. Unter Personalplanung wird regelmäßig die **Gesamtheit** der Maßnahmen zur Ermittlung des zukünftigen Personalbedarfs sowie zur Bereitstellung der benötigten Arbeitskräfte in der erforderlichen Anzahl, zum richtigen Zeitpunkt, am richtigen Ort und mit der für die Arbeit besten Qualifikation verstanden. So gesehen ist Personalplanung als Bestandteil der gesamten UN-Planung der Versuch, **vorausschauend** zu ergründen, welche Personalbewegungen sich in einem bestimmten Zeitraum (z. B. ein bis zwei Jahre) vollziehen werden. Damit umfaßt der Begriff der Personalplanung vor allem den gegenwärtigen und zukünftigen Personalbedarf in quantitativer und qualitativer Hinsicht (LAG Düsseldorf, DB 88, 1860). Auch **Stellenbeschreibungen** und **Anforderungsprofile** sind Teil der Personalplanung, über die der BR umfassend zu unterrichten ist (BAG, BB 84, 275, 915). Darüber hinaus bezieht die Personalplanung ein, welche Steuerungsinstrumente erforderlich sind und eingesetzt werden können. **2**

Zu den **technischen Hilfsmitteln,** derer sich der AG im Rahmen der **3**

Personalplanung häufig bedient, und über die der BR zu unterrichten ist, gehören auch **automatisierte Personalinformationssysteme** (vgl. dazu § 87 Rn. 24 ff. und § 94 Rn. 12).

4 Dem BR muß bewußt sein, daß Personalplanung i.S. dieser Vorschrift **nicht allein unter betriebswirtschaftlichen Gesichtspunkten** und lediglich als Folgeplanung der allgemeinen UN-Planung betrieben werden darf. Vielmehr hat es darum zu gehen, die Personalplanung **gleichberechtigt** in die UN-Planung einzubauen und die **AN-Interessen** bei der Personalplanung zu berücksichtigen. Diese lassen sich im **wesentlichen** so zusammenfassen: Sicherung der Arbeitsplätze; Verbesserung der Arbeitsbedingungen durch menschengerechte Arbeitsplatzgestaltung; Einkommenssicherung; Schaffung von beruflichen Aufstiegschancen und entsprechende Qualifizierung der AN durch Maßnahmen der Berufsbildung; Wahrnehmung besonderer Schutzinteressen von AN-Gruppen, wie etwa älterer AN; Abbau von Risiken, die durch Rationalisierungsmaßnahmen und technischen Wandel entstehen; Einsatz und Förderung der AN entsprechend ihren Neigungen und Fähigkeiten; Gewährung von Chancen zur Entfaltung der Persönlichkeit durch die Arbeitsgestaltung.

5 Personalplanung geht von der vorhandenen Belegschaft aus. Es sind sodann die **Einflußgrößen** zu berücksichtigen, die sowohl aus der **UN-** als auch der **AN-Sphäre** her diesen Ist-Zustand im Laufe der Zeit verändern können. Solche Einflüsse aus der UN-Sphäre können z. B. sein: Investitionsvorhaben, Rationalisierungsmaßnahmen, Umstellung der Produktion sowie überhaupt alle der in § 106 Abs. 3 und § 111 genannten Angelegenheiten. Einflüsse aus der AN-Sphäre können sich z. B. ergeben aus: Fluktuation, Erreichen der Altersgrenze, Einberufung zum Wehrdienst und Herabsetzung der Arbeitszeit. Diese Einflüsse können dazu führen, daß sich ein **zukünftiger Personalbedarf**, das Erfordernis einer weiteren **beruflichen Qualifizierung** der AN oder aber auch die Notwendigkeit eines **Personalabbaus** ergibt.

6 Bei sich änderndem Personalbedarf ist zwischen BR und AG zu überlegen, auf **welche Weise** reagiert werden soll. Wird die weitere berufliche Qualifizierung von AN erforderlich, sind entsprechende **Fortbildungs- und Umschulungsmaßnahmen** mit den sich daraus ergebenden Fragen zu bedenken, wie etwa der Kreis der in Betracht kommenden AN, die Deckung der Kosten durch den Betrieb und die Freistellung von der Arbeit für die Bildungsmaßnahmen. Bei einem notwendigen Personalabbau sollen alle geeigneten Maßnahmen überlegt werden, die vor einem **Verlust von Arbeitsplätzen schützen**. Dazu gehören etwa: Rücknahme von Lohnaufträgen, Wegfall von Überstunden, mögliche Versetzungen, vorzeitige Pensionierungen, Einstellungsstopps und evtl. die Einführung von Kurzarbeit.

Die Beteiligung des BR bei der Personalplanung ist somit **umfassend** **7**
und berührt eine Reihe weiterer Rechte nach dem Gesetz. Zu erwähnen sind insbesondere: MBR bei Einführung von Kurzarbeit
(§ 87 Abs. 1 Nr. 3), Gestaltung von Arbeitsplätzen, Arbeitsablauf
und Arbeitsumgebung (§§ 90 und 91), innerbetriebliche Stellenausschreibung (§ 93), Personalfragebogen und Beurteilungsgrundsätze
(§ 94), Auswahlrichtlinien (§ 95), Berufsbildung (§§ 96 bis 98), Interessenausgleich und Sozialplan (§§ 111 bis 113).

Der Anspruch auf Unterrichtung und Beratung besteht **auch** dann, **8**
wenn **keine umfassende** bzw. nur eine **lückenhafte** Personalplanung
praktiziert wird. Unter den Begriff der Personalplanung i.S. dieser
Vorschrift fällt auch eine »intuitive Planung«, bei der unter Umständen nur eine kurzfristige Maßnahmenplanung aufgrund schwer
nachvollziehbarer Vorstellungen des AG betrieben wird (LAG Berlin, DB 88, 1860). In diesem Zusammenhang ist von Bedeutung,
daß der Gesetzgeber wegen der **sozialpolitischen Bedeutung** der Personalplanung ausdrücklich bestimmt hat, daß der BR ihre Einführung anregen und Vorschläge für die konkrete Durchführung machen kann, wenn derartige Planungen bisher nicht oder nur lücken-
haft betrieben worden sind.

Der AG hat den BR über die Personalplanung in **allen Einzelheiten** **9**
zu unterrichten. Die Unterrichtung hat rechtzeitig zu erfolgen, also
in einem Stadium, in dem sie noch **beeinflußbar** ist. Das Unterrichtungsrecht des BR besteht somit schon, wenn der AG **Grundlagen**
für die Personalbedarfsplanung erarbeitet. Die Unterrichtungspflicht erstreckt sich von der Entscheidungsvorbereitung über die
einzelnen Schritte der Planung bis hin zu dem abgeschlossenen Pla-
nungsvorgang (ArbG Frankfurt v. 2. 6. 86 – 1 BVGa 5/86).

Nach Auffassung des BAG (v. 19. 6. 84, AP Nr. 2 zu § 92 BetrVG **10**
1972) ist der BR zu unterrichten, wenn die Überlegungen des AG
das **Stadium der Planung** erreicht haben, dagegen noch nicht, solange der AG nur Möglichkeiten einer Personalreduzierung erkundet,
diese Möglichkeiten ersichtlich aber nicht nutzen will.

Die Beteiligung des BR an der Meinungsbildung und Entschei- **11**
dungsfindung muß bei der Personalplanung **allgemein** und bei jeder
ihrer **Einzelmaßnahmen** gewährleistet sein. Bei der Unterrichtung
sind die notwendigen Unterlagen vorzulegen und auszuhändigen,
wenn dies das Beratungsrecht erfordert, wobei die **Dauer der erfor-**
derlichen Aushändigung der Unterlagen von den Umständen ab-
hängt, insbesondere davon, wann der BR über die Ausübung seines
Beratungsrechts beschließen kann (LAG München, DB 87, 281 mit
der Einschränkung, daß der BR keine Abschriften herstellen darf,
sondern sich mit einzelnen Notizen begnügen muß). Zu den Unterlagen, die dem BR zugänglich zu machen sind, gehören ggf. auch

solche über Produktions-, Investitions- oder Rationalisierungsent-
scheidungen (BAG a.a.O.). Die Unterrichtung muß auch **umfassend**
sein. Das bedeutet, daß der BR über die Ursachen der bisherigen
und der zu erwartenden zukünftigen Entwicklung unterrichtet und
vor allem über die geplanten Maßnahmen und deren Auswirkungen
auf die AN **eingehend** informiert wird.

12 Die Unterrichtung des BR hat **insbesondere** einzuschließen: Angaben über den jeweiligen Personalbestand, die durch den Abgang
von AN zu erwartenden Veränderungen, den gegenwärtigen und
künftigen Personalbedarf, die daraus notwendig werdenden personellen Maßnahmen wie Einstellungen, Versetzungen oder Kündigungen sowie die erforderlichen Maßnahmen der Berufsbildung.
Angaben über den jeweiligen Personalbestand haben sich dabei
auch auf die Struktur der Belegschaft, z. B. die altersmäßige Zusammensetzung, Gliederung nach Beschäftigungsarten, Zahl der
weiblichen, männlichen und jugendlichen AN, der Schwerbehinderten oder den Anteil der ausländischen AN zu erstrecken. Hinsichtlich der Fluktuation innerhalb der Belegschaft sind auch die Gründe für die zu erwartenden Veränderungen anzuzeigen, etwa der
durchschnittliche Abgang aufgrund eigener Kündigungen der AN,
Ausscheiden aus Altersgründen, Einberufung zum Wehrdienst u. ä.

13 Der BR ist im Rahmen der Personalplanung – unabhängig von anderen Beteiligungsrechten – auch zu unterrichten, wenn es um Änderungen von **Arbeitszeitsystemen** geht, zum Beispiel Einführung
von Teilzeitarbeit oder kapazitätsorientierter variabler Arbeitszeit.

14 Soweit wegen vorgesehener wirtschaftlicher oder betriebsorganisa-
torischer Maßnahmen mit **besonderen Veränderungen** im Personalbestand zu rechnen ist, sind auch hierfür **umfassende Angaben** zu
machen. Bei den Beratungen ist dabei insbesondere zu erörtern, wie
Härten für die beschäftigten AN **vermieden** werden können. Ist die
Notwendigkeit einer Vermehrung des Personalbestands zu erwar-
ten, hat die Unterrichtung Angaben über die neu zu besetzenden
Arbeitsplätze und die dort zu verrichtenden Tätigkeiten zu enthalten.

§ 93
Ausschreibung von Arbeitsplätzen

**Der Betriebsrat kann verlangen, daß Arbeitsplätze, die besetzt werden
sollen, allgemein oder für bestimmte Arten von Tätigkeiten vor ihrer
Besetzung innerhalb des Betriebs ausgeschrieben werden.**

1 Damit Aufstiegsmöglichkeiten innerhalb des Betriebs besser genutzt werden können, erhält der BR durch diese Bestimmung das
Recht zu verlangen, daß freiwerdende Arbeitsplätze vor ihrer Wie-
derbesetzung innerhalb des Betriebs ausgeschrieben werden. Das-

selbe gilt für die **erstmalige** Besetzung neu geschaffener Arbeitsplätze. Der BR kann die Ausschreibung **allgemein** für alle Arbeitsplätze des Betriebs, für **bestimmte Arten** von Tätigkeiten oder auch für einen **konkreten Einzelfall** verlangen. Weigert sich der AG, die Stellenausschreibung im Einzelfall vorzunehmen, so ist dem BR jedenfalls anzuraten, sofort die Ausschreibung **sämtlicher** freiwerdender Stellen zu fordern. Im übrigen ist der AG nach der Bestimmung des § 611 b BGB gehalten, einen Arbeitsplatz weder inner- noch außerbetrieblich nur für Männer oder nur für Frauen auszuschreiben, es sei denn, daß ein bestimmtes Geschlecht unverzichtbare Voraussetzung für die betreffende Tätigkeit ist.

Kommt der AG dem Verlangen des BR nicht nach, so kann der BR **2** gemäß § 99 Abs. 2 Nr. 5 seine Zustimmung zur Einstellung eines von außen kommenden Bewerbers oder zur Versetzung eines betriebsangehörigen AN auf diese Stelle **verweigern**. Dasselbe gilt, wenn der AG die innerbetriebliche Stellenausschreibung nicht in einer dem Sinne dieser Vorschrift gerecht werdenden Weise vornimmt. Dies wäre beispielsweise der Fall, wenn er es im Gegensatz zur Ausschreibung nach außen unterlassen würde, die für eine Bewerbung **notwendigen Einzelheiten**, etwa hinsichtlich der Anforderungen, die der Arbeitsplatz stellt, mitzuteilen. Der AG genügt auch nicht der vom BR geforderten innerbetrieblichen Stellenausschreibung, wenn er eine bestimmte Stelle im Betrieb zwar ausschreibt, in einer Stellenanzeige in der Tagespresse dann aber **geringere Anforderungen** für die Bewerbung um diese Stelle nennt. Der BR kann daher die Zustimmung zur Einstellung eines Bewerbers verweigern, der sich auf diese Stellenanzeige mit den geringeren Anforderungen hin beworben hat (BAG v. 23. 2. 88, DB 88, 1452).

Dem AG ist es zwar nicht verwehrt, **gleichzeitig** mit der internen **3** auch eine außerbetriebliche Stellenausschreibung (etwa durch Zeitungsanzeige) vorzunehmen. Er darf die freie Stelle aber nicht bereits einem außenstehenden Bewerber verbindlich zusagen, **bevor** die innerbetriebliche Ausschreibung endgültig durchgeführt worden ist und ihm die hierauf eingegangenen Bewerbungen aus dem Betrieb vorgelegen haben. Andererseits können grundsätzlich weder der BR noch der im Betrieb tätige Bewerber erzwingen, daß letzterem bei der Besetzung des Arbeitsplatzes der Vorzug vor dem Außenstehenden gegeben wird. In **Auswahlrichtlinien** nach § 95 kann dies jedoch vorgesehen werden.

Zum Recht des BR, die Stellenausschreibung verlangen zu können, **4** gehört auch die **Einbeziehung von Einzelheiten** wie Form, Frist, die Beschreibung der vorgesehenen Arbeitsplätze sowie die notwendigen fachlichen und persönlichen Voraussetzungen.

Nach Auffassung des BAG (v. 18. 11. 80, AP Nr. 1 zu § 93 BetrVG **5**

1972) liegt in einer BV über den Aushang innerbetrieblicher Stellenausschreibungen, in der vorgesehen wird, daß der letzte Tag der Aushangfrist in der Stellenausschreibung anzugeben ist, noch keine Beschränkung der Auswahl des AG auf den Kreis derjenigen Betriebsangehörigen, die sich innerhalb der Aushangfrist beworben haben. Die Regelung des § 93 spricht zwar nur von einer innerbetrieblichen Stellenausschreibung. Der **GBR** kann jedoch verlangen, daß die Ausschreibung **innerhalb des UN** erfolgt (vgl. § 51 Abs. 6; str.).

§ 94
Personalfragebogen, Beurteilungsgrundsätze

(1) Personalfragebogen bedürfen der Zustimmung des Betriebsrats. Kommt eine Einigung über ihren Inhalt nicht zustande, so entscheidet die Einigungsstelle. Der Spruch der Einigungsstelle ersetzt die Einigung zwischen Arbeitgeber und Betriebsrat.

(2) Absatz 1 gilt entsprechend für persönliche Angaben in schriftlichen Arbeitsverträgen, die allgemein für den Betrieb verwendet werden sollen, sowie für die Aufstellung allgemeiner Beurteilungsgrundsätze.

1 (1) Als **Fragebogen** werden formularmäßig gefaßte Zusammenstellungen von auszufüllenden oder zu beantwortenden Fragen verstanden, die Aufschluß über die Person sowie über Kenntnisse und Fähigkeiten des Befragten geben sollen. Dabei kann die Anwendung der Vorschrift nicht auf schriftlich in einem Formular zusammengefaßte Fragen beschränkt, sie muß vielmehr auf **alle formalisierten Informationserhebungen** des AG im Hinblick auf AN-Daten erstreckt werden. Weiterhin ist es für die Anwendung gleichgültig, ob die Daten von einem externen Bewerber um den Arbeitsplatz oder bereits eingestellten AN erfragt werden. Es ist also für den BR wichtig, nicht nur den »klassischen« Fragebogen im Auge zu haben.

2 Das MBR kann auch bei **Organisationsanalysen, arbeitsbegleitenden Papieren** (vgl. § 87 Rn. 11) oder **Arbeitsplatzbeschreibungen** bestehen, wenn von den Beschäftigten nicht nur eine Tätigkeitsbeschreibung, sondern auch persönliche Angaben verlangt werden, wie z. B. darüber, welche Berufs- und Verwaltungserfahrungen nach Auffassung des befragten Stelleninhabers zur anforderungsgerechten Erfüllung der auf dem Arbeitsplatz zu erledigenden Aufgaben erforderlich sind (BVerwG v. 15. 2. 80 – 6 P 80/78) oder welche persönlichen Verlust- und Erholungszeiten bestehen (Hess. VGH v. 13. 6. 84 – HPV TL 9/83). Ein Fragebogen liegt auch vor, wenn aus der Beantwortung ein Leistungsprofil des AN abgelesen werden kann, das einer Eignungsbeurteilung zugrunde gelegt werden könnte (ArbG Stuttgart v. 19. 10. 81 – 7 Ga 2/81). Verlangt der AG bei

Einstellungen von AN Bescheinigungen der AOK über die krankheitsbedingten Fehlzeiten der letzten beiden Jahre, so ist dies unabhängig davon, ob überhaupt ein derartiges Fragerecht besteht, ein Personalfragebogen (ArbG Berlin v. 20. 10. 82 – 28 BV 6/82).

Das MBR beschränkt sich nicht nur auf die **Abfassung des Fragebogens** und dessen Änderung (LAG Frankfurt v. 17. 2. 83 – 4 TaBV 107/82). Nach richtiger Auffassung kann der BR auch mit festlegen, in welchem Zusammenhang die erfragten Informationen verwendet werden dürfen. Daher besteht das MBR fort, wenn bereits die Datenerhebung in einem Fragebogen vereinbart wurde, nämlich hinsichtlich der weitergehenden **Verwendungszwecke**. Neben einer etwaigen Beschränkung von Verwendungszwecken kann in diesem Zusammenhang z. B. auch festgelegt werden, daß bestimmte Informationen nach einer gewissen Zeit nicht mehr berücksichtigt werden dürfen, daß sie zu anonymisieren oder zu löschen sind und wer welche Zugriffsmöglichkeiten haben soll. Das MBR wird nicht dadurch ausgeschlossen, daß die AN an der Befragung freiwillig teilnehmen (ArbG Offenbach v. 21. 10. 81 – 1 BV 32/81). **3**

Es ist Aufgabe des BR, vor allem darauf zu achten, daß die Fragebogen keine Fragen enthalten, die in **unzulässiger Weise** in den **Persönlichkeitsbereich** des einzelnen AN eingreifen (§ 75 Abs. 2). Welche Fragen zulässig sind, ergibt sich aus allgemeinen arbeitsrechtlichen Grundsätzen. So sind beispielsweise Fragen nach **Krankheiten oder Vorstrafen** nur zulässig, wenn und soweit der AG unter Berücksichtigung der Art der vorgesehenen Tätigkeit und der Stellung des AN ein **berechtigtes, billigenswertes** und **schutzwürdiges** Interesse an der Beantwortung hat (BAG v. 5. 12. 57, 7. 6. 84, AP Nrn. 2, 26 zu § 123 BGB; vgl. im einzelnen auch die Übersicht von Bellgardt, AiB 84, 61 ff. und insbesondere zur Problematik von AIDS, Hinrichs, AiB 88, 8 ff. und Wollenschläger/Kreßel ArbuR 88, 200 ff.). Medizinische AN-Daten genießen, auch wenn sie zulässig erhoben worden sind, besonderen Schutz (BAG, DB 87, 2571 f.; Wohlgemuth, AiB 87, 243 ff.). Die Frage nach einer **Schwangerschaft** soll zulässig sein, wenn sich nur Frauen um den Arbeitsplatz bemühen (BAG v. 20. 2. 86, AP Nr. 31 zu § 123 BGB; zu Recht gegen diese Unterscheidung und für eine regelmäßige Unzulässigkeit, Heilmann, ArbuR 87, 118 m.w.N.). Ebenfalls für zulässig hält das BAG die Frage nach der Eigenschaft als **Schwerbehinderter** oder Gleichgestellter (BAG v. 1. 8. 85, AP Nr. 30 zu § 123 BGB). Die Frage nach der Gew.-Zugehörigkeit ist grundsätzlich unzulässig. Fragen nach den Vermögensverhältnissen sind nur zulässig, wenn es sich um **besondere Vertrauensstellungen** handelt, insbesondere, wenn der AN über Geld verfügen kann (Filialleiter, Bankkassierer usw.). **4**

Auch wenn eine Frage an sich nach allgemeinen arbeitsrechtlichen **5**

Grundsätzen zulässig ist, kann der BR ihrer Aufnahme in einem Personalfragebogen **widersprechen**. Stimmt der BR dagegen einem Personalfragebogen zu, der unzulässige Fragen enthält, so erhält der AG dadurch im Falle einer wahrheitswidrigen Beantwortung durch den AN **nicht** das Recht zur Anfechtung des Arbeitsvertrages. Unzulässig erhobene Daten dürfen nicht gespeichert werden (BAG v. 22. 10. 86, AP Nr. 2 zu § 23 BDSG).

6 Einigen AG und BR sich über die Verwendung von Personalfragebogen und deren inhaltliche Gestaltung nicht, so trifft die ESt. eine **verbindliche** Entscheidung. Die ESt. entscheidet dabei nicht über die rechtliche Zulässigkeit der in den Formularmustern enthaltenen Fragen, sondern nur darüber, **ob** eine Frage gestellt werden soll. Sie kann also auch bestimmen, daß eine nach allgemeinen arbeitsrechtlichen Grundsätzen an sich zulässige Frage nicht in den Personalfragebogen aufgenommen wird. Entscheidet sie dagegen, daß eine Frage, die bereits nach **allgemeinen Rechtsgrundsätzen** unzulässig ist, in den Fragebogen aufgenommen werden soll, so ist der Spruch insoweit **rechtsunwirksam**.

7 Der BR kann seine Zustimmung zur Verwendung von Personalfragebogen oder deren inhaltlicher Ausgestaltung, falls keine BV besteht, **widerrufen**. Geschieht dies, so fehlt es an der nach dieser Bestimmung notwendigen Einigung zwischen AG und BR. Besteht eine BV, kommt eine Kündigung in Betracht. Erfolglos gebliebene Bewerber haben Anspruch auf Vernichtung des Fragebogens, wenn er Angaben über die Privatsphäre enthält und der AG kein berechtigtes Interesse an der Aufbewahrung hat (BAG v. 6. 6. 84, AP Nr. 7 zu § 611 BGB Persönlichkeitsrecht).

8 Werden AN-Daten computermäßig erfaßt, gespeichert und verwendet, bestehen neben dem Auskunftsanspruch des einzelnen AN nach § 83 Abs. 1 (vgl. ArbG Berlin, CR 88, 408 ff.) verschiedene Beteiligungsrechte des BR. Neben den Regelungen nach § 94 Abs. 1 und 2 sowie dem Überwachungsrecht nach § 80 Abs. 1 Nr. 1 ist auf die Bestimmungen des § 87 Abs. 1 Nr. 1 und Nr. 6 hinzuweisen und den dort genannten Regelungsbedarf (zur Unzulässigkeit **konzernweiter Datenverarbeitung** vgl. Wohlgemuth, ArbuR 87, 264 ff.). Das **BDSG** beeinträchtigt wegen seiner **Nachrangigkeit** (§ 45 BDSG) die Rechte des BR nicht. Dieser ist auch nicht Dritter i.S. von § 2 Abs. 3 Nr. 2 BDSG. Die Datenweitergabe vom AG an ihn ist ein innerbetrieblicher Vorgang (zum Recht der Betriebsvertretung, Beschäftigtendaten zu speichern, vgl. BayVGH, RDV 87, 84).

9 Schließlich ist darauf hinzuweisen, daß es **nicht** Aufgabe des Datenschutzbeauftragten ist, den **BR zu überwachen**. Das würde letztlich auf eine Überwachung des BR durch den AG hinauslaufen. Es scheidet auch eine sog. formale Verpflichtung der BR-Mitgl. nach

§ 5 Abs. 2 BDSG aus (vgl. zur Anwendbarkeit des BDSG auf den BR umfassend Wohlgemuth, Datenschutz für AN, 2. Aufl., Rn. 763 ff., 809 ff.).

Auch Fragebogen, die bereits **vor Inkrafttreten des Gesetzes** bestanden und unverändert weiterverwendete werden, unterliegen dem MBR (BAG v. 22. 10. 86, AP Nr. 2 zu § 23 BDSG). Der AG muß also unverzüglich die entsprechenden Initiativen einleiten, um die Zustimmung des BR zu erhalten (a.A. BAG a.a.O.). **10**

(2) Damit die Beteiligungsbefugnisse des BR bei der Verwendung und inhaltlichen Ausgestaltung von Personalfragebogen nicht umgangen werden können, stehen ihm dieselben Rechte auch hinsichtlich der **persönlichen Angaben** von AN in schriftlichen Arbeitsverträgen zu, die allgemein in einem Betrieb verwendet werden. Zu beachten ist, daß das MBR des BR sich auf die »persönlichen Angaben« in Formulararbeitsverträgen beschränkt. Die Aufnahme allgemeiner Arbeitsbedingungen in derartigen Formularmustern unterliegt dagegen **nicht** seiner Beteiligung. **11**

Beurteilungsgrundsätze sind Richtlinien, die einheitliche Kriterien für die Beurteilung von Leistung und Verhalten der AN liefern (BAG v. 23. 10. 84, AP Nr. 8 zu § 87 BetrVG 1972 Ordnung des Betriebes). Werden also beispielsweise in einem **Personalinformationssystem** Fähigkeits- und Eignungsprofile erstellt, so setzt dies die Feststellung der Merkmale, also die Aufstellung von Beurteilungsgrundsätzen voraus. Demzufolge hat der BR ein MBR (vgl. aber auch BAG v. 31. 5. 83, 31. 1. 84, AP Nrn. 2, 3 zu § 95 BetrVG 1972 sowie BAG, DB 88, 1452 zu Anforderungsprofilen), das sich auf den Erlaß wie auch auf die Verwendung der Grundsätze erstreckt (BAG v. 28. 3. 79, AP Nr. 3 zu § 75 BPersVG). Auch **Führungsrichtlinien**, in denen Beurteilungskriterien festgelegt werden, sind nach richtiger Auffassung mitbestimmungspflichtig (a.A. BAG v. 23. 10. 84, AP Nr. 8 zu § 87 BetrVG 1972 Ordnung des Betriebes). Nicht dem MBR unterliegen demgegenüber lediglich auf den Arbeitsplatz bezogene **Stellenbeschreibungen** (BAG v. 14. 1. 86, AP Nr. 21 zu § 87 BetrVG 1972 Lohngestaltung und BAG, DB 88, 1452). Als allgemeine Beurteilungsgrundsätze kommen nicht nur stark ausdifferenzierte, die Gesamtheit von Führung und Leistung umfassende Systeme in Betracht; auch weniger ausdifferenzierte Beurteilungssysteme, die nur Teilaspekte der Tätigkeit im Auge haben und deren Beurteilungsdichte eingeschränkt ist, unterliegen § 94 Abs. 2, solange die Beurteilung angesichts der (wenn auch wenigen) Kriterien noch generellen Charakter hat (LAG Berlin, ArbuR 88, 122). **12**

Das MBR bei der Aufstellung **allgemeiner Beurteilungsgrundsätze** soll sicherstellen, daß die Beurteilung der in den Betrieb einzustel- **13** lenden oder im Betrieb tätigen AN möglichst nach **objektiven** und für das Arbeitsverhältnis erheblichen Gesichtspunkten vorgenommen wird. Ein Beurteilungssystem, das auch Grundsätze einbezieht, die mit dem Arbeitsverhältnis in keiner unmittelbaren Beziehung stehen, ist rechtlich unzulässig. Beurteilungsgrundsätze sollten im übrigen erst verwendet werden, wenn eine Stellenbeschreibung besteht.

14 Eine **sachgerechte Gestaltung** der Beurteilungsgrundsätze ist, ebenso wie die des Personalfragebogens, ein wesentliches Hilfsmittel für AG und BR zur Gewinnung eines möglichst objektiven Bildes über den einzelnen AN. Sie vermitteln auch die für die Anwendung von **Auswahlrichtlinien** nach § 95 notwendigen Daten und erleichtern den Entscheidungsprozeß bei **personellen Einzelmaßnahmen.** Darüber hinaus können objektive Beurteilungsgrundsätze eine Hilfe für **individuelle** und **betriebliche** Entscheidungen über **Personaleinsatz, Personalförderung, Personalentwicklung** und **Bildungsmaßnahmen** sein.

§ 95
Auswahlrichtlinien

(1) Richtlinien über die personelle Auswahl bei Einstellungen, Versetzungen, Umgruppierungen und Kündigungen bedürfen der Zustimmung des Betriebsrats. Kommt eine Einigung über die Richtlinien oder ihren Inhalt nicht zustande, so entscheidet auf Antrag des Arbeitgebers die Einigungsstelle. Der Spruch der Einigungsstelle ersetzt die Einigung zwischen Arbeitgeber und Betriebsrat.

(2) In Betrieben mit mehr als 1000 Arbeitnehmern kann der Betriebsrat die Aufstellung von Richtlinien über die bei Maßnahmen des Absatzes 1 Satz 1 zu beachtenden fachlichen und persönlichen Voraussetzungen und sozialen Gesichtspunkte verlangen. Kommt eine Einigung über die Richtlinien oder ihren Inhalt nicht zustande, so entscheidet die Einigungsstelle. Der Spruch der Einigungsstelle ersetzt die Einigung zwischen Arbeitgeber und Betriebsrat.

(3) Versetzung im Sinne dieses Gesetzes ist die Zuweisung eines anderen Arbeitsbereichs, die voraussichtlich die Dauer von einem Monat überschreitet, oder die mit einer erheblichen Änderung der Umstände verbunden ist, unter denen die Arbeit zu leisten ist. Werden Arbeitnehmer nach der Eigenart ihres Arbeitsverhältnisses üblicherweise nicht ständig an einem bestimmten Arbeitsplatz beschäftigt, so gilt die Bestimmung des jeweiligen Arbeitsplatzes nicht als Versetzung.

1 (1) Auch bei der Gestaltung von Auswahlrichtlinien hat der BR zu versuchen, die **Interessen der AN** zur Geltung zu bringen. Auswahlrichtlinien können dazu beitragen: die Personalpolitik transparenter zu machen und auf sie aktiven Einfluß zu nehmen; willkürliche personelle Maßnahmen zu erschweren; die Persönlichkeit der von personellen Entscheidungen betroffenen AN besser zu schützen; die Berücksichtigung sozialer Gesichtspunkte verstärkt zur Geltung zu bringen; den Bestandsschutz des Arbeitsverhältnisses durch Ausweitung der Widerspruchsgründe für den BR (§ 102 Abs. 3 Nr. 2) zu verbessern (vgl. zu dieser Interessenwahrnehmung und den sich daraus ergebenden Rechtsproblemen sowie zu Regelungsvorschlägen für eine BV zu Auswahlrichtlinien Dirx/Klebe, AiB 84, 8 ff. und 10 ff.; vgl. auch »Auswahlrichtlinien. Die Mitbestimmung des Betriebsrats nach § 95 BetrVG«, IG Metall-Schriftenreihe »Für den Betriebsrat«, 2. Aufl.).

Das Zustimmungsrecht des BR erstreckt sich nicht nur auf die inhaltliche Ausgestaltung von Auswahlrichtlinien, sondern auch auf die Frage, **ob** diese überhaupt verwendet werden sollen. Was unter Auswahlrichtlinien zu verstehen ist, ergibt sich nicht ausdrücklich aus dieser Vorschrift. Dem Abs. 2 ist jedoch zu entnehmen, daß in ihnen vor allem die bei der Durchführung personeller Maßnahmen zu beachtenden **fachlichen, persönlichen** und **sozialen** Gesichtspunkte festgelegt werden sollen. Daher sind auch sog. **Fähigkeits- oder Eignungsprofile**, sofern sie geeignet sind, zu einer Auswahl unter den AN bei personellen Einzelmaßnahmen zu führen, Auswahlrichtlinien i.S. dieser Vorschrift (vgl. jedoch BAG v. 31. 5. 83, AP Nr. 2 zu § 95 BetrVG 1972, wonach Anforderungsprofile, mit denen die für einen bestimmten Arbeitsplatz erforderlichen fachlichen, persönlichen und sonstigen Anforderungen abstrakt festgelegt werden, keine Auswahlrichtlinien sein sollen). Nach Auffassung des BAG fallen unter § 95 keine **Funktionsbeschreibungen**, mit denen für Gruppen von Stelleninhabern mit vergleichbaren Tätigkeiten lediglich deren Funktionen festgelegt, nur in ihren Tätigkeitsschwerpunkten beschrieben werden und die noch nicht einmal Anforderungen hinsichtlich der fachlichen und persönlichen Voraussetzungen der jeweiligen Funktionsträger enthalten (BAG v. 14. 1. 86, AP Nr. 21 zu § 87 BetrVG 1972 Lohngestaltung). Regelanfragen bei Einstellungen beim Landesamt für Verfassungsschutz durch ein privates UN sind Auswahlrichtlinien und unterliegen nach § 95 der MB des BR (ArbG München, AiB 88, 267).

Zu den **fachlichen Voraussetzungen** gehören insbesondere die für den Arbeitsplatz oder eine bestimmte Tätigkeit notwendigen Kenntnisse und Fähigkeiten, wie etwa Schulbildung, bisherige Berufsbildung oder abgelegte Prüfungen. Zu beachtende **persönliche Voraussetzungen** können neben den mit dem Arbeitsverhalten und dem Arbeitscharakter zusammenhängenden Gesichtspunkten (vgl. § 94 Abs. 2) beispielsweise auch die physische und psychische Belastbarkeit, das Alter oder das Geschlecht sein. Als **soziale Gesichtspunkte** können in Betracht kommen etwa das Alter, der Gesundheitszustand, der Familienstand oder die Dauer der Betriebszugehörigkeit. Dabei ist es denkbar, daß **dasselbe** Kriterium sowohl den fachlichen als auch den persönlichen Voraussetzungen sowie den sozialen Gesichtspunkten zuzuordnen ist.

4 Es ist Aufgabe des BR darauf hinzuwirken, daß nach **sachlichen Gesichtspunkten** festgelegt wird, in welchem Verhältnis und in welcher Rangfolge die einzelnen Gesichtspunkte bei der Durchführung personeller Maßnahmen bewertet werden sollen. Dabei sind insbesondere auch die Belange des Betroffenen und der übrigen AN gegeneinander abzuwägen. Während bei **Einstellungen** häufig die fachlichen und persönlichen Voraussetzungen eine besondere Rolle spielen werden, stehen bei **Versetzungen** und **Kündigungen** regelmäßig die sozialen Überlegungen im Vordergrund.

5 Durch die Erarbeitung gemeinsamer Grundsätze, die AG und BR binden, sollen später notwendig werdende Auswahlprozesse **objektiviert** werden. Je differenzierter diese Auswahlmerkmale gestaltet werden, um so geringer wird der Ermessensspielraum des AG bei von ihm später beabsichtigten Einzelentscheidungen einerseits, aber auch die Widerspruchsmöglichkeiten des BR gemäß §§ 99 und 102 andererseits sein.

6 Werden AN-Daten durch ein **automatisiertes Personalinformationssystem** (evtl. in Verknüpfung mit anderen Datensystemen) erfaßt und in einer Weise ausgewertet, daß die am besten geeigneten AN gewissermaßen »automatisch« ermittelt werden, sind ebenfalls die Voraussetzungen für die Anwendung des Begriffs »Auswahlrichtlinien« nach dieser Vorschrift erfüllt. Die für eine solche »automatische Auswahl«, deren Anwendung kritisch zu betrachten ist, maßgebenden Kriterien und Gesichtspunkte unterliegen dem MBR.

7 In den Auswahlrichtlinien kann auch eine Bestimmung enthalten sein, nach der eine **ordentliche Kündigung** gegenüber AN mit einer langjährigen Betriebszugehörigkeit überhaupt **ausgeschlossen** ist (str.). Ebenso kann durch Auswahlrichtlinien vereinbart werden, daß bei der Besetzung von Arbeitsplätzen bei gleicher fachlicher Qualifikation ein betrieblicher Bewerber grundsätzlich den **Vorrang** vor einem Außenstehenden genießt (zur Problematik der Erweiterung der MBR nach den §§ 99 und 102 im Zusammenhang mit Auswahlrichtlinien vgl. IG Metall-Schriftenreihe »Für den Betriebsrat« a.a.O. S. 11 f.).

8 Auswahlrichtlinien können sich nach richtiger Auffassung auf sämtliche Kündigungen, somit nicht nur betriebsbedingte, sondern auch auf personen- oder verhaltensbedingte Kündigungen erstrekken. Dem Gesetz ist **keine Beschränkung** auf eine bestimmte Kündigungsart zu entnehmen (vgl. dazu IG Metall-Schriftenreihe »Für den Betriebsrat« a.a.O. S. 10 m.w.N.). Auswahlrichtlinien, die sich auf Kündigungen erstrecken, dürfen allerdings **nicht gegen § 1 Abs. 3 Satz 1 KSchG** verstoßen und etwa allein auf die Dauer der Betriebszugehörigkeit abstellen, während das Lebensalter und die Familienverhältnisse außer Betracht bleiben (BAG v. 11. 3. 76, AP Nr. 1 zu § 95 BetrVG 1972).

Zum Inhalt der Auswahlrichtlinien gehört nicht nur die Feststellung der zu beachtenden fachlichen, persönlichen und sozialen Gesichtspunkte, sondern auch die Regelung des **Verfahrens**, durch die das Vorliegen dieser Voraussetzungen ermittelt werden soll. Der BR hat vor allem darauf zu achten, daß keine unzulässigen Verfahrensmethoden (etwa unzulässige Persönlichkeits- oder Eignungstests) angewandt werden. Einigen AG und BR sich nicht über die Frage, ob und mit welchem Inhalt Auswahlrichtlinien im Betrieb Verwendung finden sollen, trifft die ESt. auf Antrag des AG eine **verbindliche** Entscheidung. **9**

(2) Nach dieser Bestimmung kann der BR in Betrieben mit **mehr als 1000 AN** die Aufstellung von Auswahlrichtlinien verlangen und im Falle der Nichteinigung mit dem AG über die ESt. erzwingen. Anders als nach Abs. 1 ist somit der BR in Betrieben der genannten Größenordnung **nicht** darauf angewiesen, daß der AG Auswahlrichtlinien einführen will; er kann diese selbst unter Umständen auch gegen den Widerstand des AG herbeiführen. Im übrigen gelten hinsichtlich des Inhalts der Auswahlrichtlinien und der ansonsten zu beachtenden Gesichtspunkte die Grundsätze des Abs. 1 (vgl. dort). **10**

Für die Erstellung von Auswahlrichtlinien ist **grundsätzlich** der BR zuständig, es sei denn, daß die **Zuständigkeit des GBR** nach § 50 Abs. 1 gegeben ist. Liegt die Zuständigkeit des GBR vor, erstreckt sich sein Initiativrecht nach Abs. 2 auf das **gesamte UN**, sofern wenigstens ein Betrieb mehr als 1000 AN beschäftigt (Gnade/Kehrmann/Schneider/Blanke, 2. Aufl., § 95 Anm. 17; Fitting/Auffarth/Kaiser/Heither, 15. Aufl., § 95 Anm. 14; LAG Baden-Württemberg, DB 80, 1076 f.; LAG Bremen, DB 87, 195 zur gleichen Problematik bei der Anwendung des § 111; vgl. aber auch BAG v. 16. 8. 83, AP Nr. 5 zu § 50 BetrVG 1972). **11**

(3) Zum Versetzungsbegriff nach dieser Bestimmung vgl. § 99 und die dortigen Erl. **12**

Zweiter Unterabschnitt:

Berufsbildung

§ 96
Förderung der Berufsbildung

(1) Arbeitgeber und Betriebsrat haben im Rahmen der betrieblichen Personalplanung und in Zusammenarbeit mit den für die Berufsbildung und den für die Förderung der Berufsbildung zuständigen Stellen die Berufsbildung der Arbeitnehmer zu fördern. Der Arbeitgeber hat auf Verlangen des Betriebsrats mit diesem Fragen der Berufsbildung der Arbeitnehmer des Betriebs zu beraten. Hierzu kann der Betriebsrat Vorschläge machen.

(2) Arbeitgeber und Betriebsrat haben darauf zu achten, daß unter Berücksichtigung der betrieblichen Notwendigkeiten den Arbeitnehmern die Teilnahme an betrieblichen oder außerbetrieblichen Maßnahmen der Berufsbildung ermöglicht wird. Sie haben dabei auch die Belange älterer Arbeitnehmer zu berücksichtigen.

1 (1, 2) Nach dieser Vorschrift hat der BR die Aufgabe, in Zusammenarbeit mit dem AG und den in Betracht kommenden Stellen die **Berufsbildung** der AN zu fördern. Zu den zuständigen Stellen gehören insbesondere die nach dem BBiG zu errichtenden **Berufsbildungsausschüsse**, aber auch die **Arbeitsämter**, denen die Förderung der Berufsbildung nach dem AFG obliegt. Die beispielhafte Anführung dieser Institutionen zeigt, daß mit den Bildungsmaßnahmen i.S. dieser Vorschrift vielfach Träger gemeint sind, die entsprechende Maßnahmen **außerhalb** des Betriebs durchführen. Die Rechte des BR sind somit nicht davon abhängig, daß es sich um betriebliche Bildungsmaßnahmen oder außerhalb des Betriebs durchzuführende Maßnahmen der Berufsbildung handelt, auf die der AG Einfluß nimmt.

2 Der Begriff »Berufsbildung« i.S. dieser Bestimmung ist **umfassend**. Er schließt die **berufliche Ausbildung**, die **Fortbildung** und die **Umschulung** ein. Dabei ist zu beachten, daß der betriebsverfassungsrechtliche Begriff der Berufsbildung keineswegs mit dem des BBiG identisch sein muß. Es geht vielmehr um einen **sehr weiten Bereich** von Maßnahmen, deren Durchführung dazu führt, daß bei den AN ein Zuwachs an **Fertigkeiten, Kenntnissen** und **Wissen** entsteht. Der Beteiligung des BR sind **alle Maßnahmen** zu unterwerfen, die den AN diejenigen Kenntnisse und Erfahrungen verschaffen sollen, die der Ausfüllung ihres Arbeitsplatzes und ihrer beruflichen Tätigkeit dienen (BAG v. 5. 11. 85, AP Nr. 2 zu § 98 BetrVG 1972). Aus diesem Grunde darf auch nicht die Unterrichtungspflicht des AG nach § 81 zuungunsten der MBR bei der Berufsbildung verschoben werden (BAG a.a.O.). Die vom AG nach § 81 vorzunehmenden **arbeits-**

platzbezogenen Informationen verdrängen in keiner Weise die Rechte des BR nach den §§ 96 bis 98, sondern bestehen **unabhängig** von diesen. Somit besteht kein Gegensatz zwischen **tätigkeits-** und **funktionsbezogenen Informationen** einerseits und den **berufsbezogenen Informationen** andererseits (Fitting/Auffarth/Kaiser/Heither, 15. Aufl., § 96 Anm. 27). Die neben der bloßen Anwendung des § 81 gegenüber den AN erfolgenden Informationen über die Tätigkeit und ihre Funktion im Betrieb können daher ebenfalls zur Berufsbildung i.S. dieser Vorschrift zählen (Hammer, Mitb. 85, 463). Deshalb dienen auch »**Qualitätszirkel**« oder ähnliche Einrichtungen der Berufsbildung nach § 96, wenn sie darauf abzielen, durch Problemanalyse und Problemerörterung die berufliche Qualifikation der AN zu verbessern (Fitting/Auffarth/Kaiser/Heither, 15. Aufl., § 96 Anm. 30). Der Begriff »Berufsausbildung« erstreckt sich auch auf **kurzfristige Bildungsmaßnahmen** in Betrieben für **Umschüler und für Teilnehmer an berufsvorbereitenden Ausbildungsmaßnahmen** (BAG, DB 81, 1935 ff., DB 82, 606 f.). Auch ein Lehrgang über Sicherheits- und Notfallmaßregeln, dessen erfolgreicher Abschluß Voraussetzung dafür ist, daß der AN für eine bestimmte Tätigkeit eingesetzt werden darf, ist eine Maßnahme der Berufsbildung i.S. dieser Vorschrift (vgl. BAG, DB 88, 1325).

3 Die gemeinsame Förderung der Berufsbildung der AN hat einen engen Bezug zur Personalplanung, deren Aufgabe es auch ist, den AN im Rahmen der betrieblichen Möglichkeiten **Aufstiegschancen** unter Beachtung objektiver Gesichtspunkte zu sichern. Bei den Maßnahmen der Berufsbildung, die sowohl betrieblicher als auch außerbetrieblicher Art sein können, haben AG und BR auch die Belange **älterer AN** zu berücksichtigen.

4 Wegen der Bedeutung der Berufsbildung für die AN hat der BR ausdrücklich ein **Initiativrecht** erhalten. Er kann verlangen, daß der AG mit ihm Fragen der Berufsbildung der AN berät, wobei der AG gehalten ist, sich mit entsprechenden Vorschlägen des BR zu befassen. Kommt der AG dieser Verpflichtung nicht nach, findet **§ 23 Abs. 3** Anwendung.

§ 97
Einrichtungen und Maßnahmen der Berufsbildung

Der Arbeitgeber hat mit dem Betriebsrat über die Errichtung und Ausstattung betrieblicher Einrichtungen zur Berufsbildung, die Einführung betrieblicher Berufsbildungsmaßnahmen und die Teilnahme an außerbetrieblichen Berufsbildungsmaßnahmen zu beraten.

Die Vorschrift gibt dem BR bei der **Errichtung** und **Ausstattung** von betrieblichen **Bildungseinrichtungen,** etwa einer betrieblichen Ausbildungsstätte oder Umschulungswerkstatt, ein Recht auf Beratung mit dem AG. Das gilt auch für die **Änderung** solcher Einrichtungen, wenn sie bereits bestehen. Das Beratungsrecht des BR besteht darüber hinaus bei der **Einführung** betrieblicher Berufsbildungsmaßnahmen, z. B. Fortbildungskurse oder Technikerausbildung, und zwar **unabhängig** davon, ob diese betrieblichen Berufsbildungsmaßnahmen innerhalb oder außerhalb der Arbeitszeit stattfinden. Das Beteiligungsrecht nach dieser Bestimmung gilt ferner für die Teilnahme von AN an **außerbetrieblichen** Maßnahmen der Berufsbildung, z. B. bei Sonderkursen an Berufs- oder Fachschulen oder beim Besuch von Fachlehrgängen der Gew.

§ 98
Durchführung betrieblicher Bildungsmaßnahmen

(1) Der Betriebsrat hat bei der Durchführung von Maßnahmen der betrieblichen Berufsbildung mitzubestimmen.

(2) Der Betriebsrat kann der Bestellung einer mit der Durchführung der betrieblichen Berufsbildung beauftragten Person widersprechen oder ihre Abberufung verlangen, wenn diese die persönliche oder fachliche, insbesondere die berufs- und arbeitspädagogische Eignung im Sinne des Berufsbildungsgesetzes nicht besitzt oder ihre Aufgaben vernachlässigt.

(3) Führt der Arbeitgeber betriebliche Maßnahmen der Berufsbildung durch oder stellt er für außerbetriebliche Maßnahmen der Berufsbildung Arbeitnehmer frei oder trägt er die durch die Teilnahme von Arbeitnehmern an solchen Maßnahmen entstehenden Kosten ganz oder teilweise, so kann der Betriebsrat Vorschläge für die Teilnahme von Arbeitnehmern oder Gruppen von Arbeitnehmern des Betriebs an diesen Maßnahmen der beruflichen Bildung machen.

(4) Kommt im Fall des Absatzes 1 oder über die nach Absatz 3 vom Betriebsrat vorgeschlagenen Teilnehmer eine Einigung nicht zustande, so entscheidet die Einigungsstelle. Der Spruch der Einigungsstelle ersetzt die Einigung zwischen Arbeitgeber und Betriebsrat.

(5) Kommt im Fall des Absatzes 2 eine Einigung nicht zustande, so kann der Betriebsrat beim Arbeitsgericht beantragen, dem Arbeitgeber aufzugeben, die Bestellung zu unterlassen oder die Abberufung durchzuführen. Führt der Arbeitgeber die Bestellung einer rechtskräftigen gerichtlichen Entscheidung zuwider durch, so ist er auf Antrag des Betriebsrats vom Arbeitsgericht wegen der Bestellung nach vorheriger Androhung zu einem Ordnungsgeld zu verurteilen; das Höchstmaß des Ordnungsgeldes beträgt 20 000 Deutsche Mark. Führt der Arbeitgeber die Abberufung einer rechtskräftigen gerichtlichen Entscheidung zuwider nicht durch, so ist auf Antrag des Betriebsrats vom Arbeitsgericht zu erkennen, daß der Arbeitgeber zur Abberufung durch Zwangsgeld anzuhalten sei; das Höchstmaß des Zwangsgeldes beträgt für jeden Tag der Zuwiderhandlung 500 Deutsche Mark. Die Vorschriften des Berufsbildungsgesetzes über die Ordnung der Berufsbildung bleiben unberührt.

(6) Die Absätze 1 bis 5 gelten entsprechend, wenn der Arbeitgeber sonstige Bildungsmaßnahmen im Betrieb durchführt.

(1) Bei der Durchführung von Maßnahmen der betrieblichen Berufsbildung, die sowohl die berufliche **Ausbildung** als auch die **Fortbildung** und die **Umschulung** umfaßt, hat der BR ein erzwingbares MBR. Es erstreckt sich auf den gesamten Inhalt solcher Maßnahmen einschließlich aller Fragen, die mit der Durchführung von Maßnahmen der betrieblichen Berufsbildung zusammenhängen. Soweit bei den Maßnahmen der Berufsbildung **betriebliche Prüfungen** abgehalten werden, ist deren Ausgestaltung Teil der Maßnahme und unterliegt daher dem MBR (BAG v. 5. 11. 85, AP Nr. 2 zu § 98 BetrVG 1972). Es ist allerdings zu beachten, daß im Bereich der Berufsbildung – das gilt vor allem für die Berufsausbildung – **gesetzliche Vorschriften** das MBR des BR verdrängen können. Der BR hat jedoch ein Überwachungsrecht nach § 80 Abs. 1 Nr. 1, ob die gesetzlichen Vorschriften eingehalten werden. **1**

Soweit das MBR des BR gegeben ist, kann er durchsetzen wie, nicht dagegen ob eine bestimmte Ausbildungsmaßnahme durchgeführt werden soll. Im übrigen kann der BR im Rahmen seiner MB bei der Durchführung betrieblicher Berufsbildungsmaßnahmen selbst **initiativ** werden und seine Vorstellungen ggf. über die ESt. durchsetzen. So kann der BR die Einführung von Richtlinien fordern, nach denen die Auszubildenden in regelmäßigen Abständen zu beurteilen sind und ihr Ausbildungsstand kontrolliert wird (LAG Köln v. 12. 4. 83, EzA § 98 BetrVG 1972 Nr. 1). **2**

(2) Der BR hat ein **Widerspruchs-** bzw. **Abberufungsrecht** hinsichtlich der mit der Durchführung der betrieblichen Berufsbildung beauftragten Personen. Voraussetzung für die Ausübung dieses Rechts ist, daß die mit der Durchführung der betrieblichen Berufsbildung beauftragte Person die **persönliche** oder **fachliche,** insbesondere die berufs- oder arbeitspädagogische Eignung i.S. des BBiG nicht besitzt oder ihre Aufgaben vernachlässigt. Das Recht zum Widerspruch bzw. die Möglichkeit, die Abberufung verlangen zu können, erstreckt sich auch auf solche Personen, die **nicht** AN des Betriebs sind. Bei Nichteinigung zwischen AG und BR über die Bestellung bzw. Abberufung des Ausbilders entscheidet nicht die ESt., sondern das **ArbG.** **3**

(3) Voraussetzung für das MBR nach dieser Vorschrift ist, daß es sich um **betriebliche Maßnahmen** der Berufsbildung handelt oder um **außerbetriebliche Berufsbildungsmaßnahmen,** für die der AG entweder die AN mit oder ohne Fortzahlung des Entgelts von der Ar- **4**

beit freistellt oder bei denen er zumindest die Teilnahmekosten, wie
Teilnahmegebühren, Reisekosten u. ä. ganz oder teilweise trägt. Für
das Einsetzen der MBR genügt bereits die Freistellung eines **einzelnen** AN oder die ganze oder teilweise Übernahme der durch seine
Teilnahme entstehenden Kosten durch den AG. Das MBR bei der
Auswahl der Teilnehmer entfällt nicht deshalb, weil die AN zu einem Lehrgang entsandt werden, um bei einem Streik anderer AN
aushilfsweise deren Tätigkeit übernehmen zu können (BAG, DB 88,
1325; vgl. auch § 96 Rn. 2).

5   Sofern die MBR gegeben sind, hat der BR auch ein **Initiativrecht.** Er
kann eigene Vorschläge für die Teilnahme von AN oder Gruppen
von AN des Betriebs an solchen Maßnahmen machen. Kommt es
zwischen BR und AG bei der Auswahl der AN für Maßnahmen der
Berufsbildung zu keiner Einigung, so trifft die ESt. eine **verbindliche**
Entscheidung. Im Falle einer zahlenmäßigen Beschränkung der Bil-
dungsgelegenheiten muß somit die ESt. unter Umständen eine Auswahl aus den vom AG und den vom BR Vorgeschlagenen treffen.
Die ESt. wird dabei **Kriterien** für die Auswahl aufstellen und danach alle vorgeschlagenen Teilnehmer beurteilen, unabhängig davon, ob der AG oder der BR sie vorgeschlagen hat (BAG, DB 88,
760). Zu einer Entscheidung der ESt. kommt es somit nicht, wenn
der BR sein Vorschlagsrecht nach Abs. 3 nicht ausübt (BAG
a.a.O.).

6   (4) Es wird bestimmt, daß die ESt. zur verbindlichen Entscheidung
über alle Meinungsverschiedenheiten zwischen AG und BR, die
Fragen der **Durchführung** von **betrieblichen Berufsbildungsmaßnahmen** (Abs. 1) sowie die **Teilnahme** von AN an **betrieblichen** und **außerbetrieblichen Maßnahmen** der Berufsbildung betreffen, zuständig
ist. Eine Ausnahme gilt jedoch für die Bestellung oder Abberufung
von Personen, die mit der Durchführung der betrieblichen Berufsbildung beauftragt sind; dafür sind die ArbG zuständig (Abs. 5).

7   (5) Die Bestimmung regelt die gerichtliche Durchsetzung des Wi-
derspruchs- und Abberufungsrechts des BR nach Abs. 2 in teilwei-
ser Anlehnung an die Vorschrift des § 23 Abs. 3. Soweit der AG
einer rechtskräftigen gerichtlichen Entscheidung **zuwiderhandelt,**
die es ihm verbietet, einen bestimmten Ausbilder zu bestellen, muß
der Verurteilung des AG zu einem Ordnungsgeld in jedem Falle
eine **Androhung** seitens des Gerichts vorhergehen.

8   Wird der AG dagegen rechtskräftig verurteilt, einen Ausbilder ab-
zuberufen, so ist die Verhängung des in dieser Bestimmung genannten Zwangsgeldes von bis zu 500 DM täglich zur Durchsetzung der
gerichtlichen Entscheidung **ohne** vorherige Androhung möglich.

9   Soweit das **BBiG** für die Abberufung eines Ausbilders besondere
Vorschriften enthält, bleiben diese **unberührt.** Beide Verfahren kön-

nen nebeneinander betrieben werden, insbesondere, weil die rechtlichen Folgen einer Untersagung des Ausbildens im Rahmen des BBiG weitergehen als die der Abberufung des Ausbilders nach dieser Bestimmung.

(6) Die Bestimmung stellt klar, daß das dem BR bei der Durchführung von betrieblichen Berufsbildungsmaßnahmen zustehende MBR, insbesondere hinsichtlich der Bestellung und Abberufung von Ausbildern und der Auswahl von Teilnehmern, auch für **alle sonstigen** Bildungsmaßnahmen gilt, die im Betrieb durchgeführt werden. Zu solchen sonstigen Bildungsmaßnahmen können z. B. allgemeinbildende Kurse, Lehrgänge über Arbeits- und Sozialrecht sowie Kurse über Erste Hilfe gehören. Nicht unter diese Vorschrift fallen dagegen Bereiche, die lediglich der **Unterhaltung** oder **Freizeitbeschäftigung** dienen, wie z. B. die Einrichtung eines betrieblichen Sportvereins oder eines Werkorchesters.

10

Dritter Unterabschnitt:

Personelle Einzelmaßnahmen

§ 99
Mitbestimmung bei personellen Einzelmaßnahmen

(1) In Betrieben mit in der Regel mehr als zwanzig wahlberechtigten Arbeitnehmern hat der Arbeitgeber den Betriebsrat vor jeder Einstellung, Eingruppierung, Umgruppierung und Versetzung zu unterrichten, ihm die erforderlichen Bewerbungsunterlagen vorzulegen und Auskunft über die Person der Beteiligten zu geben; er hat dem Betriebsrat unter Vorlage der erforderlichen Unterlagen Auskunft über die Auswirkungen der geplanten Maßnahme zu geben und die Zustimmung des Betriebsrats zu der geplanten Maßnahme einzuholen. Bei Einstellungen und Versetzungen hat der Arbeitgeber insbesondere den in Aussicht genommenen Arbeitsplatz und die vorgesehene Eingruppierung mitzuteilen. Die Mitglieder des Betriebsrats sind verpflichtet, über die ihnen im Rahmen der personellen Maßnahmen nach den Sätzen 1 und 2 bekanntgewordenen persönlichen Verhältnisse und Angelegenheiten der Arbeitnehmer, die ihrer Bedeutung oder ihrem Inhalt nach einer vertraulichen Behandlung bedürfen, Stillschweigen zu bewahren; § 79 Abs. 1 Satz 2 bis 4 gilt entsprechend.

(2) Der Betriebsrat kann die Zustimmung verweigern, wenn

1. die personelle Maßnahme gegen ein Gesetz, eine Verordnung, eine Unfallverhütungsvorschrift oder gegen eine Bestimmung in einem Tarifvertrag oder in einer Betriebsvereinbarung oder gegen eine gerichtliche Entscheidung oder eine behördliche Anordnung verstoßen würde,

2. **die personelle Maßnahme gegen eine Richtlinie nach § 95 verstoßen würde,**

3. **die durch Tatsachen begründete Besorgnis besteht, daß infolge der personellen Maßnahme im Betrieb beschäftigte Arbeitnehmer gekündigt werden oder sonstige Nachteile erleiden, ohne daß dies aus betrieblichen oder persönlichen Gründen gerechtfertigt ist,**

4. **der betroffene Arbeitnehmer durch die personelle Maßnahme benachteiligt wird, ohne daß dies aus betrieblichen oder in der Person des Arbeitnehmers liegenden Gründen gerechtfertigt ist,**

5. **eine nach § 93 erforderliche Ausschreibung im Betrieb unterblieben ist oder**

6. **die durch Tatsachen begründete Besorgnis besteht, daß der für die personelle Maßnahme in Aussicht genommene Bewerber oder Arbeitnehmer den Betriebsfrieden durch gesetzwidriges Verhalten oder durch grobe Verletzung der in § 75 Abs. 1 enthaltenen Grundsätze stören werde.**

(3) Verweigert der Betriebsrat seine Zustimmung, so hat er dies unter Angabe von Gründen innerhalb einer Woche nach Unterrichtung durch den Arbeitgeber diesem schriftlich mitzuteilen. Teilt der Betriebsrat dem Arbeitgeber die Verweigerung seiner Zustimmung nicht innerhalb der Frist schriftlich mit, so gilt die Zustimmung als erteilt.

(4) Verweigert der Betriebsrat seine Zustimmung, so kann der Arbeitgeber beim Arbeitsgericht beantragen, die Zustimmung zu ersetzen.

1 (1) Ein aus einer Person bestehender BR hat grundsätzlich kein MBR bei personellen Einzelmaßnahmen (anders bei Kündigungen nach § 102). Da es nicht auf die Größe des BR, sondern die Zahl der wahlberechtigten AN (§ 9) ankommt, können sich hiervon jedoch Ausnahmen ergeben.

Steigt während der Amtszeit des aus einer Person bestehenden BR die Zahl der in der Regel beschäftigten wahlberechtigten AN auf mehr als 20, so erhält er das personelle MBR. Umgekehrt verliert ein mehrköpfiger BR das MBR in personellen Angelegenheiten, wenn die Zahl der in der Regel beschäftigten wahlberechtigten AN sich auf weniger als 21 verringert.

2 Leit. Ang. i.S. des § 5 Abs. 3 zählen nicht als wahlberechtigte AN (wegen des Begriffs »wahlberechtigte AN« vgl. § 7). Verfolgt ein AG den gleichen arbeitstechnischen Zweck in mehreren selbständigen Betrieben, von denen nur einer die Voraussetzungen des § 1 erfüllt, so bilden die übrigen nicht BR-fähigen Kleinbetriebe mit dem BRfähigen Betrieb einen Betrieb i.S. dieses Gesetzes. In diesem Fall ist der BR deshalb schon dann zu beteiligen, wenn in allen Betrieben insgesamt in der Regel mehr als 20 wahlberechtigte AN beschäftigt werden (BAG v. 3. 12. 85, AP Nr. 28 zu § 99 BetrVG 1972).

Der BR kann die Wahrnehmung der MBR bei personellen Einzel-maßnahmen einem **Personalausschuß** übertragen, wenn er einen BA hat (BAG v. 1. 6. 76, AP Nr. 1 zu § 28 BetrVG 1972). Das MBR des BR besteht auch bei personellen Einzelmaßnahmen, die **während, nicht aber wegen eines Arbeitskampfes** ausgesprochen werden. **3**

Unter **Einstellung** ist die Eingehung eines Arbeitsverhältnisses eben-so zu verstehen wie die **Eingliederung** in den Betrieb, wenn eine Per-son dort vergleichbar den anderen AN zur Verfolgung des arbeits-technischen Zwecks des Betriebs weisungsgebunden tätig werden soll. Wird eine Person in die betriebliche Organisation eingegliedert und weisungsgebunden beschäftigt, kommt es auf das zugrunde lie-gende Rechtsverhältnis nicht an. Das MBR besteht dann auch bei AN, die aufgrund von **Werkverträgen** im Fremdbetrieb tätig wer-den, bei selbständigen UN (BAG v. 15. 4. 86, AP Nr. 35 zu § 99 BetrVG 1972) oder bei AN fremder Firmen wie Kosmetikberaterin-nen oder Propagandisten (ArbG Herne, DB 85, 393; a.A. LAG Düsseldorf, DB 87, 2159 bei der Besetzung eines Arbeitsplatzes »Empfang eines Verlagsgebäudes« mit einem AN einer Bewa-chungsgesellschaft). Das MBR besteht ebenfalls, wenn der AG eine **Fremdfirma** beauftragt, Wartungs- und Instandhaltungsarbeiten außerhalb der betriebsüblichen Produktionszeiten durchzuführen (ArbG Freiburg, AiB 88, 112) sowie bei der Beschäftigung von **Sub-UN**, die in das Betriebsgefüge eingegliedert werden (ArbG Köln, AiB 88, 113; zur Frage der Franchise-AN vgl. im übrigen § 5 Rn. 2). Eine Einstellung ist auch die Beschäftigung von Arbeitslosen im Rahmen des sog. berufspraktischen Jahres (ArbG Passau v. 19. 11. 84 – 1 BV 5/84). Es ist im übrigen gleichgültig, ob sofort eine Eingliederung in den Betrieb erfolgt oder zunächst ein Arbeitsver-trag abgeschlossen wird, der die Einstellung zu einem späteren Zeit-punkt vorsieht. Das MBR besteht auch bei der vorübergehenden Einstellung von **Leih-AN** (BAG v. 14. 5. 74, AP Nr. 2 zu § 99 BetrVG 1972; vgl. hierzu auch die jetzige Spezialregelung des § 14 Abs. 3 AÜG). Dagegen ist die Rückkehr in den Verleiherbetrieb keine Einstellung. Eine solche liegt ebenfalls nicht vor bei der **Rück-nahme einer Kündigung** (LAG Frankfurt, BB 87, 2093) oder der Wiederaufnahme eines ruhenden Arbeitsverhältnisses nach Ablei-stung des Wehrdienstes. Überläßt ein konzernangehöriges UN ei-nem anderen UN desselben Konzerns AN **aushilfsweise**, so ist dieser Vorgang im entleihenden Betrieb als Einstellung mitbestimmungs-pflichtig (BAG, ArbuR 76, 152; LAG Frankfurt, DB 87, 1200), und zwar unbeschadet der Tatsache, daß es sich gemäß § 1 Abs. 3 Nr. 2 AÜG insoweit nicht um AN-Verleih i.S. des AÜG handelt. Ein MBR besteht auch bei der Beschäftigung von Umschülern im Rah- **4** men des AFG (BAG, ArbuR 81, 321). Die Beschäftigung von **Strafgefangenen** wird als mitbestimmungsfrei angesehen (BAG v. 3. 10. 78, AP Nr. 18 zu § 5 ArbGG). Um eine **mitbestimmungspflichtige** Einstellung handelt es sich dagegen bei der **späteren Verlängerung** eines zunächst nur **befristeten Arbeitsverhältnisses** (anders nach Auffassung des LAG Hamm, DB 86, 134 bei Umwandlung eines befristeten Probearbeitsverhältnisses in ein unbefristetes Arbeitsverhältnis), ebenso bei der Weiterbeschäftigung nach dem Ende eines Berufsausbildungsverhältnisses (LAG Hamm, DB 82, 2303).

5 Bei einer Vorverlegung des ursprünglich festgelegten Einstellungstermins ist die erneute Beteiligung des BR nicht erforderlich, wenn sich die sonstigen Umstände nicht geändert haben (LAG Düsseldorf, DB 76, 799). Bestimmt ein TV, daß das Arbeitsverhältnis mit Ablauf des Monats endet, in dem der AN das 65. Lebensjahr vollendet, und soll dieses dann noch **über die Altersgrenze hinaus** fortgesetzt werden, so ist der BR nach Abs. 1 zu beteiligen (BAG v. 18. 7. 88, AP Nr. 9 zu § 99 BetrVG 1972; ebenso BAG, BB 88, 2176).

6 **Eingruppierung** ist die in der Regel mit der Einstellung oder Versetzung verbundene Festsetzung der vorgesehenen Entgeltgruppe, die sich üblicherweise aus dem für den Betrieb geltenden TV ergibt. Bei nicht tariflich entlohnten AN ist unter Eingruppierung die Festlegung der betriebsüblichen Entlohnung zu verstehen, z. B. die Eingruppierung von AT-Ang. in betriebliche Gehaltsgruppen. Die Vereinbarungen **übertariflicher Arbeitsentgelte** im Einzelfall unterliegt aber nicht dem MBR des BR. Eine mitbestimmungspflichtige Eingruppierung ist dagegen gegeben, wenn nach einer Zulagenregelung AN einer bestimmten Vergütungsgruppe eine Zulage gewährt wird, die an Tätigkeitsmerkmale anknüpft, die für die Eingruppierung in die Vergütungsgruppe nicht maßgebend waren. Das gilt nicht für Zulagen, die nur für die Dauer einer Tätigkeit unter erschwerten Umständen gezahlt werden (z. B. Erschwerniszulagen), aber nichts über die Stellung des AN innerhalb der Vergütungsgruppe aussagen (BAG v. 24. 6. 88, AP Nr. 37 zu § 99 BetrVG 1972).

7 **Umgruppierung** ist jede Änderung der Eingruppierung, also jede Höher- oder Herabstufung, aber auch eine Anpassung an Änderungen des für den Betrieb maßgeblichen Gehalts- oder Lohngruppensystems, und zwar auch bei unverändertem Tätigkeitsbereich des AN (BVerwG v. 13. 12. 76, BVerwGE 50, 86). Eine Umgruppierung ist häufig gleichzeitig auch die Folge einer Versetzung.

8 Der Begriff »**Versetzung**« i. S. dieses Gesetzes ist in § 95 Abs. 3 definiert. Danach ist Versetzung die Zuweisung eines anderen Arbeitsbereichs, die **entweder** die Dauer von **einem Monat** voraussichtlich überschreitet **oder** aber – unabhängig von ihrer Dauer – mit einer

erheblichen Änderung der Arbeitsbedingungen verbunden ist. Arbeitsbereich i. S. dieser Vorschrift ist der Arbeitsplatz und seine Beziehung zur betrieblichen Umgebung in räumlicher, technischer und organisatorischer Hinsicht. Unter Arbeitsbedingungen sind alle Umstände zu verstehen, unter denen die Arbeit zu verrichten ist (technische Bedingungen, Umwelteinflüsse usw.; vgl. auch BAG, DB 88, 2158). Die Versetzung kann sich somit auf die Art der Tätigkeit, den Ort der Arbeitsleistung oder die Einordnung in die betriebliche Organisation beziehen. Die Zuweisung eines **anderen Arbeitsbereichs** liegt dann vor, wenn dem AN ein neuer Tätigkeitsbereich zugewiesen wird, so daß der Gegenstand der geschuldeten Arbeitsleistung, der Inhalt der Arbeitsaufgabe ein anderer wird und sich das **Gesamtbild der Tätigkeit** des AN ändert. Das BAG hat seine frühere Auffassung, dies sei z. B. dann nicht der Fall, wenn Schreibkräfte, die bisher Texte mit einer Kugelkopfschreibmaschine geschrieben haben, die gleichen Texte nunmehr mit Hilfe eines Bildschirmgeräts schreiben, oder wenn die betriebliche Einheit, in der der AN beschäftigt ist, nur einer anderen Leitungsstelle zugeordnet wird, im übrigen aber unverändert erhalten bleibt (BAG, DB 84, 2198), inzwischen ausdrücklich aufgegeben (BAG, DB 88, 2158). Die **Zuweisung** und die **Entziehung der Funktion** des Vorarbeiters oder sonstiger Verantwortungs- oder Vertretungsbefugnisse ist eine mitbestimmungspflichtige Versetzung (ArbG Hildesheim und ArbG Köln, AiB 80 Heft 4, S. 13; vgl. auch BAG, DB 80, 1608, wonach der teilweise Entzug von Aufgaben mitbestimmungsfrei sein soll, wenn insgesamt kein neuer Arbeitsbereich entsteht und auch die sonstigen Arbeitsbedingungen, insbesondere das Gehalt, sich nicht ändern). Eine Versetzung liegt auch vor, wenn dem AN ein **anderer Arbeitsort** zugewiesen wird, ohne daß sich seine Arbeitsaufgabe ändert, oder er in eine andere organisatorische Einheit eingegliedert wird (BAG v. 18. 2. 86, AP Nr. 33 zu § 99 BetrVG 1972). Mitbestimmungspflichtig ist deshalb z. B. die Versetzung in eine **andere Filiale** (BAG v. 16. 12. 86, AP Nr. 40 zu § 99 BetrVG 1972), die Versetzung einer Verkäuferin innerhalb eines Kaufhauses (LAG Düsseldorf, DB 87, 1439) oder der vorübergehende **Einsatz** eines AN **im Ausland,** wenn während dieser Zeit die wesentlichen rechtlichen Beziehungen zum Heimatbetrieb erhalten bleiben, der AN also weiterhin als diesem Betrieb zugehörig angesehen werden muß bzw. von vornherein feststeht, daß er nach Beendigung des Einsatzes an seinen bisherigen Arbeitsort zurückkehren wird (BAG v. 18. 2. 86, AP Nr. 33 zu § 99 BetrVG 1972; vgl. auch Vorinstanz LAG Köln, DB 85, S. 392).

Die Zuweisung eines anderen Arbeitsplatzes ist dann keine mitbestimmungspflichtige Versetzung, wenn ein AN nach der **Eigenart seines Arbeitsverhältnisses** üblicherweise nicht ständig an einem be- **9** stimmten Arbeitsplatz beschäftigt wird (z. B. ein Montagearbeiter; vgl. auch LAG Hamm, DB 79, 2042).

10 Soll eine Versetzung innerhalb eines UN von einem Betrieb in einen anderen erfolgen, so hat der BR des **abgebenden** Betriebs unter dem Gesichtspunkt der Versetzung, der des neuen Betriebs unter dem der Einstellung mitzubestimmen (vgl. aber auch BAG, DB 81, 1833, das die Zustimmung des BR des abgebenden Betriebs jedenfalls dann nicht für notwendig hält, wenn der betroffene AN in die Versetzung eingewilligt hat; vgl. demgegenüber BAG v. 18. 2. 86, 16. 12. 86, AP Nr. 33, 40 zu § 99 BetrVG 1972 für den Fall, daß mit der voraussichtlich die Dauer eines Monats übersteigenden Versetzung gleichzeitig bereits die anschließende **Rückversetzung** vorgesehen wird). Eine mitbestimmungspflichtige Versetzung liegt grundsätzlich auch dann vor, wenn einem Auszubildenden in einem Betrieb mit mehreren Filialen eine andere Ausbildungsstätte (Filiale oder Zentrale) zugewiesen wird (BAG v. 3. 12. 85, AP Nr. 30 zu § 99 BetrVG 1972). Eine **Zuständigkeit des GBR** kommt bei der Versetzung eines AN in einen anderen Betrieb nicht in Betracht.

11 Das MBR besteht auch dann, wenn die Versetzung **nach dem Arbeitsvertrag ohne weiteres zulässig ist** (LAG Hamm, BB 79, 2042). Ebenso entfällt das MBR nicht deshalb, weil der AG mit dem BR zuvor schon die Personalplanungsmaßnahmen gemäß § 92 beraten hatte (LAG Düsseldorf, BB 73, Beil. 15, 14). Eine Versetzung, die ohne Zustimmung des BR oder ohne Ersetzung der Zustimmung durch das ArbG erfolgt, ist dem AN gegenüber **unwirksam** (BAG, BB 88, 1327).

12 Wenn ein Ang. durch eine **Versetzung zum »leit.« Ang.** befördert werden soll, löst dieser Vorgang nach dem BAG nur die Mitteilungspflicht des AG nach § 105 (str.) aus. Ist der AG kraft Direktionsrecht befugt, einen AN von einem Betrieb in einen anderen zu versetzen, so bedarf diese Versetzung, wenn der AN Mitgl. des BR ist, wegen der mit ihr verbundenen Beendigung des Arbeitsverhältnisses zum alten Betrieb und damit der Mitgliedschaft im BR unter dem Gesichtspunkt des § 103 in jedem Fall der Zustimmung des BR des abgebenden Betriebs und im Hinblick auf § 99 der Zustimmung des BR des aufnehmenden Betriebs. Die Anwendung des § 103 rechtfertigt sich aus dem Zweck der Vorschrift, die Funktionsfähigkeit des BR und die Kontinuität seiner Amtsführung zu sichern (LAG Hamm, BB 77, 696).

13 Die dem AG obliegende **Informationspflicht** ist **umfassend**. Sie erstreckt sich auf alle Umstände, deren Kenntnis für die Beurteilung der beabsichtigten personellen Maßnahme durch den BR bedeutsam sein können. Hierzu gehören auch Hinweise auf die **Auswirkungen der geplanten personellen Maßnahme**. Ebenso hat der AG z. B.

bei einer Einstellung Mitteilung darüber zu machen, an welchem Arbeitsplatz der Bewerber beschäftigt werden, welche Funktion er ausüben und in welche Entgeltgruppe er eingestuft werden soll; bei der Einstellung von teilzeitbeschäftigten AN ist auch die Dauer ihrer Arbeitszeit mitzuteilen (LAG Frankfurt, NZA 87, 714). Die umfassende Unterrichtungspflicht des AG besteht auch dann, wenn er annehmen konnte, daß der BR keine Bedenken gegen die geplanten Maßnahmen geltend machen würde (BAG v. 6. 4. 73, AP Nr. 1 zu § 99 BetrVG 1972). Dasselbe gilt, wenn ein AN, dessen Einstellung beabsichtigt ist, kurzfristig in einem fremden Betrieb gearbeitet hat, aber aufgrund seiner früheren langjährigen Tätigkeit für den AG dem BR bestens bekannt ist (ArbG Hannover, BB 74, 135). Bei der Einstellung eines Leih-AN kann der BR die Vorlage der **AN-Überlassungsverträge** (§ 12 AÜG) verlangen, aber nicht die der Arbeitsverträge der Leih-AN mit dem Verleiher nach § 11 AÜG (BAG v. 6. 6. 78, AP Nr. 6 zu § 99 BetrVG 1972). Der AG hat dem BR auch die schriftliche Erklärung des Verleihers über die Erlaubnis nach § 1 AÜG vorzulegen und ihm Mitteilung zu geben, wenn die Erlaubnis endet. Zur Prüfung, ob ein MBR besteht, kann der BR auch die Überlassung von Werkverträgen verlangen, die der AG mit Fremdfirmen abschließt (LAG Hamm, DB 87, 2575).

Der **Informationsstand** des BR hat also grundsätzlich dem des AG zu entsprechen. Findet ein **Einstellungsgespräch** beim AG statt, so kann der BR verlangen, daß sich der Bewerber auch bei ihm vorstellt (a.A. BAG v. 18. 7. 78, AP Nr. 7 zu § 99 BetrVG 1972). Beratungen des AG mit dem BR über **Personalplanungsmaßnahmen** nach § 92 ersetzen nicht das Beteiligungsrecht des BR bei den sich daraus ergebenden personellen Einzelmaßnahmen nach dieser Bestimmung (LAG Düsseldorf, DB 74, 1917). **14**

Die **Unterrichtung** ist vom AG **rechtzeitig** vorzunehmen. Sie muß grundsätzlich mindestens **eine Woche** vor Durchführung der geplanten Maßnahme erfolgen (ArbG Göttingen, BB 73, 193). Zur ordnungsgemäßen Unterrichtung gehört es, daß dem BR **alle Unterlagen** vorgelegt werden, die für eine Beurteilung der vorgesehenen Maßnahme erheblich sein könnten. Bei einer beabsichtigten Einstellung hat der AG die **Bewerbungsunterlagen aller Bewerber** vorzulegen und nicht nur diejenigen, für die er sich im Wege der Vorauswahl bereits entschieden hat (BAG v. 6. 4. 73, 18. 7. 78, AP Nr. 1, 7 zu § 99 BetrVG 1972, 19. 5. 81, AP Nr. 18 zu § 118 BetrVG 1972). »Vorlegen« bedeutet, daß die Unterlagen dem BR bis zur Beschlußfassung über den Antrag auf Zustimmung, längstens für eine Woche, **zu überlassen** sind (BAG v. 3. 12. 85, AP Nr. 29 zu § 99 BetrVG 1972). Ordnungsgemäß ist die Unterrichtung nur dann, wenn sie gegenüber dem BR-Vors. oder im Falle seiner Verhinderung gegenüber dem Stellvertr. erfolgt (§ 26 Abs. 2). Die Frist wird **15**

dagegen nicht dadurch in Lauf gesetzt, daß der BR anderweitig ausreichende Kenntnis von der geplanten Maßnahme erhält. Eine bloße Versetzungsanzeige genügt selbst dann nicht, wenn der betroffene AN BR-Vors. ist (LAG Hamm, DB 73, 1047).

16 Kommt der AG seiner Unterrichtungspflicht nicht, wahrheitswidrig, unvollständig oder verspätet nach, begeht er eine **Ordnungswidrigkeit** gemäß § 121. Auch die einwöchige Äußerungspflicht des
BR nach Abs. 3 wird nur durch eine ordnungsgemäß erfolgte Unterrichtung seitens des AG in Lauf gesetzt. Fehlt es hieran, ist ein
Zustimmungsersetzungsantrag des AG als unbegründet abzuweisen
(BAG v. 15. 4. 86, AP Nr. 36 zu § 99 BetrVG 1972). Es treten die
Rechtsfolgen des § 101 ein. Die Mitgl. des BR unterliegen ihrerseits
nach § 99 Abs. 1 Satz 3 einer besonderen Verschwiegenheitspflicht,
die jedoch nicht gegenüber anderen Mitgl. des BR oder sonstiger
betriebsverfassungsrechtl. Organe gilt (§ 79 Abs. 1 Sätze 2 bis 4).

17 Der AG ist verpflichtet, die **Zustimmung des BR** zu der von ihm
beabsichtigten personellen Maßnahme einzuholen. Dabei kann der
BR **Bedenken jeder Art** geltend machen (vgl. Abs. 4). Führt der AG
eine personelle Maßnahme i. S. dieser Vorschrift ohne Zustimmung
des BR durch, so bestimmen sich die Rechtsfolgen nach § 101. Dabei ist es gleichgültig, ob der BR seine Zustimmung verweigert oder
der AG den BR von vornherein überhaupt nicht eingeschaltet hat.
Die gesetzlichen Beteiligungsrechte des BR können durch **TV erweitert und verstärkt** werden. Zulässig ist auch eine tarifliche Regelung,
die dem BR ein echtes MBR einräumt und im Streitfall eine Entscheidung der ESt. nach den Bestimmungen dieses Gesetzes vorsieht (BAG, BB 88, 1386).

18 Die Zustimmung des BR ist eine **zusätzliche Wirksamkeitsvoraussetzung** für die vom AG beabsichtigte personelle Maßnahme. Auch
wenn der BR ihr zustimmt, bleibt es dem von der personellen Maßnahme **betroffenen AN** unbenommen, das ArbG anzurufen, wenn er
sich in seinen Rechten beeinträchtigt fühlt. So kann ein AN seinen
tariflichen Lohnanspruch vor Gericht auch dann geltend machen,
wenn er vom AG mit Zustimmung des BR falsch eingruppiert worden ist. Die in dieser Bestimmung genannten personellen Einzelmaßnahmen (Einstellung, Eingruppierung usw.) sind allerdings
selbständig und voneinander unabhängig und deshalb jeweils getrennt zustimmungsbedürftig (BAG v. 10. 2. 76, AP Nr. 4 zu § 99
BetrVG 1972).

19 (2) *Zu Nr. 1:* Personelle Maßnahmen des AG, die **gegen Rechtsvorschriften** verstoßen, sind an sich schon dadurch unwirksam. Wären
sie nach dieser Bestimmung aber nicht zusätzlich an die Zustimmung des BR gebunden, so hätte dieser im Falle seines Widerspruchs keine Möglichkeit, nach § 101 vorzugehen und die Rück-

nahme der personellen Maßnahme zu erreichen. Ein Verstoß gegen ein Gesetz i.S. des Abs. 2 liegt nach Auffassung des BAG nicht vor, wenn der AG den BR vor Durchführung einer personellen Maßnahme **nicht rechtzeitig** oder **nicht ordnungsgemäß** nach Abs. 1 unterrichtet hat. Ohne die gesetzlich vorgeschriebene Unterrichtung läuft aber die Wochenfrist nach Abs. 3 nicht. Im übrigen führt die Verletzung der Unterrichtungspflicht dazu, daß ein Antrag des AG auf Feststellung, daß die Zustimmung des BR erteilt sei, als unbegründet abgewiesen werden muß (BAG v. 28. 1. 86, AP Nr. 34 zu § 99 BetrVG 1972).

Eine das Zustimmungsverweigerungsrecht des BR beinhaltende **20** Gesetzesverletzung liegt auch vor, wenn die geplante personelle Maßnahme **gegen allgemeine Rechtsgrundsätze** verstößt, deren Beachtung dem AG und dem BR nach diesem Gesetz ausdrücklich aufgegeben ist, etwa nach den Bestimmungen der §§ 74, 75 und 80 (vgl. auch ArbG Berlin, DB 74, 341 ff.; ArbG Kassel, DB 73, 1854). So kann der BR bei erheblichem Verdacht der **Diskriminierung von älteren** Einstellungsbewerbern der Einstellung jüngerer Bewerber widersprechen, wenn für diesen Verdacht erhebliche tatsächliche Anhaltspunkte vorhanden sind (LAG Frankfurt, DB 75, 2328); dasselbe gilt, wenn eine weibliche Bewerberin wegen ihres Geschlechts nicht eingestellt wird (§ 611 a BGB). Ein Verstoß gegen Rechtsvorschriften wird auch bejaht bei der Bestellung einer Aufsichtsperson, der die notwendigen Voraussetzungen fehlen, die nach den UVV bestehenden Pflichten auf dem Gebiete der Unfallverhütung zu erfüllen (ArbG Berlin, AiB 88, 292).

Die Bestimmung hat vor allem auch Bedeutung für Eingruppierun- **21** gen und Umgruppierungen in tarifliche Lohngruppen. Hat der AG die bisherige **Vergütungsgruppenordnung** des Betriebs unter Nichtachtung des dem BR nach § 87 Abs. 1 Nr. 10 zustehenden MBR einseitig **geändert,** so kann der BR den vom AG geplanten neuen Eingruppierungen die Zustimmung mit der Begründung verweigern, die vom AG angewandte Vergütungsordnung sei nicht diejenige Ordnung, die für den Betrieb zu gelten habe (BAG v. 27. 1. 87, AP Nr. 42 zu § 99 BetrVG 1972). Besteht bei der **Einstellung** des AN allerdings nur Streit über die richtige **Eingruppierung,** so kann der BR lediglich dieser, nicht dagegen der Einstellung schlechthin widersprechen (vgl. BAG v. 10. 2. 76, AP Nr. 4 zu § 99 BetrVG 1972). Nach Auffassung des BAG soll der BR einer befristeten Einstellung nicht mit der Begründung widersprechen können, die Befristung sei unzulässig (BAG v. 16. 7. 85, AP Nr. 21 zu § 99 BetrVG 1972), weil es beispielsweise keinen die Befristung des Arbeitsverhältnisses sachlich rechtfertigenden Grund gibt oder die Befristung gegen die Vorschriften des BeschFG verstößt. Nach Meinung des BAG soll in diesem Fall nicht die Einstellung, sondern erst die vorgesehene Art der späteren Bedingungen des Arbeitsverhältnisses gegen ein Gesetz verstoßen.

22 Die Zustimmung zur Einstellung kann nicht deshalb verweigert werden, weil der vorgesehene Arbeitsvertrag ein **automatisches Ausscheiden** mit Vollendung des 65. Lebensjahres vorsieht (ArbG Wuppertal, BB 74, 1440). Im übrigen hat der AG bei der **Auswahl unter den Stellenbewerbern** nach Ansicht des BAG eine mitbestimmungsfreie Entscheidungsbefugnis (BAG, DB 78, 2320), es sei denn, es bestehen Auswahlrichtlinien nach § 95.

23 *Zu Nr. 2:* Die Regelung soll sicherstellen, daß der AG bei personellen Maßnahmen die für den Betrieb geltenden, mit dem BR vereinbarten **Auswahlrichtlinien** beachtet (vgl. § 95).

24 *Zu Nr. 3:* Eine begründete Besorgnis, daß andere im Betrieb tätige AN Nachteile erleiden, kann bei einer beabsichtigten Einstellung gegeben sein, wenn es bislang wegen schlechter Auftragslage zu Personaleinschränkungen oder Kurzarbeit gekommen war und sich die Situation noch nicht geändert hat. Dasselbe kann gelten, wenn jemand für eine Position eingestellt werden soll, die noch von einem anderen AN besetzt ist oder diesem zwar gekündigt wurde, er aber **Kündigungsschutzklage** erhoben hat (ähnlich ArbG Hameln, BB 84, 1616 bei der Gefährdung des Weiterbeschäftigungsanspruchs eines gekündigten AN durch Neueinstellung). Die Versetzung eines AN, dessen Arbeitsplatz wegfällt, auf einen **noch besetzten** Arbeitsplatz begründet die Besorgnis, daß der Arbeitsplatzinhaber gekündigt wird. Eine vom BR mit dieser Begründung verweigerte Zustimmung kann gerichtlich ersetzt werden, wenn nach den Grundsätzen der sozialen Auswahl die betriebsbedingte Kündigung gerade demjenigen AN gegenüber auszusprechen ist, auf dessen Arbeitsplatz die Versetzung erfolgen soll (BAG, DB 88, 235). Die Nichtrealisierung einer **Beförderungschance** allein ist kein Nachteil i.S. dieser Vorschrift; anders aber, wenn eine rechtserhebliche Anwartschaft auf die von einem anderen besetzte Arbeitsstelle bestand (vgl. zum Beförderungsanspruch eines BR-Mitgl. im Hinblick auf § 37 Abs. 4 BAG, BB 88, 765; vgl. im übrigen BAG v. 6. 10. 78, AP Nr. 10 zu § 99 BetrVG 1972). Nachteile für die in einer Abteilung verbleibenden AN können auch die auf der Versetzung eines AN beruhenden Erschwerungen der Arbeit von nicht unerheblichem Gewicht sein (BAG, DB 88, 128).

25 *Zu Nr. 4:* Die Vorschrift soll verhindern, daß der durch die personelle Maßnahme betroffene AN **ungerechtfertigt benachteiligt** wird.

26 *Zu Nr. 5:* Die Bestimmung beinhaltet die rechtliche **Sanktion** für den Fall, daß der AG dem Verlangen des BR nach einer innerbetrieblichen **Stellenausschreibung** nicht oder nicht ordnungsgemäß nachgekommen ist (vgl. auch § 93 Rn. 2, 3). Für das Widerspruchsrecht des BR kommt es nicht darauf an, ob es im Betrieb tatsächlich Bewerber für die vakante Stelle gibt (BAG v. 6. 4. 73, AP Nr. 1 zu § 99 BetrVG 1972).

Zu Nr. 6: Die Besorgnis, der für die Maßnahme in Aussicht genom- **27** mene Bewerber oder AN werde den **Betriebsfrieden** durch unsozia- les oder gesetzwidriges Verhalten **stören,** kann nur auf konkrete Tatsachen gestützt werden, die bei objektiver Beurteilung der Per- sönlichkeit diesen Rückschluß zulassen. Gesetzwidriges Verhalten, das mit dem betrieblichen Geschehen in keinerlei Zusammenhang steht, kommt hierfür nicht in Betracht (BAG v. 5. 12. 57, **AP Nr. 2 zu § 123 BGB.**)

(3) Ist der BR mit einer vom AG beabsichtigten Maßnahme nicht **28** einverstanden, so muß er diesem die Verweigerung seiner Zustim- mung innerhalb **einer Woche** nach Unterrichtung **unter Angabe der Gründe schriftlich** mitteilen. Geschieht dies vor Ablauf der genann- ten Frist nicht, gilt die Zustimmung als erteilt. Die gesetzl. **Schrift- form** ist nicht gewahrt, wenn die schriftlich niedergelegten Gründe nicht **unterzeichnet** sind (BAG v. 24. 7. 79, AP Nr. 11 zu § 99 BetrVG 1972). Die einwöchige Erklärungsfrist endet mit Ablauf des Tages, der seiner Benennung nach dem Tage entspricht, an dem der AG die ihm nach Abs. 1 obliegende Unterrichtungspflicht erfüllt hat. AG und BR können eine Verlängerung der Frist vereinbaren (BAG v. 17. 5. 83, AP Nr. 18 zu § 99 BetrVG 1972). Die Wochen- frist kann auch durch TV verlängert werden (vgl. BAG v. 22. 10. 85, AP Nr. 23 zu § 99 BetrVG 1972 zur Verweigerung der Zustimmung des BR zu Umgruppierungen, die anläßlich des Inkrafttretens einer neuen Gehaltsgruppenordnung erforderlich werden).

Über die Frage, ob der vom AG beabsichtigten personellen Maß- **29** nahme zugestimmt oder die Zustimmung verweigert werden soll, beschließt der BR mit **einfacher Stimmenmehrheit** (§ 33 Abs. 1). Der BR hat allerdings die Möglichkeit, auch die Erledigung von perso- nellen Angelegenheiten dem BA gemäß § 27 oder einem nach § 28 gebildeten **Ausschuß** zu übertragen. Zur Begründung, warum der BR die Zustimmung verweigert, reicht es nicht aus, daß dieser ledig- lich den Gesetzeswortlaut einer der in Abs. 2 angeführten Tatbe- stände wiederholt. Es müssen **konkrete Tatsachen und Gründe** ange- führt werden. Geschieht dies, so kann der AG sich über die vom BR verweigerte Zustimmung nicht einfach mit der Behauptung, sie sei fehlerhaft oder unbegründet, hinwegsetzen; er hat vielmehr die ge- richtl. Ersetzung der Zustimmung zu beantragen. Die vom BR an- gegebenen Gründe brauchen nicht schlüssig zu sein (BAG, DB 78, 2322) und einer gerichtl. Nachprüfung letztlich auch nicht standzu- halten. Es genügt, daß die vorgetragenen Tatsachen als solche die geäußerten Besorgnisse auftreten lassen **können** (BAG, BB 79, 678). In einer neueren Entscheidung hat das BAG die Anforderungen an

eine wirksame Zustimmungsverweigerung durch den BR herabgesetzt. Danach reicht es aus, wenn die vom BR für die Verweigerung
seiner Zustimmung vorgetragene Begründung es **als möglich** erscheinen läßt, daß einer der in Abs. 2 abschließend genannten Zu-
stimmungsverweigerungsgründe geltend gemacht wird. Nur eine
Begründung, die **offensichtlich** nicht auf einen der Verweigerungs-
gründe Bezug nimmt, ist unbeachtlich mit der Folge, daß die Zustimmung des BR als erteilt gilt (BAG, BB 88, 1327). Trotzdem sollte der BR schon im Hinblick auf ein mögliches Verfahren nach §§ 99
Abs. 4 oder 100 die Zustimmungsverweigerung **so ausführlich wie
möglich** begründen.

30   (4) Ist der BR mit einer personellen Maßnahme nicht einverstanden
und **verweigert** er deshalb seine **Zustimmung,** so hat der AG, falls er
die Maßnahme gleichwohl durchführen will, die Ersetzung der Zustimmung des BR beim ArbG zu beantragen. Der AG ist nicht berechtigt, anstelle des Gerichts selbst darüber zu entscheiden, ob der
BR seine Zustimmung grundlos und ungerechtfertigt nicht erteilt
hat.

31   Das ArbG entscheidet im Beschlußverfahren. Der AG hat im Verfahren die **Darlegungs- und Beweislast** dafür, daß die vom BR vorgetragenen Gründe zur Verweigerung der Zustimmung nicht gegeben sind. Der BR kann nach Auffassung des BAG im arbeitsge-
richtlichen Beschlußverfahren weitere Gründe **nicht nachschieben**
(BAG v. 3. 7. 84, 15. 4. 86, AP Nrn. 20, 39 zu § 99 BetrVG 1972);
auf jeden Fall wird der BR ihm vorher nicht bekannt gewesene
Gründe noch geltend machen können. Weist das ArbG den Antrag
des AG auf Ersetzung der Zustimmung mit der Begründung als unzulässig ab, die Zustimmung gelte bereits als erteilt, so kann der BR
gegen diese Entscheidung Beschwerde einlegen, wenn er der Auffassung ist, daß seine Zustimmung noch nicht als erteilt gelte (BAG v.
22. 10. 85, AP Nr. 24 zu § 99 BetrVG 1972). Die von der beabsichtigten personellen Maßnahme betroffenen AN haben die Rechtsstellung eines Beteiligten, aber kein eigenes Antragsrecht (a.A.
BAG v. 27. 5. 82, AP Nr. 3 zu § 80 ArbGG 1979, 17. 5. 83, AP
Nr. 18 zu § 99 BetrVG 1972).

§ 100
Vorläufige personelle Maßnahmen

**(1) Der Arbeitgeber kann, wenn dies aus sachlichen Gründen drin-
gend erforderlich ist, die personelle Maßnahme im Sinne des § 99
Abs. 1 Satz 1 vorläufig durchführen, bevor der Betriebsrat sich geäußert oder wenn er die Zustimmung verweigert hat. Der Arbeitgeber
hat den Arbeitnehmer über die Sach- und Rechtslage aufzuklären.**

(2) Der Arbeitgeber hat den Betriebsrat unverzüglich von der vorläu-

figen personellen Maßnahme zu unterrichten. **Bestreitet der Betriebsrat, daß die Maßnahme aus sachlichen Gründen dringend erforderlich
ist, so hat er dies dem Arbeitgeber unverzüglich mitzuteilen.** In diesem
Fall darf der Arbeitgeber die vorläufige personelle Maßnahme nur
aufrechterhalten, wenn er innerhalb von drei Tagen beim Arbeitsgericht die Ersetzung der Zustimmung des Betriebsrats und die Feststellung beantragt, daß die Maßnahme aus sachlichen Gründen dringend
erforderlich war.

**(3) Lehnt das Gericht durch rechtskräftige Entscheidung die Erset-
zung der Zustimmung des Betriebsrats ab oder stellt es rechtskräftig
fest, daß offensichtlich die Maßnahme aus sachlichen Gründen nicht
dringend erforderlich war, so endet die vorläufige personelle Maßnahme mit Ablauf von zwei Wochen nach Rechtskraft der Entscheidung.
Von diesem Zeitpunkt an darf die personelle Maßnahme nicht aufrechterhalten werden.**

(1) Die Vorschrift regelt die Voraussetzungen, die den AG zur **vor-**   **1**
läufigen Durchführung einer personellen Maßnahme berechtigen,
bevor der BR sich dazu geäußert hat oder falls er seine Zustimmung
verweigert. Die vorläufige personelle Maßnahme ist nur dann zulässig, wenn sachliche Gründe sie **dringend erforderlich** machen. Ob
diese Voraussetzungen vorliegen, läßt sich regelmäßig nur **unter Berücksichtigung aller Umstände** des Einzelfalles beurteilen. Die vorläufige Durchführung einer Maßnahme kann beispielsweise dann
berechtigt sein, wenn sie **unaufschiebbar** ist, weil feststeht, daß andernfalls ein nicht wiedergutzumachender und nicht absehbarer
Schaden entstehen würde. Gründe für die vorläufige Durchführung
einer personellen Maßnahme können immer nur auf einer betrieblichen Notwendigkeit beruhen. Dagegen reicht z. B. das **besondere
Interesse eines Bewerbers** an einer sofortigen Einstellung nicht aus.
Bejaht wurde die dringende Erforderlichkeit bei der vorläufigen
Einstellung einer Fachkraft in einem Fall, in dem in einem für die
Produktion wichtigen Labor ein AN ausgeschieden und ein weiterer
in Urlaub war (ArbG Darmstadt v. 14. 8. 73 – 3 BV 7/73); bei der
vorläufigen Einstellung eines Bewerbers für eine Betriebsabteilung,
in der von insgesamt vier beschäftigten AN zwei ausgeschieden waren (ArbG Essen, DB 72, 977); im Fall einer sofortigen Versetzung
von AN zur Sicherstellung der monatlichen Lohnabrechnung im
Betrieb (BAG v. 7. 11. 77, AP Nr. 1 zu § 100 BetrVG 1972) sowie
bei der Einstellung einer dringend benötigten Fachkraft, die sich
sonst ernsthaft anderweitig entschieden hätte (LAG Berlin, DB 83,
776). Bei Ein- oder Umgruppierungen wird eine Unaufschiebbar-
keit aus der Natur der Sache heraus grundsätzlich nicht zu bejahen
sein.

Bevor der AG die Maßnahme vorläufig durchführt, hat er den da-   **2**
von betroffenen AN jedoch auf die Vorläufigkeit der Maßnahme

und die mögliche Notwendigkeit, sie später wieder rückgängig machen zu müssen, hinzuweisen. Unterläßt er dies, so können sich daraus **Schadensersatzverpflichtungen** für ihn ergeben.

3 (2) Damit der BR von der vorläufigen personellen Maßnahme Kenntnis erhält, ist der AG verpflichtet, ihn **unverzüglich zu unterrichten** (BAG v. 7. 11. 77, AP Nr. 1 zu § 100 BetrVG 1972). Behauptet der BR die Nichtberechtigung der vorläufigen Maßnahme und teilt er dies dem AG unverzüglich mit, so muß dieser die Maßnahme rückgängig machen, es sei denn, daß er **innerhalb von drei Tagen** beim ArbG die Ersetzung der Zustimmung des BR zur Durchführung der personellen Maßnahme und die Feststellung, daß deren vorläufige Durchführung aus sachlichen Gründen dringend erforderlich war, beantragt. Beide Anträge müssen in diesem Fall innerhalb der **Ausschlußfrist** von drei Tagen beim ArbG gestellt werden (BAG, BB 78, 1166). Der BR kann in diesem Verfahren seinen Abweisungsantrag ebenfalls bereits mit dem Antrag verbinden, dem AG aufzugeben, die vorläufige personelle Maßnahme gemäß § 101 aufzuheben.

4 Bei der Beurteilung der Frage, ob aus sachlichen Gründen die vorläufige Durchführung der Personalmaßnahme dringend erforderlich ist, scheiden **Gesichtspunkte der sozialen Auswahl** nach Auffassung des BAG aus (BAG v. 7. 11. 77, AP Nr. 1 zu § 100 BetrVG 1972). Der vom AG zu stellende Antrag auf Feststellung der Dringlichkeit für eine vorläufige Maßnahme ist dann unbegründet, wenn die Maßnahme offensichtlich aus sachlichen Gründen nicht dringend erforderlich war. Das Merkmal »offensichtlich« erfordert eine **grobe Verkennung** der sachlich-betrieblichen Notwendigkeit der vorläufigen Durchführung der Personalmaßnahme seitens des AG (BAG a.a.O.). War die personelle Maßnahme **zur Zeit der Durchführung** dringend erforderlich, so braucht der AG sie nach Auffassung des BAG anschließend vor Abschluß des von ihm eingeleiteten Verfahrens nicht aufzuheben, wenn nachträglich der dringende betriebliche Grund wieder entfällt (BAG, DB 75, 311). Das gerichtl. Verfahren ist nicht auf die Klärung der Frage beschränkt, ob der AG die personelle Maßnahme vorläufig durchführen durfte; es kann sich vielmehr gleichzeitig auch auf die Ersetzung der Zustimmung des BR nach § 99 Abs. 4 erstrecken. Deshalb ist es zweckmäßig, daß der BR in einem solchen Verfahren **sowohl die für eine Verweigerung seiner Zustimmung maßgebenden Gründe** vorträgt als auch darlegt, warum er die vorläufige Durchführung der Maßnahme für sachlich **nicht dringend erforderlich** erachtet.

5 (3) Hat der AG **sowohl** den Antrag gestellt, die fehlende Zustimmung des BR zu ersetzen, **als auch** festzustellen, daß die von ihm vorläufig durchgeführte personelle Maßnahme aus sachlichen Gründen dringend erforderlich war, so ist zu beachten, daß es sich im Grunde um **zwei Verfahren** handelt, die zwar vom Gericht zusammen entschieden werden können, aber nicht gleichzeitig entschieden werden müssen (str.). Es ist sogar möglich, daß beide Anträge bei verschiedenen Kammern desselben Gerichts anhängig sind, wenn nämlich der Antrag nach § 99 Abs. 4 auf Ersetzung der Zustimmung des BR schon vorher gestellt wurde.

Stellt das Gericht fest, daß die vorläufige Durchführung der perso- **6** nellen Maßnahme offensichtlich aus sachlichen Gründen nicht dringend notwendig war, so endet diese mit Ablauf von zwei Wochen **nach Rechtskraft der Entscheidung** ohne Rücksicht auf die Dauer von Kündigungsfristen (vgl. auch ArbG Göttingen, DB 73, 338). Sie darf von diesem Zeitpunkt an nicht aufrechterhalten werden (wegen der rechtlichen Sanktionen vgl. § 101). Dasselbe gilt, wenn das Gericht die Ersetzung der Zustimmung des BR nach § 99 Abs. 4 ablehnt, da damit zugleich auch die Grundlage zur Durchführung einer vorläufigen personellen Maßnahme entfällt. An diesem Ergebnis ändert sich auch dann nichts, wenn **zwei verschiedene Kammern desselben Gerichts** über die Anträge befinden und die eine Kammer den Antrag auf Ersetzung der Zustimmung des BR ablehnt, während die andere die Notwendigkeit der vorläufigen Durchführung der Maßnahme bejaht hat. Ersetzt das Gericht die Zustimmung, verneint es aber die Dringlichkeit zur vorläufigen Durchführung der Maßnahme, darf der AG diese ebenfalls nicht aufrechterhalten (a.A. BAG v. 19. 6. 84, AP Nr. 1 zu Art. 72 ZA-Nato-Truppenstatut; LAG Hamm, DB 84, 2043; vgl. auch ArbG Braunschweig v. 24. 2. 87 – 6 BV 6/87, das einen Anspruch des BR auf Rückgängigmachung nur bis zur rechtskräftigen Zustimmungsersetzung bejaht). Die Aufhebung einer vorläufigen personellen Maßnahme kann der BR nach Auffassung des LAG Frankfurt (DB 88, 915) allerdings nicht im Wege der **einstweiligen Verfügung** vor Abschluß des normalen Beschlußverfahrens verlangen, da nach Abs. 3 und § 101 Zwangsmittel zur Durchsetzung der Rückgängigmachung der personellen Maßnahme erst eingesetzt werden können, wenn das ArbG die Ersetzung der Zustimmung des BR **rechtskräftig** abgelehnt bzw. festgestellt hat, daß die vorläufige Durchführung der Maßnahme offensichtlich aus sachlichen Gründen nicht dringend erforderlich war.

§ 101
Zwangsgeld

Führt der Arbeitgeber eine personelle Maßnahme im Sinne des § 99 Abs. 1 Satz 1 ohne Zustimmung des Betriebsrats durch oder hält er eine vorläufige personelle Maßnahme entgegen § 100 Abs. 2 Satz 3 oder Abs. 3 aufrecht, so kann der Betriebsrat beim Arbeitsgericht beantragen, dem Arbeitgeber aufzugeben, die personelle Maßnahme

aufzuheben. Hebt der Arbeitgeber entgegen einer rechtskräftigen gerichtlichen Entscheidung die personelle Maßnahme nicht auf, so ist auf Antrag des Betriebsrats vom Arbeitsgericht zu erkennen, daß der Arbeitgeber zur Aufhebung der Maßnahme durch Zwangsgeld anzuhalten sei. Das Höchstmaß des Zwangsgeldes beträgt für jeden Tag der Zuwiderhandlung 500 Deutsche Mark.

1 Die Vorschrift sichert die Einhaltung der personellen MBR des BR durch die Möglichkeit einer gerichtl. **Verhängung von Zwangsgeld** gegen den AG. Der BR kann durch das ArbG die Rückgängigmachung einer personellen Maßnahme erzwingen, wenn der AG sie ohne Zustimmung des BR durchgeführt hat. Dabei ist es gleichgültig, ob der AG die Zustimmung überhaupt nicht eingeholt hat, ob sie vom BR verweigert wurde, ohne daß ihre Ersetzung durch das ArbG erfolgt ist, oder ob das ArbG die Ersetzung der Zustimmung abgelehnt hat. Ebenso kann der AG durch das Gericht angehalten werden, eine vorläufig durchgeführte Maßnahme rückgängig zu machen, wenn der BR deren Berechtigung unverzüglich bestritten und der AG es unterlassen hat, das ArbG **innerhalb von drei Tagen** anzurufen. Hat der AG eine Eingruppierung ohne die Zustimmung des BR vorgenommen, kann nach Auffassung des BAG **nicht** die **Aufhebung der Eingruppierung,** sondern nur die nachträgliche Einholung der Zustimmung und bei Verweigerung der Zustimmung die Durchführung des arbeitsgerichtl. Zustimmungsersetzungsverfahrens vom BR verlangt werden (BAG v. 22. 3. 83, AP Nr. 6 zu § 101 BetrVG 1972). Der einzelne AN kann **unabhängig vom Beschlußverfahren** die nach seiner Meinung richtige Gehaltsgruppe einklagen (BAG v. 13. 5. 81, AP Nr. 24 zu § 89 HGB).

2 Für den Antrag auf Rückgängigmachung der personellen Maßnahme schreibt das Gesetz keine Frist vor. Der Anspruch des BR kann aber durch längeren Zeitablauf verwirken (LAG Frankfurt, BB 84, 1684). Stellt der BR den Antrag, die personelle Maßnahme aufzuheben, so kann der AG dem **nicht mit** einem **Hilfsantrag begegnen,** die fehlende Zustimmung des BR gemäß § 99 Abs. 4 gerichtl. zu ersetzen; er kann auch nicht geltend machen, es fehlte an einem Zustimmungsverweigerungsgrund (BAG v. 18. 9., 21. 11. 78, AP Nr. 1, 3 zu § 101 BetrVG 1972, 16. 7. 85, AP Nr. 21 zu § 99 BetrVG 1972). Ebenso kann sich der AG dem Aufhebungsverlangen des BR nach § 101 nicht dadurch entziehen, daß er **vor** Rückgängigmachung der Maßnahme erneut, und zwar diesmal ordnungsgemäß, die Verfahren nach §§ 99, 100 einleitet (vgl. LAG Frankfurt v. 5. 7. 88 – 4 Ta BV 75/88). War dem AG wegen Versäumung der Antragsfrist (§ 100 Abs. 2) nach dieser Bestimmung aufgegeben worden, einen vorläufig eingestellten AN zu entlassen und stellt der AG den AN **nach** der Entlassung erneut vorläufig ein und stellt er die Anträge nach § 100 Abs. 2 nunmehr rechtzeitig, so kann ihm nicht erneut die Entlassung des AN aufgegeben werden (LAG Berlin v. 10. 8. 76 – 8 Ta BV 3/76; ArbG Kassel, DB 77, 1418). Dies gilt dann nicht, wenn das Gericht das offensichtliche Fehlen der sachlichen Dringlichkeit festgestellt hatte und zwischenzeitlich **keine wesentliche Änderung** der Umstände eingetreten ist.

Handelt der AG einer **rechtskräftigen** gerichtl. **Entscheidung zuwider,** kann deren Einhaltung durch Zwangsgeld erzwungen werden. Ist die gerichtl. Entscheidung in einem Verfahren ergangen, in dem die Nichtberechtigung einer vorläufig durchgeführten personellen Maßnahme festgestellt wurde (§ 100 Abs. 3), so ist jedoch zu beachten, daß der AG zur Rückgängigmachung dieser personellen Maßnahme **erst nach Ablauf von zwei Wochen** seit Rechtskraft der Entscheidung verpflichtet ist. Ein Verfahren nach dieser Bestimmung wird wegen **fehlenden Rechtsschutzbedürfnisses** unzulässig, wenn das Arbeitsverhältnis aus anderen Gründen bereits wieder geendet hat (BAG, DB 79, 408). § 101 schließt den Anspruch des BR auf künftige Beachtung seiner MBR nach § 23 Abs. 3 nicht aus (BAG v. 17. 3. 87, AP Nr. 43 zu § 99 BetrVG 1972).

3

§ 102
Mitbestimmung bei Kündigungen

(1) Der Betriebsrat ist vor jeder Kündigung zu hören. Der Arbeitgeber hat ihm die Gründe für die Kündigung mitzuteilen. Eine ohne Anhörung des Betriebsrats ausgesprochene Kündigung ist unwirksam.

(2) Hat der Betriebsrat gegen eine ordentliche Kündigung Bedenken, so hat er diese unter Angabe der Gründe dem Arbeitgeber spätestens innerhalb einer Woche schriftlich mitzuteilen. Äußert er sich innerhalb dieser Frist nicht, gilt seine Zustimmung zur Kündigung als erteilt. Hat der Betriebsrat gegen eine außerordentliche Kündigung Bedenken, so hat er diese unter Angabe der Gründe dem Arbeitgeber unverzüglich, spätestens jedoch innerhalb von drei Tagen, schriftlich mitzuteilen. Der Betriebsrat soll, soweit dies erforderlich erscheint, vor seiner Stellungnahme den betroffenen Arbeitnehmer hören. § 99 Abs. 1 Satz 3 gilt entsprechend.

(3) Der Betriebsrat kann innerhalb der Frist des Absatzes 2 Satz 1 der ordentlichen Kündigung widersprechen, wenn

1. der Arbeitgeber bei der Auswahl des zu kündigenden Arbeitnehmers soziale Gesichtspunkte nicht oder nicht ausreichend berücksichtigt hat,

2. die Kündigung gegen eine Richtlinie nach § 95 verstößt,

3. der zu kündigende Arbeitnehmer an einem anderen Arbeitsplatz im selben Betrieb oder in einem anderen Betrieb des Unternehmens weiterbeschäftigt werden kann,

**4. die Weiterbeschäftigung des Arbeitnehmers nach zumutbaren Um-
schulungs- oder Fortbildungsmaßnahmen möglich ist oder**

**5. eine Weiterbeschäftigung des Arbeitnehmers unter geänderten
Vertragsbedingungen möglich ist und der Arbeitnehmer sein Einverständnis hiermit erklärt hat.**

**(4) Kündigt der Arbeitgeber, obwohl der Betriebsrat nach Absatz 3
der Kündigung widersprochen hat, so hat er dem Arbeitnehmer mit
der Kündigung eine Abschrift der Stellungnahme des Betriebsrats zuzuleiten.**

**(5) Hat der Betriebsrat einer ordentlichen Kündigung frist- und ord-
nungsgemäß widersprochen, und hat der Arbeitnehmer nach dem Kündigungsschutzgesetz Klage auf Feststellung erhoben, daß das Arbeitsverhältnis durch die Kündigung nicht aufgelöst ist, so muß der Arbeitgeber auf Verlangen des Arbeitnehmers diesen nach Ablauf der Kündigungsfrist bis zum rechtskräftigen Abschluß des Rechtsstreits bei
unveränderten Arbeitsbedingungen weiterbeschäftigen. Auf Antrag
des Arbeitgebers kann das Gericht ihn durch einstweilige Verfügung
von der Verpflichtung zur Weiterbeschäftigung nach Satz 1 entbin-
den, wenn**

**1. die Klage des Arbeitnehmers keine hinreichende Aussicht auf Er-
folg bietet oder mutwillig erscheint oder**

**2. die Weiterbeschäftigung des Arbeitnehmers zu einer unzumutbaren
wirtschaftlichen Belastung des Arbeitgebers führen würde oder**

3. der Widerspruch des Betriebsrats offensichtlich unbegründet war.

**(6) Arbeitgeber und Betriebsrat können vereinbaren, daß Kündigun-
gen der Zustimmung des Betriebsrats bedürfen und daß bei Meinungsverschiedenheiten über die Berechtigung der Nichterteilung der Zustimmung die Einigungsstelle entscheidet.**

**(7) Die Vorschriften über die Beteiligung des Betriebsrats nach dem
Kündigungsschutzgesetz und nach § 8 Abs. 1 des Arbeitsförderungs-
gesetzes bleiben unberührt.**

1 (1) Jede ohne Anhörung des BR ausgesprochene Kündigung ist **unwirksam**. Die Unwirksamkeit wird nicht durch **nachträgliche Anhörung** oder Zustimmung des BR geheilt (BAG v. 28. 2. 74, AP Nr. 2
zu § 102 BetrVG). Sie kann auch nach Ablauf der **dreiwöchigen Kla-
gefrist** des § 4 KSchG noch gerichtl. geltend gemacht werden (BAG
a.a.O.).

2 Die Anhörungspflicht gilt **sowohl** für die **ordentliche** (fristgemäße)
als auch für die **außerordentliche** (fristlose) und die schon **vor Dienst-
antritt** des AN ausgesprochene Kündigung des Arbeitsvertrages
(LAG Frankfurt, DB 85, 2689), ebenso für alle **Änderungskündigungen**. Für eine Änderungskündigung kann neben § 102 auch § 99

gelten, wenn die Voraussetzungen nach dieser Bestimmung ebenfalls erfüllt sind, z. B. bei einer Rückgruppierung (BAG v. 3. 11. 77, AP Nr. 1 zu § 75 BPersVG) oder Versetzung (LAG Frankfurt, BB 87, 2453), wobei die Nichtbeachtung des § 99 auch zur Unwirksamkeit der Änderungskündigung führen kann (LAG Frankfurt a.a.O.). Die Anhörungspflicht besteht auch bei einer vom **Konkursverwalter** nach Konkurseröffnung ausgesprochenen Kündigung (LAG Baden-Württemberg, ArbuR 74, 93). Dasselbe gilt für Kündigungen bei **Betriebsstillegung** (LAG Hamm, BB 76, 170). Auch die **während eines Streiks** ausgesprochene Kündigung des AG bedarf der vorherigen Anhörung des BR (BAG v. 6. 3. 79, AP Nr. 20 zu § 102 BetrVG 1972); etwas anderes soll nach Auffassung des BAG gelten, wenn die Kündigung aus arbeitskampfbedingten Gründen, etwa wegen Teilnahme an rechtswidrigen Arbeitsniederlegungen, erfolgt (BAG v. 14. 2. 78, AP Nr. 58 zu Art. 9 GG Arbeitskampf). Die Anhörungspflicht entfällt auch in sog. **Eilfällen** nicht. Sie besteht auch dann, wenn auf das Arbeitsverhältnis eines AN die Bestimmungen des **KSchG nicht** zur Anwendung kommen, wenn also beispielsweise ein AN noch keine sechs Monate im Betrieb tätig ist (BAG v. 13.7. 78, 28. 9. 78, AP Nr. 17 bis 19 zu § 102 BetrVG 1972). Der BR muß auch gehört werden, wenn in einem Tendenz-UN einem sog. **Tendenzträger** aus tendenzbedingten Gründen gekündigt werden soll (BAG v. 7. 11. 75, AP Nr. 4 zu § 118 BetrVG 1972). Ein Anhörungsrecht des BR besteht nicht, wenn das Arbeitsverhältnis durch einen **Aufhebungsvertrag** beendet oder durch einen **Änderungsvertrag** verändert wird (BAG, BB 78, 403). Eine Anhörung scheidet ferner aus, wenn ein Zeitvertrag mit Fristablauf **ohne Kündigung** endet. Bei Probe- und Aushilfsarbeitsverhältnissen ist die Anhörung durchzuführen, sofern es zu deren Beendigung einer Kündigung bedarf; dies gilt auch für eine Kündigung, die während der Probezeit eines Ausbildungsverhältnisses ausgesprochen wird (LAG Baden-Württemberg v. 4. 10. 84 – 7 Sa 24/84). Bei einem Auslandsarbeitsverhältnis entfällt die Anhörungspflicht dann, wenn sich dieses nach Vertrag und Abwicklung auf den **ausschließlichen Einsatz** des AN im Ausland beschränkt (BAG, DB 87, 1897).

Vor der **Konstituierung** des BR besteht keine Anhörungspflicht; der **3** AG ist auch nicht verpflichtet, mit der Kündigung zu warten, bis der BR sich konstituiert hat (BAG v. 23. 8. 84, AP Nr. 36 zu § 102 BetrVG 1972; anders BAG, ArbuR 84, 190). Das Anhörungsrecht hat im übrigen auch der aus einer Person bestehende BR. Es entällt grundsätzlich, wenn diese verhindert ist und ein Ersatzmitgl. fehlt. Ist das einzige Mitgl. des BR arbeitsunfähig erkrankt und ein Stellvertr. nicht vorhanden, so ist der AG aber jedenfalls dann zur Anhörung des erkrankten einzigen Mitgl. des BR vor Ausspruch der Kündigung verpflichtet, wenn er davon ausgehen kann, daß dieses bereit und in der Lage ist, derartige BR-Tätigkeiten auszuüben (BAG v. 15. 11. 84, AP Nr. 34 zu § 102 BetrVG 1972). Der BR kann seine Mitwirkungsrechte bei Kündigungen auf einen von ihm gebildeten **Personalausschuß** übertragen (BAG v. 12. 7. 84, AP Nr. 32 zu § 102 BetrVG 1972). Der AG hat grundsätzlich den für den Beschäftigungsbetrieb zuständigen BR von der beabsichtigten Kündigung zu unterrichten. Dem **GBR** kann nur im **Einzelfall** die Zuständigkeit für eine Kündigung übertragen werden (LAG Köln, DB 84, 937).

4 Der AG hat dem BR sowohl die **Person des AN,** dem gekündigt werden soll, die **Art der Kündigung** (z. B. ordentliche oder außerordentliche), als auch den **Kündigungstermin** mitzuteilen (BAG v. 28. 2. 74, AP Nr. 2 zu § 102 BetrVG 1972), wobei die lediglich fehlerhafte **Angabe** einer **falschen Kündigungsfrist** oder eines unrichtigen Endtermins allein jedoch nicht schon zur Unwirksamkeit der Kündigung führen soll (BAG v. 29. 1. 86, AP Nr. 42 zu § 102 BetrVG 1972). Im übrigen sind dem BR die Gründe für die Kündigung so **umfassend** und **detailliert** mitzuteilen, daß er sich ein Bild über die Stichhaltigkeit machen kann. Bei beabsichtigter **Änderungskündigung** gehört hierzu auch die Mitteilung des Änderungsangebots (BAG, DB 84, 620). Bei einer **betriebsbedingten Kündigung** muß dem BR im einzelnen mitgeteilt werden, inwiefern der Arbeitsplatz des zu kündigenden AN weggefallen ist. Es **reicht nicht aus,** wenn der AG lediglich eine unbestimmte und pauschale Begründung wie »Auftragsmangel«, »Arbeitsmangel« oder »Rationalisierungsmaßnahme« angibt. Auch genügen nicht Angaben über die mangelnde Auslastung des Betriebs oder einer Betriebsabteilung, wenn zugleich außer Frage steht, daß die Beschäftigung einzelner Arbeitsgruppen im Betrieb oder in der betreffenden Abteilung sich nicht unerheblich voneinander unterscheidet oder die Auftragsabwicklung in verschiedenen Bereichen sogar entgegengesetzt verläuft.

5 Dem BR müssen auch die Gesichtspunkte für die **soziale Auswahl** mitgeteilt werden, und zwar nicht nur die sozialen Daten des zu kündigenden AN, sondern auch die der AN mit einer vergleichbaren Tätigkeit. Der AG muß dem BR dabei, und zwar **auch ohne ausdrückliches Verlangen** des BR, von vornherein die Gründe mitteilen, die ihn zur Auswahl gerade des zu kündigenden AN veranlaßt haben (BAG v. 29. 3. 84, AP Nr. 31 zu § 102 BetrVG 1972). Aus Sinn und Zweck der Anhörung folgt, daß der AG dem BR gegenüber auch eindeutig darstellen muß, ob er sich nur aus betrieblichen Gründen zur Kündigung veranlaßt sieht, oder ob er diese unabhängig davon, auch unmittelbar auf personen- oder verhaltensbedingte Gründe stützen will (BAG, DB 82, 1171). Bei einer

Kündigung wegen **häufiger Kurzerkrankungen** sind nicht nur die
bisherigen Fehlzeiten und die Art der Erkrankungen mitzuteilen,
sondern auch die wirtschaftlichen Belastungen und Betriebsbeein-
trächtigungen, die infolge der Fehlzeiten entstanden sind oder mit
denen noch gerechnet werden muß (BAG v. 24. 11. 83, AP Nr. 30
zu § 102 BetrVG 1972). An die Mitteilungspflicht des AG hinsichtlich der **wirtschaftlichen Belastungen** sollen allerdings nicht die
strengen Anforderungen wie im Kündigungsschutzprozeß zu stellen
sein. Angaben sollen ausnahmsweise sogar entbehrlich sein, wenn
der BR den Arbeitsplatz und die Folgen wiederholter Ausfälle genau kennt, wofür jedoch **keine Erfahrungsregel** spricht (BAG
a.a.O.; abzulehnen LAG Hamm, DB 88, 506, das eine EDV-mäßige
Darstellung der Fehlzeiten und Mitteilung der entstandenen Lohn-
fortzahlungskosten als ausreichend ansehen will). Eine wirksame
Anhörung des BR zu einem vom AN angekündigten, aber noch
nicht eingetretenen Verhalten ist dann nicht möglich, wenn nicht
die Ankündigung selbst, sondern nur das **zu erwartende Verhalten**
des AN vom AG als Kündigungsgrund genannt wird (BAG v.
19. 1. 83, AP Nr. 28 zu § 102 BetrVG 1972). Verschweigt der AG
dem BR Umstände, die für die Beurteilung der beabsichtigten Kündigung maßgeblich sind, so stellt dies einen Verstoß gegen den
Grundsatz der vertrauensvollen Zusammenarbeit (§ 2 Abs. 1) dar,
der auch im Anhörungsverfahren zu beachten ist (BAG v. 2. 11. 83,
AP Nr. 29 zu § 102 BetrVG 1972); dies ist beispielsweise der Fall,
wenn er dem BR nicht mitteilt, daß die einzige in Betracht kommende Tatzeugin einen gegen den zu kündigenden AN erhobenen Vorwurf der schweren Pflichtwidrigkeit nicht bestätigt hat (BAG
a.a.O.). Teilt der AN dem AG binnen eines Monats nach Kündi-
gungserhalt mit, er habe vor Kündigungszugang die Anerkennung
als **Schwerbehinderter** beantragt, muß der AG den BR **erneut** anhören (LAG Hamm, DB 88, 916).

Wenn der BR bei Einleitung des Anhörungsverfahrens bereits über **6**
den **erforderlichen Kenntnisstand** verfügt, um zu der konkret beabsichtigten Kündigung eine Stellungnahme abgeben zu können, bedarf es keiner weiteren Darlegung der Kündigungsgründe durch
den AG mehr (BAG v. 27. 6. 85, AP Nr. 37 zu § 102 BetrVG 1972).
Dies kann beispielsweise der Fall sein, wenn die Tatumstände, mit
denen der AG die Kündigung rechtfertigen will, sich über einen längeren Zeitraum zugetragen haben und alle diese Umstände dem
BR-Vors. jeweils zu der Zeit, als sie sich ereigneten, mitgeteilt wurden (BAG v. 28. 3. 74, AP Nr. 3 zu § 102 BetrVG 1972). Für die
vorstehend dargelegten Grundsätze ist es unerheblich, ob es sich um
einen Klein- oder Großbetrieb handelt (BAG v. 27. 6. 85, AP Nr. 37
zu § 102 BetrVG 1972). Unterläßt der AG die Unterrichtung des BR
in der **irrigen Annahme,** daß dieser bereits über den erforderlichen

und aktuellen Kenntnisstand verfüge, liegt **keine** ordnungsgemäße Anhörung vor (BAG a.a.O.). Das Anhörungsverfahren ist nur dann ordnungsgemäß, wenn der BR weiß, daß es wegen einer noch auszusprechenden Kündigung eingeleitet wird (BAG v. 18. 9. 75, AP Nr. 6 zu § 102 BetrVG 1972).

7 Die **Anhörung** zu einer beabsichtigten **ordentlichen Kündigung** beinhaltet nicht zugleich auch die Anhörung zu einer später ausgesprochenen **außerordentlichen Kündigung** (BAG v. 12. 8. 76, AP Nr. 10 zu § 102 BetrVG 1972). Der AG ist nur verpflichtet, die **Kündigungsgründe** mitzuteilen; er braucht dem BR die für die Kündigung maßgebenden Tatsachen **nicht nachzuweisen;** dies muß der AG erst, wenn der AN ein Kündigungsschutzverfahren einleitet (BAG v. 24. 3. 77, AP Nr. 12 zu § 102 BetrVG 1972). Bei unvollständiger und dadurch **irreführender Darstellung** des Kündigungssachverhalts fehlt es aber an der ordnungsgemäßen Anhörung des BR (LAG Baden-Württemberg, NZA 87, 756). Ob der AG schon vor der Anhörung des BR seinen **Kündigungswillen abschließend gebildet** hat, ist auf die im übrigen ordnungsgemäße Anhörung nach Auffassung des BAG ohne Einfluß (BAG v. 28. 2. 74, 28. 9. 78, AP Nr. 2, 19 zu § 102 BetrVG 1972). Führt der AG kein ordnungsgemäßes Anhörungsverfahren durch, dann wird dieser Mangel grundsätzlich nicht dadurch geheilt, daß der BR zur beabsichtigten Kündigung abschließend Stellung nimmt. Etwas anderes kann allenfalls dann gelten, wenn der BR **ausdrücklich und vorbehaltlos** der Kündigung zugestimmt hat (BAG v. 28. 9. 78, AP Nr. 19 zu § 102 BetrVG 1972).

8 Zur **Entgegennahme** dieser Erklärungen ist **nicht jedes BR-Mitgl.** berechtigt, sondern nur der Vors. des BR und im Falle seiner Verhinderung dessen Stellvertr. Der BR muß sich im Rahmen eines Anhörungsverfahrens grundsätzlich nur das Wissen eines zur Entgegennahme von Erklärungen berechtigten oder hierzu ausdrücklich ermächtigten BR-Mitgl. zurechnen lassen (BAG v. 27. 6. 85, AP Nr. 37 zu § 102 BetrVG 1972). Zieht der AG bei der Ermittlung des Kündigungssachverhalts ein (einfaches) BR-Mitgl. hinzu, sind dessen Kenntnisse dem Wissen des BR nur dann zuzurechnen, wenn es sie vor oder bei Einleitung des Anhörungsverfahrens dem Vors. des BR, seinem Stellv. oder dem BR-Gremium mitgeteilt hat (LAG München, BB 88, 2875). Ist das MBR des BR auf einen **Ausschuß** übertragen worden, so ist dessen Vors. zur Entgegennahme der Erklärungen des AG befugt (BAG v. 4. 8. 75, AP Nr. 4 zu § 102 BetrVG 1972). Einer **ausdrücklichen Aufforderung** an den BR, zur beabsichtigten Kündigung Stellung zu nehmen, bedarf es **nicht.** Sie liegt bereits in der Mitteilung der Kündigungsgründe (BAG v. 28. 2. 74, AP Nr. 2 zu § 102 BetrVG 1972). Sofern nach ordnungsgemäßer Einleitung des Anhörungsverfahrens durch den AG dem BR bei der Behandlung der Sache **Fehler unterlaufen,** insbesondere der

Vors. des BR die Mitteilung nicht an seine BR-Kollegen weitergibt oder keine rechtlich einwandfreie Beschlußfassung des BR über die Kündigungsmaßnahme stattfindet, hat dies auf die Gültigkeit der Anhörung grundsätzlich keinen Einfluß, wenn der AG mit dem Ausspruch der Kündigung **bis zum Ablauf der Äußerungsfrist** des Abs. 2 wartet. Weiß der AG aber, oder muß er den Umständen nach annehmen, daß sich der BR in seiner Gesamtheit mit der Angelegenheit überhaupt noch nicht befaßt haben kann, so ist eine von ihm vor Ablauf der Erklärungsfrist des Abs. 2 ausgesprochene Kündigung auch dann unwirksam, wenn ihm vom Vors. oder einem einzelnen Mitgl. des BR die angebliche Stellungnahme des BR mitgeteilt worden ist (BAG v. 28. 2. 74, 28. 3. 74, AP Nr. 2, 3 zu § 102 BetrVG 1972). Wenn der AG während einer **auf sein Verlangen einberufenen Sitzung** des BR, in der die beabsichtigte Kündigung des AN behandelt wird, auch bei der Beschlußfassung des BR anwesend ist, wirkt sich dies auf die Ordnungsmäßigkeit des Anhörungsverfahrens jedenfalls dann nicht aus, wenn er den BR **weder veranlaßt** hat, sofort eine abschließende Stellungnahme abzugeben, noch davon abgehalten hat, eine weitere Sitzung **ohne seine Anwesenheit** durchzuführen (BAG v. 24. 3. 77, AP Nr. 12 zu § 102 BetrVG 1972). Eine ordnungsgemäße Anhörung würde in diesem Fall aber dann nicht vorliegen, wenn der BR bei seiner Beschlußfassung beispielsweise fehlerhaft zusammengesetzt war und der anwesende AG dies erkennen konnte (LAG Düsseldorf, DB 75, 743).

Eine gesetzl. Verpflichtung des BR, den **betroffenen AN** in jedem **9** Fall **anzuhören**, besteht nicht. Er hat hierüber nach pflichtgemäßem Ermessen zu entscheiden. Erfolgt keine Anhörung des AN, so hat dies auf die **Ordnungsmäßigkeit des Anhörungsverfahrens** keinen Einfluß (BAG v. 2. 4. 76, AP Nr. 9 zu § 102 BetrVG 1972). Hinsichtlich der **Verschwiegenheitspflicht** des BR gelten die Grundsätze des § 99 Abs. 1 Satz 3 entsprechend (vgl. dort).

Stützt der AG eine Kündigung auf den **Verdacht einer strafbaren** **10** **Handlung** des AN, so hat er auch den AN vor Ausspruch der Kündigung grundsätzlich anzuhören. Verletzt der AG schuldhaft diese Pflicht, so ist die gleichwohl ausgesprochene Kündigung unwirksam, es sei denn, der AN war von vornherein nicht bereit, sich zu den Verdachtsgründen substantiiert zu äußern (BAG v. 30. 4. 87, AP Nr. 46 zu § 102 BetrVG 1972).

Für die Frage, ob eine Kündigung vor Ablauf der Erklärungsfristen **11** des Abs. 2 ausgesprochen worden ist, kommt es im übrigen nicht auf den Zugang der Kündigungserklärung beim AN, sondern darauf an, zu welchem Zeitpunkt die **Kündigungserklärung aus dem** **Machtbereich des AG** gelangt ist (BAG v. 13. 11. 75, AP Nr. 7 zu § 102 BetrVG 1972). Die **Darlegungs-** und **Beweislast** dafür, daß der BR vor einer Kündigung ordnungsgemäß gehört worden ist, oder nicht gehört zu werden brauchte, weil es sich um die Kündigung eines leit. Ang. handelte, hat im Kündigungsschutzverfahren im Streitfall der AG (BAG v. 13. 11. 75, AP Nr. 7 zu § 102 BetrVG 1972). Im Kündigungsschutzprozeß kann der AG sich nur auf solche **Kündigungsgründe** berufen, die vor Ausspruch der Kündigung **Gegenstand des Anhörungsverfahrens** waren. Ihm ist es also verwehrt, Kündigungsgründe **nachzuschieben**, die er dem BR zuvor nicht mitgeteilt hatte. Dabei kommt es nicht darauf an, ob der AG vor Kündigungsausspruch bereits Kenntnis von diesen Gründen hatte (teilweise a.A. BAG v. 11. 4. 85, AP Nr. 39 zu § 102 BetrVG 1972, wonach Kündigungsgründe, die bei Ausspruch der Kündigung bereits entstanden, dem AG aber noch nicht bekannt waren, im Kündigungsschutzprozeß nachgeschoben werden können, wenn der AG zuvor den BR hierzu erneut angehört hat). Erhält der AG erst nach Ausspruch der Kündigung Kenntnis von weiteren Kündigungsgründen, so kann er sie jedenfalls nach Anhörung des BR zum Anlaß einer erneuten Kündigung machen. Nicht gehindert ist der AG auch, im Kündigungsschutzprozeß Tatsachen nachzutragen, die ohne wesentliche Veränderung des Kündigungssachverhalts lediglich der Erläuterung und Konkretisierung der dem BR mitgeteilten Kündigungsgründe dienen (BAG a.a.O.). Teilt der AG dem BR mit, er beabsichtige, dem AN wegen einer nach dem geschilderten Sachverhalt für nachgewiesen erachteten **Straftat** fristlos und vorsorglich ordentlich zu kündigen, und stützt er später die Kündigung bei unverändert gebliebenem Sachverhalt auch auf den **Verdacht dieser Straftat,** so ist der nachgeschobene Kündigungsgrund der Verdachtskündigung wegen insoweit fehlender Anhörung des BR im Kündigungsschutzprozeß nicht zu verwerten (BAG v. 3. 4. 86, AP Nr. 41 zu § 102 BetrVG 1972).

12 (2) Die Vorschrift setzt **Fristen** fest, innerhalb derer der BR evtl. Bedenken gegen eine beabsichtigte Kündigung gegenüber dem AG schriftlich geltend zu machen hat. Versäumt er die Fristen, so gilt seine Zustimmung als erteilt (hinsichtlich des Fristablaufs gelten die Grundsätze des § 99 Abs. 3). AG und BR können eine **Verlängerung der Frist** vereinbaren; einen Anspruch hierauf hat der BR auch bei Massenentlassungen grundsätzlich nicht. Jedoch kann das Berufen des AG auf die Anhörungsfrist **rechtsmißbräuchlich** sein, wenn ihre Einhaltung wegen der Zahl der im BR zu behandelnden Kündigungen Schwierigkeiten bereitet und der BR deswegen innerhalb der Wochenfrist vom AG Fristverlängerung verlangt hat (BAG v. 14. 8. 86, AP Nr. 43 zu § 102 BetrVG 1972). Der BR ist grundsätzlich nicht verpflichtet, die das Anhörungsverfahren einleitenden Erklärungen des AG außerhalb der Arbeitszeit oder der Betriebsräume entgegenzunehmen (BAG v. 27. 8. 82, AP Nr. 25 zu § 102 BetrVG 1972). Eine einseitig vom AG veranlaßte **Verkürzung** der gesetzlichen Anhörungsfrist ist auch in Eilfällen grundsätzlich nicht möglich (BAG v. 13. 11. 75, AP Nr. 6 zu § 102 BetrVG 1972). Das Verfahren zur Anhörung des BR vor einer Kündigung ist vor Ablauf der Frist nur dann beendet, wenn der BR zu der Kündigungsabsicht des AG eine Erklärung abgegeben hat, aus der sich ergibt, daß der BR eine weitere Erörterung des Falles nicht mehr wünscht oder er sich zu der Kündigung nicht äußern wird, und darin eine **abschließende** Stellungnahme liegt (BAG v. 1. 4. 76, AP Nr. 8 zu § 102 BetrVG 1972). Ein derartiger Erklärungsinhalt kann sich nach Auffasung des BAG auch aus einem bestimmten Verhalten oder einer bisherigen Übung des BR ergeben (BAG v. 12. 3. 87, AP Nr. 47 zu § 102 BetrVG 1972). Läßt der AG nach Abschluß des Anhörungsverfahrens geraume Zeit bis zum Ausspruch der Kündigung verstreichen, dann ist eine erneute Anhörung des BR zu dieser Kündigung nach Auffassung des BAG dann nicht zu verlangen, wenn sich in der Zwischenzeit der Kündigungssachverhalt nicht oder **nicht wesentlich verändert** hat (BAG v. 26. 5. 77, AP Nr. 14 zu § 102 BetrVG 1972).

13 Auch wenn die Zustimmung des BR wegen Fristablaufs nach dieser Bestimmung als erteilt gilt, bedeutet das – ebenso wie in dem Fall, in dem der BR der Kündigung ausdrücklich zustimmt – nicht, daß die Kündigung damit bereits **rechtswirksam** ist. Die Zustimmung des BR führt nur dazu, daß der AG aus der Sicht des MBR eine gegenüber dem betroffenen AN rechtlich relevante Kündigungserklärung abgeben kann. Ob diese **aus anderen rechtlichen Gesichtspunkten** (z. B. den Vorschriften des KSchG oder denen des MuSchG) unwirksam ist, bleibt damit noch offen.

14 (3) Die Bestimmung enthält eine Aufzählung von Tatbeständen, bei deren Vorliegen der BR der Kündigung **widersprechen** kann. Sie gilt jedoch **nur für ordentliche** Kündigungen. Die Einhaltung der **Schriftform** ist Wirksamkeitsvoraussetzung des Widerspruchs. Der Widerspruch muß eine Begründung enthalten. Diese darf nicht nur den Gesetzestext wiederholen; es müssen vielmehr Tatsachen dargelegt werden, die es möglich erscheinen lassen, daß einer der in Abs. 3 aufgezählten Gründe vorliegt (LAG Düsseldorf, BB 78, 810). Die Aufzählung der Widerspruchsgründe ist nach h.M. abschließend (BAG v. 12. 9. 85, AP Nr. 7 zu § 102 BetrVG 1972 Weiterbeschäftigung).

15 Der BR kann einer Kündigung selbstverständlich auch aus anderen als den in dieser Vorschrift aufgezählten Gründen widersprechen. In diesem Fall reicht der Widerspruch des BR allein jedoch **nicht aus,** um die **Weiterbeschäftigungspflicht** nach Abs. 5 auszulösen, auch wenn die vom BR vorgebrachten Bedenken durchgreifen. Das ArbG hat vielmehr zu prüfen, ob die Kündigung nach anderen arbeitsrechtlichen Vorschriften oder Grundsätzen ungerechtfertigt

ist. Es kann sein, daß eine Kündigung nach den Bestimmungen des
KSchG sozial ungerechtfertigt und damit unwirksam ist, obwohl
der BR dieser **nicht widersprochen** hat. Das kann selbst bei Vorliegen von in dieser Vorschrift ausdrücklich genannten Tatbeständen
zutreffen. So wird beispielsweise eine Kündigung, die der AG ausspricht, obwohl eine Weiterbeschäftigung des AN unter geänderten
Vertragsbedingungen möglich wäre und der AN hiermit sein Einverständnis erklärt hat, grundsätzlich nach den Vorschriften des
KSchG sozial ungerechtfertigt und damit unwirksam sein, unabhängig davon, ob der BR ihr widersprochen hat oder nicht (BAG,
DB 73, 1856; vgl. im übrigen Rn. 24).

16 Der BR kann bei Vorliegen eines der in dieser Bestimmung genannten Tatbestände nicht **nur einer betriebsbedingten,** sondern **auch** einer **personenbedingten** oder **verhaltensbedingten** Kündigung widersprechen (BAG v. 16. 3. 78, AP Nr. 15 zu § 102 BetrVG 1972,
22. 7. 82, AP Nr. 5 zu § 1 KSchG 1969).

17 *Zu Nr. 1:* Widerspricht der BR mit der Begründung, der AG habe
bei der Auswahl der zu kündigenden AN **soziale Gesichtspunkte**
nicht oder nicht ausreichend berücksichtigt, so ist er nicht verpflichtet, darüber hinaus die AN im einzelnen zu bezeichnen, die nach
seiner Meinung anstelle der vom AG zur Kündigung vorgesehenen
AN entlassen werden sollten (LAG Niedersachsen, DB 75, 1898;
LAG Rheinland-Pfalz, ArbuR 82, 323). Bei Widerspruch des BR
spricht der Beweis des ersten Anscheins für mangelhafte soziale
Auswahl.

18 *Zu Nr. 2:* Die Bestimmung soll sicherstellen, daß der AG bei einer
Kündigung die mit dem BR vereinbarten **Auswahlrichtlinien** (vgl.
die Erl. zu § 95) beachtet. Erfolgt die soziale Auswahl bei einer betriebsbedingten Kündigung aufgrund von Auswahlrichtlinien nach
§ 95, haben die Gerichte die Auswahl im Kündigungsschutzprozeß
nur daraufhin zu überprüfen, ob die Grundwertung des § 1 Abs. 3
Satz 1 und 2 KSchG eingehalten ist, also wenigstens Lebensalter,
Betriebszugehörigkeit und Unterhaltsverpflichtungen angemessen
berücksichtigt sind (BAG v. 20. 10. 83, AP Nr. 13 zu § 1 KSchG
1969 Betriebsbedingte Kündigung).

19 *Zu Nr. 3:* Das Widerspruchsrecht nach dieser Bestimmung ist auch
dann gegeben, wenn der AN nicht an einem anderen Arbeitsplatz
im selben Betrieb, sondern an seinem **alten Arbeitsplatz weiterbeschäftigt** werden kann (a.A. BAG v. 12. 9. 85, AP Nr. 7 zu § 102
BetrVG 1972 Weiterbeschäftigung; wie hier LAG Düsseldorf, DB
80, 2043). Die Gerichte halten den Widerspruch zu Unrecht teilweise nur dann für ordnungsgemäß, wenn der Arbeitsplatz, an dem der
AN weiterbeschäftigt werden könnte, vom BR konkret bezeichnet

wird (vgl. LAG Düsseldorf, DB 78, 1282; a.A. zu Recht BAG, AP Nr. 1 § 102 BetrVG 1972 Weiterbeschäftigung).

Zu Nr. 4: Bei den **Umschulungs-** oder **Fortbildungsmaßnahmen** i.S. dieser Bestimmung muß es sich nicht um innerbetriebliche Maßnahmen handeln. Diese können vielmehr auch außerbetrieblicher Art sein. Ob eine Umschulungs- oder Fortbildungsmaßnahme für den AG ausnahmsweise unzumutbar ist, läßt sich nur unter Berücksichtigung aller Umstände des Einzelfalles beurteilen. Der AG hat die Unzumutbarkeit ggf. darzulegen und zu beweisen. **20**

Zu Nr. 5: Der AN kann sich mit einer Weiterbeschäftigung unter **geänderten Vertragsbedingungen** vorbehaltlich der gerichtl. Nachprüfung der sozialen Rechtfertigung der Änderung im Kündigungsschutzprozeß einverstanden erklären. Dann hat der AG eine Änderungskündigung auszusprechen. Kündigt er gleichwohl das Arbeitsverhältnis, ohne dessen Fortsetzung zu den geänderten Bedingungen anzubieten, so führt der Widerspruch des BR dazu, daß diese Kündigung sozial ungerechtfertigt ist. **21**

(4) Der entlassene AN soll durch die Kenntnis der Widerspruchsgründe des BR in die Lage versetzt werden, die **Aussichten eines Kündigungsschutzprozesses** besser abzuschätzen und sich im Verfahren auf den Widerspruch des BR zu berufen. **22**

(5) Die Bestimmung regelt die **Rechtsfolgen** eines frist- und ordnungsgemäß erhobenen Widerspruchs des BR bei ordentlichen Kündigungen. Ordnungsgemäß ist der Widerspruch des BR dann, wenn er das Vorliegen einer der in Abs. 3 genannten Gründe behauptet. Ob diese tatsächlich vorliegen, ist nicht entscheidend, da hierüber erst das ArbG im Kündigungsschutzverfahren zu befinden hat. Die nach dieser Bestimmung vorgesehene Rechtsfolge, das Weiterbestehen des Arbeitsverhältnisses bei unveränderten Arbeitsbedingungen über die ordentliche Kündigungsfrist hinaus, tritt jedoch nur dann ein, wenn neben dem Widerspruch des BR der betroffene AN die **Weiterbeschäftigung verlangt und Kündigungsschutzklage** vor dem ArbG erhebt. Das Arbeitsverhältnis endet dann bei einem negativen Ausgang des Verfahrens erst mit der abschließenden rechtskräftigen Entscheidung, also unter Umständen mit dem Urteil des BAG. **23**

Bis zum rechtskräftigen Abschluß des Kündigungsschutzprozesses hat der AG die **Pflicht zur Beschäftigung** des AN, die er gegen dessen Willen nicht durch Weiterzahlung des Lohnes und Freistellung von der Arbeit abwenden kann (BAG v. 26. 5. 77, AP Nr. 5 zu § 611 BGB Beschäftigungspflicht). Der AN kann den Weiterbeschäftigungsanspruch im **einstweiligen Verfügungsverfahren** durchsetzen (LAG Düsseldorf, DB 80, 2043). Er hat jedoch ein Wahlrecht. Verlangt er die vorläufige Weiterbeschäftigung nicht, kann er nach Ob- **24**

§ 102

siegen im Kündigungsschutzprozeß gleichwohl in den Betrieb zurück. Liegen die Voraussetzungen des Abs. 5 nicht vor (z. B. besteht kein BR oder dieser hat nicht widersprochen), kann gleichwohl ein Anspruch des AN auf vorläufige Weiterbeschäftigung nach dem grundlegenden Beschluß des Großen Senats des BAG (v. 27. 2. 85, AP Nr. 14 zu § 611 BGB Beschäftigungspflicht) gegeben sein, wenn der AN Kündigungsschutzklage erhoben und in 1. Instanz ein **obsiegendes Urt.** erstritten hat. Der Beschäftigungsanspruch besteht dann regelmäßig bis zum Ergehen einer gegenteiligen Entscheidung der höheren Instanz (BAG a.a.O.). Der Weiterbeschäftigungsanspruch wird weder durch eine weitere offensichtlich unwirksame Kündigung des AG noch durch eine weitere Kündigung beendet, die auf dieselben Gründe gestützt ist, die nach Auffassung des ArbG schon für die erste Kündigung nicht ausgereicht hatten. Stützt der AG die weitere Kündigung dagegen auf einen **neuen** Sachverhalt, sind bei der Prüfung der Frage, ob die neue Kündigung zu einer anderen Beurteilung führen kann, auch die Umstände zu berücksichtigen, die dafür sprechen (z. B. bei Kettenkündigungen), daß der neue Sachverhalt nur vorgeschoben ist (BAG v. 19. 12. 85, AP Nr. 17 zu § 611 BGB Beschäftigungspflicht).

25 Die Bestimmung gilt nur im Falle der **ordentlichen Kündigung** (BAG v. 26. 5. 77, AP Nr. 5 zu § 611 BGB Beschäftigungspflicht). Glaubt der AG, daß ein Grund zur fristlosen Kündigung vorliegt, spricht er gleichzeitig jedoch vorsorglich auch eine ordentliche Kündigung aus, so dürfte er nach richtiger Auffassung gleichwohl zur Weiterbeschäftigung des AN nach dieser Bestimmung verpflichtet sein. Will er die Weiterbeschäftigung unbedingt vermeiden, so darf er **nur außerordentlich** kündigen (str.). In jedem Fall aber besteht ein Anspruch des AN auf Weiterbeschäftigung, wenn über die fristlose Kündigung zu seinen Gunsten entschieden, der Kündigungsschutzprozeß jedoch noch nicht beendet ist.

26 Im übrigen liegt, wenn der AG durch den **gleichzeitigen Ausspruch** einer fristlosen und fristgemäßen Kündigung bewußt den BR ausschalten und ihm die Möglichkeit des Widerspruchs nehmen will, eine Behinderung der Tätigkeit des BR nach § 78 vor, die nach § 119 geahndet werden kann.

27 Der einmal vom BR erklärte, die Beschäftigungspflicht des AN begründende Widerspruch kann **nicht zurückgenommen** werden. Der Beschäftigungsanspruch des AN ist zwar durch das kollektivrechtliche Widerspruchsrecht des BR ausgelöst worden, sein weiteres Bestehen hängt jedoch nur noch von dem indivudalrechtlichen Kündigungsschutzverfahren ab. Der gesetzl. Anspruch auf Beschäftigung steht nicht zur Disposition der Parteien einer BV. Er kann also durch eine BV nicht abgedungen werden (LAG Düsseldorf, DB 77, 2383). Hat der AN die Weiterbeschäftigung erlangt, so kann er sich

238

nur bei Vorlage eines wichtigen Grundes oder unter Einhaltung der Kündigungsfrist davon lösen. Nur bei Vorliegen einer der in Nrn. 1 bis 3 genannten Voraussetzungen kann die Verpflichtung zur Weiterbeschäftigung des AN durch eine vom AG beantragte einstweilige Verfügung des ArbG aufgehoben werden.

Der AG hat das Vorliegen eines der **Ausnahmefälle** dieser Bestim- **28** mung darzulegen und glaubhaft zu machen. Dazu bedarf es der eidesstattlichen Versicherung (§§ 936, 920, 294 ZPO). Der AG muß auch die Eilbedürftigkeit glaubhaft machen. Verlangt er erst mehrere Monate nach dem schriftlichen Weiterbeschäftigungsbegehren des AN die Befreiung von der Beschäftigungspflicht, ohne daß in der Zwischenzeit neue Gesichtspunkte eingetreten sind, die von ihm glaubhaft gemacht werden können, so ist ein Grund für eine einstweilige Verfügung nicht gegeben (LAG Düsseldorf, DB 77, 1952; LAG Köln, DB 83, 2368). Ebenso kann der AG, wenn sein Antrag auf Erlaß einer einstweiligen Verfügung rechtskräftig abgewiesen worden ist, diesen nur wiederholen, wenn **neue Tatsachen** vorliegen, die er **im ersten Verfahren nicht** vorbringen konnte. Der AG kann den erneuten Antrag aber nicht darauf stützen, die Kündigungsschutzklage des weiterbeschäftigten AN sei in erster Instanz abgewiesen worden (BAG, DB 83, 2368).

Zur **fehlenden Aussicht auf Erfolg** der Kündigungsschutzklage ge- **29** hört, daß keinerlei Wahrscheinlichkeit für das Obsiegen des AN im Rechtsstreit besteht (ArbG Hannover, ArbuR 72, 381).

Eine **unzumutbare wirtschaftliche Belastung** des AG läßt sich nicht **30** bereits mit gesunkenen Umsätzen begründen. Der AG muß vielmehr eine Existenzgefährdung des Betriebs wegen der Weiterbeschäftigung gerade des betroffenen AN dartun (ArbG Rosenheim, ArbuR 74, 218). Von einem **offensichtlich unbegründeten** Widerspruch des BR kann nur dann gesprochen werden, wenn dieser mutwillig erfolgte (ArbG Hannover, ArbuR 72, 381), die Grundlosigkeit sich bei unbefangener Beurteilung geradezu aufdrängt (ArbG Berlin, DB 73, 192) und für die Überlegungen des BR keinerlei Anhaltspunkte vorlagen (LAG Frankfurt, ArbuR 77, 156).

Keine Weiterbeschäftigungspflicht des AG nach dieser Bestimmung **31** besteht, wenn der AN **nicht den Kündigungsschutz** nach dem KSchG genießt (ArbG Wuppertal, DB 75, 2329). Die vorstehenden Grundsätze gelten entsprechend auch für eine fristgemäße Änderungskündigung.

(6) Wenn die Vorschrift eine BV, die dem BR ein volles MBR bei **32** Kündigungen einräumt, ausdrücklich für zulässig erklärt, so bedeutet dies nicht, daß die MBR des BR nicht auch in anderen Fällen über das Gesetz hinaus erweitert werden könnten. Im übrigen kann **auch durch TV** wirksam festgelegt werden, daß eine Kündigung der

Zustimmung des BR bedarf und im Streitfall die ESt. verbindlich entscheidet (BAG, BB 88, 1386).

33 Eine Vereinbarung, nach der eine Kündigung nur mit Zustimmung des BR zulässig ist, kann sich **sowohl** auf **ordentliche als auch** auf **außerordentliche** Kündigungen erstrecken. Eine wirksame Vereinbarung i.S. dieser Bestimmung bedarf der Unterzeichnung durch AG und BR auf **einer Urkunde** (BAG v. 14. 2. 78, AP Nr. 60 zu Art. 9 GG Arbeitskampf). Liegt eine solche Vereinbarung vor und verweigert der BR seine Zustimmung, gleichgültig aus welchen Gründen dies geschieht, so entscheidet die ESt. und nicht das ArbG über die Frage, ob die Verweigerung der Zustimmung durch den BR berechtigt ist.

34 Erklärt die ESt. die Verweigerung der Zustimmung durch den BR für begründet, so ist eine Kündigung **unzulässig.** Ersetzt die ESt. die Zustimmung des BR, so bedeutet dies nicht ohne weiteres, daß damit die Kündigung begründet ist. Ob die Kündigung in diesem Falle wirksam ist, stellt das ArbG im **Kündigungsschutzverfahren** fest. Dabei kann der AN sich darauf berufen, daß der BR aus einem der in Abs. 3 genannten Gründe widersprochen hat, ohne daß der AG dem entgegenhalten kann, daß der Widerspruch des BR durch die ESt. ersetzt worden sei. Ebenso kann der AN nach Abs. 5 die Weiterbeschäftigung zu unveränderten Arbeitsbedingungen über die Kündigungsfrist hinaus bis zur rechtskräftigen Entscheidung des Rechtsstreits verlangen (str.).

35 (7) Die Vorschrift stellt klar, daß die Beteiligung des BR bei **anzeigepflichtigen** Entlassungen nach dem KSchG oder bei den Meldepflichten nach § 8 AFG unberührt bleibt. Danach ist der AG verpflichtet, Massenentlassungen gemäß § 17 KSchG dem Arbeitsamt innerhalb von vier Wochen vorher schriftlich anzuzeigen. Der BR ist vom AG zu hören, der dessen Stellungnahme seiner Anzeige beifügen muß. Soweit erkennbare Veränderungen des Betriebs innerhalb der nächsten zwölf Monate voraussichtlich zu **Massenentlassungen** nach § 17 KSchG führen oder in dem dort genannten Umfang AN voraussichtlich auf andere Tätigkeiten umgesetzt werden, ist der BR ebenfalls zu hören. Der AG ist verpflichtet, die Stellungnahme des BR der in § 8 Abs. 1 AFG vorgesehenen Anzeige an den Präsidenten des Arbeitsamtes beizufügen.

§ 103
Außerordentliche Kündigung in besonderen Fällen

(1) Die außerordentliche Kündigung von Mitgliedern des Betriebsrats, der Jugend- und Auszubildendenvertretung, der Bordvertretung und des Seebetriebsrats, des Wahlvorstands sowie von Wahlbewerbern bedarf der Zustimmung des Betriebsrats.

(2) Verweigert der Betriebsrat seine Zustimmung, so kann das Arbeitsgericht sie auf Antrag des Arbeitgebers ersetzen, wenn die außerordentliche Kündigung unter Berücksichtigung aller Umstände gerechtfertigt ist. In dem Verfahren vor dem Arbeitsgericht ist der betroffene Arbeitnehmer Beteiligter.

(1) Die Bestimmung regelt den Schutz von Mitgl. des BR, der JAV, **1** der Bordvertretung und des See-BR, des WV sowie von Wahlbewerbern vor **außerordentlichen** Kündigungen. Der Schutz dieses Personenkreises gegen ordentliche Kündigungen ist im KSchG geregelt (§ 15 KSchG). **Ordentliche** Kündigungen sind danach grundsätzlich unzulässig, und zwar während der Amtszeit der genannten Personen sowie innerhalb eines Jahres, für Mitglieder einer Bordvertretung innerhalb von sechs Monaten, vom Zeitpunkt der Beendigung der Amtszeit an gerechnet. Dieser Kündigungsschutz gilt auch für **Änderungskündigungen,** und zwar auch dann, wenn die Änderung der Arbeitsbedingungen eines durch § 15 KSchG geschützten AN im Rahmen von Massenänderungskündigungen herbeigeführt werden soll (BAG, ArbuR 87, 343).

Mitgl. des BR, die ihr Amt niedergelegt haben, genießen den nach- **2** wirkenden Kündigungsschutz grundsätzlich auch. Erklärt der AG im Nachwirkungszeitraum gegenüber einem früheren Mitgl. des BR eine ordentliche Kündigung, so ist diese auch dann nichtig, wenn ein wichtiger Grund zur fristlosen Kündigung vorgelegen hat (BAG v. 5. 7. 79, AP Nr. 6 zu § 15 KSchG 1969). Endet die Amtszeit des BR vorzeitig, führt der BR die Geschäfte jedoch weiter, bis der neue gewählt und das Wahlergebnis bekanntgegeben ist (vgl. § 13 Abs. 2 Nr. 1 bis 3 und § 22), so beginnt der nachwirkende einjährige Kündigungsschutz erst vom **Zeitpunkt der tatsächlichen Beendigung** der Geschäftsführung an.

Ersatzmitl. genießen den Kündigungsschutz für die **gesamte Dauer 3 der Vertretung** eines ordentlichen BR-Mitgl. (vgl. dazu im einzelnen Besgen, AiB 81, 98 f.) und nicht nur an den Tagen, an denen sie Geschäfte eines BR-Mitgl. – etwa Teilnahme an einer Sitzung – wahrnehmen (BAG v. 9. 11. 77, AP Nr. 3 zu § 15 KSchG 1969). Die Vertretung beginnt mit der Arbeitsaufnahme des Ersatzmitgl. an dem Tag, an dem das ordentliche Mitgl. erstmals verhindert ist. Eine **zeitweilige Verhinderung** eines BR-Mitgl. liegt in der Regel auch vor, wenn es sich krank gemeldet hat und der Arbeit fernbleibt, sich später aber herausstellt, daß das BR-Mitgl. tatsächlich nicht arbeitsunfähig krank und deshalb unberechtigt der Arbeit ferngeblieben war (BAG v. 5. 9. 86, AP Nr. 25 § 103 BetrVG 1972). Das **erste Ersatzmitgl. der jeweiligen Vorschlagsliste** ist so lange Vertreter im BR, wie ein Vertretungsfall gegeben ist. Weitere Ersatzmitgl. rücken nach, solange und soweit weitere Vertretungsfälle eintreten. Fällt in eine kurze Vertretung oder zu Beginn einer längeren Vertretung eine Sitzung des BR, genießt das Ersatzmitgl. auch in der **Vorbereitungszeit** den besonderen Kündigungsschutz. Dies ist die Zeit ab Ladung; in der Regel sind jedoch drei Arbeitstage als Vorbereitungszeit ausreichend (BAG v. 17. 1. 79, AP Nr. 5 zu § 15 KSchG 1969). Tritt bei einem zur Amtsausübung berufenen Ersatzmitgl. nachträglich ebenfalls ein **Verhinderungsfall** ein, so behält es den besonderen Kündigungsschutz auch während der eigenen Verhinderung, sofern deren Dauer im Vergleich zur voraussichtlichen Dauer des Vertretungsfalles als unerheblich anzusehen ist. Eine ersichtlich unbedeutende Unterbrechung der Amtsausübung gilt nicht als Unterbrechung der Berufung des Ersatzmitgl. zur stellvertretenden Wahrnehmung des BR-Amtes (BAG v. 9. 11. 77, AP Nr. 3 zu § 15 KSchG 1969).

4 Ersatzmitgl. des BR, die stellvertretend für ein zeitweilig verhindertes ordentliches BR-Mitgl. dem BR angehört und Aufgaben eines BR-Mitgl. wahrgenommen haben, genießen nach Beendigung des Vertretungsfalles grundsätzlich den nachwirkenden Kündigungsschutz (BAG v. 9. 11. 77 a.a.O., 6. 9. 79, AP Nr. 7 zu § 15 KSchG 1969). Dies gilt auch dann, wenn dem AG bei Ausspruch einer ordentlichen Kündigung nicht bekannt ist, daß das Ersatzmitgl. vor Ablauf eines Jahres stellvertretend als Mitgl. des BR amtiert hat (vgl. aber auch BAG v. 6. 9. 79 a.a.O.).

5 Der nachwirkende sechsmonatige Kündigungsschutz gegen ordentliche Kündigungen gilt nicht für Mitgl. eines WV, der aufgrund einer gerichtlichen Entscheidung durch einen anderen WV ersetzt worden ist, weil er seiner Verpflichtung zur unverzüglichen Einleitung und Durchführung der Wahl nicht nachgekommen war; er gilt auch nicht für die in einer nichtigen Wahl »gewählten« Mitgl. eines WV (BAG v. 7. 5. 86, AP Nr. 18 zu § 15 KSchG 1969). Dagegen erwerben die Mitgl. eines WV, die vor Durchführung der BR-Wahl ihr Amt niederlegen, vom Zeitpunkt der Amtsniederlegung an den nachwirkenden Kündigungsschutz (BAG v. 9. 10. 86, AP Nr. 23 zu § 15 KSchG 1969).

6 Eine Kündigung von Mitgl. des BR wegen **Betriebsstillegung** ist unter Einhaltung der Kündigungsfrist und frühestens zum Zeitpunkt der Stillegung möglich.

7 Auch in **Eilfällen** hat der AG vor der Kündigung von BR-Mitgl. die Anhörungsfristen des § 102 Abs. 2 einzuhalten. Er kann nicht alsbald nach Mitteilung der Kündigungsabsicht an den BR wirksam kündigen, weil der von einer plötzlichen Betriebsstillegung überraschte BR schweigt. Der BR besteht trotz tatsächlicher Betriebsstillegung jedenfalls so lange fort, als die Arbeitsverhältnisse der AN rechtlich noch nicht beendet sind oder doch deren Beendigung noch nicht feststeht (BAG v. 29. 3. 77, AP Nr. 11 zu § 102 BetrVG 1972).

Die Vorschrift findet ausnahmsweise auch auf die **Versetzung** eines   **8**
BR-Mitgl. Anwendung, nämlich dann, wenn der AG aufgrund seines Direktionsrechts befugt ist, ein BR-Mitgl. von einem Betrieb in
einen anderen zu versetzen. Eine solche Versetzung bedarf wegen
der daraus folgenden Beendigung der Mitgliedschaft im BR einerseits der Zustimmung des BR des abgebenden Betriebs nach § 103,
andererseits der Zustimmung des BR des aufnehmenden Betriebs
nach § 99 (LAG Hamm, BB 77, 696).

Der **besondere Schutz** gegen ordentliche sowie außerordentliche   **9**
Kündigungen nach dieser Bestimmung beginnt bei Mitgl. des WV
vom **Zeitpunkt der Bestellung** an (LAG Hamm, DB 74, 389). Für
Wahlbewerber beginnt der Kündigungsschutz, sobald ein WV für
die Wahl bestellt ist und für den Wahlbewerber ein **Wahlvorschlag**
vorliegt, der die erforderliche Mindestzahl von Unterschriften aus-
weist. Auf den Zeitpunkt der Einreichung des Wahlvorschlags beim
WV kommt es nicht an (BAG v. 4. 3. 76, AP Nr. 1 zu § 15 KSchG
1969 Wahlbewerber). Der besondere Kündigungsschutz für den
Wahlbewerber entfällt nicht dadurch, daß die Vorschlagsliste durch
spätere Streichung von Stützunterschriften ungültig wird (BAG v.
5. 12. 80, AP Nr. 9 zu § 15 KSchG 1969).

Die **Benennung** eines AN **als Kandidat** für die BR-Wahl **in** einer **Ver-**   **10**
sammlung gew. **Vertrauensleute** und die Aufzeichnung seines Na-
mens auf einen Zettel ohne Unterschriften löst den besonderen
Kündigungsschutz noch nicht aus (BAG v. 4. 4. 74, AP Nr. 1 zu
§ 626 BGB Arbeitnehmervertreter im Aufsichtsrat). Der Kündigungsschutz gegen ordentliche sowie außerordentliche Kündigungen geht dem Kündigungsrecht nach § 15 Abs. 1 BBiG vor. Dies
bedeutet, daß eine ordentliche Kündigung **auch während der Probe-**
zeit im Rahmen des Berufsausbildungsverhältnisses ausgeschlossen
ist und eine außerordentliche Kündigung aus wichtigem Grund
(§ 626 BGB) der Zustimmung nach § 103 bedarf.

Die für eine außerordentliche Kündigung nach dieser Bestimmung   **11**
notwendige Zustimmung kann der AG selbstverständlich dann
nicht beim BR einholen, wenn im Betrieb **kein BR besteht.** Der AG
muß dann die mangels Bestehen eines BR nicht einholbare Zustimmung durch das ArbG nach Abs. 2 ersetzen lassen (BAG v.
12. 8. 76, AP Nr. 2 zu § 15 KSchG 1969).

Dasselbe muß gelten, wenn der **BR** nur **aus einer Person besteht** und   **12**
das Ersatzmitgl. bereits aus dem Betrieb ausgeschieden ist, da das
von der außerordentlichen Kündigung betroffene einzige BR-
Mitgl. schwerlich selbst über die erforderliche Zustimmung entscheiden kann (BAG v. 16. 12. 82, AP Nr. 13 zu § 15 KSchG 1969).

Aber selbst dann, wenn das gewählte Ersatzmitgl. noch im Betrieb tätig ist, muß der AG die Zustimmung zur fristlosen Kündigung des einzigen BR-Mitgl. durch das ArbG ersetzen lassen, da von dem Ersatzmitgl. – wegen des erheblichen Eigeninteresses – regelmäßig keine objektive Entscheidung erwartet werden kann (ArbG Siegen, NZA 86, 267). Auch wenn der AG **allen Mitgl. des BR** aus demselben Anlaß außerordentlich kündigen will und keine Ersatzmitgl. vorhanden sind, die nachrücken könnten, muß er, solange ein beschlußfähiger BR besteht, vor Ausspruch der Kündigung zunächst beim BR die Zustimmung beantragen. Ein Mitgl. des BR darf zwar an der Beratung und Abstimmung des BR über seine eigene Kündigung nicht teilnehmen. Es kann aber auch dann an der Beschlußfassung über die Kündigung eines anderen teilnehmen, wenn ihm aus dem gleichen Grund gekündigt werden soll (BAG v. 25. 3. 76, AP Nr. 6 zu § 103 BetrVG 1972).

13 Da das BR-Mitgl., dem gekündigt werden soll, weder an der Beratung noch an der Beschlußfassung des BR teilnehmen darf, ist für das betroffene BR-Mitgl. ein **Ersatzmitgl. zu laden**. Ist das nicht geschehen und nimmt das betroffene BR-Mitgl. an der Beratung über seine eigene Kündigung teil, so ist der BR-Beschluß über die Kündigung nichtig (BAG v. 23. 8. 84, AP Nr. 17 zu § 103 BetrVG 1972). Im übrigen gehen **Mängel bei der Beschlußfassung** des BR regelmäßig zu Lasten des AG, da die sog. Sphärentheorie im Zustimmungsverfahren keine Anwendung findet (BAG a.a.O.).

14 Die Zustimmung des BR zur außerordentlichen Kündigung gegenüber den in dieser Bestimmung genannten Personen ist **Wirksamkeitsvoraussetzung** für die Kündigung. Dasselbe gilt im übrigen auch für die durch Entscheidung des ArbG nach Abs. 2 ersetzte Zustimmung. Eine **nachträgliche,** nach Ausspruch der Kündigung erteilte Zustimmung ist rechtlich bedeutungslos. Zu einer bereits erklärten Kündigung kann der AG auch die Ersetzung der Zustimmung nach Abs. 2 nicht beantragen (BAG v. 22. 8. 74, AP Nr. 1 zu § 103 BetrVG 1972). Die Kündigung darf erst ausgesprochen werden, wenn die fehlende Zustimmung durch das Gericht aufgrund einer rechtskräftigen Entscheidung ersetzt worden ist (LAG Berlin, BB 75, 422; LAG Baden-Württemberg, BB 75, 1253; vgl. auch BAG v. 20. 3. 75, AP Nr. 2 zu § 103 BetrVG 1972).

15 Für die Frage der Zustimmungsbedürftigkeit der Kündigung kommt es auf den **Zeitpunkt** ihres Ausspruchs und nicht auf den des Kündigungsanlasses an (LAG Düsseldorf, DB 76, 202). Äußert der BR sich auf die Bitte des AG um Zustimmung zu einer beabsichtigten außerordentlichen Kündigung nicht innerhalb von drei Tagen, so gilt die Zustimmung als **verweigert** (BAG v. 18. 8. 77, AP Nr. 10 zu § 103 BetrVG 1972).

Nach § 626 Abs. 2 BGB kann eine fristlose Kündigung nur inner- **16**
halb von zwei Wochen erfolgen, beginnend mit dem Zeitpunkt, in
dem der AG von den für die Kündigung maßgebenden Tatsachen
Kenntnis erlangt. Die Ausschlußfrist des § 626 Abs. 2 BGB gilt auch
im Rahmen des § 103 BetrVG. Dies bedeutet, daß der AG **innerhalb**
der Frist auf jeden Fall die Zustimmung des BR beantragen muß
(BAG v. 22. 8. 74, AP Nr. 1 zu § 103 BetrVG 1972).

Erteilt der BR die Zustimmung, so kann der AG nunmehr außeror- **17**
dentlich kündigen. Die Kündigung muß jedoch **innerhalb** der Zwei-
wochenfrist des § 626 Abs. 2 BGB, diesmal vom Zeitpunkt der
Kenntnis der Verfehlung an gerechnet, erfolgen (für den Fall der
Verweigerung der Zustimmung vgl. Rn. 19 ff.).

(2) Das Gesetz regelt die Frage nicht, unter welchen Voraussetzun- **18**
gen der BR seine Zustimmung zu einer außerordentlichen Kündigung erteilen muß oder verweigern kann. Die Entscheidung dieser
Frage ist deshalb in sein **pflichtgemäßes Ermessen** gestellt.

Verweigert der BR die Zustimmung, so kann der AG eine wirksame **19**
Kündigung nur aussprechen, wenn das ArbG auf seinen Antrag die
fehlende Zustimmung ersetzt hat. Dasselbe gilt, wenn der BR sich
innerhalb einer angemessenen Zeit nicht äußert. Das Schweigen des
BR ist als **Zustimmungsverweigerung** zu werten (BAG v. 18. 8. 77,
AP Nr. 10 zu § 103 BetrVG 1972).

Nicht geregelt ist, innerhalb welcher Frist der AG in diesen Fällen **20**
die Ersetzung der Zustimmung durch das ArbG beantragen muß.
Der AG muß, wenn er sein Kündigungsrecht nicht verlieren will,
innerhalb der zweiwöchigen Ausschlußfrist des § 626 Abs. 2 BGB
nicht nur den Zustimmungsantrag beim BR stellen, sondern bei
ausdrücklicher oder wegen Fristablaufs zu unterstellender Verweigerung der Zustimmung **auch** das Verfahren auf deren Ersetzung
beim ArbG einleiten (BAG v. 18. 8. 77 a.a.O.).

Verweigert der BR bei einem **Schwerbehinderten**, der gleichzeitig **21**
BR-Mitgl. ist, die Zustimmung zu einer außerordentlichen Kündigung, so hat der AG das Verfahren auf Ersetzung der Zustimmung
in entsprechender Anwendung des § 21 Abs. 5 SchwbG unverzüglich nach Erteilung der Zustimmung oder nach Ablauf der 2-Wo-
chen-Frist des § 21 Abs. 3 SchwbG beim ArbG einzuleiten (BAG v.
22. 1. 87, AP Nr. 24 zu § 103 BetrVG 1972).

Ein **vor** der Entscheidung des BR gestellter (vorsorglicher) Zustim- **22**
mungsersetzungsantrag des AG ist unzulässig; er wird auch nicht
mit der Zustimmungsverweigerung des BR zulässig (BAG v.
7. 5. 86, AP Nr. 18 zu § 103 BetrVG 1972).

Hat der BR die Zustimmung zu einer beabsichtigten außerordentli- **23**
chen Kündigung zunächst verweigert und hat der AG deshalb das

gerichtliche Zustimmungsersetzungsverfahren eingeleitet, **kann der BR seine Zustimmung auch noch nachträglich erteilen**, wenn sich herausgestellt hat, daß die Voraussetzungen für eine außerordentliche Kündigung (§ 626 Abs. 1 BGB) erfüllt sind. Dadurch erledigt sich das vom AG angestrengte Zustimmungsersetzungsverfahren. Er muß dann aber die Kündigung unverzüglich aussprechen (BAG v. 17. 9. 81, AP Nr. 14 zu § 103 BetrVG 1972). Ein vorher eingeleitetes Zustimmungsersetzungsverfahren gemäß § 103 wird auch mit **Beendigung des besonderen Kündigungsschutzes** nach § 15 KSchG für Amtsträger und Wahlbewerber wegen Wegfall des Rechtsschutzinteresses gegenstandslos (LAG Frankfurt, BB 88, 1331).

24 Spricht der AG eine außerordentliche Kündigung **vor** der abschließenden rechtskräftigen gerichtl. Entscheidung aus, so ist diese unheilbar nichtig (BAG v. 22. 8. 74, 20. 3. 75, 1. 12. 77, AP Nrn. 1, 2, 11 zu § 103 BetrVG 1972). Ist gegen den die Zustimmung ersetzenden Beschluß eines LAG **Nichtzulassungsbeschwerde** eingelegt worden, ist die Kündigung erst dann zulässig, wenn das BAG die Nichtzulassungsbeschwerde zurückgewiesen hat (ArbG Köln, AiB 85, 63).

25 Da die Entscheidung des ArbG Auswirkungen auf den Bestand des Arbeitsverhältnisses hat, hat der **betroffene AN** im arbeitsgerichtl. Beschlußverfahren kraft Gesetzes die Rechtsstellung eines **Beteiligten.** Auch wenn das ArbG die fehlende Zustimmung des BR ersetzt, bleibt es dem betroffenen AN unbenommen, nach Ausspruch der außerordentlichen Kündigung Klage zu erheben. Der AN kann allerdings der vom Gericht bereits getroffenen Entscheidung, die auch die bindende Feststellung beinhaltet, daß die außerordentliche Kündigung unter Berücksichtigung aller Umstände gerechtfertigt ist, nur neue Tatsachen entgegenhalten, die im Beschlußverfahren noch nicht berücksichtigt werden konnten, insbesondere, weil sie erst nach Abschluß des Beschlußverfahrens oder erst nach Ausspruch der Kündigung entstanden oder bekanntgeworden sind (BAG v. 27. 5. 75, AP Nr. 4 zu § 103 BetrVG 1972).

26 Das betroffene BR-Mitgl. kann gegen den Beschluß eines ArbG, mit dem die vom BR verweigerte Zustimmung zur fristlosen Entlassung ersetzt wurde, auch dann **Beschwerde** einlegen, wenn sich im BR selbst für die Beschwerdeeinlegung keine Mehrheit findet (LAG Hamm, DB 75, 939).

27 **Einstweilige Verfügungen** auf Ersetzung der Zustimmung des BR sind grundsätzlich unzulässig (ArbG Hamm, BB 75, 1065). Umgekehrt kann ein Mitgl. des BR, das ohne Zustimmung des BR und ohne Ersetzung der Zustimmung durch das ArbG entlassen worden ist, seinen Anspruch auf Weiterbeschäftigung im Wege der einstweiligen Verfügung durchsetzen (ArbG Hagen v. 10. 1. 74 – 3 Ga 2/74;

ArbG Berlin v. 4. 2. 76 – 4 Ga 2/76; siehe aber auch LAG Hamm, BB 74, 1638).

Will der AG gegenüber Mitgl. des BR, des WV oder Wahlbewerbern wegen Teilnahme an **rechtswidrigen Arbeitsniederlegungen** außerordentliche Kündigungen (Kampfkündigungen) aussprechen, so bedürfen diese nach Auffassung des BAG nicht der Zustimmung des BR. Der AG hat aber ebenso wie in einem BR-losen Betrieb in entsprechender Anwendung des § 103 Abs. 2 alsbald die Erteilung der Zustimmung beim ArbG zu beantragen (BAG v. 14. 2. 78, AP Nr. 57 zu Art. 9 GG Arbeitskampf). Im Falle einer **völligen Betriebsstillegung** findet § 103 **keine** Anwendung. Es kommt nur eine ordentliche Kündigung unter Einhaltung der Kündigungsfristen und frühestens zum Zeitpunkt der Stillegung in Betracht; das Verfahren nach § 102 ist einzuhalten (BAG v. 1. 12. 77, AP Nr. 11 zu § 103 BetrVG 1972; zur Frage der Änderungskündigung bei der Stillegung einer Betriebsabteilung vgl. BAG v. 20. 1. 84, AP Nr. 16 zu § 15 KSchG 1969; zur Unzulässigkeit einer außerordentlichen Änderungskündigung vgl. BAG v. 25. 10. 84 – 2 AZR 455/83). **28**

Verletzt ein BR-Mitgl. nur seine **Amtspflichten**, aber nicht seine Arbeitspflichten, findet § 103 ebenfalls keine Anwendung. Der AG hat dann lediglich die Möglichkeit, ein Verfahren nach § 23 Abs. 1 anzustrengen (BAG, DB 87, 1304). Bei einer außerordentlichen Kündigung, die wegen einer Verletzung der Pflichten aus dem Arbeitsvertrag, die **im Rahmen einer Amtstätigkeit** begangen wird, ausgesprochen werden soll, ist im Interesse des Schutzes der Amtstätigkeit ein **besonders strenger** Maßstab anzulegen (BAG, BB 87, 1952 und BB 88, 1120). Das LAG Berlin (BB 88, 2109) hat einen wichtigen Grund zur fristlosen Entlassung eines BR-Mitgl. bejaht, wenn es als Zeuge vor Gericht zum Nachteil des AG vorsätzlich eine Falschaussage macht. **29**

§ 104
Entfernung betriebstörender Arbeitnehmer

Hat ein Arbeitnehmer durch gesetzwidriges Verhalten oder durch grobe Verletzung der in § 75 Abs. 1 enthaltenen Grundsätze den Betriebsfrieden wiederholt ernstlich gestört, so kann der Betriebsrat vom Arbeitgeber die Entlassung oder Versetzung verlangen. Gibt das Arbeitsgericht einem Antrag des Betriebsrats statt, dem Arbeitgeber aufzugeben, die Entlassung oder Versetzung durchzuführen, und führt der Arbeitgeber die Entlassung oder Versetzung einer rechtskräftigen gerichtlichen Entscheidung zuwider nicht durch, so ist auf Antrag des Betriebsrats vom Arbeitsgericht zu erkennen, daß er zur Vornahme der Entlassung oder Versetzung durch Zwangsgeld anzuhalten sei. Das Höchstmaß des Zwangsgeldes beträgt für jeden Tag der Zuwiderhandlung 500 Deutsche Mark.

1 Die Vorschrift gilt nach richtiger Auffassung für alle AN, also auch
für leit. Ang. Nur wenn der Betriebsfrieden **wiederholt** und **ernstlich**
gestört wird, kann der BR die Entlassung oder Versetzung eines AN
verlangen. Ein einmaliges Fehlverhalten des AN genügt also **nicht**.
Eine ernstliche Störung des Betriebsfriedens kann beispielsweise bei
Diebstählen, Tätlichkeiten oder Beleidigungen gegeben sein.

2 Kommt der AG dem Verlangen des BR nicht nach, so kann der BR
das ArbG anrufen mit dem Antrag, dem AG aufzugeben, die Maßnahme durchzuführen und für den Fall, daß der AG der gerichtl.
Entscheidung nicht nachkommt, die nach dieser Bestimmung vorgesehenen Zwangsgelder gegen ihn zu verhängen.

§ 105
Leitende Angestellte

**Eine beabsichtigte Einstellung oder personelle Veränderung eines in
§ 5 Abs. 3 genannten leitenden Angestellten ist dem Betriebsrat rechtzeitig mitzuteilen.**

1 Leit. Ang. i.S. des § 5 Abs. 3 haben bei personellen Maßnahmen des
AG nicht den Schutz, der allen anderen AN aufgrund der MBR des
BR nach diesem Gesetz zukommt. Die Mitteilungspflicht des AG
bezieht sich nicht nur auf Einstellungen, Umgruppierungen, Versetzungen und Kündigungen, sondern auf jede **Änderung** der **Füh-
rungsfunktion** des leit. Ang., seine Stellung in der Organisation des
Betriebs oder UN, auch auf ein Ausscheiden im gegenseitigen Einverständnis. Die Mitteilung hat so **rechtzeitig** zu geschehen, daß
dem BR noch die Möglichkeit bleibt, sich **vor** Durchführung der
Maßnahme zu äußern und ggf. die AN zu unterrichten.

2 Die Beachtung der Vorschrift kann gemäß § 23 Abs. 3 erzwungen
werden. Wird einem Ang. ein **neuer Aufgabenbereich** übertragen, der
ihn zum leit. Ang. macht, so hat der BR nach Auffassung des BAG
kein MBR nach § 99, sondern nur das Informationsrecht nach dieser
Vorschrift (BAG v. 29. 1. 80, AP Nr. 24 zu § 5 BetrVG 1972); das
MBR nach § 99 besteht aber, wenn ein Ang. »entleitet« wird. Die Anhörung des BR nach § 102 ist auch dann zwingende Voraussetzung für
die Wirksamkeit einer Kündigung, wenn AG und BR **übereinstimmend, aber irrtümlich**, den zu kündigenden AN für einen leit. Ang.
halten. Aus der Mitteilung des AG muß sich eindeutig ergeben, ob er
den BR nur informieren oder nach § 102 (vorsorglich) auch anhören
will (BAG v. 7. 12. 79, AP Nr. 21 zu § 102 BetrVG 1972). Es gibt keinen Rechtssatz dahingehend, daß eine Information nach § 105 über
die beabsichtigte Kündigung eines leit. Ang. stets oder in der Regel
dann in eine Anhörung des BR nach § 102 umzudeuten ist, wenn dem
BR die Kündigungsgründe bekanntgegeben werden oder aber bekannt sind (BAG v. 19. 8. 75, AP Nr. 1 zu § 105 BetrVG 1972).

Sechster Abschnitt:

Wirtschaftliche Angelegenheiten

Erster Unterabschnitt:

Unterrichtung in wirtschaftlichen Angelegenheiten

§ 106
Wirtschaftsausschuß

(1) In allen Unternehmen mit in der Regel mehr als einhundert ständig beschäftigten Arbeitnehmern ist ein Wirtschaftsausschuß zu bilden. Der Wirtschaftsausschuß hat die Aufgabe, wirtschaftliche Angelegenheiten mit dem Unternehmer zu beraten und den Betriebsrat zu unterrichten.

(2) Der Unternehmer hat den Wirtschaftsausschuß rechtzeitig und umfassend über die wirtschaftlichen Angelegenheiten des Unternehmens unter Vorlage der erforderlichen Unterlagen zu unterrichten, soweit dadurch nicht die Betriebs- und Geschäftsgeheimnisse des Unternehmens gefährdet werden, sowie die sich daraus ergebenden Auswirkungen auf die Personalplanung darzustellen.

(3) Zu den wirtschaftlichen Angelegenheiten im Sinne dieser Vorschrift gehören insbesondere

1. die wirtschaftliche und finanzielle Lage des Unternehmens;

2. die Produktions- und Absatzlage;

3. das Produktions- und Investitionsprogramm;

4. Rationalisierungsvorhaben;

5. Fabrikations- und Arbeitsmethoden, insbesondere die Einführung neuer Arbeitsmethoden;

6. die Einschränkung oder Stillegung von Betrieben oder von Betriebsteilen;

7. die Verlegung von Betrieben oder Betriebsteilen;

8. der Zusammenschluß von Betrieben;

9. die Änderung der Betriebsorganisation oder des Betriebszwecks sowie

10. sonstige Vorgänge und Vorhaben, welche die Interessen der Arbeitnehmer des Unternehmens wesentlich berühren können.

(1) Die Einrichtung des WA ist **zwingend** vorgeschrieben (zur Arbeit **1** des WA vgl. von Neumann-Cosel/Rupp, Handbuch für den Wirtschaftsausschuß [1987]). Der WA wird immer für das **gesamte** UN gebildet, unabhängig davon, wie viele Betriebe diesem angehören.

2 Der WA kann jedoch nur dann gebildet werden, wenn mindestens in einem der Betriebe ein BR besteht. Andererseits ist seine Errichtung auch dann möglich, wenn das UN lediglich aus **einem** Betrieb besteht und in diesem ein BR vorhanden ist. Bei der Ermittlung der AN-Zahl kommt es nicht auf den Durchschnitt eines bestimmten Zeitraums, sondern auf die normale Beschäftigtenzahl des UN an. Diese ist anhand eines Rückblicks und einer Einschätzung der nahen zukünftigen Entwicklung festzustellen (LAG Berlin, BB 88, 1388). Dabei sind auch Auszubildende mitzurechnen (LAG Niedersachsen, NZA 85, 332), nicht allerdings leit. Ang.

3 Für die Bildung des WA kommt es nicht darauf an, ob die UN-Leitung vom Inland oder vom Ausland aus erfolgt. Deshalb ist bei Vorliegen der sonstigen gesetzl. Voraussetzungen auch für inländische UN-Teile (Betriebe) eines **ausländischen** UN ein WA zu bilden (BAG v. 1. 10. 74, 31. 10. 75, AP Nr. 1, 2 zu § 106 BetrVG 1972).

4 Der WA ist kein MB-Organ der Betriebsverfassung. Seine Aufgabe besteht in der **Beratung** (zum Inhalt der Beratungsrechte vgl. § 90 Rn. 9) wirtschaftlicher Angelegenheiten mit dem UN und der entsprechenden Unterrichtung des BR. Kann in einem UN kein WA gebildet werden, weil zu wenig AN beschäftigt werden, so stehen die entsprechenden wirtschaftlichen Informationen dem BR analog § 106 (ArbG Bochum, AiB 86, 226 ff., mit Anm. von Wendeling-Schröder), nach a.A. gemäß § 80 Abs. 2 zu (dabei zu eng LAG Köln, NZA 88, 210 f.).

5 (2) Die Bestimmung stellt ausdrücklich klar, daß die Unterrichtung des WA durch den UN **rechtzeitig** und **umfassend** unter Vorlage der notwendigen Unterlagen zu erfolgen hat. **Rechtzeitig** bedeutet, daß die Unterrichtung des WA über wirtschaftliche Angelegenheiten vorgenommen werden muß, bevor über diese endgültig entschieden ist. Es muß auch noch die Möglichkeit bestehen, vor der Entscheidung über die Angelegenheit eine Kritik oder sonstige Stellungnahme und eigene Vorschläge des WA oder BR sowie Initiativen des BR in sozialen Angelegenheiten anzubringen (KG Berlin, DB 79, 112; HansOLG, DB 85, 1846 f.). Welche **Unterlagen** im einzelnen vorzulegen sind, bestimmt sich nach den Angelegenheiten, die der UN jeweils mit dem WA berät. Der WA kann z. B. bei der Diskussion von Zukunftsperspektiven verlangen, daß ihm auch für die Vergangenheit vom UN gefertigte, nach Kostenstellen **aufgeschlüsselte monatliche Gegenüberstellungen** der Plan- und der Ist-Zahlen vorgelegt werden, da für die wirtschaftliche und finanzielle Lage des UN eine längerfristige Betrachtung von besonderer Bedeutung ist (ArbG Offenbach, ZIP 88, 803 f.). Zur Unterrichtung gehören auch die mit den wirtschaftlichen Angelegenheiten verbundenen Auswirkungen auf die **Personalplanung** (vgl. § 92 Rn. 1–14).

Die Mitgl. des WA müssen die Möglichkeit der **Einsichtnahme** in die **6**
vorzulegenden Unterlagen haben. Sie können sich von diesen **Noti-**
zen fertigen, nach Auffassung des BAG allerdings keine Abschrif-
ten/Ablichtungen (BAG v. 20. 11. 84, AP Nr. 3 zu § 106 BetrVG
1972; vgl. auch § 108 Abs. 3). Umfangreiche Unterlagen hat der UN
dem WA schon vor der Sitzung entweder in Kopie zu übergeben
oder sie im Original für kurze Zeit auszuhändigen, sofern deren
Auswertung und sofortige Beratung im Rahmen einer Sitzung zeitlich mit Schwierigkeiten verbunden oder nicht möglich wäre (BAG
a.a.O.).

Die Mitgl. des WA haben das Recht, die Beantwortung ergänzen- **7**
der Fragen und vor allem eine gemeinsame Erörterung der wirtschaftlichen Angelegenheit zu verlangen. Es ist von entscheidender
Bedeutung, daß der WA nicht nur Berichte entgegennimmt, sondern eine **aktive Informationspolitik** betreibt. Er muß eine **strategi-**
sche Vorgehensweise entwickeln, in der genau festgelegt wird, welche Daten in welchem zeitlichen Abstand für die Beschäftigten und
für eine gezielte Interessenvertretung des BR/GBR erforderlich
sind, diese kontinuierlich abfragen und mit anderen Informationen
(z. B. aus Belegschaft, Aufsichtsrat, Gewerkschaft) zusammenfü-
gen. Ein solches arbeitnehmerorientiertes Berichtswesen oder
»Kennziffernsystem« (Beispiel bei Kröger, Wirtschaftliche Kenn-
zahlen [1984], 56 ff.) bringt für den WA Klarheit und Ordnung in
die Vielzahl der im Unternehmen gesammelten Daten.

Bei Meinungsverschiedenheiten zwischen AG und BR über die **8**
Ordnungsmäßigkeit der Unterrichtung entscheidet die **ESt.** (vgl.
hierzu LAG Hamm, Mitb. 87, 70 f.). Das gilt auch, soweit der UN
sich auf eine Beschränkung seiner Unterrichtungspflicht mit der Behauptung einer Gefährdung von Betriebs- und Geschäftsgeheimnis-
sen beruft (§ 109). Zum Begriff der Betriebs- und Geschäftsgeheimnisse vgl. § 79.

Verletzt der UN die ihm nach dieser Bestimmung obliegenden Un- **9**
terrichtungspflichten, so begeht er eine **Ordnungswidrigkeit** (§ 121).
Der BR hat auch die Möglichkeit, gemäß § 23 Abs. 3 vorzugehen
(vgl. ArbG Ludwigshafen v. 22. 4. 88 – 7 BV 13/88).

(3) Der in dieser Bestimmung enthaltene Katalog der wirtschaftli- **10**
chen Angelegenheiten, in denen der UN den WA **unaufgefordert** zu
unterrichten hat, ist **nicht erschöpfend**. Das ergibt sich schon aus der
im Einleitungssatz enthaltenen Formulierung »insbesondere« und
aus der Generalklausel der Nr. 10. Hiernach ist auch über alle sonstigen Vorgänge und Vorhaben, welche die Interessen der AN des
UN wesentlich berühren können, zu unterrichten. Zu beachten ist,
daß es nicht darauf ankommt, ob die Interessen der AN durch solche Vorgänge und Vorhaben tatsächlich wesentlich berührt werden.

Es reicht aus, wenn lediglich die **Möglichkeit** besteht, daß sie berührt werden könnten.

11 Zu den wirtschaftlichen Angelegenheiten des Abs. 3 gehören z. B. auch geplante **UN-Teilungen** und **Betriebsaufspaltungen** (vgl. LAG Hamm v. 20. 4. 88 – 12 TaBV 10/88), **Inhaberwechsel** oder die Übertragung der **Kapitalanteile** (LAG Düsseldorf v. 16. 6. 88 – 5 TaBV 45/88).

§ 107
Bestellung und Zusammensetzung des Wirtschaftsausschusses

(1) Der Wirtschaftsausschuß besteht aus mindestens drei und höchstens sieben Mitgliedern, die dem Unternehmen angehören müssen, darunter mindestens einem Betriebsratsmitglied. Zu Mitgliedern des Wirtschaftsausschusses können auch die in § 5 Abs. 3 genannten Angestellten bestimmt werden. Die Mitglieder sollen die zur Erfüllung ihrer Aufgaben erforderliche fachliche und persönliche Eignung besitzen.

(2) Die Mitglieder des Wirtschaftsausschusses werden vom Betriebsrat für die Dauer seiner Amtszeit bestimmt. Besteht ein Gesamtbetriebsrat, so bestimmt dieser die Mitglieder des Wirtschaftsausschusses; die Amtszeit der Mitglieder endet in diesem Fall in dem Zeitpunkt, in dem die Amtszeit der Mehrheit der Mitglieder des Gesamtbetriebsrats, die an der Bestimmung mitzuwirken berechtigt waren, abgelaufen ist. Die Mitglieder des Wirtschaftsausschusses können jederzeit abberufen werden; auf die Abberufung sind die Sätze 1 und 2 entsprechend anzuwenden.

(3) Der Betriebsrat kann mit der Mehrheit der Stimmen seiner Mitglieder beschließen, die Aufgaben des Wirtschaftsausschusses einem Ausschuß des Betriebsrats zu übertragen. Die Zahl der Mitglieder des Ausschusses darf die Zahl der Mitglieder des Betriebsausschusses nicht überschreiten. Der Betriebsrat kann jedoch weitere Arbeitnehmer einschließlich der in § 5 Abs. 3 genannten leitenden Angestellten bis zur selben Zahl, wie der Ausschuß Mitglieder hat, in den Ausschuß berufen; für die Beschlußfassung gilt Satz 1. Für die Verschwiegenheitspflicht der in Satz 3 bezeichneten weiteren Arbeitnehmer gilt § 79 entsprechend. Für die Abänderung und den Widerruf der Beschlüsse nach den Sätzen 1 bis 3 sind die gleichen Stimmenmehrheiten erforderlich wie für die Beschlüsse nach den Sätzen 1 bis 3. Ist in einem Unternehmen ein Gesamtbetriebsrat errichtet, so beschließt dieser über die anderweitige Wahrnehmung der Aufgaben des Wirtschaftsausschusses; die Sätze 1 bis 5 gelten entsprechend.

1 (1) **Mindestens** ein Mitgl. des WA muß dem BR oder dem GBR (vgl. § 108 Abs. 4) angehören. Selbstverständlich können auch die übrigen Mitgl. des WA BR-Mitgl. sein. Erforderlich ist dies aber nicht.

Es können vielmehr auch andere, nicht dem BR angehörende AN in den WA berufen werden. In entsprechender Anlehnung an das frühere Recht ist auch die Berufung leit. Ang., die nach § 5 Abs. 3 grundsätzlich nicht unter den Geltungsbereich des BetrVG fallen, möglich. Personen gemäß § 5 Abs. 2 Nr. 1 und 2 können dagegen nicht Mitgl. des WA werden.

Die Mitgl. des WA sollen, aber müssen **nicht unbedingt** die zur Erfüllung ihrer Aufgaben erforderliche fachliche und persönliche Eignung besitzen. Der BR hat damit ein großes Maß an **Ermessensfreiheit** bei der Auswahl der zu entsendenden Personen. Mit **fachlicher Eignung**, die vorhanden sein soll, ist die Fähigkeit gemeint, die im WA erhaltenen Informationen auch verarbeiten zu können bzw. über ein entsprechendes Grundlagenwissen zu verfügen (BAG v. 20. 1. 76, AP Nr. 10 zu § 89 ArbGG 1953). Dazu gehören weniger Beherrschung der Bilanzkunde und besondere betriebswirtschaftliche Kenntnisse als praktische Erfahrungen im Betrieb, die zum Verständnis der wirtschaftlichen und technischen Gegebenheiten des UN ausreichen. **Persönliche Eignung** verlangt vor allem, daß man sich mit Nachdruck für die Interessen der AN einzusetzen vermag. Vielfach werden dabei auch Zuverlässigkeit und gesunder Menschenverstand erwähnt. **2**

Die Bestimmung des § 37 Abs. 6 über die Teilnahme an notwendigen **Schulungs- und Bildungsveranstaltungen** gilt auch für alle UN-angehörigen Mitgl. des WA (nach Auffassung des BAG v. 6. 11. 73, AP Nr. 5 zu § 37 BetrVG 1972 allerdings im Regelfall nur, wenn es sich bei ihnen gleichzeitig um Mitgl. des BR handelt. Ausnahmen sollen im Einzelfall nur möglich sein, wenn Mitglieder des WA die vom AG kraft Gesetzes zu gebenden Informationen nicht verstehen; BAG v. 28. 4. 88 – 6 AZR 39/86; vgl. auch LAG Bremen, ArbuR 85, 132). **3**

(2) Die Mitgl. des WA werden allein durch den BR oder, wenn ein GBR besteht, durch diesen bestimmt. Die Bestellung der Mitgl. erfolgt mit **einfacher Stimmenmehrheit**, ohne daß das Grunppenprinzip eine Rolle spielt. Dasselbe gilt für die **Abberufung** von Mitgl. des WA. Bei der Bestellung und Abberufung von Mitgl. des WA durch den GBR ist jedoch zu beachten, daß es für den Beschluß des GBR nicht auf die Mehrheit der Zahl seiner Mitgl., sondern auf die **Mehrheit der Stimmenzahl** ankommt, die die Mitgl. des GBR haben (§ 47 Abs. 7). Der WA ist eine **ständige Einrichtung**. Er hat keine bestimmte Amtszeit. Lediglich seine Mitgl. werden für eine bestimmte Amtszeit in den WA entsandt. Bei Mitgl. des WA, die vom BR bestellt wurden, ist die Amtszeit im WA **identisch** mit der im BR. Dagegen endet die Amtszeit des durch einen GBR bestellten Mitgl. des WA zu dem Zeitpunkt, in dem die Amtszeit der Mehrheit der Mitgl. des GBR, die berechtigt waren, an der Bestellung mitzuwirken, ab- **4**

gelaufen ist. Zu beachten ist, daß es im letzten Fall anders als bei der Bestellung und Abberufung der Mitgl. des WA durch den GBR **nur** auf die Mehrheit der Mitgl.-Zahl des GBR, nicht dagegen auf die Zahl ihrer Stimmen ankommt. Das ist zwar inkonsequent, entspricht aber dem Wortlaut des Gesetzes.

5 Neben der Möglichkeit der Abberufung durch die entsendende Stelle (BR oder GBR) kann das Amt eines WA-Mitgl. auch durch **Rücktritt** enden. Wird dieser erklärt, hat die entsendende Stelle unverzüglich die Berufung eines neuen WA-Mitgl. vorzunehmen. Eine Bestellung von Ersatzmitgl. ist zulässig.

6 (3) Soweit der BR beschließen kann, die Aufgaben des WA auf einen von ihm gebildeten Ausschuß zu übertragen, ist dazu nicht die einfache, sondern die **absolute Mehrheit** der Stimmen seiner Mitgl. notwendig. Bei dem Ausschuß, auf den die Aufgaben des WA übertragen werden sollen, kann, aber muß es sich nicht um den BA oder einen nach § 28 gebildeten Ausschuß handeln (str.). Es kann also auch ein Ausschuß sein, dessen Zusammensetzung anders als nach den für diese Ausschüsse maßgebenden Grundsätzen geregelt ist. Es ist z. B. **nicht** erforderlich, einen solchen Ausschuß unter Berücksichtigung des Gruppenprinzips zu errichten.

7 In allen Fällen, in denen der BR die Aufgaben des WA auf einen von ihm gebildeten Ausschuß überträgt, darf die Zahl der Mitgl. dieses Ausschusses die Zahl der Mitgl. des BA nicht übersteigen. Der BR kann allerdings weitere AN, die nicht dem BR angehören müssen, einschließlich der nach § 5 Abs. 3 im Geltungsbereich des Gesetzes grundsätzlich ausgeschlossenen **leit. Ang.** in den Ausschuß **berufen** und diesen bis zur doppelen Zahl seiner Mitgl. auffüllen. Dadurch kann der mit den Aufgaben des WA betraute Ausschuß z. B. in einem Betrieb, in dem der BR aus neun und der BA aus fünf Mitgl. besteht, bis zu zehn Mitgl. haben, also in diesem extremen Fall sogar größer als der BR selbst sein.

8 In kleineren Betrieben bis zu 300 AN, in denen kein BA zu bilden ist, kann der BR die Aufgaben des WA selbst übernehmen, da in diesen Fällen die Zahl der BR-Mitgl. die der möglichen Mitgl. des WA nicht übersteigt und ohnehin alle Mitgl. des BR in den WA entsendet werden könnten.

9 Die vorstehenden Grundsätze gelten entsprechend, wenn in einem UN ein GBR besteht und dieser einen von ihm errichteten Ausschuß mit den Aufgaben des WA betraut.

10 Soweit in einen Ausschuß, dem die Aufgaben des WA übertragen worden sind, zusätzliche AN berufen werden, gilt für sie die **Verschwiegenheitspflicht** des § 79 entsprechend (vgl. die Erl. zu § 79).

11 Die Mitgl. des WA führen ihr Amt **ehrenamtlich**, auch soweit es sich

nicht zugleich um Mitgl. des BR oder GBR handelt. Arbeitszeitver-
säumnisse, die durch die Tätigkeit im WA entstehen, berechtigen
den AG allerdings nicht zur Minderung des Arbeitsentgelts (§ 37
Abs. 2 gilt entsprechend). Die durch die Tätigkeit des WA entstehenden **Kosten** trägt der UN. Ein besonderer **Kündigungsschutz** (siehe
die Erl. zu § 103) gilt für ein Mitgl. des WA nur, wenn es **gleichzeitig**
BR-Mitgl. ist. Nimmt der AG allerdings die Tätigkeit im WA zum
Anlaß einer Kündigung, ist diese wegen Verstoßes gegen zwingende
Gesetzesvorschriften (§ 78 BetrVG i.V.m. § 134 BGB) nichtig. Alle
Streitigkeiten über die Einrichtung, Zusammensetzung und Amts-
zeit des WA entscheidet das ArbG ebenso im Beschlußverfahren
wie Fragen der dem Ausschuß entstehenden Kosten.

§ 108
Sitzungen

(1) **Der Wirtschaftsausschuß soll monatlich einmal zusammentreten.**

(2) **An den Sitzungen des Wirtschaftsausschusses hat der Unternehmer oder sein Vertreter teilzunehmen. Er kann sachkundige Arbeitnehmer des Unternehmens einschließlich der in § 5 Abs. 3 genannten
Angestellten hinzuziehen. Für die Hinzuziehung und die Verschwiegenheitspflicht von Sachverständigen gilt § 80 Abs. 3 entsprechend.**

(3) **Die Mitglieder des Wirtschaftsausschusses sind berechtigt, in die
nach § 106 Abs. 2 vorzulegenden Unterlagen Einsicht zu nehmen.**

(4) **Der Wirtschaftsausschuß hat über jede Sitzung dem Betriebsrat
unverzüglich und vollständig zu berichten.**

(5) **Der Jahresabschluß ist dem Wirtschaftsausschuß unter Beteiligung des Betriebsrats zu erläutern.**

(6) **Hat der Betriebsrat oder der Gesamtbetriebsrat eine anderweitige
Wahrnehmung der Aufgaben des Wirtschaftsausschusses beschlossen,
so gelten die Absätze 1 bis 5 entsprechend.**

(1) Der Ausschuß kann auch öfter als monatlich tagen, da die Rege- **1**
lung nicht zwingend ist. Die Sitzungen finden grundsätzlich während der Arbeitszeit statt (§ 37 Abs. 2, 3). Der Gesetzgeber hat darauf verzichtet, besondere Geschäftsführungsbestimmungen zu erlassen. Der WA kann sich selbst eine **Geschäftsordnung** geben. Es
wird notwendig sein, zu regeln, wer den Vorsitz führt, die Einladun-
gen vornimmt, die Tagesordnungen festsetzt oder in welchem Umfang eine Niederschrift geführt werden soll. Im übrigen sind die Sitzungen des WA **nicht öffentlich**. Das folgt schon aus den im allgemeinen vertraulich zu behandelnden bzw. zum Teil geheimzuhal-
tenden Beratungsgegenständen.

(2) Der UN oder sein Vertr. sind **verpflichtet**, an Sitzungen des WA **2**
teilzunehmen. Hieraus kann jedoch nicht gefolgert werden, daß oh-

ne eine solche Teilnahme eine Sitzung des WA nicht stattfinden könne. Der WA hat vielmehr auch das Recht, allein zusammenzukommen (BAG v. 16. 3. 82, AP Nr. 3 zu § 108 BetrVG 1972). Wer den UN vertreten kann, bestimmt sich nach der inneren Organisation, ggf. auch nach den in Aussicht genommenen Beratungsgegenständen. Im allgemeinen ist Vertr. diejenige Person, die nach Satzung, Geschäftsordnung oder Organisation des UN allgemein als rangnächste in der UN-Hierarchie anstelle des UN die Verantwortung trägt.

3 Während der UN nur sachkundige Personen hinzuziehen kann, die AN des UN sind, hat der WA das Recht, auch **außenstehende Sachverständige** gemäß § 80 Abs. 3 zu seiner Unterstützung heranzuziehen. Aufgabe des Sachverständigen ist es, dem WA die ihm zur Beurteilung einer konkreten aktuellen Frage fehlenden fachlichen Kenntnisse zu vermitteln (BAG v. 18. 7. 78, AP Nr. 1 zu § 108 BetrVG 1972).

4 Auch ein Gew.-Beauftragter kann analog § 31 an den WA-Sitzungen teilnehmen, was nach Auffassung des BAG allerdings einen entsprechenden Mehrheitsbeschluß im BR/GBR für jede einzelne Sitzung (BAG, DB 87, 2468) voraussetzt (BAG v. 18. 11. 80, AP Nr. 2 zu § 108 BetrVG 1972). Der WA kann die Hinzuziehung eines Gew.-Beauftragten aber auch selbst beschließen, wenn ihm der BR oder der GBR eine entsprechende Ermächtigung erteilt hat. Eine Gew. ist im Beschlußverfahren antragsberechtigt, wenn das Recht ihres Beauftragten auf Teilnahme an den Sitzungen des WA bestritten wird (BAG v. 18. 11. 80, AP Nr. 2 zu § 108 BetrVG 1972). Die Gesamtschwerbehindertenvertretung ist ebenfalls berechtigt, an den Sitzungen des WA teilzunehmen (BAG, ArbuR 87, 345).

5 (3) Soweit der UN nach § 106 verpflichtet ist, den WA anhand der notwendigen Unterlagen umfassend über alle wirtschaftlichen Angelegenheiten zu unterrichten, haben die Mitgl. des WA das Recht, **Einblick** in diese **Unterlagen** zu nehmen. Das Einsichtsrecht steht jedem einzelnen Mitgl. zu. Soweit es zur Aufgabenerfüllung des WA notwendig ist, sind dessen Mitgl. nach Auffassung des BAG zwar berechtigt, sich Notizen zu machen, allerdings keine Abschriften/Ablichtungen (BAG v. 20. 11. 84, AP Nr. 3 zu § 106 BetrVG 1972).

6 Je nach dem Umfang der Unterlagen muß den Mitgl. des WA vor der Beratung der entsprechenden Angelegenheiten **ausreichend** Zeit zur Einsicht gewährt werden. Daher kann der UN verpflichtet sein, Unterlagen schon vor der Sitzung vorzulegen oder diese den Mitgl. des WA zeitweise zu überlassen (BAG a.a.O.).

7 (4) Da der WA eng mit dem BR zusammenzuarbeiten hat, ist er nach dieser Bestimmung zu **unverzüglicher** und **vollständiger** Berichterstattung über jede stattgefundene Sitzung verpflichtet. Besteht in einem UN ein GBR, so hat die Berichterstattung diesem gegenüber zu erfolgen. Eine besondere **Schweigepflicht** besteht nicht. Auch mitgeteilte Betriebs- und Geschäftsgeheimnisse sind weiterzugeben.

Die Form, in der die Unterrichtung zu erfolgen hat, ist im Gesetz **8** nicht geregelt. Eine bloße Aushändigung von Sitzungsprotokollen dürfte grundsätzlich jedoch **nicht** ausreichen.

(5) Der für das jeweilige Geschäftsjahr aufzustellende **Jahresab-** **9** **schluß,** den der UN dem WA unter Beteiligung des BR zu erläutern hat, umfaßt die Jahresbilanz und die Gewinn- und Verlustrechnung sowie bei Kapitalgesellschaften den als ergänzende Erläuterung aufzustellenden Anhang. Bei Personengesellschaften oder Einzelkaufleuten ergibt sich der Kapitalzuwachs oder Kapitalschwund regelmäßig aus einem Vergleich mit der vorjährigen Bilanz, die vom UN oder einem hierfür geeigneten Vertr. zu erläutern ist. Eine Aushändigung von Unterlagen über den Jahresabschluß kann aber nur verlangt werden, soweit dieser zu veröffentlichen ist. In diesen Fällen ist jedem Mitgl. des BR und des WA ein Exemplar **auszuhändigen.** Ein Anspruch des WA auf Offenlegung der privaten Vermögenslage des UN als Person besteht nicht. Mit dem **Bilanzrichtlinien-engesetz** ist jetzt ein einheitliches Bilanzrecht für alle Kaufleute geschaffen worden, das erstmalig für das 1987 beginnende Geschäftsjahr anzuwenden ist. Für Kapitalgesellschaften umfaßt der Jahresabschluß dann zusätzlich einen Lagebericht.

Zum Verständnis des vom UN dem WA unter Beteiligung des BR **10** zu erläuternden Jahreabschlusses wird regelmäßig der Bericht des Wirtschaftsprüfers vorzulegen sein (vgl. LAG Frankfurt, DB 88, 1807 f. und Bösche/Grimberg, ArbuR 87, 133 ff. m.w.N.; vgl. auch LAG Berlin, AiB 88, 314 f.). Zudem kann ein Sachverständiger herangezogen werden (zu eng BAG v. 18. 7. 78, AP Nr. 1 zu § 108 BetrVG 1972, das eine solche Möglichkeit nur im Fall besonderer und begründeter Notwendigkeit bejahen will). Die Mitgl. des WA sind berechtigt, sich bei der Erläuterung des Jahresabschlusses schriftliche Notizen zu machen (BAG v. 20. 11. 84, AP Nr. 3 zu § 106 BetrVG 1972; ausdrücklich für den Jahresabschluß LAG Hamm, DB 83, 1311 f.).

Ein Verstoß gegen diese Bestimmung ist eine **Ordnungswidrigkeit** im **11** Sinne des § 121.

(6) Die Bestimmung regelt, daß die vorstehenden Grundsätze ent- **12** sprechend gelten, wenn die Aufgaben des WA auf einen Ausschuß des BR oder GBR nach § 107 Abs. 3 übertragen worden sind.

§ 109
Beilegung von Meinungsverschiedenheiten

Wird eine Auskunft über wirtschaftliche Angelegenheiten des Unternehmens im Sinne des § 106 entgegen dem Verlangen des Wirtschaftsausschusses nicht, nicht rechtzeitig oder nur ungenügend erteilt und kommt hierüber zwischen Unternehmer und Betriebsrat eine Einigung nicht zustande, so entscheidet die Einigungsstelle. Der Spruch der Einigungsstelle ersetzt die Einigung zwischen Arbeitgeber und Betriebsrat. Die Einigungsstelle kann, wenn dies für ihre Entscheidung erforderlich ist, Sachverständige anhören; § 80 Abs. 3 Satz 2 gilt entsprechend. Hat der Betriebsrat oder der Gesamtbetriebsrat eine anderweitige Wahrnehmung der Aufgaben des Wirtschaftsausschusses beschlossen, so gilt Satz 1 entsprechend.

1 Die Anrufung der ESt. kann nicht durch den WA selbst erfolgen. Der WA muß vielmehr zunächst den BR oder GBR einschalten. Kommt es dann zu keiner Einigung, kann der BR oder GBR die ESt. anrufen, deren Entscheidung **verbindlich** ist. Da eine Verschwiegenheitspflicht der WA-Mitgl. besteht, kann sich der UN auch nicht durch die Berufung auf eine Vertraulichkeit der zu behandelnden Angelegenheiten der Unterrichtungspflicht entziehen. Lediglich dann, wenn durch die Unterrichtung Betriebs- oder Geschäftsgeheimnisse des UN gefährdet werden, kann er die Unterrichtung verweigern (§ 106 Abs. 2). Es muß sich um Geschäfts- und Betriebsgeheimnisse handeln, an deren absoluter Geheimhaltung ein **dringendes** Interesse des UN besteht. Das festzustellen liegt nicht im subjektiven Ermessen des UN. Es muß sich vielmehr um **objektiv** feststellbare Tatbestände handeln.

2 Die **Zuständigkeit der ESt. ist umfassend.** Sie entscheidet nicht nur über Erteilung, Zeitpunkt und Umfang einer verlangten Auskunft, sondern auch darüber, ob die Information überhaupt zu den wirtschaftlichen Angelegenheiten gehört (str.; teilweise wird zum letzten Punkt eine Zuständigkeit des ArbG im Beschlußverfahren angenommen). Die ESt. entscheidet auch verbindlich, soweit der UN die Auskunftserteilung unter Berufung darauf verweigert, daß andernfalls ein Betriebs- oder Geschäftsgeheimnis des UN gefährdet werden könnte (vgl. OLG Karlsruhe, DB 86, 387 f.; LAG Düsseldorf, DB 78, 1695 ff.). Sie befindet damit über reine Rechtsfragen. Zur Beilegung von Streitigkeiten über das Einsichtsrecht in vorzulegende Unterlagen nach § 108 Abs. 3 und über die Erläuterung des Jahresabschlusses nach § 108 Abs. 5 ist ebenfalls die ESt. zuständig (LAG Düsseldorf, DB 78, 1695 ff.; LAG Frankfurt, DB 88, 1807 f.). Sie kann auch darüber befinden, ob der UN verpflichtet ist, dem WA im Zusammenhang mit der Erläuterung den Wirtschaftsprüferbericht vorzulegen (LAG Frankfurt a.a.O.; vgl. auch LAG Berlin, AiB 88, 314 f.).

Die ESt. ist für die Frage nicht offensichtlich unzuständig, ob der **3**
WA verlangen kann, daß ihm bereits der **Entwurf** des Jahresabschlusses vor konzerninterner Abgleichung vorzulegen ist (LAG
Berlin, AiB 88, 314 f.). Deshalb ist sie in diesem Fall ebenfalls zu
bilden.

Entscheidet die ESt. zugunsten des WA, kann sich der BR/GBR **4**
einen Vollstreckungstitel im arbeitsgerichtl. Beschlußverfahren verschaffen, um z. B. die Auskunft zu erzwingen.

§ 110
Unterrichtung der Arbeitnehmer

**(1) In Unternehmen mit in der Regel mehr als 1000 ständig beschäf-
tigten Arbeitnehmern hat der Unternehmer mindestens einmal in jedem Kalendervierteljahr nach vorheriger Abstimmung mit dem Wirtschaftsausschuß oder den in § 107 Abs. 3 genannten Stellen und dem
Betriebsrat die Arbeitnehmer schriftlich über die wirtschaftliche Lage
und Entwicklung des Unternehmens zu unterrichten.**

**(2) In Unternehmen, die die Voraussetzungen des Absatzes 1 nicht
erfüllen, aber in der Regel mehr als zwanzig wahlberechtigte ständige
Arbeitnehmer beschäftigen, gilt Absatz 1 mit der Maßgabe, daß die
Unterrichtung der Arbeitnehmer mündlich erfolgen kann. Ist in diesen
Unternehmen ein Wirtschaftsausschuß nicht zu errichten, so erfolgt
die Unterrichtung nach vorheriger Abstimmung mit dem Betriebsrat.**

(1, 2) Die Berichterstattung des UN hat nach **vorheriger Abstim- 1
mung** mit dem BR und dem WA oder, falls die Aufgaben des WA
einem anderen Ausschuß übertragen worden sind, mit diesem zu
erfolgen. Besteht in einem UN kein WA und kein anderer für ihn
gebildeter Ausschuß, ist die Berichterstattung allein mit dem BR
abzustimmen.

Zum Zwecke der Abstimmung hat der UN den Inhalt des vorgese- **2**
henen Berichts mit dem BR und dem WA bzw. dem für diesen ein-
gesetzten Ausschuß **eingehend** zu erörtern. Dabei können BR und
WA Änderungsvorschläge unterbreiten. Geht der UN hierauf nicht
ein, sind BR und WA berechtigt, den AN gegenüber ihre abweichende Auffassung darzulegen. Der Bericht des UN soll den AN in
groben Zügen einen Überblick über die **wirtschaftliche Lage** des UN
und seiner Betriebe, **die Marktlage** sowie die zurückliegende und die
zu erwartende **Entwicklung** geben.

Ein UN, der die ihm obliegende Unterrichtungspflicht nicht, nicht **3**
rechtzeitig, wahrheitswidrig oder unvollständig erfüllt, handelt im
übrigen **ordnungswidrig** i. S. des § 121.

Zweiter Unterabschnitt:

Betriebsänderungen

§ 111
Betriebsänderungen

Der Unternehmer hat in Betrieben mit in der Regel mehr als zwanzig wahlberechtigten Arbeitnehmern den Betriebsrat über geplante Betriebsänderungen, die wesentliche Nachteile für die Belegschaft oder erhebliche Teile der Belegschaft zur Folge haben können, rechtzeitig und umfassend zu unterrichten und die geplanten Betriebsänderungen mit dem Betriebsrat zu beraten. Als Betriebsänderungen im Sinne des Satzes 1 gelten

1. Einschränkung und Stillegung des ganzen Betriebs oder von wesentlichen Betriebsteilen,

2. Verlegung des ganzen Betriebs oder von wesentlichen Betriebsteilen,

3. Zusammenschluß mit anderen Betrieben,

4. grundlegende Änderungen der Betriebsorganisation, des Betriebszwecks oder der Betriebsanlagen,

5. Einführung grundlegend neuer Arbeitsmethoden und Fertigungsverfahren.

1 Das Beteiligungsrecht des BR in wirtschaftlichen Angelegenheiten besteht nur in Betrieben mit regelmäßig mehr als 20 wahlberechtigten AN (zur Ermittlung der **Beschäftigtenzahl** vgl. BAG, BB 87, 1608). Entscheidend ist die Zahl der wahlberechtigten AN eines Betriebs, nicht eines UN. Leit. Ang. zählen nicht mit. Existiert im Zeitpunkt der Planung und noch bis zur Durchführung der Betriebsänderung kein BR, so kommen Abfindungs- oder Ausgleichsansprüche (§§ 112, 113) der AN nicht in Betracht. Nach Ansicht des BAG (v. 20. 4. 82, AP Nr. 15 zu § 112 BetrVG 1972, 29. 11. 83, AP Nr. 10 zu § 113 BetrVG 1972) kommt ein Sozialplan auch nicht in Frage, wenn im Stillegungszeitraum erstmalig ein BR gewählt worden ist.

2 Das Beteiligungsrecht des BR besteht bei allen Betriebsänderungen, die wesentliche Nachteile für die Belegschaft oder erhebliche Teile der Belegschaft zur Folge haben **können.** Die Vorschriften (§§ 111 bis 113) gelten auch im Konkurs des UN (BAG v. 13. 12. 78, AP Nr. 6 zu § 112 BetrVG 1972). Unter Betriebsänderung ist jede Änderung der Betriebsorganisation, der Betriebsstruktur, des Tätigkeitsbereichs, der Arbeitsweise u. ä. zu verstehen. Ob eine Betriebsänderung vorliegt, kann von der nach § 112 angerufenen ESt. als **Vorfrage** mitentschieden werden (BAG v. 18. 3. 75, AP Nr. 1 zu § 111 BetrVG 1972). Als wesentlicher Nachteil kommt nicht nur der

Verlust des Arbeitsplatzes oder die Versetzung im Betrieb in Betracht, sondern beispielsweise auch eine Erschwerung der Arbeit
(z. B. Temposteigerung, Leistungsverdichtung), ein Qualifikations-
verlust, eine Minderung des Arbeitsverdienstes, längere Anfahrts-
wege zur Arbeit oder erhöhte Kosten für die Fahrt zur Arbeitsstelle.

Die Bestimmung enthält einen Katalog von Tatbeständen, bei de- **3**
ren Vorliegen der Gesetzgeber von vornherein die **Möglichkeit** damit verbundener Nachteile für die AN des Betriebs unterstellt. Die
Aufzählung ist **nicht** erschöpfend (offengelassen von BAG v. 17. 8.
82, AP Nr. 11 zu § 111 BetrVG 1972; str.). Liegt einer der im Gesetz
aufgeführten Tatbestände vor, ist der BR stets zu beteiligen, **ohne**
daß zusätzlich geprüft werden muß, ob die Maßnahme wesentliche
Nachteile für die Belegschaft oder erhebliche Teile der Belegschaft
zur Folge haben kann (BAG v. 26. 10. 82, 17. 8. 82, 17. 12. 85, AP
Nrn. 10, 11, 15 zu § 111 BetrVG 1972). Nur soweit der UN die
Durchführung einer wirtschaftlichen Maßnahme beabsichtigt, die
nicht einen der ausdrücklich genannten Tatbestände erfüllt, kommt
es für die Beteiligung des BR darauf an, ob sich aus ihr nachteilige
Auswirkungen auf die Belegschaft oder erhebliche Teile der Belegschaft ergeben können. Zu beachten ist, daß die negativen Folgen
nicht tatsächlich eintreten müssen; sie brauchen lediglich **möglich** zu
sein (BAG v. 23. 4. 85, AP Nr. 26 zu § 112 BetrVG 1972).

Betriebsstillegung ist die Aufgabe des Betriebszwecks unter gleich- **4**
zeitiger Auflösung der **Betriebsorganisation** für eine unbestimmte
Zeit (BAG v. 27. 9. 84, AP Nr. 39 zu § 613a BGB). Macht der AG
nach einem Brand im Betrieb von einer im TV eingeräumten Möglichkeit Gebrauch, allen AN fristlos unter Einräumung eines Wie-
dereinstellungsanspruchs nach Beendigung der Schäden zu kündigen, so ist dies nur eine Betriebsunterbrechung und keine Stillegung
(BAG v. 16. 6. 87, AP Nr. 20 zu § 111 BetrVG 1972). Entschließt er
sich allerdings später, den Betrieb nicht wieder aufzubauen, liegt
darin eine Betriebsstillegung. Der BR amtiert über eine Stillegung
hinaus weiter: Er hat ein **Restmandat,** bis alle von ihm wahrzuneh-
menden Aufgaben erledigt sind (BAG v. 30. 10. 79, 20. 4. 85, AP
Nrn. 9, 15 zu § 112 BetrVG 1972, 16. 6. 87, AP Nr. 20 zu § 111
BetrVG 1972; vgl. auch Erl. zu § 21). Ein **wesentlicher Betriebsteil**
ist anzunehmen, wenn der betroffene Bereich einen erheblichen Teil
der AN des Gesamtbetriebs beschäftigt (die Zahlen in § 17 KSchG
geben hier einen Anhaltspunkt) oder eine wesentliche wirtschaftliche Bedeutung für diesen hat (vgl. auch LAG Frankfurt v. 11. 10.
77 – 5 TaBV 63/76, wonach jede nicht völlig bedeutungslose Abteilung die Voraussetzungen erfüllt). Bei der **Betriebseinschränkung**
wird der Zweck des Betriebs weiterverfolgt, aber dessen Gesamtlei-
stung herabgesetzt. Das kann z. B. auch durch die Außerbetriebset-

zung von Maschinen geschehen, muß sich aber nicht darauf beschränken.

5   Auch eine nicht unerhebliche Verringerung der Zahl der beschäftigten AN, also eine sog. **Massenentlassung** (vgl. auch den Überblick v. Trümner, BetrR 87, 756 ff.), kann den Tatbestand einer Betriebseinschränkung erfüllen (BAG v. 22. 5. 79, 15. 10. 79, 4. 12. 79, 22. 1. 80, AP Nrn. 3 bis 7 zu § 111 BetrVG 1972), es sei denn, es handelt sich nur um eine vorübergehende Anpassung an die Marktlage aufgrund saisonbedingter oder kurzfristiger konjunktureller Schwankungen (BAG v. 22. 5. 79, AP Nr. 4 zu § 111 BetrVG 1972). Das BAG hat die Frage, wann eine Massenentlassung vorliegt, anhand der in § 17 KSchG festgelegten Staffel beantwortet (v. 22. 5. 79, 15. 10. 79, 4. 12. 79, 22. 1. 80, 2. 8. 83, AP Nrn. 3 bis 7, 12 zu § 111 BetrVG 1972). Bei Großbetrieben wird von ihm jedoch zusätzlich verlangt, daß mindestens 5 v.H. der Belegschaft betroffen sind (BAG v. 2. 8. 83, AP Nr. 12 zu § 111 BetrVG 1972).

6   An diesen Grundsätzen hat auch der durch das BeschFG eingeführte § 112 a nichts geändert. Hierin wird »nur« eine (abweichende) Staffel für die **Erzwingbarkeit des Sozialplans** festgelegt (ArbG Lingen, AiB 87, 271 f.; bestätigt durch LAG Niedersachsen v. 27. 4. 88 – 5 Sa 1416/87); für die Definition der Betriebseinschränkung und die hieran ansonsten anknüpfenden Rechte des BR (Information, Beratung, Interessenausgleich) ist die geschilderte Rechtspr. weiter maßgeblich. Der 4-Wochen-Zeitraum des § 17 KSchG spielt keine Rolle (BAG v. 22. 5. 79, AP Nr. 3 zu § 111 BetrVG 1972). Es kommt nur darauf an, daß es sich um eine **einheitliche unternehmerische Maßnahme** handelt. Auch ein stufenweiser, sich über einen längeren Zeitraum erstreckender Personalabbau erfüllt die Voraussetzungen. Entscheidend ist dann, wie viele AN voraussichtlich von den geplanten unternehmerischen Maßnahmen, dem »**Planungssachverhalt«,** insgesamt betroffen sein können (grundlegend BAG, DB 79, 1751 ff.; neuerdings ArbG Stuttgart, ArbuR 87, 181; LAG Düsseldorf, DB 87, 180 f.). Bei einem zeitlichen Zusammenhang der Personalmaßnahmen besteht eine (widerlegbare) Vermutung für eine einheitliche unternehmerische Maßnahme, da ansonsten die Vorschrift leicht zu umgehen wäre.

7   Bei der Berechnung der Personalmaßnahmen kommt es auf den wahren Auflösungsgrund an, nicht auf die Form der Beendigung. Deshalb sind nicht nur betriebsbedingte Kündigungen des AG, sondern auch von ihm veranlaßte Aufhebungsverträge (vgl. § 112 a Abs. 1 Satz 2) und Eigenkündigungen der AN zu berücksichtigen (BAG, DB 88, 2413 unter Hinweis auf § 112 a; noch offengelassen BAG v. 2. 8. 83, AP Nr. 12 zu § 111 BetrVG 1972). Wird ein Betrieb von vornherein nur zur Erledigung einer begrenzten Aufgabe innerhalb absehbarer Zeit gegründet, so stellt seine Schließung nach Erreichen des Betriebszwecks keine mitbestimmungspflichtige Betriebsänderung dar (LAG Hamm, BB 77, 695).

Wechselt der Betrieb den Inhaber und führt ihn der Erwerber bei **8** unverändertem Betriebszweck und mit im wesentlichen gleicher Belegschaft fort, liegt **keine** Betriebsänderung i.S. des § 111 vor. Durch § 613a BGB wird ausdrücklich klargestellt, daß bei Übergang eines Betriebs oder Betriebsteils durch Rechtsgeschäft auf einen anderen Inhaber dieser voll und ganz in die Rechte und Pflichten des bisherigen AG eintritt.

Da die zum Erwerber überwechselnden AN durch die Bestimmung **9** des § 613a BGB vor Nachteilen aus der Betriebsveräußerung geschützt werden, sollen sie keine zusätzlichen Ausgleichs- oder Abfindungsansprüche nach den §§ 111ff. gegenüber dem früheren AG haben (BAG, DB 80, 164; BAG v. 21. 10. 80, AP Nr. 8 zu § 111 BetrVG 1972). Dies gilt nach Meinung des BAG auch, wenn nicht der gesamte Betrieb, sondern nur ein **Betriebsteil** veräußert wird, für die mit dem veräußerten Betriebsteil übergehenden Beschäftigten, nicht allerdings für die AN des verbleibenden **Restbetriebs** (BAG a.a.O.). Erschöpft sich der rechtsgeschäftliche Übergang eines Betriebsteils (z.B. Verkauf oder Verpachtung) nicht im bloßen Inhaberwechsel, sondern sind damit gleichzeitig Maßnahmen verbunden, die als solche einen der Tatbestände des § 111 erfüllen, so sind die Beteiligungsrechte des BR für den **gesamten** früheren Betrieb gegeben (BAG, DB 87, 1843). Dies wird regelmäßig bei **UN-Teilungen** der Fall sein (z.B. wegen der Änderung der Betriebsorganisation oder des Betriebszwecks).

Die **Aufspaltung eines Unternehmens** in je eine rechtlich selbständige **10** Besitz- und Produktionsgesellschaft derart, daß die Produktionsgesellschaft die Betriebsmittel von der Besitzgesellschaft pachtet und die AN übernimmt, ist als Betriebsänderung i.S. dieser Bestimmung anzusehen, sofern nicht die Einheit des Betriebs erhalten bleibt (vgl. hierzu BAG v. 7. 8. 86, 29. 1. 87, AP Nrn. 5, 6 zu § 1 BetrVG 1972 und BAG, DB 87, 2362). Im letzten Fall müssen die weiteren Tatbestandsvoraussetzungen insbesondere nach Nrn. 1 bis 5 hinzutreten. Bleibt die Einheit des Betriebs nicht erhalten oder liegt ein anderer Tatbestand vor, kann der insbesondere mit der Betriebsaufspaltung verbundenen möglichen Gefährdung künftiger AN-Ansprüche (Verminderung der Haftungsmasse) nach Maßgabe der §§ 111ff. begegnet werden (a.A. BAG v. 17. 2. 81, AP Nr. 9 zu § 111 BetrVG 1972; vgl. auch LAG Frankfurt, DB 85, 1999ff. und zu Gegenwehrmöglichkeiten der Belegschaft Klebe, Betriebsaufspaltung und Unternehmensteilung, 2. Aufl. IG Metall-Schriftenreihe »Für den Betriebsrat«).

Das MBR bei **Ortsverlegungen** bezieht sich nur auf solche Betriebe **11** und Betriebsteile, die ihrer Natur nach ortsgebunden sind, also beispielsweise nicht auf Baustellen. Eine Verlegung liegt auch vor, wenn das neue Gebäude nur 4,3 km vom alten in der gleichen Stadt entfernt liegt und günstige Verkehrsbedingungen bestehen (BAG v. 17. 8. 82, AP Nr. 11 zu § 111 BetrVG 1972), nicht aber beim Umzug von der einen auf die andere Straßenseite. Auch die **Verlegung** einer Betriebsabteilung **innerhalb des Betriebs** ist grundsätzlich keine Betriebsänderung. Etwas anderes gilt jedoch, wenn mit ihr wesentliche Nachteile für die Belegschaft verbunden sind. Werden wesentliche Teile der Belegschaft am neuen Arbeitsort nicht weiterbeschäftigt, handelt es sich um eine Betriebsstillegung und **anschließende Neuerrichtung** des Betriebs (BAG v. 6. 11. 59, AP Nr. 15 zu § 13 KSchG). Der **Zusammenschluß** eines Betriebs mit anderen kann dadurch geschehen, daß aus zwei oder mehreren Betrieben ein neuer Betrieb gebildet wird oder ein bestehender Betrieb einen weiteren oder mehrere weitere Betriebe unter Aufgabe von deren arbeitstechnischer Selbständigkeit in sich aufnimmt. Es kommt dabei nicht darauf an, ob die Betriebe verschiedenen UN angehören. Zu beachten ist, daß der Zusammenschluß von UN **nicht** notwendigerweise den einzelnen Betrieb in seinem Bestand ändert. Bleiben die einzelnen Betriebe trotz des UN-Zusammenschlusses in ihrer Betriebsorganisation, ihrem Betriebszweck u. ä. unverändert, ist keine die MB des BR auslösende Betriebsänderung gegeben. Auch die Zusammenlegung von **selbständigen** Betriebsabteilungen mit dem **eigenen** Hauptbetrieb unterliegt dem MBR (str.).

12 Unter einer grundlegenden Änderung der **Betriebsorganisation** sind alle wesentlichen Änderungen innerhalb des organisatorischen Aufbaus und der Gliederung eines Betriebs zu verstehen. Bei einem umfassenden Einsatz von EDV-Systemen im Betrieb sind die Voraussetzungen regelmäßig gegeben, da hiermit nicht nur technische Neuerungen, sondern auch wesentliche organisatorische Änderungen verbunden sind. Die grundlegende Änderung des **Betriebszwecks,** hiermit ist der arbeitstechnische Zweck, nicht der wirtschaftliche gemeint (BAG v. 17. 12. 85, AP Nr. 15 zu § 111 BetrVG 1972), betrifft vor allem die völlige Umstellung der Produktion. Eine Änderung ist auch dann anzunehmen, wenn wesentliche Teile der Tätigkeit eingestellt werden oder aber in einer weiteren Abteilung neue arbeitstechnische Zwecke zusätzlich erfüllt werden (vgl. BAG a.a.O.).

13 Hinsichtlich der **Betriebsanlagen** ist die grundlegende Änderung in der technischen Gestaltung des Betriebs gemeint, z.B. die Einführung eines neuen technischen Produktionsverfahrens, aber auch von Einrichtungen des Rechnungswesens und Datensichtgeräten (BAG v. 26. 10. 82, AP Nr. 10 zu § 111 BetrVG 1972, 6. 12. 83, AP Nr. 7 zu § 87 BetrVG 1972 Überwachung; vgl. für die Einführung

einer Bücherrotationsmaschine LAG Frankfurt, NZA 88, 407f.).
Das BAG hat in seinen Entscheidungen klargestellt, daß nicht die
Änderung sämtlicher Betriebsanlagen erforderlich ist. Auch die Änderung einzelner kann eine Betriebsänderung darstellen, wenn es
sich um solche handelt, die in der Gesamtschau von erheblicher Bedeutung für den gesamten Betriebsablauf sind. Diese Voraussetzungen können nur im Einzelfall festgestellt werden. So werden sie z.B.
beim CAD/CAM-Einsatz gegeben sein (vgl. auch LAG Baden-
Württemberg v. 23. 10. 84 – 4 TaBV 1/84), weil dieser abteilungs-
und betriebsübergreifend wirkt und eine Integration aller Bereiche
bis hin zur Fertigung herbeiführt. Nur wenn die Bedeutung zweifelhaft ist, ist auf die **Zahl der AN,** die von der Änderung der Betriebsanlagen betroffen werden, abzustellen. Hierbei soll nach dem BAG
an dessen mit Hilfe von § 17 KSchG entwickelte Rechtspr. zur Betriebseinschränkung angeknüpft werden. Bei der Frage, ob die Änderung der Betriebsanlagen »**grundlegend**« ist, entscheidet der Grad
der technischen Änderung (BAG a.a.O.). Im Zweifel ist dieser nach
dem Grad der nachteiligen Auswirkungen der Änderung auf die
betroffenen AN, danach, ob sich für diese wesentliche Nachteile
ergeben, zu beantworten. Auch die Einführung von CNC-Maschinen wird regelmäßig den Tatbestand des § 111 erfüllen. Im Hinblick
auf CAD/CAM oder Bildschirmgeräte werden ebenfalls die Voraussetzungen der Nr. 5 gegeben sein.

Die **Arbeitsmethoden** betreffen die Art des Einsatzes und die Ver- **14**
wendung der menschlichen Arbeitskraft. Hingegen bezieht sich das
Fertigungsverfahren auf die technische Seite des Produktionsab-
laufs. Beide Begriffe lassen sich nicht scharf trennen, sondern gehen
häufig ineinander über. Mit der Einführung z.B. von CAD/CAM
werden die bisherigen Arbeitsinhalte und -methoden total verändert
(vgl. z.B. Klebe/Roth, AiB 84, 70ff.), so daß eine Betriebsänderung
auch aus diesem Grunde vorliegt.

Soll eine Betriebsänderung durchgeführt werden, hat der UN den **15**
BR rechtzeitig und umfassend über die Gründe, den Umfang und
die möglichen Auswirkungen der vorgesehenen Maßnahme in allen
Einzelheiten zu **informieren** und diese mit ihm zu **erörtern** (vgl. auch
§ 90 Rn. 6ff.; zu eng LAG Hamm, NZA 86, 651). Dies muß anhand
der dazu notwendigen Unterlagen geschehen.

Wenn die Bestimmung davon spricht, daß der BR bei »geplanten **16**
Betriebsänderungen« zu beteiligen ist, so bedeutet dies **nicht,** daß es
sich um Maßnahmen handeln muß, die vom UN längerfristig ge-
plant sind. Auch **kurzfristig** notwendig werdende Betriebsänderungen fallen darunter. Dabei kommt es nicht darauf an, welche Gründe die vom UN vorgesehene Maßnahme veranlassen. Das Beteiligungsrecht des BR besteht auch dann, wenn der UN z.B. wegen
einer von ihm **nicht vorhergesehenen** Änderung der Marktlage oder

einer Verschlechterung der Auftragslage gezwungen wird, die Betriebsänderung durchzuführen. »Geplante Betriebsänderungen« i.S. dieser Bestimmung bedeutet lediglich, daß der UN den BR schon im **Planungsstadium** zu beteiligen hat, also zu einer Zeit, zu der weder mit der Durchführung der Maßnahme begonnen noch die Entscheidung darüber getroffen worden ist (BAG v. 18. 7. 72, AP Nr. 10 zu § 72 BetrVG, 14. 9. 76, AP Nr. 2 zu § 113 BetrVG 1972). Der BR ist dabei so rechtzeitig einzuschalten, daß er noch ausreichende Möglichkeiten hat, sich nicht nur mit allen Einzelheiten der vorgesehenen Maßnahmen zu befassen, sondern auch die zur Abgabe seiner Stellungnahme, zur Formulierung von Alternativen und zur Durchführung der Verhandlungen mit dem AG notwendigen Überprüfungen und Überlegungen anzustellen (vgl. § 90 Rn. 6, 9). Auch eine wirtschaftliche Zwangslage des UN, die eine sofortige Betriebsänderung erfordert, läßt die Notwendigkeit einer Einschaltung des BR **vor** der abschließenden Entscheidung über die Betriebsänderung unberührt (BAG v. 14. 9. 76, AP Nr. 2 zu § 113 BetrVG 1972).

17 Bei juristischen Personen wird eine **Einschaltung des BR** regelmäßig bereits dann zu erfolgen haben, wenn zwar entsprechende Planungsabsichten des Vorstands oder der Geschäftsleitung bestehen, aber noch nicht die Genehmigung des Aufsichtsrats oder eines vergleichbaren Gremiums vorliegt (BAG v. 14. 9. 76, AP Nr. 2 zu § 113 BetrVG 1972; OLG Düsseldorf, NZA 86, 371).

18 Für die Beteiligungsrechte nach dieser Bestimmung ist grundsätzlich der **Einzelbetriebsrat** zuständig. Eine Kompetenz des **GBR** kommt nur dann in Betracht, wenn es sich um eine betriebsübergreifende Maßnahme handelt, etwa eine konkursbedingte Stilllegung sämtlicher Betriebe des UN (BAG v. 17. 2. 81, AP Nr. 11 zu § 112 BetrVG 1972). Der GBR soll nach der abzulehnenden Auffassung des BAG nicht zuständig sein für BR-fähige Betriebe ohne BR (BAG v. 16. 8. 83, AP Nr. 5 zu § 50 BetrVG 1972). Hat zumindest ein Betrieb mehr als 20 wahlberechtigte AN, so kann der GBR auch Regelungen für Kleinbetriebe mit einem aus einer Person bestehenden BR treffen (vgl. LAG Bremen, BB 87, 195). Dies folgt aus dem Grundsatz der Gleichbehandlung aller AN (vgl. auch Erl. zu § 50).

19 Sowohl die rechtzeitige und umfassende Unterrichtung des BR als auch die Beratung mit ihm gehören zu den betriebsverfassungsrechtlichen Pflichten des UN, deren Erfüllung erforderlichenfalls im normalen **Beschlußverfahren** oder aber bei Eilbedürftigkeit auch durch **einstweilige Verfügung** erzwungen werden kann. Darüber hinaus kann der BR nach richtiger Auffassung seine Rechte im Wege einstweiliger Verfügung dadurch sichern, daß dem UN z.B. der Ausspruch von Kündigungen oder die Durchführung einer sonstigen Betriebsänderung bis zum Abschluß der Verhandlungen über den Interessenausgleich untersagt wird (vgl. z.B. LAG Hamburg, ArbuR 82, 389 f., DB 86, 598; LAG Frankfurt, DB 85, 178 ff.; LAG Hamm v. 23. 3. 83 – 12 TaBV 15/83; str.). Der UN begeht eine **Ordnungswidrigkeit,** wenn er seinen Verpflichtungen nicht rechtzeitig, unvollständig oder wahrheitswidrig nachkommt (§ 121).

§ 112
Interessenausgleich über die Betriebsänderung, Sozialplan

(1) Kommt zwischen Unternehmer und Betriebsrat ein Interessenausgleich über die geplante Betriebsänderung zustande, so ist dieser schriftlich niederzulegen und vom Unternehmer und Betriebsrat zu unterschreiben. Das gleiche gilt für eine Einigung über den Ausgleich oder die Milderung der wirtschaftlichen Nachteile, die den Arbeitnehmern infolge der geplanten Betriebsänderung entstehen (Sozialplan). Der Sozialplan hat die Wirkung einer Betriebsvereinbarung. § 77 Abs. 3 ist auf den Sozialplan nicht anzuwenden.

(2) Kommt ein Interessenausgleich über die geplante Betriebsänderung oder eine Einigung über den Sozialplan nicht zustande, so können der Unternehmer oder der Betriebsrat den Präsidenten des Landesarbeitsamtes um Vermittlung ersuchen. Geschieht dies nicht oder bleibt der Vermittlungsversuch ergebnislos, so können der Unternehmer oder der Betriebsrat die Einigungsstelle anrufen. Auf Ersuchen des Vorsitzenden der Einigungsstelle nimmt der Präsident des Landesarbeitsamtes an der Verhandlung teil.

(3) Unternehmer und Betriebsrat sollen der Einigungsstelle Vorschläge zur Beilegung der Meinungsverschiedenheiten über den Interessenausgleich und den Sozialplan machen. Die Einigungsstelle hat eine Einigung der Parteien zu versuchen. Kommt eine Einigung zustande, so ist sie schriftlich niederzulegen und von den Parteien und vom Vorsitzenden zu unterschreiben.

(4) Kommt eine Einigung über den Sozialplan nicht zustande, so entscheidet die Einigungsstelle über die Aufstellung eines Sozialplans. Der Spruch der Einigungsstelle ersetzt die Einigung zwischen Arbeitgeber und Betriebsrat.

(5) Die Einigungsstelle hat bei ihrer Entscheidung nach Absatz 4 sowohl die sozialen Belange der betroffenen Arbeitnehmer zu berücksichtigen als auch auf die wirtschaftliche Vertretbarkeit ihrer Entscheidung für das Unternehmen zu achten. Dabei hat die Einigungsstelle sich im Rahmen billigen Ermessens insbesondere von folgenden Grundsätzen leiten zu lassen:

1. Sie soll beim Ausgleich oder bei der Milderung wirtschaftlicher Nachteile, insbesondere durch Einkommensminderung, Wegfall von Sonderleistungen oder Verlust von Anwartschaften auf betriebliche Altersversorgung, Umzugskosten oder erhöhte Fahrtko-

sten, Leistungen vorsehen, die in der Regel den Gegebenheiten des Einzelfalles Rechnung tragen.

2. Sie hat die Aussichten der betroffenen Arbeitnehmer auf dem Arbeitsmarkt zu berücksichtigen. Sie soll Arbeitnehmer von Leistungen ausschließen, die in einem zumutbaren Arbeitsverhältnis im selben Betrieb oder in einem anderen Betrieb des Unternehmens oder eines zum Konzern gehörenden Unternehmens weiterbeschäftigt werden können und die Weiterbeschäftigung ablehnen; die mögliche Weiterbeschäftigung an einem anderen Ort begründet für sich allein nicht die Unzumutbarkeit.

3. Sie hat bei der Bemessung des Gesamtbetrages der Sozialplanleistungen darauf zu achten, daß der Fortbestand des Unternehmens oder die nach Durchführung der Betriebsänderung verbleibenden Arbeitsplätze nicht gefährdet werden.

1 (1) Die Bestimmung unterscheidet zwischen dem sog. **»Interessenausgleich«** und dem **»Sozialplan«**. Beide stehen zwar in einem inneren Zusammenhang. Gleichwohl darf die Unterscheidung bei der praktischen Anwendung der Vorschrift nicht unbeachtet bleiben. Dies gilt vor allem wegen der unterschiedlichen Rechtswirkung. Der Interessenausgleich entfaltet sie für die AN nach § 113 **(Nachteilsausgleich);** demgegenüber entstehen aufgrund eines Sozialplans **unmittelbare Rechtsansprüche** der einzelnen AN, denen der UN selbst dann nicht entgehen kann, wenn er aus zwingenden Gründen vom Sozialplan abweichen will.

2 Liegt einer der Tatbestände vor, bei denen der BR nach § 111 zu beteiligen ist, hat der UN zunächst zu versuchen, mit dem BR einen **Interessenausgleich** herbeizuführen. Voraussetzung ist, daß im Zeitpunkt der Planung und Durchführung der Betriebsänderung ein BR vorhanden ist (BAG v. 29. 11. 83, AP Nr. 10 zu § 113 BetrVG 1972); andernfalls ist der UN berechtigt, die Betriebsänderung einseitig anzuordnen und durchzuführen. Der Interessenausgleich soll klären, ob, wann und in welcher Weise die vorgesehene Maßnahme durchgeführt werden kann. Der BR kann den beabsichtigten Betriebsänderungen zustimmen, ihnen widersprechen oder andere Lösungsvorschläge unterbreiten, etwa die Maßnahme zu einem späteren Zeitpunkt oder stufenweise oder auf eine andere Art durchzuführen, die zu einer geringeren Belastung für die AN führt. Der Ausspruch von Kündigungen vor Abschluß der Verhandlungen über den Interessenausgleich kann durch **einstweilige Verfügung** untersagt werden (vgl. Erl. zu § 111 am Ende). Auch wenn ein zeitlich unbefristeter Sozialplan vereinbart worden ist, der Leistungen für alle zukünftigen Betriebsänderungen vorsieht, muß der UN bei jeder später von ihm geplanten Betriebsänderung einen neuen Interessenausgleich mit dem BR versuchen. Die Beteiligungsrechte, auf die der BR auch nicht wirksam verzichten kann, knüpfen an die jeweilige konkrete Betriebsänderung an (BAG v. 29. 11. 83, AP Nr. 10 zu § 113 BetrVG 1972). Wird der BR nicht tätig, muß der UN selbst die Initiative ergreifen, um die Folge des § 113 zu vermeiden (BAG v. 18. 12. 84, 9. 7. 85, AP Nrn. 11, 13 zu § 113 BetrVG 1972).

Soweit die Bestimmung vorschreibt, daß der Interessenausgleich **3** **schriftlich** niederzulegen und vom UN und BR zu unterzeichnen ist, handelt es sich um eine zwingende Formvorschrift. Für die Unterzeichnung des Interessenausgleichs seitens des BR genügt die Unterschrift des BR-Vors. und ggf. des nach der Geschäftsordnung bestimmten weiteren BR-Mitgl. Allerdings muß die Annahme des Interessenausgleichs vom BR in seiner Gesamtheit mehrheitlich beschlossen worden sein.

Unabhängig davon, ob zwischen BR und UN ein Interessenausgleich **4** zustande kommt, kann der BR die Aufstellung eines **Sozialplans** verlangen. Dies gilt auch, wenn der UN einen Interessenausgleich überhaupt nicht versucht hat, also zugleich auch die weiteren Rechtsfolgen nach § 113 eintreten können (LAG Hamm v. 1. 3. 72, AP Nr. 1 zu § 112 BetrVG 1972). Der UN hat also **kein Wahlrecht** zwischen Sozialplan und Nachteilsausgleich.

Der Sozialplan soll einem Ausgleich oder der **Milderung der wirt-** **5** **schaftlichen Nachteile** dienen, die sich für die AN aus der vorgesehenen Betriebsänderung ergeben. Die Bestimmung enthält keine Angabe darüber, was zweckmäßigerweise **Gegenstand eines Sozialplans** sein sollte. Die Beteiligten können alles regeln, was geeignet ist, für die AN nachteilige Auswirkungen der unternehmerischen Maßnahmen auszugleichen oder zu mildern.

Inhalt des Sozialplans können z.B. sein: Vereinbarungen über die **6** Zahlung von **Abfindungen** für die zu entlassenden AN, **Ausgleichs-** **zahlungen** für mit Verdienstminderung verbundene Umsetzungen, Aufrechterhaltung von **Anwartschaften** der Altersversorgung, eine über die Beendigung des Arbeitsverhältnisses hinausgehende weitere Überlassung von **Werkswohnungen,** die Gewährung des vollen **Jahresurlaubs,** die Anrechnung früherer Betriebszugehörigkeit, **Wiedereinstellungsklauseln** (bei Neueinstellungen), Rückzahlungsregeln für **Werksdarlehen,** die Vereinbarung und Finanzierung von Umschulungs-/Weiterbildungsmaßnahmen, **Umzugskosten,** Trennungsentschädigungen, Fahrt-, Miet-, Essenszuschüsse oder Sonderregelungen für Auszubildende (vgl. im einzelnen die Regelungspunkte bei Teichmüller, Die Betriebsänderung [1983], 90 ff.). Bei den betrieblichen Verhandlungen gewinnen angesichts der konstanten Massenarbeitslosigkeit zu Recht immer mehr Verträge an Bedeutung, die anstelle von oft inhaltslosem Interessenausgleich und

»klassischem« Abfindungssozialplan versuchen, Arbeitsplätze zu erhalten (vgl. z.B. den **Beschäftigungsplan** bei der Grundig AG). Unter Heranziehung öffentlicher Stellen (Bund, Land, Kommune, Arbeitsverwaltung) werden Regelungen zur Aufnahme zusätzlicher Produktionsbereiche, zur Qualifikation von AN und Humanisierung der Arbeit vereinbart (vgl. zu den beiden letztgenannten Regelungspunkten auch die Rahmen-Gesamt-BV bei der Bayer AG v. 16. 10. 86 und den bei der Volkswagen AG abgeschlossenen TV v. März 87).

7 Auszugleichen sind im Sozialplan **wirtschaftliche Nachteile.** Dies können auch Verschlechterungen der Arbeitsbedingungen oder Arbeitserschwerungen sein, da hiermit das Verhältnis von Leistung und Gegenleistung zum Nachteil des AN geändert wird. Der Ausgleich, die Milderung dieses wirtschaftlichen Nachteils kann dann bei Bildschirmarbeit z.B. in einer zeitlichen Begrenzung, der Festlegung von **Arbeitsunterbrechungen,** von **Mischarbeit** oder/und ergonomischen Gestaltungsgrundsätzen bestehen. Ebenso kann ein Ausgleich durch neue Formen der Arbeitsorganisation (z.B. **Gruppenarbeit,** teilautonome Arbeitsgruppen) herbeigeführt werden (vgl. auch Däubler, DB 85, 2301; str.). Der Sozialplan kann Regelungen über Arbeitsentgelt und sonstige Arbeitsbedingungen zum Inhalt haben, die üblicherweise in **TV** geregelt werden und sogar Gegenstand eines für den Betrieb geltenden TV sind. **§ 77 Abs. 3** findet keine Anwendung. Soweit der Sozialplan allerdings hinter einer für den Betrieb bestehenden tariflichen Regelung zurückbleibt, kommt für die gewerkschaftlich organisierten AN der TV zur Anwendung.

8 Der Hinweis, daß der Sozialplan die Wirkung einer BV hat, bedeutet, daß die einzelnen AN aus dem Sozialplan einen **unmittelbaren Anspruch** (zu Entstehungszeitpunkt und Vererbung des Anspruchs vgl. LAG Frankfurt, NZA 85, 634) gegenüber dem AG ableiten können (§ 77 Abs. 4). Dies gilt auch für bereits ausgeschiedene AN (LAG Hamm v. 1. 3. 72, AP Nr. 1 zu § 112 BetrVG 1972). Ein versehentlich unberücksichtigt gebliebener AN hat auch dann Anspruch auf Auszahlung des ihm nach dem Sozialplan zustehenden Betrages gegenüber dem AG, wenn der Fonds erschöpft ist (LAG Düsseldorf, DB 72, 979). Es bestehen keine Bedenken gegen die Regelung eines Sozialplans, die einem von der Betriebsstillegung betroffenen AN eine Abfindung nur dann gewährt, wenn ihm weder im eigenen noch in einem zum Konzern gehörenden UN ein zumutbarer Arbeitsplatz angeboten werden kann. Dasselbe gilt für den Ausschluß von Abfindungen für den Fall, daß der AN ein **zumutbares Umsetzungs- oder Versetzungsangebot** ausschlägt und deshalb entlassen werden muß (BAG v. 8. 12. 76, 17. 2. 81, 25. 10. 83, AP Nrn. 3, 11, 18 zu § 112 BetrVG 1972; vgl. jetzt auch § 112 Abs. 5 Satz 2 Nr. 2) oder vorgezogenes Altersruhegeld in Anspruch nehmen kann (BAG, DB 88, 2464f.). Ebenso können für die letztgenannten AN geringere Abfindungen vorgesehen werden (BAG v. 14. 2. 84, AP Nr. 21 zu § 112 BetrVG 1972). Im Sozialplan darf nach verschiedenen möglichen Nachteilen – Versetzung oder Entlassung – und nach der Vermeidbarkeit dieser Nachteile differenziert werden (BAG v. 8. 12. 76, AP Nr. 3 zu § 112 BetrVG 1972). Die Betriebsparteien sind beim Abschluß eines Sozialplans in den **Grenzen von Recht** (vgl. z.B. § 75 oder den arbeitsrechtlichen Gleichbehandlungsgrundsatz; hierzu BAG, DB 88, 2464f. und DB 88, 2465f.) **und Billigkeit** also frei, darüber zu entscheiden, welche Nachteile, die der Verlust eines Arbeitsplatzes mit sich bringt, durch eine Abfindung ausgeglichen werden sollen (BAG v. 29. 11. 78, AP Nr. 7 zu § 112 BetrVG 1972; BAG, DB 88, 2464f.). Es ist zulässig, daß Sozialpläne Leistungen **pauschalieren,** sie individuell festlegen (BAG v. 12. 2. 85, AP Nr. 25 zu § 112 BetrVG 1972) oder aber beide Regelungselemente miteinander verbinden (BAG v. 14. 2. 84, AP Nr. 21 zu § 112 BetrVG 1972). Maßgebend ist der Zeitpunkt vor der Betriebsänderung auch dann, wenn der Sozialplan erst später abgeschlossen wird. Demzufolge können auch Nachteile ausgeglichen werden, mit denen typischerweise zu rechnen war, selbst wenn der einzelne AN diese Nachteile tatsächlich später nicht erlitten hat (BAG v. 23. 4. 85, AP Nr. 26 zu § 112 BetrVG 1972). Die nunmehr mit der **Neufassung des § 112** nur für die Entscheidung der ESt. (vgl. BAG, DB 88, 2464f.) entstandenen Besonderheiten sind weiter unten ausgeführt.

Stuft ein Sozialplan die Abfindungen für von einer Betriebsstilllegung betroffene AN nach dem Alter und der Dauer der Betriebszugehörigkeit ab, und bestimmt er zugleich, daß bei einer **Unterbrechung der Betriebszugehörigkeit,** die länger als sechs Monate gedauert hat, die davor liegenden Jahre der Betriebszugehörigkeit nicht angerechnet werden, so ist eine solche Regelung aus Billigkeitsgründen nach Auffassung des BAG nicht zu beanstanden (v. 11. 6. 75, AP Nr. 1 zu § 77 BetrVG 1972 Auslegung). Die Abfindungen aus dem Sozialplan **müssen** sich nicht im Rahmen von **§ 10 KSchG** bewegen (BAG v. 27. 10. 87, AP Nr. 41 zu § 112 BetrVG 1972; BAG, DB 88, 2465f., LAG Hamm, BB 86, 259f. m.w.N.); trotzdem **können** AG und BR Höchstbegrenzungsklauseln **vereinbaren** (BAG, DB 88, 2465f.). Eine Klausel, die die Zahlung einer Abfindung davon abhängig macht, daß der entlassene AN keine **Kündigungsschutzklage** erhebt, ist nichtig (BAG v. 20. 12. 83, AP Nr. 17 zu § 112 BetrVG 1972). Zulässig ist aber eine Vereinbarung, nach der die Fälligkeit der Abfindung bis zum rechtskräftigen Abschluß des Kündigungsschutzprozesses hinausgeschoben und bestimmt wird, daß eine Zahlung nach §§ 9, 10 KSchG auf die Sozialplanabfindung anzurechnen ist (BAG v. 20. 6. 85, AP Nr. 33 zu § 112 BetrVG

9

1972). In einem Sozialplan kann nach Auffassung des BAG (v. 27.
10. 87, AP Nr. 22 zu § 76 BetrVG 1972) nicht vereinbart werden,
daß die ESt. entscheidet, ob ein einzelner AN Anspruch auf Zahlung einer Abfindung hat. Eine solche Entscheidung obliege allein
den ArbG. **Leitende Ang.** werden vom Sozialplan nicht erfaßt; es
besteht für den UN auch keine Verpflichtung, aufgrund des Gleich-
behandlungsgrundsatzes Einzelvereinbarungen zu treffen (BAG v.
16. 7. 85, AP Nr. 32 zu § 112 BetrVG 1972).

10 Weil Sozialpläne wirtschaftliche Nachteile ausgleichen oder mildern sollen, die den AN durch Betriebsänderung entstehen, dürfen
sie **keine Regelung** enthalten, die **ausschließlich zu Lasten** der AN
wirkt. Kündigungsabfindungen in Sozialplänen sind regelmäßig
nicht dazu bestimmt, unverfallbare Versorgungsanwartschaften abzugelten (BAG v. 7. 8. 75, AP Nr. 169 zu § 242 BGB Ruhegehalt,
30. 10. 80, AP Nr. 3 zu § 1 BetrAVG, 24. 3. 81, AP Nr. 12 zu § 112
BetrVG 1972).

11 Ein Sozialplan ist auch aufzustellen, wenn ein UN **mit Verlust liqui-
diert** wird (LAG Hamm, DB 75, 1160). Die Vorschriften über den
Sozialplan gelten auch im Konkurs. Der **Konkursverwalter** hat deshalb mit dem BR einen Interessenausgleich zu versuchen und einen
Sozialplan aufzustellen (BAG v. 6. 5. 86, AP Nr. 8 zu § 128 HGB).
Das **Gesetz über den Sozialplan im Konkurs- und Vergleichsverfahren**
v. 20. 2. 85 trifft in diesem Zusammenhang insbesondere Regelungen zur Rangfrage und zu dem möglichen Umfang der Leistungen
(vgl. im einzelnen Düttmann/Kehrmann/Muff, AiB 85, 35 und
Däubler, Das Arbeitsrecht 2 [1986], 416).

12 Die Beteiligungsfähigkeit des BR bleibt auch erhalten, wenn der Betrieb inzwischen stillgelegt worden ist (BAG v. 29. 3. 77, AP Nr. 11
zu § 102 BetrVG 1972). Der BR hat hinsichtlich der Vereinbarung
und Abwicklung eines Sozialplans ein **Restmandat** (vgl. Erl. zu
§ 21). Dasselbe gilt für den GBR, der bei der Stillegung sämtlicher
Betriebe eines UN infolge Konkurses für die Aufstellung von Sozialplan und Interessenausgleich zuständig ist (BAG v. 17. 2. 81, AP
Nr. 11 zu § 112 BetrVG 1972).

13 (2) Es bleibt dem BR und dem UN überlassen, ob sie von der im
Gesetz gegebenen Möglichkeit Gebrauch machen wollen, den **Präsidenten des Landesarbeitsamtes** um Vermittlung zu ersuchen, falls
eine Einigung über einen Interessenausgleich oder einen Sozialplan
nicht zustande kommt. Obwohl das Gesetz lediglich den »Präsidenten des Landesarbeitsamtes« nennt, können BR oder UN auch andere Stellen oder Personen um Vermittlung ersuchen, z.B. eine im
Betrieb vertretene Gewerkschaft. Läßt der AG oder der BR sich
nicht auf die Vermittlungsbemühungen des Präsidenten des Lan-

desarbeitsamtes ein, so müssen diese als ergebnislos angesehen werden.

Die ESt. kann angerufen werden, wenn ein Vermittlungsversuch ergebnislos bleibt. BR und AG können sich bei Nichteinigung über einen Interessenausgleich oder einen Sozialplan aber auch sofort an die ESt. wenden, ohne vorher einen Vermittlungsversuch unternommen zu haben. **14**

(3) Hinsichtlich des **Verfahrens vor der ESt.** schreibt die Regelung vor, daß im Falle des Zustandekommens einer Einigung diese schriftlich niederzulegen und von den Parteien und vom Vors. zu unterschreiben ist. Ohne Schriftform ist kein Interessenausgleich zustande gekommen (BAG v. 9. 7. 85, AP Nr. 13 zu § 113 BetrVG 1972). Im übrigen gelten die verfahrensrechtlichen Bestimmungen des § 76 entsprechend. Zu beachten ist, daß die ESt. bezüglich des Interessenausgleichs nur einen unverbindlichen Einigungsvorschlag unterbreiten kann. **15**

Gelingt es der ESt., eine Einigung der Parteien über einen Interessenausgleich herbeizuführen, so bestimmen sich die Rechtsfolgen bei einem etwaigen Abweichen des UN von der Regelung nach § 113. Kommt eine Einigung über einen Interessenausgleich auch vor der ESt. nicht zustande, ist das Verfahren insoweit beendet. Die Austragung der Meinungsverschiedenheiten zwischen AG und BR beschränkt sich dann auf die **Erstellung des Sozialplans** (vgl. Abs. 4). Unabhängig vom Interessenausgleich sind zudem die sonstigen Rechte des BR einzuhalten (vgl. z.B. § 87 Abs. 1 Nr. 6, §§ 91, 98, 99, 102). **16**

(4) Die ESt. hat hinsichtlich der **sozialen Auswirkungen** der unternehmerischen Maßnahme, also des Sozialplans, im Falle der Nichteinigung einen **verbindlichen Spruch** zu treffen. Gelingt es der ESt., eine Einigung der Parteien über die Aufstellung eines Sozialplans herbeizuführen, so hat dieser die Wirkung einer BV (vgl. Abs. 1). Dasselbe gilt, wenn die Parteien sich im Verfahren vor der ESt. nicht einigen und diese selbst eine Entscheidung trifft. Auch die ESt. ist von der Beschränkung des § 77 Abs. 3 befreit. Der Spruch erstreckt sich auf den Inhalt des Sozialplans in allen seinen Einzelheiten. **17**

(5) Bei ihrer Entscheidung hat die ESt. die Interessen beider Seiten zu berücksichtigen und gegeneinander abzuwägen. Es handelt sich um eine **Ermessensentscheidung,** auf die die Grundsätze des § 76 Abs. 5 Anwendung finden. **18**

Die ESt. ist zur Beachtung sowohl der **sozialen Belange** der betroffenen AN als auch der **wirtschaftlichen Vertretbarkeit** ihrer Entscheidung für das UN (ggf. kann auch die Lage des Konzerns maßgeb- **19**

lich sein; so BAG v. 19. 5. 81, AP Nr. 13 zu § 16 BetrAVG zur Be-
triebsrentenanpassung) verpflichtet.

20 Mit dem durch das BeschFG geänderten Abs. 5 werden der ESt.
Grundsätze – das BAG (DB 88, 2155) spricht von Richtlinien – **für
die Ermessensausübung** vorgegeben, die die oben bei Abs. 1 geschilderten Grundsätze teilweise modifizieren. »In der Regel« sollen die
tatsächlich entstehenden Nachteile ausgeglichen werden. Vielfach
lassen sich diese jedoch im Zeitpunkt der ESt.-Entscheidung gar
nicht feststellen. Daher werden oft nur Regelungen in Betracht
kommen, die typischerweise zu erwartende Nachteile **pauschalieren.**

21 In Nr. 2 wird die ESt. verpflichtet, für die ausscheidenden AN eine
Prognose über deren Arbeitsmarktchancen abzugeben, nicht aber
umfassende Ermittlungen im Einzelfall anzustellen (vgl. BR-
Drucks. 393/84 S. 28). Hierbei wird nach AN-Gruppen zu unterscheiden sein, die z.B. im Hinblick auf Qualifikation, Alter, Geschlecht und Nationalität gebildet werden können. Zumutbar ist ein
anderer Arbeitsplatz nur dann, wenn er der bisherigen Vorbildung
und Berufserfahrung des AN entspricht und keine geringere Eingruppierung als bisher erfolgt (LAG Düsseldorf, DB 87, 1254). Es
muß ein verbindliches Angebot bestehen, das bei einem anderen
Konzern-UN auch den sozialen Besitzstand (z.B. die Anrechnung
der bisherigen Betriebszugehörigkeit) zu garantieren hat. Angebote
von konzernfremden AG sind nicht zu berücksichtigen; sie können
allerdings bei der Beurteilung der Arbeitsmarktchancen anzuführen
sein. Dabei ist zu berücksichtigen, daß mit diesem AG-Wechsel in
der Regel der gesamte soziale Besitzstand (z.B. die Betriebszugehö-
rigkeitsdauer) verlorengeht.

22 Der mit dem angebotenen Arbeitsplatz verbundene **Ortswechsel** allein soll die Unzumutbarkeit noch nicht begründen. Es werden allerdings oft weitere persönliche Gesichtspunkte hinzutreten (z.B.
Lebensalter, Arbeitsplatz des Ehegatten, pflegebedürftige Familien-
angehörige, Umschulung der Kinder, Hauseigentum ggf. auch in
Verbindung mit evtl. Fahrtzeit), die den Wechsel unzumutbar machen. Die ESt. **soll** bei Vorliegen aller Voraussetzungen den AN von
Leistungen ausschließen, Ausnahmen sind also z.B. in **Härtefällen**
möglich. Der Sozialplan darf schließlich den Fortbestand des UN
oder der verbliebenen Arbeitsplätze nicht gefährden. Dies gilt na-
türlich nur, wenn die Fortführung überhaupt beabsichtigt (vgl.
LAG Baden-Württemberg, ZIP 85, 703 ff. zur früheren Rechtslage)
und auch nicht auf die Lage des evtl. bestehenden Konzerns abzustellen ist.

23 Eine **Kündigung des Sozialplans** kommt nur in seltenen Ausnahmefällen für zeitlich unbefristete Dauerleistungen in Betracht (vgl.
auch LAG Saarland, DB 86, 48). Bei **Wegfall der Geschäftsgrundla-**

ge ist eine nachträgliche Änderung allerdings möglich. Dies gilt auch für Initiativen des BR, wenn z.B. die verfügbaren finanziellen Mittel viel zu gering veranschlagt worden waren (BAG v. 13. 12. 78, AP Nr. 6 zu § 112 BetrVG 1972) oder aber eine Sanierung des UN fehlschlug, derentwegen relativ niedrige Leistungen festgesetzt worden waren (BAG v. 9. 12. 81, AP Nr. 14 zu § 112 BetrVG 1972).

§ 112a
Erzwingbarer Sozialplan bei Personalabbau, Neugründungen

(1) Besteht eine geplante Betriebsänderung im Sinne des § 111 Satz 2 Nr. 1 allein in der Entlassung von Arbeitnehmern, so findet § 112 Abs. 4 und 5 nur Anwendung, wenn

1. in Betrieben mit in der Regel mehr als 20 und weniger als 60 Arbeitnehmern 20 vom Hundert der regelmäßig beschäftigten Arbeitnehmer, aber mindestens 6 Arbeitnehmer,

2. in Betrieben mit in der Regel mindestens 60 und weniger als 250 Arbeitnehmern 20 vom Hundert der regelmäßig beschäftigten Arbeitnehmer oder mindestens 37 Arbeitnehmer,

3. in Betrieben mit in der Regel mindestens 250 und weniger als 500 Arbeitnehmern 15 vom Hundert der regelmäßig beschäftigten Arbeitnehmer oder mindestens 60 Arbeitnehmer,

4. in Betrieben mit in der Regel mindestens 500 Arbeitnehmern 10 vom Hundert der regelmäßig beschäftigten Arbeitnehmer, aber mindestens 60 Arbeitnehmer

aus betriebsbedingten Gründen entlassen werden sollen. Als Entlassung gilt auch das vom Arbeitgeber aus Gründen der Betriebsänderung veranlaßte Ausscheiden von Arbeitnehmern auf Grund von Aufhebungsverträgen.

(2) § 112 Abs. 4 und 5 findet keine Anwendung auf Betriebe eines Unternehmens in den ersten vier Jahren nach seiner Gründung. Dies gilt nicht für Neugründungen im Zusammenhang mit der rechtlichen Umstrukturierung von Unternehmen und Konzernen. Maßgebend für den Zeitpunkt der Gründung ist die Aufnahme einer Erwerbstätigkeit, die nach § 138 der Abgabenordnung dem Finanzamt mitzuteilen ist.

(1) Die Regelung, die durch das BeschFG eingeführt worden ist, **1** schränkt die **Erzwingbarkeit des Sozialplans** ein. Die vom BAG in Anlehnung an § 17 KSchG entwickelte Staffel (vgl. § 111 Rn. 5) für Betriebsänderungen, die allein in Entlassungen bestehen, wird im Hinblick auf das MBR für den BR verschlechtert. Ansonsten hat sich an der Rechtslage nichts geändert: Ob eine Betriebsänderung vorliegt und die sonstigen BR-Rechte gegeben sind, beantwortet sich weiter nach den vom BAG aufgestellten Grundsätzen. Klargestellt wird zudem, daß auch ein vom AG aus Gründen der Betriebsänderung veranlaßtes **einverständliches Ausscheiden** mitzuzählen ist. Es kommt nur auf das Ausscheiden aus Gründen der geplanten Betriebsänderungen an, nicht aber auf die äußere Form, die zur Beendigung des Arbeitsverhältnisses führt. Daher sind auch vom AG veranlaßte **Eigenkündigungen** durch die AN mitzurechnen (so offenbar auch BAG, DB 88, 2413).

2 (2) Ein Sozialplan ist nunmehr bei Betrieben **neugegründeter UN** für vier Jahre nicht mehr erzwingbar. Diese (sozial- und rechtspolitisch verfehlte) Regelung findet aber keine Anwendung, wenn lediglich der Betrieb und nicht das UN neugegründet worden ist. Sie scheidet ebenfalls bei den genannten Umstrukturierungen (z.B. Umwandlung oder Verschmelzung in ein neues Unternehmen, Aufspaltung in mehrere neue Gesellschaften) und dann aus, wenn der betroffene Betrieb älter als vier Jahre ist (str.).

3 Die Vorschrift findet auf den Interessenausgleich keine Anwendung. Auch neugegründete UN sind verpflichtet, bei geplanten Betriebsänderungen diesen mit dem BR zu versuchen (LAG Berlin, BB 87, 2236).

§ 113
Nachteilsausgleich

(1) Weicht der Unternehmer von einem Interessenausgleich über die geplante Betriebsänderung ohne zwingenden Grund ab, so können Arbeitnehmer, die infolge dieser Abweichung entlassen werden, beim Arbeitsgericht Klage erheben mit dem Antrag, den Arbeitgeber zur Zahlung von Abfindungen zu verurteilen; § 10 des Kündigungsschutzgesetzes gilt entsprechend.

(2) Erleiden Arbeitnehmer infolge einer Abweichung nach Absatz 1 andere wirtschaftliche Nachteile, so hat der Unternehmer diese Nachteile bis zu einem Zeitraum von zwölf Monaten auszugleichen.

(3) Die Absätze 1 und 2 gelten entsprechend, wenn der Unternehmer eine geplante Betriebsänderung nach § 111 durchführt, ohne über sie einen Interessenausgleich mit dem Betriebsrat versucht zu haben, und infolge der Maßnahme Arbeitnehmer entlassen werden oder andere wirtschaftliche Nachteile erleiden.

1 (1) Weicht der UN von einem vereinbarten Interessenausgleich **ohne zwingenden Grund** ab, so können AN, die deshalb entlassen werden, einen Anspruch auf Zahlung einer Abfindung beim ArbG geltend machen. Zu beachten ist, daß dies nur bei der Abweichung von einem Interessenausgleich über die Durchführung der unternehmerischen Maßnahme gilt. Hält der UN sich nicht an einen vereinbarten Sozialplan, so kommt diese Vorschrift nicht zur Anwendung, da die einzelnen AN Ansprüche **unmittelbar** aus dem Sozialplan haben (vgl. § 112 Abs. 1).

Die Verpflichtung des UN zur Zahlung von Abfindungen nach die- **2** ser Bestimmung besteht nur, soweit die Kündigungen von AN **rechtswirksam** erfolgt sind. Ist eine Kündigung nach anderen arbeitsrechtlichen Vorschriften rechtsunwirksam, so kann der betroffene AN auf Feststellung klagen, daß sein Arbeitsverhältnis fortbesteht. Stellt das ArbG in diesem Fall die Rechtsunwirksamkeit der Kündigung fest, löst es das Arbeitsverhältnis jedoch durch gerichtl. Entscheidung auf, bestimmt sich der Anspruch des AN auf Zahlung einer Abfindung unmittelbar nach den Vorschriften des KSchG.

Der Abfindungsanspruch nach dieser Bestimmung setzt voraus, **3** daß der AG vom Interessenausgleich ohne zwingenden Grund abgewichen und das Abweichen **ursächlich** für die Kündigung ist. Daher scheidet der Anspruch aus, wenn die Beendigung des Arbeitsverhältnisses ausschließlich auf der **Eigenkündigung** des AN beruht (LAG Berlin, ArbuR 87, 116). Ist diese jedoch durch den AG aus betrieblichen Gründen veranlaßt, handelt es sich ebenso um eine »**Entlassung**« i.S. von § 113 wie bei vom AG aus diesen Gründen veranlaßten Aufhebungsverträgen (BAG, DB 88, 2413). Ein zwingender Grund für ein Abweichen vom Interessenausgleich kann nur dann in Betracht kommen, wenn dieser nach dem Zustandekommen des Interessenausgleichs eingetreten ist (BAG v. 17. 9. 74, AP Nr. 1 zu § 113 BetrVG 1972). An die Notwendigkeit der Abweichung ist ein strenger Maßstab anzulegen. Es kommt **nicht** darauf an, ob sich die wirtschaftliche Entscheidung des UN nachträglich als sachlich richtig oder falsch erweist; vielmehr durfte dem AG zur Abwendung einer drohenden Gefahr für das UN praktisch keine andere Wahl bleiben. Fehlendes **Verschulden** kann die Abweichung nicht rechtfertigen (BAG, DB 79, 744).

Hat ein AN Anspruch auf Zahlung einer Abfindung gegenüber dem **4** AG nach dieser Bestimmung, so richtet sich ihre Höhe nach § 10 KSchG. Danach kann die Abfindung grundsätzlich bis zur Höhe von zwölf Monatsverdiensten festgesetzt werden. Bei älteren und langjährig beschäftigten AN sind Abfindungen bis zu einem Betrag von 18 Monatsverdiensten möglich. Der AN hat in diesem Fall eine **Leistungsklage** zu erheben, in der er jedoch die Höhe der geforderten Abfindung nicht selbst angeben muß, sondern in das Ermessen des Gerichts stellen kann, das die Summe von Amts wegen festzusetzen hat. Die Erhebung der Leistungsklage ist an keine Frist gebunden, es sei denn, daß der AN sie mit einer Feststellungsklage nach dem KSchG verbindet. In diesem Fall ist die dreiwöchige Frist nach § 4 KSchG zu beachten.

(2) Neben dem nach Abs. 1 vorgesehenen Anspruch auf Zahlung **5** einer Abfindung sieht diese Bestimmung einen Ausgleich auch für die sonstigen wirtschaftlichen Nachteile (z.B. bei einer Versetzung geringerer Verdienst, höhere Fahrtkosten usw.) vor, die AN durch

eine vom UN ohne zwingenden Grund erfolgte Abweichung von einem vereinbarten Interessenausgleich erleiden. Muß z.B. ein AN dadurch auf einen geringer bezahlten Arbeitsplatz versetzt werden, so ist ihm der bisherige Lohn in voller Höhe weiterzuzahlen. Der Nachteilsausgleich erstreckt sich jedoch nur auf einen Zeitraum von zwölf Monaten. Es ist denkbar, daß ein AN **sowohl** Ansprüche aus einem **Sozialplan** als auch wegen des Abweichens des UN von einem vereinbarten **Interessenausgleich** hat (LAG Hamm, ArbuR 72, 158). Ein solcher Fall wäre z.B. gegeben, wenn der Sozialplan für die zu entlassenden AN Abfindungen vorsieht, der UN die Entlassungen aber schon früher durchführt als im Interessenausgleich vereinbart war. Der UN hat dann neben der sich aus dem Sozialplan ergebenden Abfindung auch die durch die vorzeitige Entlassung entstandenen Nachteile, in diesem Fall beispielsweise den eingetretenen Lohnausfall, auszugleichen.

6 (3) Die Bestimmung stellt ausdrücklich klar, daß der UN, der den BR bei geplanten Betriebsänderungen nicht ordnungsgemäß beteiligt, sich so behandeln lassen muß, als wäre er ohne zwingenden Grund von einem mit dem BR vereinbarten Interessenausgleich abgewichen. Er ist dann ebenfalls verpflichtet, die nach Abs. 1 vorgesehenen Abfindungen zu zahlen und den Nachteilsausgleich nach Abs. 2 vorzunehmen. Der Anspruch auf Nachteilsausgleich ist nur dann **Masseforderung**, wenn als UN der Konkursverwalter handelt, der Anspruch also nach Konkurseröffnung entsteht (BAG v. 9. 7. 85, AP Nr. 13 zu § 113 BetrVG 1972). Ist der Anspruch **vor Konkurseröffnung** entstanden, handelt es sich nur um eine **einfache Konkursforderung** nach § 61 Abs. 1 Nr. 6 KO (BAG, DB 88, 2414).

7 Dieselben Grundsätze gelten, wenn der UN zwar den BR eingeschaltet hat, eine **Einigung** über den Interessenausgleich jedoch **nicht zustande** kam und der UN die wirtschaftliche Maßnahme durchführt, ohne vorher die ESt. zum Zwecke der Herbeiführung eines Interessenausgleichs angerufen zu haben (vgl. BAG v. 18. 12. 84, 9. 7. 85, AP Nrn. 11, 13 zu § 113 BetrVG 1972). Die nachträgliche Erklärung des BR, er wolle keine rechtlichen Schritte wegen des unterbliebenen Versuchs eines Interessenausgleichs unternehmen, ändert **nichts** an dem Bestehen des Anspruchs auf Nachteilsausgleich oder Abfindung, der einem AN nach dieser Bestimmung erwachsen ist (BAG v. 14. 9. 76, AP Nr. 2 zu § 113 BetrVG 1972).

8 Hat der UN den Betrieb stillgelegt, ohne vorher einen Interessenausgleich mit dem BR versucht zu haben, so können die infolge der Betriebsstillegung entlassenen AN Abfindungsansprüche nach Auffassung des BAG allerdings dann nicht erheben, wenn Ereignisse eingetreten sind, die eine sofortige Schließung des Betriebs **unausweichlich** gemacht haben, und ein Hinausschieben der Betriebsstillegung zum Zwecke des Versuches eines Interessenausgleichs den

betroffenen AN nur weitere Nachteile hätte bringen können (BAG
v. 23. 1. 79, AP Nr. 4 zu § 113 BetrVG 1972).

Auch wenn der UN den BR nicht eingeschaltet hat und die betroffe- **9**
nen AN Ansprüche nach dieser Bestimmung geltend machen, ist
der BR nicht gehindert, auf die Erstellung eines Sozialplans hinzuwirken und diesen ggf. über die ESt. zu erzwingen. Der Anspruch
auf Nachteilsausgleich oder Abfindung wird nicht durch einen Sozialplan beseitigt, der nach Einleitung der Betriebsänderung (Stillegung) und den aus diesem Grunde ausgesprochenen Kündigungen
gegenüber den AN zustande kommt. Die AN brauchen sich die
nachträgliche Einigung des BR mit dem AG nicht zurechnen zu lassen; denn der BR ist nicht Vertreter der AN, sondern lediglich deren
Interessenwahrer (BAG v. 14. 9. 76, AP Nr. 2 zu § 113 BetrVG 1972;
LAG Hamm v. 1. 3. 72, AP Nr. 1 zu § 112 BetrVG; a.A. ArbG Hagen, DB 81, 898, wonach der Abfindungsanspruch aus einem Sozialplan gegenüber einem Abfindungsanspruch nach dieser Bestimmung Vorrang hat und die Zahlung beider Ansprüche für den Verlust des Arbeitsplatzes nicht nebeneinander verlangt werden kann).
Der entlassene AN kann ggf. seine Kündigungsschutzklage mit der
Klage nach § 113 (als Hilfsantrag) verbinden.

Ein Anspruch auf Nachteilsausgleich oder Abfindung besteht im **10**
übrigen auch dann, wenn ein Interessenausgleich **nicht schriftlich**
abgefaßt wurde (ArbG Kassel, DB 74, 95).

Tarifliche Ausschlußfristen gelten, sofern sie sich auf beiderseitige **11**
Ansprüche aus dem Arbeitsverhältnis und solche, die mit dem Arbeitsverhältnis in Verbindung stehen, beziehen, auch für Abfindungsansprüche nach dieser Bestimmung. Die Ausschlußfrist zur
Geltendmachung des Abfindungsanspruchs beginnt mit dem Ausscheiden des AN aus dem Arbeitsverhältnis (BAG v. 20. 6. 78, AP
Nr. 3 zu § 113 BetrVG 1972). Dies gilt auch dann, wenn der Kündi-
gungsrechtsstreit noch nicht entschieden ist (BAG v. 3. 8. 82, AP
Nr. 5 zu § 113 BetrVG 1972). Eine Bezifferung ist für die ordnungsgemäße Geltendmachung nicht erforderlich (BAG v. 29. 11. 83, AP
Nr. 10 zu § 113 BetrVG 1972).

Fünfter Teil:
Besondere Vorschriften für
einzelne Betriebsarten

Erster Abschnitt:
Seeschiffahrt

§ 114
Grundsätze

(1) Auf Seeschiffahrtsunternehmen und ihre Betriebe ist dieses Gesetz anzuwenden, soweit sich aus den Vorschriften dieses Abschnitts nichts anderes ergibt.

(2) Seeschiffahrtsunternehmen im Sinne dieses Gesetzes ist ein Unternehmen, das Handelsschiffahrt betreibt und seinen Sitz im Geltungsbereich dieses Gesetzes hat. Ein Seeschiffahrtsunternehmen im Sinne dieses Abschnitts betreibt auch, wer als Korrespondentreeder, Vertragsreeder, Ausrüster oder auf Grund eines ähnlichen Rechtsverhältnisses Schiffe zum Erwerb durch die Seeschiffahrt verwendet, wenn er Arbeitgeber des Kapitäns und der Besatzungsmitglieder ist oder überwiegend die Befugnisse des Arbeitgebers ausübt.

(3) Als Seebetrieb im Sinne dieses Gesetzes gilt die Gesamtheit der Schiffe eines Seeschiffahrtsunternehmens einschließlich der in Absatz 2 Satz 2 genannten Schiffe.

(4) Schiffe im Sinne dieses Gesetzes sind Kauffahrteischiffe, die nach dem Flaggenrechtsgesetz die Bundesflagge führen. Schiffe, die in der Regel binnen 24 Stunden nach dem Auslaufen an den Sitz eines Landbetriebs zurückkehren, gelten als Teil dieses Landbetriebs des Seeschiffahrtsunternehmens.

(5) Jugend- und Auszubildendenvertretungen werden nur für die Landbetriebe von Seeschiffahrtsunternehmen gebildet.

(6) Besatzungsmitglieder sind die in § 3 des Seemannsgesetzes genannten Personen. Leitende Angestellte im Sinne des § 5 Abs. 3 dieses Gesetzes sind nur die Kapitäne. Die Zuordnung der Besatzungsmitglieder zu den Gruppen der Arbeiter und Angestellten bestimmt sich, abweichend von den §§ 4 bis 6 des Seemannsgesetzes, nach § 6 dieses Gesetzes.

§ 115
Bordvertretung

(1) Auf Schiffen, die mit in der Regel mindestens fünf wahlberechtigten Besatzungsmitgliedern besetzt sind, von denen drei wählbar sind,

wird eine Bordvertretung gewählt. Auf die Bordvertretung finden, soweit sich aus diesem Gesetz oder aus anderen gesetzlichen Vorschriften nicht etwas anderes ergibt, die Vorschriften über die Rechte und Pflichten des Betriebsrats und die Rechtsstellung seiner Mitglieder Anwendung.

(2) Die Vorschriften über die Wahl und Zusammensetzung des Betriebsrats finden mit folgender Maßgabe Anwendung:

1. Wahlberechtigt sind alle Besatzungsmitglieder des Schiffes.

2. Wählbar sind die Besatzungsmitglieder des Schiffes, die am Wahltag das 18. Lebensjahr vollendet haben und ein Jahr Besatzungsmitglied eines Schiffes waren, das nach dem Flaggenrechtsgesetz die Bundesflagge führt. § 8 Abs. 1 Satz 3 bleibt unberührt.

3. Die Bordvertretung besteht auf Schiffen mit in der Regel

   5 bis 20 wahlberechtigten Besatzungsmitgliedern aus einer Person,

   21 bis 75 wahlberechtigten Besatzungsmitgliedern aus drei Mitgliedern,

   über 75 wahlberechtigten Besatzungsmitgliedern aus fünf Mitgliedern.

4. Die Minderheitsgruppe erhält, abweichend von § 10 Abs. 2, in einer Bordvertretung, die aus mehr als einer Person besteht, bei bis zu 75 Gruppenangehörigen mindestens einen Vertreter, bei mehr als 75 Gruppenangehörigen mindestens zwei Vertreter.

5. § 13 Abs. 1 und 3 findet keine Anwendung. Die Bordvertretung ist vor Ablauf ihrer Amtszeit unter den in § 13 Abs. 2 Nr. 2 bis 5 genannten Voraussetzungen neu zu wählen.

6. Die wahlberechtigten Besatzungsmitglieder können mit der Mehrheit aller Stimmen beschließen, die Wahl der Bordvertretung binnen 24 Stunden durchzuführen.

7. Die in § 16 Abs. 1 Satz 1 genannte Frist wird auf zwei Wochen, die in § 16 Abs. 2 Satz 1 genannte Frist wird auf eine Woche verkürzt.

8. Bestellt die im Amt befindliche Bordvertretung nicht rechtzeitig einen Wahlvorstand oder besteht keine Bordvertretung, findet § 17 Abs. 1 und 2 entsprechende Anwendung. Kann aus Gründen der Aufrechterhaltung des ordnungsgemäßen Schiffsbetriebs eine Bordversammlung nicht stattfinden, so kann der Kapitän auf Antrag von drei Wahlberechtigten den Wahlvorstand bestellen. Bestellt der Kapitän den Wahlvorstand nicht, so ist der Seebetriebsrat berechtigt, den Wahlvorstand zu bestellen. Die Vorschriften über die Bestellung des Wahlvorstands durch das Arbeitsgericht bleiben unberührt.

9. Die Frist für die Wahlanfechtung beginnt für Besatzungsmitglieder

an Bord, wenn das Schiff nach Bekanntgabe des Wahlergebnisses erstmalig einen Hafen im Geltungsbereich dieses Gesetzes oder einen Hafen, in dem ein Seemannsamt seinen Sitz hat, anläuft. Die Wahlanfechtung kann auch zu Protokoll des Seemannsamtes erklärt werden. Wird die Wahl zur Bordvertretung angefochten, zieht das Seemannsamt die an Bord befindlichen Wahlunterlagen ein. Die Anfechtungserklärung und die eingezogenen Wahlunterlagen sind vom Seemannsamt unverzüglich an das für die Anfechtung zuständige Arbeitsgericht weiterzuleiten.

(3) Auf die Amtszeit der Bordvertretung finden die §§ 21 bis 25 mit der Maßgabe Anwendung, daß

1. die Amtszeit ein Jahr beträgt,

2. die Mitgliedschaft in der Bordvertretung auch endet, wenn das Besatzungsmitglied den Dienst an Bord beendet, es sei denn, daß es den Dienst an Bord vor Ablauf der Amtszeit nach Nummer 1 wieder antritt.

(4) Für die Geschäftsführung der Bordvertretung gelten die §§ 26 bis 36, § 37 Abs. 1 bis 3 sowie die §§ 39 bis 41 entsprechend. § 40 Abs. 2 ist mit der Maßgabe anzuwenden, daß die Bordvertretung in dem für ihre Tätigkeit erforderlichen Umfang auch die für die Verbindung des Schiffes zur Reederei eingerichteten Mittel zur beschleunigten Übermittlung von Nachrichten in Anspruch nehmen kann.

(5) Die §§ 42 bis 46 über die Betriebsversammlung finden für die Versammlung der Besatzungsmitglieder eines Schiffes (Bordversammlung) entsprechende Anwendung. Auf Verlangen der Bordvertretung hat der Kapitän der Bordversammlung einen Bericht über die Schiffsreise und die damit zusammenhängenden Angelegenheiten zu erstatten. Er hat Fragen, die den Schiffsbetrieb, die Schiffsreise und die Schiffssicherheit betreffen, zu beantworten.

(6) Die §§ 47 bis 59 über den Gesamtbetriebsrat und den Konzernbetriebsrat finden für die Bordvertretung keine Anwendung.

(7) Die §§ 74 bis 105 über die Mitwirkung und Mitbestimmung der Arbeitnehmer finden auf die Bordvertretung mit folgender Maßgabe Anwendung:

1. Die Bordvertretung ist zuständig für die Behandlung derjenigen nach diesem Gesetz der Mitwirkung und Mitbestimmung des Betriebsrats unterliegenden Angelegenheiten, die den Bordbetrieb oder die Besatzungsmitglieder des Schiffes betreffen und deren Regelung dem Kapitän auf Grund gesetzlicher Vorschriften oder der ihm von der Reederei übertragenen Befugnisse obliegt.

2. Kommt es zwischen Kapitän und Bordvertretung in einer der Mitwirkung oder Mitbestimmung der Bordvertretung unterliegenden Angelegenheit nicht zu einer Einigung, so kann die Angelegenheit

von der Bordvertretung an den Seebetriebsrat abgegeben werden. Der Seebetriebsrat hat die Bordvertretung über die weitere Behandlung der Angelegenheit zu unterrichten. Bordvertretung und Kapitän dürfen die Einigungsstelle oder das Arbeitsgericht nur anrufen, wenn ein Seebetriebsrat nicht gewählt ist.

3. Bordvertretung und Kapitän können im Rahmen ihrer Zuständigkeiten Bordvereinbarungen abschließen. Die Vorschriften über Betriebsvereinbarungen noch gelten für Bordvereinbarungen entsprechend. Bordvereinbarungen sind unzulässig, soweit eine Angelegenheit durch eine Betriebsvereinbarung zwischen Seebetriebsrat und Arbeitgeber geregelt ist.

4. In Angelegenheiten, die der Mitbestimmung der Bordvertretung unterliegen, kann der Kapitän, auch wenn eine Einigung mit der Bordvertretung noch nicht erzielt ist, vorläufige Regelungen treffen, wenn dies zur Aufrechterhaltung des ordnungsgemäßen Schiffsbetriebs dringend erforderlich ist. Den von der Anordnung betroffenen Besatzungsmitgliedern ist die Vorläufigkeit der Regelung bekanntzugeben. Soweit die vorläufige Regelung der endgültigen Regelung nicht entspricht, hat das Schiffahrtsunternehmen Nachteile auszugleichen, die den Besatzungsmitgliedern durch die vorläufige Regelung entstanden sind.

5. Die Bordvertretung hat das Recht auf regelmäßige und umfassende Unterrichtung über den Schiffsbetrieb. Die erforderlichen Unterlagen sind der Bordvertretung vorzulegen. Zum Schiffsbetrieb gehören insbesondere die Schiffssicherheit, die Reiserouten, die voraussichtlichen Ankunfts- und Abfahrtszeiten sowie die zu befördernde Ladung.

6. Auf Verlangen der Bordvertretung hat der Kapitän ihr Einsicht in die an Bord befindlichen Schiffstagebücher zu gewähren. In den Fällen, in denen der Kapitän eine Eintragung über Angelegenheiten macht, die der Mitwirkung oder Mitbestimmung der Bordvertretung unterliegen, kann diese eine Abschrift der Eintragung verlangen und Erklärungen zum Schiffstagebuch abgeben. In den Fällen, in denen über eine der Mitwirkung oder Mitbestimmung der Bordvertretung unterliegenden Angelegenheit eine Einigung zwischen Kapitän und Bordvertretung nicht erzielt wird, kann die Bordvertretung dies zum Schiffstagebuch erklären und eine Abschrift dieser Eintragung verlangen.

7. Die Zuständigkeit der Bordvertretung im Rahmen des Arbeitsschutzes bezieht sich auch auf die Schiffssicherheit und die Zusammenarbeit mit den insoweit zuständigen Behörden und sonstigen in Betracht kommenden Stellen.

§ 116
Seebetriebsrat

(1) In Seebetrieben werden Seebetriebsräte gewählt. Auf die Seebetriebsräte finden, soweit sich aus diesem Gesetz oder aus anderen gesetzlichen Vorschriften nicht etwas anderes ergibt, die Vorschriften über die Rechte und Pflichten des Betriebsrats und die Rechtsstellung seiner Mitglieder Anwendung.

(2) Die Vorschriften über die Wahl, Zusammensetzung und Amtszeit des Betriebsrats finden mit folgender Maßgabe Anwendung:

1. Wahlberechtigt zum Seebetriebsrat sind alle zum Seeschiffahrtsunternehmen gehörenden Besatzungsmitglieder.

2. Für die Wählbarkeit zum Seebetriebsrat gilt § 8 mit der Maßgabe, daß
   a) in Seeschiffahrtsunternehmen, zu denen mehr als acht Schiffe gehören oder in denen in der Regel mehr als 250 Besatzungsmitglieder beschäftigt sind, nur nach § 115 Abs. 2 Nr. 2 wählbare Besatzungsmitglieder wählbar sind;
   b) in den Fällen, in denen die Voraussetzungen des Buchstaben a nicht vorliegen, nur Arbeitnehmer wählbar sind, die nach § 8 die Wählbarkeit im Landbetrieb des Seeschiffahrtsunternehmens besitzen, es sei denn, daß der Arbeitgeber mit der Wahl von Besatzungsmitgliedern einverstanden ist.

3. Der Betriebsrat besteht in Seebetrieben mit in der Regel
   5 bis 500 wahlberechtigten Besatzungsmitgliedern aus einer Person,
   501 bis 1000 wahlberechtigten Besatzungsmitgliedern aus drei Mitgliedern,
   über 1000 wahlberechtigten Besatzungsmitgliedern aus fünf Mitgliedern.

4. Die Minderheitsgruppe erhält, abweichend von § 10 Abs. 2, in einem Seebetriebsrat, der aus mehr als einer Person besteht, bei bis zu 500 Gruppenangehörigen mindestens einen Vertreter, bei mehr als 500 Gruppenangehörigen mindestens zwei Vertreter.

5. Ein Wahlvorschlag ist gültig, wenn er im Fall des § 14 Abs. 6 Satz 1 erster Halbsatz und Satz 2 mindestens von drei wahlberechtigten gruppenangehörigen Besatzungsmitgliedern und im Fall des § 14 Abs. 7 mindestens von drei wahlberechtigten Besatzungsmitgliedern unterschrieben ist.

6. Die in § 16 Abs. 1 Satz 1 genannte Frist wird auf drei Monate, die in § 16 Abs. 2 Satz 1 genannte Frist auf zwei Monate verlängert.

7. Zu Mitgliedern des Wahlvorstands können auch im Landbetrieb des Seeschiffahrtsunternehmens beschäftigte Arbeitnehmer bestellt werden. § 17 Abs. 1 und 2 findet keine Anwendung. Besteht in

einem Seebetrieb kein Seebetriebsrat, so wird der Wahlvorstand gemeinsam vom Arbeitgeber und den im Seebetrieb vertretenen Gewerkschaften bestellt. Einigen sich Arbeitgeber und Gewerkschaften nicht, so bestellt ihn das Arbeitsgericht auf Antrag des Arbeitgebers, einer im Seebetrieb vertretenen Gewerkschaft oder von mindestens drei wahlberechtigten Besatzungsmitgliedern. § 16 Abs. 2 Satz 2 und 3 gilt entsprechend.

8. Die Frist für die Wahlanfechtung nach § 19 Abs. 2 beginnt für Besatzungsmitglieder an Bord, wenn das Schiff nach Bekanntgabe des Wahlergebnisses erstmalig einen Hafen im Geltungsbereich dieses Gesetzes oder einen Hafen, in dem ein Seemannsamt seinen Sitz hat, anläuft. Nach Ablauf von drei Monaten seit Bekanntgabe des Wahlergebnisses ist eine Wahlanfechtung unzulässig. Die Wahlanfechtung kann auch zu Protokoll des Seemannsamtes erklärt werden. Die Anfechtungserklärung ist vom Seemannsamt unverzüglich an das für die Anfechtung zuständige Arbeitsgericht weiterzuleiten.

9. Die Mitgliedschaft im Seebetriebsrat endet, wenn der Seebetriebsrat aus Besatzungsmitgliedern besteht, auch, wenn das Mitglied des Seebetriebsrats nicht mehr Besatzungsmitglied ist. Die Eigenschaft als Besatzungsmitglied wird durch die Tätigkeit im Seebetriebsrat oder durch eine Beschäftigung gemäß Absatz 3 Nr. 2 nicht berührt.

(3) Die §§ 26 bis 41 über die Geschäftsführung des Betriebsrats finden auf den Seebetriebsrat mit folgender Maßgabe Anwendung:

1. In Angelegenheiten, in denen der Seebetriebsrat nach diesem Gesetz innerhalb einer bestimmten Frist Stellung zu nehmen hat, kann er, abweichend von § 33 Abs. 2, ohne Rücksicht auf die Zahl der zur Sitzung erschienenen Mitglieder einen Beschluß fassen, wenn die Mitglieder ordnungsgemäß geladen worden sind.

2. Soweit die Mitglieder des Seebetriebsrats nicht freizustellen sind, sind sie so zu beschäftigen, daß sie durch ihre Tätigkeit nicht gehindert sind, die Aufgaben des Seebetriebsrats wahrzunehmen. Der Arbeitsplatz soll den Fähigkeiten und Kenntnissen des Mitglieds des Seebetriebsrats und seiner bisherigen beruflichen Stellung entsprechen. Der Arbeitsplatz ist im Einvernehmen mit dem Seebetriebsrat zu bestimmen. Kommt eine Einigung über die Bestimmung des Arbeitsplatzes nicht zustande, so entscheidet die Einigungsstelle. Der Spruch der Einigungsstelle ersetzt die Einigung zwischen Arbeitgeber und Seebetriebsrat.

3. Den Mitgliedern des Seebetriebsrats, die Besatzungsmitglieder sind, ist die Heuer auch dann fortzuzahlen, wenn sie im Landbetrieb beschäftigt werden. Sachbezüge sind angemessen abzugelten.

Ist der neue Arbeitsplatz höherwertig, so ist das diesem Arbeitsplatz entsprechende Arbeitsentgelt zu zahlen.

4. Unter Berücksichtigung der örtlichen Verhältnisse ist über die Unterkunft der in den Seebetriebsrat gewählten Besatzungsmitglieder eine Regelung zwischen dem Seebetriebsrat und dem Arbeitgeber zu treffen, wenn der Arbeitsplatz sich nicht am Wohnort befindet. Kommt eine Einigung nicht zustande, so entscheidet die Einigungsstelle. Der Spruch der Einigungsstelle ersetzt die Einigung zwischen Arbeitgeber und Seebetriebsrat.

5. Der Seebetriebsrat hat das Recht, jedes zum Seebetrieb gehörende Schiff zu betreten, dort im Rahmen seiner Aufgaben tätig zu werden sowie an den Sitzungen der Bordvertretung teilzunehmen. § 115 Abs. 7 Nr. 5 Satz 1 gilt entsprechend.

6. Liegt ein Schiff in einem Hafen innerhalb des Geltungsbereichs dieses Gesetzes, so kann der Seebetriebsrat nach Unterrichtung des Kapitäns Sprechstunden an Bord abhalten und Bordversammlungen der Besatzungsmitglieder durchführen.

7. Läuft ein Schiff innerhalb eines Kalenderjahres keinen Hafen im Geltungsbereich dieses Gesetzes an, so gelten die Nummern 5 und 6 für europäische Häfen. Die Schleusen des Nordostseekanals gelten nicht als Häfen.

8. Im Einvernehmen mit dem Arbeitgeber können Sprechstunden und Bordversammlungen, abweichend von den Nummern 6 und 7, auch in anderen Liegehäfen des Schiffes durchgeführt werden, wenn ein dringendes Bedürfnis hierfür besteht. Kommt eine Einigung nicht zustande, so entscheidet die Einigungsstelle. Der Spruch der Einigungsstelle ersetzt die Einigung zwischen Arbeitgeber und Seebetriebsrat.

(4) Die §§ 42 bis 46 über die Betriebsversammlung finden auf den Seebetrieb keine Anwendung.

(5) Für den Seebetrieb nimmt der Seebetriebsrat die in den §§ 47 bis 59 dem Betriebsrat übertragenen Aufgaben, Befugnisse und Pflichten wahr.

(6) Die §§ 74 bis 113 über die Mitwirkung und Mitbestimmung der Arbeitnehmer finden auf den Seebetriebsrat mit folgender Maßgabe Anwendung:

1. Der Seebetriebsrat ist zuständig für die Behandlung derjenigen nach diesem Gesetz der Mitwirkung oder Mitbestimmung des Betriebsrats unterliegenden Angelegenheiten,

   a) die alle oder mehrere Schiffe des Seebetriebs oder die Besatzungsmitglieder aller oder mehrerer Schiffe des Seebetriebs betreffen,

b) die nach § 115 Abs. 7 Nr. 2 von der Bordvertretung abgegeben worden sind oder

c) für die nicht die Zuständigkeit der Bordvertretung nach § 115 Abs. 7 Nr. 1 gegeben ist.

2. Der Seebetriebsrat ist regelmäßig und umfassend über den Schiffsbetrieb des Seeschiffahrtsunternehmens zu unterrichten. Die erforderlichen Unterlagen sind ihm vorzulegen.

Zweiter Abschnitt:

Luftfahrt

§ 117
Geltung für die Luftfahrt

(1) Auf Landbetriebe von Luftfahrtunternehmen ist dieses Gesetz anzuwenden.

(2) Für im Flugbetrieb beschäftigte Arbeitnehmer von Luftfahrtunternehmen kann durch Tarifvertrag eine Vertretung errichtet werden. Über die Zusammenarbeit dieser Vertretung mit den nach diesem Gesetz zu errichtenden Vertretungen der Arbeitnehmer der Landbetriebe des Luftfahrtunternehmens kann der Tarifvertrag von diesem Gesetz abweichende Regelungen vorsehen; § 3 Abs. 2 ist entsprechend anzuwenden.

Dritter Abschnitt:

Tendenzbetriebe und Religionsgemeinschaften

§ 118
Geltung für Tendenzbetriebe und Religionsgemeinschaften

(1) Auf Unternehmen und Betriebe, die unmittelbar und überwiegend

1. politischen, koalitionspolitischen, konfessionellen, karitativen, erzieherischen, wissenschaftlichen oder künstlerischen Bestimmungen oder

2. Zwecken der Berichterstattung oder Meinungsäußerung, auf die Artikel 5 Abs. 1 Satz 2 des Grundgesetzes Anwendung findet,

dienen, finden die Vorschriften dieses Gesetzes keine Anwendung, soweit die Eigenart des Unternehmens oder des Betriebs dem entgegensteht. Die §§ 106 bis 110 sind nicht, die §§ 111 bis 113 nur insoweit anzuwenden, als sie den Ausgleich oder die Milderung wirtschaftlicher

Nachteile für die Arbeitnehmer infolge von Betriebsänderungen regeln.

(2) Dieses Gesetz findet keine Anwendung auf Religionsgemeinschaften und ihre karitativen und erzieherischen Einrichtungen unbeschadet deren Rechtsform.

1 (1) Das BetrVG gilt grundsätzlich auch für sog. Tendenzbetriebe/ -UN. Die Voraussetzung ist sowohl für den jeweiligen Betrieb des UN als auch für das Gesamt-UN zu prüfen. Die **Tendenzbestimmung** tritt nur für die UN/Betriebe ein, die **unmittelbar** und **überwiegend** einer oder mehreren der in Nrn. 1 und 2 genannten Zielsetzungen dienen. **Beide Kriterien** müssen erfüllt werden. Nach der Rechtspr. des BAG (vgl. hierzu auch Blanke, AiB 86, 205) ist es weder tendenzschädlich, wenn ein UN mehreren in Abs. 1 genannten Bestimmungen dient, noch kommt es auf die Motivation des UN und darauf an, ob der UN das UN lediglich betreibt, um Gewinne zu erzielen (BAG v. 31. 10. 75, 14. 11. 75, AP Nrn. 3, 5 zu § 118 BetrVG 1972); ausschlaggebend ist die Art des UN. Entgegen der Ansicht des BAG ist jedoch davon auszugehen, daß jedenfalls bei vorherrschendem Gewinnstreben von einer geistig-ideellen Zielrichtung nicht mehr gesprochen werden kann. **Unmittelbar** bedeutet, daß der UN-Zweck selbst auf die Tendenz ausgerichtet sein muß. Demnach reicht es nicht aus, wenn der UN-Zweck nach seiner wirtschaftlichen Tätigkeit lediglich geeignet ist, den eigentlichen Tendenzbetrieb/-UN zu unterstützen. Reine **Lohndruckereien**, die als rechtlich selbständige Betriebe für Tendenz-UN Lohnaufträge durchführen, oder rechtlich selbständige **Verlagsdruckereien** fallen daher selbst dann nicht unter die Tendenzbestimmung, wenn ihre Kapazitäten zu über 90 v. H. oder gar ausschließlich vom Verlag in Anspruch genommen werden und Personenidentität hinsichtlich der Organmitglieder und Gesellschafter gegeben ist (BAG v. 31. 10. 75, 30. 6. 81, AP Nrn. 3, 20 zu § 118 BetrVG 1972). »**Misch-Betriebe**« (z. B. wenn Verlag und Druckerei ein einheitliches UN/Betrieb bilden) fallen nur dann unter die Tendenzbestimmung, wenn die tendenzbezogenen Tätigkeiten **quantitativ überwiegen** (BAG v. 31. 10. 75, 9. 12. 75, AP Nrn. 3, 7 zu § 118 BetrVG 1972). Deshalb müssen auch die technischen Abteilungen des Betriebs überwiegend den Tendenzzwecken dienen und dürfen nicht etwa überwiegend mit anderen Druckaufträgen ausgelastet sein; es sei denn, der Verlag hätte hinsichtlich der AN-Zahl ein Übergewicht (BAG a.a.O.).

2 Unter dem Begriff »**politisch**« sind grundsätzlich parteipolitische Zielsetzungen zu verstehen, z. B. der Verwaltungsapparat einer politischen Partei. **Koalitionspolitischen** Bestimmungen dienen sowohl die Gew. als auch die AG-Verbände. Rechtlich selbständige Wirtschafts-UN der Gew. und AG-Verbände und Einrichtungen der TV-Parteien fallen nicht unter § 118, wohl aber Bildungseinrichtungen und Forschungsinstitute der Verbände. Unter **konfessionelle** Einrichtungen fallen Betriebe der Inneren Mission oder der Caritas, nicht jedoch private Krankenanstalten und Sanatorien, die im wesentlichen der Gewinnerzielung dienen. **Karitativ** ist eine Tätigkeit im Dienste Hilfsbedürftiger, insbesondere körperlich und geistig kranker Menschen, so unter bestimmten Voraussetzungen auch Werkstätten für Behinderte (BAG v. 7. 4. 81, AP Nr. 16 zu § 118 BetrVG 1972). **Erzieherischen** Bestimmungen dienen, soweit das Erwerbsstreben nicht im Vordergrund steht, z. B. Privatschulen (BAG v. 13. 1. 87, AP Nr. 33 zu § 118 BetrVG 1972; BAG, NZA 88, 507), Internate, Fernlehrinstitute, aber nicht Autofahrschulen oder Sprachschulen (BAG v. 7. 4. 81, AP Nr. 17 zu § 118 BetrVG 1972). **Wissenschaftlichen** Zwecken dienen z. B.: Bibliotheken, wissenschaftliche Buch- und Zeitschriftenverlage (soweit sie nicht unter Nr. 2 einzuordnen sind), Forschungsinstitute. **Künstlerischen** Bestimmungen dienen z. B.: Theater (BAG v. 28. 10. 86, AP Nr. 32 zu § 118 BetrVG 1972), Filmherstellungsbetriebe, Musikverlage, Orchestervereinigungen, aber nicht Verwertungsgesellschaften wie die GEMA (BAG v. 8. 3. 83, AP Nr. 26 zu § 118 BetrVG 1972). Zwecken der **Berichterstattung oder Meinungsäußerung** dienen z. B. Zeitungsverlage, Zeitschriftenverlage, Buchverlage.

Im Streitfall trägt der AG die „**Beweislast**" dafür, ob das UN unter   **3** die Tendenzbestimmung fällt und ob wegen des Tendenzcharakters einzelne MBR des BR entfallen oder eingeschränkt sind. Nach der mittlerweile gefestigten Rechtspr. des BAG kommt eine Einschränkung der Beteiligungsrechte des BR durch § 118 allenfalls dann in Betracht, wenn die nachfolgenden drei **Grundvoraussetzungen** kumulativ vorliegen: Tendenz-UN, Tendenzträger, tendenzbedingte Maßnahme. Selbst wenn diese drei Grundvoraussetzungen vorliegen, bleiben jedoch die Informations-, Beratungs- und Anhörungsrechte des BR erhalten (BAG v. 22. 4. 75, 7. 11. 75, 9. 12. 75, 30. 1. 79, AP Nrn. 2, 4, 7, 11 zu § 118, 7. 11. 75, AP Nr. 1 zu § 130, 7. 11. 75, AP Nr. 3 zu § 99, 8. 3. 77, AP Nr. 1 zu § 43, jeweils BetrVG 1972). Mit der Notwendigkeit der Alleinentscheidung des AG im Tendenz-UN sind grundsätzlich nur MBR unvereinbar (BAG v. 22. 4. 75, 7. 11. 75, AP Nrn. 2, 4 zu § 118 BetrVG 1972). Für eine etwaige Einschränkung der MBR des BR ist daher bei jeder Fallgestaltung weiter zu untersuchen, ob sich die MB des BR tendenzschädlich auswirkt und, wenn ja, in welchem Umfang die MB der Eigenart des Tendenz-UN entgegensteht (Ihlefeld, ArbuR 80, 60).

Tendenzträger sind diejenigen AN, für deren Tätigkeit die Bestim-   **4** mungen und Zwecke der in Abs. 1 genannten UN und Betriebe prägend sind. Sie müssen einen maßgeblichen Einfluß auf die Tendenzverwirklichung nehmen können (BAG v. 28. 10. 86, AP Nr. 32 zu § 118 BetrVG 1972). In **Verlags-UN** sind Tendenzträger Personen,

die unmittelbar für die Berichterstattung und/oder Meinungsäußerung tätig sind, d. h. inhaltlich hierauf Einfluß nehmen können, und
zwar entweder durch eigene Veröffentlichung oder durch Auswahl
und Redigieren der Beiträge anderer. Tendenzträger sind nach der
Rechtspr. des BAG alle **Redakteure** (BAG v. 22. 4. 75, 7. 11. 75,
9. 12. 75, AP Nrn. 2, 4, 7 zu § 118 BetrVG 1972, 7. 11. 75, AP Nr. 3
zu § 99 BetrVG 1972). Tendenzträger sind auch **Rechts- oder Gew.-
Sekretäre** (BAG v. 6. 12. 79, AP Nr. 2 zu § 1 KSchG 1969 Verhaltensbedingte Kündigung), **Parteisekretäre, Orchestermusiker** (BAG
v. 7. 11. 75, AP Nr. 1 zu § 130 BetrVG 1972), **Lektoren** eines Buch-
verlages und **Schauspieler** einer Bühne (BAG v. 28. 10. 86, AP
Nr. 32 zu § 118 BetrVG 1972, sofern ihr künstlerischer Gestaltungsspielraum nicht stark eingeschränkt ist). **Redaktionsvolontäre** sind
ebensowenig Tendenzträger (Blanke, AiB 81, 59 und 83, 30; a.A.
BAG v. 19. 5. 81, AP Nr. 21 zu § 118 BetrVG 1972) wie Redaktions-
sekretärinnen oder Verwaltungsangestellte. Die Tendenzbestimmung steht grundsätzlich der Begründung eines Arbeitsverhältnisses nach § 78 a mit einem Redaktionsvolontär nach Beendigung seiner Ausbildung nicht entgegen (BAG v. 26. 3. 83, AP Nr. 10 zu
§ 78 a BetrVG 1972).

5 Eine **Einschränkung der MBR des BR** in sozialen **Angelegenheiten**
(§§ 87 bis 89) kommt im allgemeinen nicht in Betracht (BAG v. 31.
1. 84, AP Nr. 29 zu § 118 BetrVG 1972 bezüglich der betrieblichen
Lohngestaltung); dies gilt grundsätzlich auch bei Arbeitszeitrege-
lungen für Redakteure (BAG v. 22. 5. 79, AP Nr. 13 zu § 118
BetrVG 1972; ArbG Wuppertal v. 1. 9. 88 – 3 BV 8/88) sowie für
Solotänzer (BAG v. 4. 8. 81, EzA § 87 BetrVG 1972 Arbeitszeit
Nr. 10). Entsprechendes gilt für die §§ 80 bis 86, 90 bis 98 (ausdrücklich zur **innerbetrieblichen Stellenausschreibung** BAG v. 30. 1. 79,
AP Nr. 11 zu § 118 BetrVG 1972 und zum **Einblicksrecht in die Li-
sten der Bruttolöhne und -gehälter** BAG v. 22. 5. 79, AP Nr. 12 zu
§ 118, 30. 6. 81, AP Nr. 15 zu § 80, jeweils BetrVG 1972).

6 Umstritten ist, ob und ggf. inwieweit die Beteiligungsrechte des BR
bei **personellen Einzelmaßnahmen** (§ 99, 102) gegenüber Tendenzträgern eingeschränkt sind. Einmütigkeit besteht darüber, daß die An-
hörungs-, Unterrichtungs- und Beratungsrechte gemäß §§ 99 Abs. 1
und 102 Abs. 1 in vollem Umfang bestehen (BAG v. 22. 4. 75, 7. 11.
75, 9. 12. 75, AP Nrn. 2, 4, 7 zu § 118, 7. 11. 75, AP Nr. 3 zu § 99,
7. 11. 75, AP Nr. 1 zu § 130, jeweils BetrVG 1972) und daß keine
Einschränkung der Beteiligungsrechte des BR bei **Kündigungen** von
Tendenzträgern aus tendenzfreien Gründen in Betracht kommt, so
daß auch insoweit die Widerspruchsrechte des BR nach § 102 Abs. 3
erhalten bleiben. **Schlechtleistung** ist keine tendenzbezogene Lei-
stungsstörung, die eine Kündigung nach § 15 KSchG rechtfertigt
(BAG v. 3. 11. 82, AP Nr. 25 zu § 118 BetrVG 1972). Im Gegensatz

zu Kündigungen hält das BAG **Einstellungen** immer für **tendenzbedingte Maßnahmen** (BAG v. 7. 11. 75, AP Nr. 3 zu § 99 BetrVG 1972). Da es sich jedoch bei dem Zustimmungsverweigerungsrecht nach § 99 Abs. 2 und dem Widerspruchsrecht nach § 102 Abs. 3 nicht um MBR, sondern allenfalls um verstärkte Mitwirkungsrechte handelt, bleiben dem BR auch diese Rechte erhalten, da er auch durch noch so konsequente Ausschöpfung dieser Rechte die Maßnahme des UN nicht verhindern kann (Blanke, AiB 81, 61; ArbG Frankfurt v. 30. 7. 80 – 11 BV 10/80; a.A. BAG v. 7. 11. 75 a.a.O., 9. 12. 75, AP Nr. 7 zu § 118 BetrVG 1972, 1. 9. 87, AP Nr. 11 zu § 101 BetrVG 1972). Dem BR sind **alle Gründe** für die personellen Maßnahmen mitzuteilen, nicht nur die sog. tendenzfreien (BAG v. 7. 11. 75, AP Nr. 4 zu § 118 BetrVG 1972; bestätigt durch BVerfG, DB 80, 259), und **sämtliche Bewerbungsunterlagen aller Bewerber** vorzulegen (BAG v. 19. 5. 81, AP Nr. 18 zu § 118 BetrVG 1972). Lehnt der BR die Einstellung eines Tendenzträgers aus Gründen des § 99 Abs. 2 ab, ist der AG nicht gezwungen, das Zustimmungsersetzungsverfahren nach § 99 Abs. 4 einzuleiten. Der BR kann jedoch ein gerichtl. Verfahren zur Aufhebung der Maßnahme nach § 101 einleiten (BAG v. 1. 9. 87, AP Nr. 11 zu § 101 BetrVG 1972). Bei der Versetzung eines Tendenzträgers ist der BR vom AG vor der Durchführung der Maßnahme zu unterrichten. Dabei hat der AG deutlich zu machen, daß es sich um eine tendenzbedingte Maßnahme handelt. Unterläßt der AG die vorherige, ausreichende Information, hat das ArbG auf Antrag des BR dem AG aufzugeben, die Versetzung aufzuheben (BAG v. 1. 9. 87, AP Nr. 10 zu § 101 BetrVG 1972). Bei tariflichen Eingruppierungen von Tendenzträgern werden die Beteiligungsrechte des BR durch § 118 nicht eingeschränkt (BAG v. 31. 5. 83, 3. 12. 85, AP Nrn. 27, 31 zu § 118 BetrVG 1972).

Neben dem relativen Ausschluß von Beteiligungsrechten des BR **7** entfallen zum Teil die Beteiligungsrechte in wirtschaftlichen Angelegenheiten nach Abs. 1 Satz 2 absolut, so für die Errichtung und Tätigkeit des WA (§§ 106 bis 110 BetrVG). Die Beteiligungsrechte des BR hinsichtlich des Interessenausgleichs (Einigung über die wirtschaftliche Maßnahme) bei Betriebsänderungen gemäß § 111 bis 113 BetrVG sind jedoch nicht eingeschränkt. Der Abschluß eines Sozialplans unterliegt auch in Tendenz-UN dem vollen MBR. Bei Betriebsübernahmen (§ 613a BGB) gehen auch die Arbeitsverhältnisse der Tendenzträger auf den neuen Betriebsinhaber über (BAG v. 7. 11. 75, AP Nr. 3 zu § 99 BetrVG).

(2) Unter Religionsgemeinschaften fällt **jede Glaubensgemeinschaft 8** weltanschaulicher Art. Karitative und erzieherische Einrichtungen der Religionsgemeinschaften fallen unter Abs. 2. Voraussetzung ist aber, daß die Religionsgemeinschaft laut Satzung **maßgeblichen**

Einfluß auf die Einrichtung ausüben kann (BAG v. 21. 11. 75, AP Nr. 6 zu § 118 BetrVG 1972). Abzulehnen ist die Ansicht, daß kraft Verfassungsrecht nur das Selbstverständnis maßgebend ist (so aber BVerfG v. 11. 10. 77, AP Nr. 1 zu Art. 140 GG). Es muß eine institutionelle, tatsächliche Verbindung mit durchsetzbarer Verantwortung zwischen Einrichtung und Kirche bestehen. Eine Behinderten-Tagesstätte fällt nicht unter § 118 Abs. 2 (BAG v. 7. 4. 81, AP Nr. 16 zu § 118 BetrVG 1982), ebensowenig wissenschaftliche Einrichtungen (LAG Hamm, ArbuR 80, 181). Nach der Rechtspr. des BAG wird ein von einem nichtkirchlichen Träger betriebenes Krankenhaus bei rechtsgeschäftlicher Übernahme durch einen kirchlichen Träger eine karitative Einrichtung der Kirche i. S. des Abs. 2. Eine in dieser Einrichtung durchgeführte BR-Wahl ist nichtig (BAG v. 9. 2. 82, AP Nr. 24 zu § 118 BetrVG 1972). Auch für nicht verselbständigte Einrichtungen wirtschaftlicher Art von Ordensgemeinschaften der katholischen Kirche, die den Status einer Körperschaft des öffentlichen Rechts verliehen bekommen und behalten haben, soll das BetrVG keine Anwendung finden (so BAG v. 30. 7. 87, AP Nr. 3 zu § 130 BetrVG 1972). Entsprechendes soll für ein Berufsbildungswerk einer Religionsgemeinschaft gelten, wenn Kirche und Einrichtung die Erziehung nach Inhalt und Ziel identisch vornehmen und statusmäßig sichergestellt ist, daß die Kirche ihre Vorstellungen zur Gestaltung der Erziehung in der Einrichtung durchsetzen kann (BAG, DB 88, 1808). Das Recht der Gew., im Betrieb zu werben, besteht auch in kirchlichen Einrichtungen.

Sechster Teil:
Straf- und Bußgeldvorschriften

§ 119
Straftaten gegen Betriebsverfassungsorgane
und ihre Mitglieder

(1) Mit Freiheitsstrafe bis zu einem Jahr oder mit Geldstrafe wird bestraft, wer

1. eine Wahl des Betriebsrats, der Jugend- und Auszubildendenvertretung, der Bordvertretung, des Seebetriebsrats oder der in § 3 Abs. 1 Nr. 1 oder 2 bezeichneten Vertretungen der Arbeitnehmer behindert oder durch Zufügung oder Androhung von Nachteilen oder durch Gewährung oder Versprechen von Vorteilen beeinflußt,

2. die Tätigkeit des Betriebsrats, des Gesamtbetriebsrats, des Konzernbetriebsrats, der Jugend- und Auszubildendenvertretung, der Gesamt-Jugend- und Auszubildendenvertretung, der Bordvertretung, des Seebetriebsrats, der in § 3 Abs. 1 Nr. 1 oder 2 bezeichneten Vertretungen der Arbeitnehmer, der Einigungsstelle, der in § 76 Abs. 8 bezeichneten tariflichen Schlichtungsstelle, der in § 86 bezeichneten betrieblichen Beschwerdestelle oder des Wirtschaftsausschusses behindert oder stört oder

3. ein Mitglied oder ein Ersatzmitglied des Betriebsrats, des Gesamtbetriebsrats, des Konzernbetriebsrats, der Jugend- und Auszubildendenvertretung, der Gesamt-Jugend- und Auszubildendenvertretung, der Bordvertretung, des Seebetriebsrats, der in § 3 Abs. 1 Nr. 1 oder 2 bezeichneten Vertretungen der Arbeitnehmer, der Einigungsstelle, der in § 76 Abs. 8 bezeichneten Schlichtungsstelle, der in § 86 bezeichneten betrieblichen Beschwerdestelle oder des Wirtschaftsausschusses um seiner Tätigkeit willen benachteiligt oder begünstigt.

(2) Die Tat wird nur auf Antrag des Betriebsrats, des Gesamtbetriebsrats, des Konzernbetriebsrats, der Bordvertretung, des Seebetriebsrats, des Wahlvorstands, des Unternehmers oder einer im Betrieb vertretenen Gewerkschaft verfolgt.

(1) Unter Strafe gestellt sind nach dieser Vorschrift die Wahlbehinderung, die Behinderung oder Störung der Tätigkeit sowie die Benachteiligung oder Begünstigung von Mitgl. betriebsverfassungsrechtlicher Organe. Unter **Wahlbehinderung** fällt *jede* Beeinflussung der Wahlen durch Zufügung oder Androhung von Nachteilen oder durch Gewährung oder Versprechen von Vorteilen. Hierunter fallen auch **vorbereitende** Maßnahmen, wie beispielsweise die Einberufung und Durchführung einer Betriebsversamml. zur Wahl des WV oder sonstige der Wahl vorausgehende Beschlußfassungen oder

1

Vorabstimmungen (Bayr. ObLG, BB 80, 1638). Der AG hat sich hinsichtlich der Wahl strikt neutral zu verhalten (BAG, ArbuR 87, 116). Eine unzulässige Wahlbeeinflussung liegt auch darin, daß der AG beispielsweise in Schreiben an Ang. diese mit dem Hinweis, daß er sie als »leit. Ang.« ansehe, auffordert, gegen ihre Eintragung in die Wählerliste beim WV Einspruch zu erheben (ArbG Bochum, BB 72, 494; vgl. auch LAG Hamm, DB 72, 1298).

2 Eine strafbare **Behinderung** oder **Störung** der Tätigkeit betriebsverfassungsrechtlicher Organe und deren Mitgl. kann sowohl in einem positiven Handeln liegen als auch in einer Unterlassung, sofern eine Rechtspflicht zum Handeln besteht. So liegt z. B. eine unzulässige Behinderung oder Störung der BR-Tätigkeit vor, wenn der AG sich weigert, die zur ordnungsgemäßen Durchführung dieser Tätigkeit notwendigen Kosten zu tragen oder die sächlichen Mittel zur Verfügung zu stellen, ebenso wenn der AG die Kosten des BR öffentlich bekanntgibt (ArbG Darmstadt, AiB 87, 140), erkennbar an den BR gerichtete Post öffnet (ArbG Stuttgart v. 22. 12. 87 – 4 BVGa 3/87) oder der AG durch einen öffentlichen Aushang die Empfehlung gibt, eine Betriebsversamml. nicht zu besuchen (OLG Stuttgart, BB 88, 2245). Strafbar ist auch die beharrliche Weigerung, überhaupt mit dem BR zusammenzuarbeiten.

3 Benachteiligung ist jede **tatsächliche, persönliche** oder **wirtschaftliche** Schlechterstellung eines Wahlberechtigten oder einer anderen in dieser Bestimmung genannten Person. Dabei genügt es bereits, wenn Nachteile **angedroht** werden. Auch für die Begünstigung reicht es aus, daß ein Vorteil oder eine Besserung zugesagt wird. Die Strafvorschrift richtet sich nicht nur gegen den AG und dessen Vertreter, sondern gegen **jedermann.**

4 (2) Eine Strafverfolgung tritt nur auf **Antrag** ein. Von besonderer Bedeutung ist, daß auch jede im Betrieb vertretene Gew. die Einleitung eines Strafverfahrens beantragen kann. Soweit ein betriebsverfassungsrechtliches Organ antragsberechtigt ist, können nicht die einzelnen Mitgl., sondern nur das Organ selbst den Antrag stellen, wozu es eines mit einfacher Stimmenmehrheit gefaßten Beschlusses bedarf. Der Antrag ist innerhalb einer Frist von drei Monaten zu stellen. Seine Rücknahme ist jederzeit möglich.

§ 120
Verletzung von Geheimnissen

(1) Wer unbefugt ein fremdes Betriebs- oder Geschäftsgeheimnis offenbart, das ihm in seiner Eigenschaft als

1. Mitglied oder Ersatzmitglied des Betriebsrats oder einer der in § 79 Abs. 2 bezeichneten Stellen,

2. Vertreter einer Gewerkschaft oder Arbeitgebervereinigung,

3. **Sachverständiger, der vom Betriebsrat nach § 80 Abs. 3 hinzugezogen oder von der Einigungsstelle nach § 109 Satz 3 angehört
worden ist, oder**

4. **Arbeitnehmer, der vom Betriebsrat nach § 107 Abs. 3 Satz 3 oder
vom Wirtschaftsausschuß nach § 108 Abs. 2 Satz 2 hinzugezogen
worden ist,
bekanntgeworden und das vom Arbeitgeber ausdrücklich als geheimhaltungsbedürftig bezeichnet worden ist, wird mit Freiheitsstrafe bis zu einem Jahr oder mit Geldstrafe bestraft.**

**(2) Ebenso wird bestraft, wer unbefugt ein fremdes Geheimnis eines
Arbeitnehmers, namentlich ein zu dessen persönlichen Lebensbereich
gehörendes Geheimnis, offenbart, das ihm in seiner Eigenschaft als
Mitglied oder Ersatzmitglied des Betriebsrats oder einer der in § 79
Abs. 2 bezeichneten Stellen bekanntgeworden ist und über das nach
den Vorschriften dieses Gesetzes Stillschweigen zu bewahren ist.**

**(3) Handelt der Täter gegen Entgelt oder in der Absicht, sich oder
einen anderen zu bereichern oder einen anderen zu schädigen, so ist die
Strafe Freiheitsstrafe bis zu zwei Jahren oder Geldstrafe. Ebenso
wird bestraft, wer unbefugt ein fremdes Geheimnis, namentlich ein
Betriebs- oder Geschäftsgeheimnis, zu dessen Geheimhaltung er nach
den Absätzen 1 oder 2 verpflichtet ist, verwertet.**

**(4) Die Absätze 1 bis 3 sind auch anzuwenden, wenn der Täter das
fremde Geheimnis nach dem Tode des Betroffenen unbefugt offenbart
oder verwertet.**

**(5) Die Tat wird nur auf Antrag des Verletzten verfolgt. Stirbt der
Verletzte, so geht das Antragsrecht nach § 77 Abs. 2 des Strafgesetzbuches auf die Angehörigen über, wenn das Geheimnis zum persönlichen Lebensbereich des Verletzten gehört; in anderen Fällen geht es
auf die Erben über. Offenbart der Täter das Geheimnis nach dem Tode des Betroffenen, so gilt Satz 2 sinngemäß.**

(1) Die Bestrafung wegen einer unbefugten Offenbarung fremder **1**
Betriebs- oder Geschäftsgeheimnisse setzt voraus, daß es sich **objektiv** um solche handelt und diese ausdrücklich vom AG als **geheimhaltungsbedürftig** bezeichnet worden sind (zum Begriff des Betriebs-
oder Geschäftsgeheimnisses vgl. § 79 Abs. 1).

Eine unbefugte Offenbarung eines Betriebs- oder Geschäftsgeheim- **2**
nisses liegt nicht schon dann vor, wenn sie ohne Einwilligung des
AG geschieht. »Unbefugt« bedeutet vielmehr »ohne Rechtfertigung«.

Das vom Träger offenbarte Geheimnis muß ihm aus Anlaß einer **3**
der in dieser Bestimmung bezeichneten Tätigkeiten bekanntgeworden sein. Hat er es auf andere Weise, etwa in Erfüllung seiner ar-

beitsvertraglichen Pflichten erlangt, greift diese Strafvorschrift nicht ein.

4 (2–5) Zum stärkeren Schutz der **Intimsphäre** der im Betrieb beschäftigten AN erstreckt sich die Strafandrohung nach Abs. 2 dieser Bestimmung auch auf die Weitergabe von Geheimnissen aus dem persönlichen Lebensbereich eines AN, soweit nach diesem Gesetz insoweit ausdrücklich eine Verschwiegenheitspflicht besteht (vgl. z. B. § 99 Abs. 1).

§ 121
Bußgeldvorschriften

(1) Ordnungswidrig handelt, wer eine der in § 90 Abs. 1, 2 Satz 1, § 92 Abs. 1 Satz 1, § 99 Abs. 1, § 106 Abs. 2, § 108 Abs. 5, § 110 oder § 111 bezeichneten Aufklärungs- oder Auskunftspflichten nicht, wahrheitswidrig, unvollständig oder verspätet erfüllt.

(2) Die Ordnungswidrigkeit kann mit einer Geldbuße bis 20 000 Deutsche Mark geahndet werden.

1 (1, 2) Es wird nur **vorsätzliches Handeln** geahndet. Fehlendes Unrechtsbewußtsein schließt die Ordnungswidrigkeit nur aus, wenn der Irrtum nicht vorzuwerfen ist. Dem AG aber wird regelmäßig die Unkenntnis der ihm obliegenden Aufklärungs- und Auskunftspflichten zum Vorwurf gemacht werden können.

2 Die Verfolgung der Ordnungswidrigkeit erfolgt **von Amts** wegen. Voraussetzung ist selbstverständlich, daß die zuständige Behörde Kenntnis von der Ordnungswidrigkeit erhält, ihr diese also angezeigt wird. Zuständig ist die oberste Arbeitsbehörde des Landes, in deren Bezirk die Ordnungswidrigkeit begangen wurde oder der ordnungswidrig Handelnde seinen Wohnsitz hat (§ 35 ff. OWiG). Die Verfolgung verjährt in zwei Jahren, beginnend mit dem Tage, an dem die Handlung begangen wurde.

3 Die Gew. haben in einer von ihnen durchgeführten Untersuchung festgestellt, daß Verstöße gegen das BetrVG sehr häufig zu verzeichnen sind, die teils als Straftaten gemäß § 119, teils als Ordnungswidrigkeiten nach dieser Bestimmung zu ahnden wären. Staatsanwälte und Ordnungsbehörden stellen die Verfahren jedoch regelmäßig ein (der Regierungspräsident Stuttgart hat jüngst wegen fortgesetzten Verstoßes gegen die Unterrichtungspflichten bei personellen Maßnahmen nach § 99 Abs. 1 eine Geldbuße von nur 300 DM gegen den Geschäftsführer eines UN festgesetzt – Bußgeldbescheid v. 27. 10. 88 – 15 – 0523.0 – 2/87). Im übrigen gibt es nur wenige Entscheidungen, in denen die Verstöße des AG geahndet wurden (vgl. etwa OLG Hamm, DB 78, 748, das einem AG wegen drei Verstöße Geldbußen von mehreren tausend DM auferlegte; vgl. auch OLG Düsseldorf, BB 82, 1113; OLG Stuttgart, DB 78, 592 sowie OLG

Hamburg, DB 85, 1846 zur Verhängung eines Bußgeldes gegen Vorstandsmitgl. wegen nicht rechtzeitiger Unterrichtung des BR und WA über eine Betriebsänderung; nach OLG Karlsruhe, DB 86, 38 zu Unrecht dagegen keine Bestrafung des AG, der eine Auskunft wegen Gefährdung eines Geschäftsgeheimnisses verweigert, solange über den Umfang der Auskunftspflicht eine Entscheidung der ESt. nach § 109 nicht herbeigeführt ist).

Siebenter Teil:
Änderung von Gesetzen

§ 122
Änderung des Bürgerlichen Gesetzbuchs

§ 123
Änderung des Kündigungsschutzgesetzes

§ 124
Änderung des Arbeitsgerichtsgesetzes

Die im Rahmen der Novellierung des Betriebsverfassungsgesetzes
im Jahre 1972 geschaffenen Bestimmungen der vorstehend angeführten Gesetze sind später geändert worden bzw. in ihrer ursprünglichen Fassung überholt. Es wird deshalb davon abgesehen,
sie an dieser Stelle im ursprünglichen Wortlaut wiederzugeben. Soweit sie noch Bedeutung haben, erfolgt ihre Berücksichtigung bei
den Erl. der einschlägigen Bestimmungen dieses Gesetzes.

Achter Teil:
Übergangs- und Schlußvorschriften

§ 125
Erstmalige Wahlen nach diesem Gesetz

(1) Die erstmaligen Betriebsratswahlen nach § 13 Abs. 1 finden im Jahre 1972 statt.

(2) Die erstmaligen Wahlen der Jugend- und Auszubildendenvertretung nach § 64 Abs. 1 Satz 1 finden im Jahre 1988 statt. Die Amtszeit der Jugendvertretung endet mit der Bekanntgabe des Wahlergebnisses der neu gewählten Jugend- und Auszubildendenvertretung, spätestens am 30. November 1988.

(3) § 13 Abs. 1 Satz 1 und Abs. 2 Nr. 1, § 21 Satz 1, § 26 Abs. 2 Satz 1, § 27 Abs. 1 und 2, die §§ 28, 38 Abs. 2, § 47 Abs. 2 Satz 3, § 51 Abs. 2 und § 55 Abs. 1 Satz 3 sind in geänderter Fassung erstmalig anzuwenden, wenn Betriebsräte nach dem 31. Dezember 1988 gewählt worden sind.

§ 126
Ermächtigung zum Erlaß von Wahlordnungen

Der Bundesminister für Arbeit und Sozialordnung wird ermächtigt, mit Zustimmung des Bundesrates Rechtsverordnungen zu erlassen zur Regelung der in den §§ 7 bis 20, 60 bis 63, 115 und 116 bezeichneten Wahlen über

1. die Vorbereitung der Wahl, insbesondere die Aufstellung der Wählerlisten und die Errechnung der Vertreterzahl;

2. die Frist für die Einsichtnahme in die Wählerlisten und die Erhebung von Einsprüchen gegen sie;

3. die Vorschlagslisten und die Frist für ihre Einreichung;

4. das Wahlausschreiben und die Fristen für seine Bekanntmachung;

5. die Stimmabgabe;

6. die Feststellung des Wahlergebnisses und die Fristen für seine Bekanntmachung;

7. die Aufbewahrung der Wahlakten.

§ 127
Verweisungen

Soweit in anderen Vorschriften auf Vorschriften verwiesen wird oder Bezeichnungen verwendet werden, die durch dieses Gesetz aufgehoben oder geändert werden, treten an ihre Stelle die entsprechenden Vorschriften oder Bezeichnungen dieses Gesetzes.

§ 128
Bestehende abweichende Tarifverträge

Die im Zeitpunkt des Inkrafttretens dieses Gesetzes nach § 20 Abs. 3 des Betriebsverfassungsgesetzes vom 11. Oktober 1952 geltenden Tarifverträge über die Errichtung einer anderen Vertretung der Arbeitnehmer für Betriebe, in denen wegen ihrer Eigenart der Errichtung von Betriebsräten besondere Schwierigkeiten entgegenstehen, werden durch dieses Gesetz nicht berührt.

§ 129
Außerkrafttreten von Vorschriften

(1) Mit dem Inkrafttreten dieses Gesetzes tritt das Betriebsverfassungsgesetz vom 11. Oktober 1952 (BGBl. I S. 681), zuletzt geändert durch das Erste Arbeitsrechtsbereinigungsgesetz vom 14. August 1969 (BGBl. I S. 1106), mit Ausnahme der §§ 76 bis 77 a, 81, 85 und 87 außer Kraft. In § 81 Abs. 1 Satz 1 werden die Worte »§§ 67 bis 77« durch die Worte »§§ 76 und 77« ersetzt; Satz 2 wird gestrichen. In § 87 werden die Worte »6 bis 20, 46 und 47,« gestrichen. Das Betriebsverfassungsgesetz vom 11. Oktober 1952 erhält die Bezeichnung »Betriebsverfassungsgesetz 1952«.

(2) Soweit in den nicht aufgehobenen Vorschriften des Betriebsverfassungsgesetzes 1952 auf Vorschriften verwiesen wird, die nach Absatz 1 aufgehoben sind, treten an ihre Stelle die entsprechenden Vorschriften dieses Gesetzes.

§ 130
Öffentlicher Dienst

Dieses Gesetz findet keine Anwendung auf Verwaltungen und Betriebe des Bundes, der Länder, der Gemeinden und sonstiger Körperschaften, Anstalten und Stiftungen des öffentlichen Rechts.

Die Vorschrift stellt klar, daß die Bestimmungen dieses Gesetzes nur für die Betriebe der privaten Wirtschaft anzuwenden sind. Für den Bereich des öffentlichen Dienstes gelten das Bundespersonalvertretungsgesetz und die Personalvertretungsgesetze der Länder. Betriebe mit **privater Rechtsform** fallen auch dann unter das BetrVG, wenn sie der öffentlichen Hand gehören (Regiebetrieb). Anderes gilt dagegen, wenn die öffentliche Hand einen Betrieb unmittelbar als Eigenbetrieb führt, ohne daß dieser eine besondere private Rechtsform besitzt (BAG v. 7. 11. 75, AP Nr. 1 zu § 130 BetrVG 1972). Auf im Inland bestehende Betriebe internationaler oder zwischenstaatlicher Organisationen findet nicht das PersVG, sondern das BetrVG Anwendung.

§ 131
Berlin-Klausel

Dieses Gesetz gilt nach Maßgabe des § 13 Abs. 1 des Dritten Überleitungsgesetzes auch im Land Berlin. Rechtsverordnungen, die auf Grund dieses Gesetzes erlassen werden, gelten im Land Berlin nach § 14 des Dritten Überleitungsgesetzes.

§ 132
Inkrafttreten

Dieses Gesetz tritt am Tage nach seiner Verkündung in Kraft.

Das Gesetz ist am 19. 1. 1972 in Kraft getreten. § 78a wurde später in das Gesetz eingefügt und trat am 23. 1. 1974 in Kraft. Die Vorschriften über die Bildung von JAV in den Betrieben sind seit dem 20. 7. 1988, die durch das Gesetz zur Änderung des BetrVG, über Sprecherausschüsse der leit. Ang. und zur Sicherung der Montan-Mitbestimmung vorgenommenen Änderungen und eingefügten Vorschriften seit dem 1. 1. 1989 in Kraft.

Anhang

1. Gesetz über Sprecherausschüsse der leitenden Angestellten (Sprecherausschußgesetz – SprAuG)

Vorbemerkungen

Die gesetzliche Errichtung von SpA für leit. Ang. ist, wie auch die parlamentarische Behandlung des Gesetzentwurfs (BT-Drucks. 11/2503) gezeigt hat, ein gesellschafts- und mitbestimmungspolitisch besonders kontroverses Problem. Nach gewerkschaftlicher Auffassung sind die leit. Ang. bereits wegen ihrer Zuordnung zur UN-Leitung weder nach ihrer Funktion noch nach ihrem individualisierten Arbeitsverhältnis eine hinreichend kollektiv geprägte und eigenständige Gruppierung.

Der Gesetzgeber hat ungeachtet aller Kritik, wie sie nicht nur seitens der Gew., sondern auch von AG und Rechtswissenschaftlern erhoben worden ist, der Kollektivvertretung leit. Ang. eine gesetzl. Grundlage gegeben. Dabei wurden die Vorschriften zur Bildung des SpA und seine Geschäftsführung ebenso wie die Bestimmungen über seine Tätigkeit weitgehend den Regelungen nachgebildet, wie sie auch für den BR bestehen. Bereits das macht Berührungspunkte zum Betriebsverfassungsrecht deutlich. Noch wesentlicher ist freilich die Gefahr des Entstehens einer Konkurrenzsituation zwischen den beiden Kollektivvertretungen BR und SpA, wie sie in der betrieblichen Praxis angesichts der Verzahnung der Arbeitsprozesse und der ineinandergreifenden Arbeitsorganisation leicht auftreten kann.

Vor diesem Hintergrund ist es erforderlich, in diesen Basiskommentar das SprAuG mit aufzunehmen. Es ist allerdings hier nicht möglich, ausführlicher auf die einzelnen Bestimmungen einzugehen. Das ist um so weniger erforderlich, weil zahlreiche Bestimmungen des SprAuG dem Betriebsverfassungsrecht nachgebildet sind. Es reicht insoweit aus, auf die entsprechenden Vorschriften des BetrVG zu verweisen. Lediglich bei den Regelungen, bei denen die Problematik des Beziehungsverhältnisses zwischen BR und SpA stärker hervortreten kann, erfolgen Kurzerläuterungen.

Erster Teil
Allgemeine Vorschriften

§ 1
Errichtung von Sprecherausschüssen

(1) In Betrieben mit in der Regel mindestens zehn leitenden Angestellten (§ 5 Abs. 3 des Betriebsverfassungsgesetzes) werden Sprecherausschüsse der leitenden Angestellten gewählt.

(2) Leitende Angestellte eines Betriebs mit in der Regel weniger als zehn leitenden Angestellten gelten für die Anwendung dieses Gesetzes als leitende Angestellte des räumlich nächstgelegenen Betriebs desselben Unternehmens, der die Voraussetzungen des Absatzes 1 erfüllt.

(3) Dieses Gesetz findet keine Anwendung auf

1. Verwaltungen und Betriebe des Bundes, der Länder, der Gemeinden und sonstiger Körperschaften, Anstalten und Stiftungen des öffentlichen Rechts sowie

2. Religionsgemeinschaften und ihre karitativen und erzieherischen Einrichtungen unbeschadet deren Rechtsform.

Die Regelungen sehen vor, daß der SpA grundsätzlich auf **Betriebsebene** errichtet wird (zur Errichtung von Gesamt- und Konzern-SpA vgl. §§ 16, 21). Hat ein Betrieb weniger als zehn leit. Ang., werden diese dem räumlich nächstgelegenen Betrieb desselben UN zugeordnet, dem zehn oder mehr leit. Ang. angehören. Unabhängig davon besteht die Möglichkeit, durch Mehrheitsbeschluß der leit. Ang. des UN ausschließlich einen **UN-SpA** zu bilden, der für sämtliche Betriebe des UN zuständig ist (vgl. § 20). **1**

Der Begriff des leit. Ang. nach dieser Vorschrift bestimmt sich nach der **Definition** des leit. Ang. nach **§ 5 Abs. 3 und 4 BetrVG.** Demgegenüber weicht der Begriff des leit. Ang., wie er in § 3 Abs. 2 hinsichtlich der Wählbarkeit zum SpA verwandt wird, von § 5 Abs. 3 und 4 BetrVG ab. Außerdem verwendet das Gesetz in § 7 Abs. 3 eine von § 5 Abs. 3 und 4 BetrVG abweichende Definition des leit. Ang. **2**

§ 2
Zusammenarbeit

(1) Der Sprecherausschuß arbeitet mit dem Arbeitgeber vertrauensvoll unter Beachtung der geltenden Tarifverträge zum Wohl der leitenden Angestellten und des Betriebs zusammen. Der Arbeitgeber hat vor Abschluß einer Betriebsvereinbarung oder sonstigen Vereinbarung mit dem Betriebsrat, die rechtliche Interessen der leitenden Angestellten berührt, den Sprecherausschuß rechtzeitig anzuhören.

(2) Der Sprecherausschuß kann dem Betriebsrat oder Mitgliedern des Betriebsrats das Recht einräumen, an Sitzungen des Sprecherausschusses teilzunehmen. Der Betriebsrat kann dem Sprecherausschuß oder Mitgliedern des Sprecherausschusses das Recht einräumen, an Sitzungen des Betriebsrats teilzunehmen. Einmal im Kalenderjahr soll eine gemeinsame Sitzung des Sprecherausschusses und des Betriebsrats stattfinden.

(3) Die Mitglieder des Sprecherausschusses dürfen in der Ausübung ihrer Tätigkeit nicht gestört oder behindert werden. Sie dürfen wegen ihrer Tätigkeit nicht benachteiligt oder begünstigt werden; dies gilt auch für ihre berufliche Entwicklung.

(4) Arbeitgeber und Sprecherausschuß haben Betätigungen zu unterlassen, durch die der Arbeitsablauf oder der Frieden des Betriebs beeinträchtigt werden. Sie haben jede parteipolitische Betätigung im Betrieb zu unterlassen; die Behandlung von Angelegenheiten tarifpolitischer, sozialpolitischer und wirtschaftlicher Art, die den Betrieb oder die leitenden Angestellten unmittelbar betreffen, wird hierdurch nicht berührt.

1 Die Regelungen entsprechen teilweise § 2 Abs. 1, § 74 Abs. 2 und § 78 BetrVG.

2 Der SpA wird verpflichtet, mit dem AG unter Beachtung der geltenden TV vertrauensvoll zusammenzuarbeiten; eine entsprechende Verpflichtung zwischen SpA und BR sieht weder das SprAuG noch § 2 Abs. 1 BetrVG vor. Der BR kann allerdings dem SpA oder einzelnen Mitgliedern dieses Ausschusses das Teilnahmerecht an BR-Sitzungen einräumen. Eine zwingende Verpflichtung besteht dazu ebensowenig wie bei der Soll-Vorschrift, nach der einmal im Kalenderjahr eine **gemeinsame Sitzung** beider Kollektivvertretungen stattfinden kann.

3 Der AG hat, wenn er eine BV oder sonstige Vereinbarung, wie etwa eine Regelungsabsprache, mit dem BR abschließen will, den SpA vorher rechtzeitig anzuhören, sofern rechtliche Interessen der leit. Ang. berührt werden. Diese Regelung ersetzt den im Entwurf eines SprAuG (BR-Drucks. 11/2503) ursprünglich vorgesehenen § 33, wonach AG und BR vor Abschluß einer BV oder sonstigen Vereinbarung, die rechtliche Interessen der leit. Ang. berührten, den SpA anhören mußten. Nach dieser Regelung, die nicht Eingang in das nunmehr geltende Gesetz gefunden hat, konnte der SpA unter bestimmten Voraussetzungen eine BV oder sonstige Vereinbarung zeitweise aussetzen und gerichtl. überprüfen lassen.

4 Der SpA hat lediglich das Recht der **Anhörung durch den AG.** Voraussetzung ist dabei aber immer, daß die BV oder sonstige Vereinbarung rechtliche Interessen der leit. Ang. berührt. Das Anhörungsrecht kommt daher nur in Betracht, wenn die BV oder andere Vereinbarungen **unmittelbar Einfluß** auf rechtliche Interessen der leit. Ang. haben, wobei dieses rechtliche Interesse schutzwürdig sein muß. Die bloße Möglichkeit einer rechtlichen Beeinträchtigung reicht nicht aus. Es genügt ferner nicht, wenn lediglich rechtliche Interessen einzelner leit. Ang. berührt werden. Es muß sich vielmehr um **kollektive Interessen** handeln. Eine Sanktion bei einem Verstoß gegen diese Verpflichtung hat der Gesetzgeber nicht vorgesehen.

Zweiter Teil
Sprecherausschuß, Versammlung der leitenden Angestellten, Gesamt-, Unternehmens- und Konzernsprecherausschuß

Erster Abschnitt
Wahl, Zusammensetzung und Amtszeit des Sprecherausschusses

§ 3
Wahlberechtigung und Wählbarkeit

(1) Wahlberechtigt sind alle leitenden Angestellten des Betriebs.

(2) Wählbar sind alle leitenden Angestellten, die sechs Monate dem Betrieb angehören. Auf die sechsmonatige Betriebszugehörigkeit werden Zeiten angerechnet, in denen der leitende Angestellte unmittelbar vorher einem anderen Betrieb desselben Unternehmens oder Konzerns (§ 18 Abs. 1 des Aktiengesetzes) als Beschäftigter angehört hat. Nicht wählbar ist, wer

1. aufgrund allgemeinen Auftrags des Arbeitgebers Verhandlungspartner des Sprecherausschusses ist,

2. nicht Aufsichtsratsmitglied der Arbeitnehmer nach § 6 Abs. 2 Satz 1 des Mitbestimmungsgesetzes in Verbindung mit § 105 Abs. 1 des Aktiengesetzes sein kann oder

3. infolge strafgerichtlicher Verurteilung die Fähigkeit, Rechte aus öffentlichen Wahlen zu erlangen, nicht besitzt.

Die Regelungen entsprechen teilweise den §§ 7 und 8 BetrVG. **1**

Ein Teil der leit. Ang. ist von der **Wählbarkeit** in den SpA, nicht **2** aber von der Wahlberechtigung **ausgeschlossen.** Nicht wählbar sind die vom AG als Verhandlungspartner des SpA benannten Personen sowie Prokuristen, die dem zur gesetzlichen Vertretung des UN befugten Organ unmittelbar unterstellt und zur Ausübung der Prokura für den Gesamtgeschäftsbereich des Organs ermächtigt sind (zur Kritik an der Herausbildung einer solchen Spitzengruppe leit. Ang. vgl. Steindorff, Neubestimmung der leitenden Angestellten, Gutachten für die Hans-Böckler-Stiftung [1987]; Richardi, ArbuR 86, 33 ff.).

§ 4
Zahl der Sprecherausschußmitglieder

(1) Der Sprecherausschuß besteht in Betrieben mit in der Regel
10 bis 20 leitenden Angestellten aus einer Person,
21 bis 100 leitenden Angestellten aus drei Mitgliedern,
101 bis 300 leitenden Angestellten aus fünf Mitgliedern,
über 300 leitenden Angestellten aus sieben Mitgliedern.

(2) Männer und Frauen sollen entsprechend ihrem zahlenmäßigen Verhältnis im Sprecherausschuß vertreten sein.

Die Regelungen entsprechen grundsätzlich § 9 und § 15 Abs. 2 BetrVG.

§ 5
Zeitpunkt der Wahlen und Amtszeit

(1) Die regelmäßigen Wahlen des Sprecherausschusses finden alle vier Jahre in der Zeit vom 1. März bis 31. Mai statt. Sie sind zeitgleich mit den regelmäßigen Betriebsratswahlen nach § 13 Abs. 1 des Betriebsverfassungsgesetzes einzuleiten.

(2) Außerhalb dieses Zeitraums ist der Sprecherausschuß zu wählen, wenn

1. im Betrieb ein Sprecherausschuß nicht besteht,

2. der Sprecherausschuß durch eine gerichtliche Entscheidung aufgelöst ist,

3. die Wahl des Sprecherausschusses mit Erfolg angefochten worden ist oder

4. der Sprecherausschuß mit der Mehrheit seiner Mitglieder seinen Rücktritt beschlossen hat.

(3) Hat außerhalb des in Absatz 1 festgelegten Zeitraums eine Wahl des Sprecherausschusses stattgefunden, ist der Sprecherausschuß in dem auf die Wahl folgenden nächsten Zeitraum der regelmäßigen Wahlen des Sprecherausschusses neu zu wählen. Hat die Amtszeit des Sprecherausschusses zu Beginn des in Absatz 1 festgelegten Zeitraums noch nicht ein Jahr betragen, ist der Sprecherausschuß in dem übernächsten Zeitraum der regelmäßigen Wahlen des Sprecherausschusses neu zu wählen.

(4) Die regelmäßige Amtszeit des Sprecherausschusses beträgt vier

Jahre. Die Amtszeit beginnt mit der Bekanntgabe des Wahlergebnisses oder, wenn zu diesem Zeitpunkt noch ein Sprecherausschuß besteht, mit Ablauf von dessen Amtszeit. Die Amtszeit endet spätestens am 31. Mai des Jahres, in dem nach Absatz 1 die regelmäßigen Wahlen des Sprecherausschusses stattfinden. In dem Fall des Absatzes 3 Satz 2 endet die Amtszeit spätestens am 31. Mai des Jahres, in dem der Sprecherausschuß neu zu wählen ist.

(5) In dem Fall des Absatzes 2 Nr. 4 führt der Sprecherausschuß die Geschäfte weiter, bis der neue Sprecherausschuß gewählt und das Wahlergebnis bekanntgegeben ist.

Die Regelungen entsprechen grundsätzlich den §§ 13, 21 und 22 BetrVG. **1**

Die Wahlen des SpA sind zeitgleich mit den BR-Wahlen durchzuführen. Das ist erstmals in dem regelmäßigen Wahlzeitraum vom 1. März bis 31. Mai 1990 der Fall. **2**

§ 6
Wahlvorschriften

(1) Der Sprecherausschuß wird in geheimer und unmittelbarer Wahl gewählt.

(2) Die Wahl erfolgt nach den Grundsätzen der Verhältniswahl; wird nur ein Wahlvorschlag eingereicht, erfolgt die Wahl nach den Grundsätzen der Mehrheitswahl.

(3) In Betrieben, deren Sprecherausschuß aus einer Person besteht, wird dieser mit einfacher Stimmenmehrheit gewählt. In einem getrennten Wahlgang ist ein Ersatzmitglied zu wählen.

(4) Zur Wahl des Sprecherausschusses können die leitenden Angestellten Wahlvorschläge machen. Jeder Wahlvorschlag muß von mindestens einem Zwanzigstel der leitenden Angestellten, jedoch von mindestens drei leitenden Angestellten unterzeichnet sein; in Betrieben mit in der Regel bis zu zwanzig leitenden Angestellten genügt die Unterzeichnung durch zwei leitende Angestellte. In jedem Fall genügt die Unterzeichnung durch fünfzig leitende Angestellte.

Die Regelungen entsprechen grundsätzlich § 14 BetrVG. **1**

Anders als nach § 14 Abs. 5 i.V. m. Abs. 8 BetrVG haben die im Betrieb vertretenen Gew. kein eigenes Wahlvorschlagsrecht. **2**

§ 7
Bestellung, Wahl und Aufgaben des Wahlvorstands

(1) Spätestens zehn Wochen vor Ablauf seiner Amtszeit bestellt der Sprecherausschuß einen aus drei oder einer höheren ungeraden Zahl

von leitenden Angestellten bestehenden Wahlvorstand und einen von ihnen als Vorsitzenden.

(2) Besteht in einem Betrieb, der die Voraussetzungen des § 1 Abs. 1 erfüllt, kein Sprecherausschuß, wird in einer Versammlung von der Mehrheit der anwesenden leitenden Angestellten des Betriebs ein Wahlvorstand gewählt. Zu dieser Versammlung können drei leitende Angestellte des Betriebs einladen und Vorschläge für die Zusammensetzung des Wahlvorstands machen. Der Wahlvorstand hat unverzüglich eine Abstimmung darüber herbeizuführen, ob ein Sprecherausschuß gewählt werden soll. Ein Sprecherausschuß wird gewählt, wenn dies die Mehrheit der leitenden Angestellten des Betriebs in einer Versammlung oder durch schriftliche Stimmabgabe verlangt.

(3) Zur Teilnahme an der Versammlung und der Abstimmung nach Absatz 2 sind die Angestellten berechtigt, die vom Wahlvorstand aus Anlaß der letzten Betriebsratswahl oder der letzten Wahl von Aufsichtsratsmitgliedern der Arbeitnehmer, falls diese Wahl später als die Betriebsratswahl stattgefunden hat, oder durch gerichtliche Entscheidung den leitenden Angestellten zugeordnet worden sind. Hat zuletzt oder im gleichen Zeitraum wie die nach Satz 1 maßgebende Wahl eine Wahl nach diesem Gesetz stattgefunden, ist die für diese Wahl erfolgte Zuordnung entscheidend.

(4) Der Wahlvorstand hat die Wahl unverzüglich einzuleiten, sie durchzuführen und nach Abschluß der Wahl öffentlich die Auszählung der Stimmen vorzunehmen, deren Ergebnis in einer Niederschrift festzustellen und es im Betrieb bekanntzugeben. Dem Arbeitgeber ist eine Abschrift der Wahlniederschrift zu übersenden.

1 Die Regelungen entsprechend weitgehend § 16 Abs. 1, § 17 Abs. 1 und § 18 Abs. 1 BetrVG.

2 Anders als in § 16 Abs. 1 Satz 6 BetrVG ist die nicht stimmberechtigte Teilnahme eines dem Betrieb angehörenden Gew.-Beauftragten an den Sitzungen des WV nicht vorgesehen.

3 Ein SpA ist nur dann zu errichten, wenn sich die **Mehrheit der leit. Ang.** dafür ausspricht. Die Abstimmung darüber, ob in einem Betrieb, in dem trotz des Vorliegens der Voraussetzungen des § 1 Abs. 1 ein SpA bisher nicht besteht, ein solcher Ausschuß gewählt werden soll, muß nicht allein in einer Versamml. geschehen, sondern kann auch durch schriftliche Stimmabgabe vorgenommen werden.

4 Zu beachten ist, daß der Personenkreis der leit. Ang., der an der Abstimmung gem. § 7 Abs. 2 Satz 4 teilnehmen darf, **nicht** mit der allgemeinen Definition der leit. Ang. gem. § 5 Abs. 3 und 4 BetrVG übereinstimmen muß. Dies kann zu der eigenartigen Situation führen, daß der Personenkreis, der an der Abstimmung gem. § 7 Abs. 2

Satz 4 teilnehmen darf, nicht mit dem Personenkreis identisch sein muß, der zu dem SpA wahlberechtigt ist. Dieser ist vielmehr nach § 18 a BetrVG festzulegen.

§ 8
Wahlanfechtung, Wahlschutz und Wahlkosten

(1) Die Wahl kann beim Arbeitsgericht angefochten werden, wenn gegen wesentliche Vorschriften über das Wahlrecht, die Wählbarkeit oder das Wahlverfahren verstoßen worden ist und eine Berichtigung nicht erfolgt ist, es sei denn, daß durch den Verstoß das Wahlergebnis nicht geändert oder beeinflußt werden konnte. Zur Anfechtung berechtigt sind mindestens drei leitende Angestellte oder der Arbeitgeber. Die Wahlanfechtung ist nur innerhalb einer Frist von zwei Wochen, vom Tage der Bekanntgabe des Wahlergebnisses an gerechnet, zulässig.

(2) Niemand darf die Wahl des Sprecherausschusses behindern. Insbesondere darf kein leitender Angestellter in der Ausübung des aktiven und passiven Wahlrechts beschränkt werden. Niemand darf die Wahl des Sprecherausschusses durch Zufügung oder Androhung von Nachteilen oder durch Gewährung oder Versprechen von Vorteilen beeinflussen.

(3) Die Kosten der Wahl trägt der Arbeitgeber. Versäumnis von Arbeitszeit, die zur Ausübung des Wahlrechts, zur Betätigung im Wahlvorstand oder zur Tätigkeit als Vermittler (§ 18 a des Betriebsverfassungsgesetzes) erforderlich ist, berechtigt den Arbeitgeber nicht zur Minderung des Arbeitsentgelts.

Die Regelungen entsprechen grundsätzlich den §§ 19 und 20 **1** BetrVG.

Ein Anfechtungsrecht der im Betrieb vertretenen Gew. ist anders als **2** in § 19 BetrVG nicht vorgesehen.

§ 9
Ausschluß von Mitgliedern, Auflösung des Sprecherausschusses und Erlöschen der Mitgliedschaft

(1) Mindestens ein Viertel der leitenden Angestellten oder der Arbeitgeber können beim Arbeitsgericht den Ausschluß eines Mitglieds aus dem Sprecherausschuß oder die Auflösung des Sprecherausschusses wegen grober Verletzung seiner gesetzlichen Pflichten beantragen. Der Ausschluß eines Mitglieds kann auch vom Sprecherausschuß beantragt werden.

(2) Die Mitgliedschaft im Sprecherausschuß erlischt durch

1. Ablauf der Amtszeit,

2. Niederlegung des Sprecherausschußamtes,

3. Beendigung des Arbeitsverhältnisses,

4. Verlust der Wählbarkeit,

5. Ausschluß aus dem Sprecherausschuß oder Auflösung des Sprecherausschusses aufgrund einer gerichtlichen Entscheidung oder

6. gerichtliche Entscheidung über die Feststellung der Nichtwählbarkeit nach Ablauf der in § 8 Abs. 1 Satz 3 bezeichneten Frist, es sei denn, der Mangel liegt nicht mehr vor.

1 Die Regelungen entsprechen grundsätzlich § 23 Abs. 1 und § 24 Abs. 1 BetrVG.

2 Anders als in § 23 Abs. 1 BetrVG hat eine im Betrieb vertretene Gew. kein Recht, den Ausschluß eines SpA-Mitgl. oder die Auflösung des SpA beim ArbG zu beantragen.

§ 10
Ersatzmitglieder

(1) Scheidet ein Mitglied des Sprecherausschusses aus, rückt ein Ersatzmitglied nach. Dies gilt entsprechend für die Stellvertretung eines zeitweilig verhinderten Mitglieds des Sprecherausschusses.

(2) Die Ersatzmitglieder werden der Reihe nach aus den nicht gewählten leitenden Angestellten derjenigen Vorschlagslisten entnommen, denen die zu ersetzenden Mitglieder angehören. Ist eine Vorschlagsliste erschöpft, ist das Ersatzmitglied derjenigen Vorschlagsliste zu entnehmen, auf die nach den Grundsätzen der Verhältniswahl der nächste Sitz entfallen würde. Ist das ausgeschiedene oder verhinderte Mitglied nach den Grundsätzen der Mehrheitswahl gewählt, bestimmt sich die Reihenfolge der Ersatzmitglieder nach der Höhe der erreichten Stimmenzahl.

(3) In dem Fall des § 6 Abs. 3 gilt Absatz 1 mit der Maßgabe, daß das gewählte Ersatzmitglied nachrückt oder die Stellvertretung übernimmt.

Die Regelungen entsprechen grundsätzlich § 25 BetrVG.

Zweiter Abschnitt
Geschäftsführung des Sprecherausschusses

§ 11
Vorsitzender

(1) Der Sprecherausschuß wählt aus seiner Mitte den Vorsitzenden und dessen Stellvertreter.

(2) Der Vorsitzende vertritt den Sprecherausschuß im Rahmen der von diesem gefaßten Beschlüsse. Zur Entgegennahme von Erklärungen, die dem Sprecherausschuß gegenüber abzugeben sind, ist der Vorsitzende berechtigt. Im Falle der Verhinderung des Vorsitzenden nimmt sein Stellvertreter diese Aufgaben wahr.

(3) Der Sprecherausschuß kann die laufenden Geschäfte auf den Vorsitzenden oder andere Mitglieder des Sprecherausschusses übertragen.

Die Regelungen entsprechen grundsätzlich § 26 Abs. 1 und 3, § 27 Abs. 4 BetrVG.

§ 12
Sitzungen des Sprecherausschusses

(1) Vor Ablauf einer Woche nach dem Wahltag hat der Wahlvorstand die Mitglieder des Sprecherausschusses zu der nach § 11 Abs. 1 vorgeschriebenen Wahl einzuberufen. Der Vorsitzende des Wahlvorstands leitet die Sitzung, bis der Sprecherausschuß aus seiner Mitte einen Wahlleiter zur Wahl des Vorsitzenden und seines Stellvertreters bestellt hat.

(2) Die weiteren Sitzungen beruft der Vorsitzende des Sprecherausschusses ein. Er setzt die Tagesordnung fest und leitet die Verhandlung. Der Vorsitzende hat die Mitglieder des Sprecherausschusses zu den Sitzungen rechtzeitig unter Mitteilung der Tagesordnung zu laden.

(3) Der Vorsitzende hat eine Sitzung einzuberufen und den Gegenstand, dessen Beratung beantragt ist, auf die Tagesordnung zu setzen, wenn dies ein Drittel der Mitglieder des Sprecherausschusses oder der Arbeitgeber beantragen.

(4) Der Arbeitgeber nimmt an den Sitzungen, die auf sein Verlangen anberaumt sind, und an den Sitzungen, zu denen er ausdrücklich eingeladen ist, teil.

(5) Die Sitzungen des Sprecherausschusses finden in der Regel während der Arbeitszeit statt. Der Sprecherausschuß hat bei der Anberaumung von Sitzungen auf die betrieblichen Notwendigkeiten Rücksicht zu nehmen. Der Arbeitgeber ist über den Zeitpunkt der Sitzung vorher zu verständigen. Die Sitzungen des Sprecherausschusses sind nicht öffentlich; § 2 Abs. 2 bleibt unberührt.

Die Regelungen entsprechen grundsätzlich den §§ 29 und 30 **1** BetrVG.

Ein Teilnahmerecht des Gew.-Beauftragten analog § 31 BetrVG ist **2** nicht vorgesehen.

§ 13
Beschlüsse und Geschäftsordnung des Sprecherausschusses

(1) Die Beschlüsse des Sprecherausschusses werden, soweit in diesem Gesetz nichts anderes bestimmt ist, mit der Mehrheit der Stimmen der anwesenden Mitglieder gefaßt. Bei Stimmengleichheit ist ein Antrag abgelehnt.

(2) Der Sprecherausschuß ist nur beschlußfähig, wenn mindestens die Hälfte seiner Mitglieder an der Beschlußfassung teilnimmt. Stellvertretung durch Ersatzmitglieder ist zulässig.

(3) Über jede Verhandlung des Sprecherausschusses ist eine Niederschrift anzufertigen, die mindestens den Wortlaut der Beschlüsse und die Stimmenmehrheit, mit der sie gefaßt sind, enthält. Die Niederschrift ist von dem Vorsitzenden und einem weiteren Mitglied zu unterzeichnen. Der Niederschrift ist eine Anwesenheitsliste beizufügen, in die sich jeder Teilnehmer eigenhändig einzutragen hat.

(4) Die Mitglieder des Sprecherausschusses haben das Recht, die Unterlagen des Sprecherausschusses jederzeit einzusehen.

(5) Sonstige Bestimmungen über die Geschäftsführung können in einer schriftlichen Geschäftsordnung getroffen werden, die der Sprecherausschuß mit der Mehrheit der Stimmen seiner Mitglieder beschließt.

Die Regelungen entsprechen grundsätzlich § 33 Abs. 1 und 2, § 34 Abs. 1 und 3, § 36 BetrVG.

§ 14
Arbeitsversäumnis und Kosten

(1) Mitglieder des Sprecherausschusses sind von ihrer beruflichen Tätigkeit ohne Minderung des Arbeitsentgelts zu befreien, wenn und soweit es nach Umfang und Art des Betriebs zur ordnungsgemäßen Durchführung ihrer Aufgaben erforderlich ist.

(2) Die durch die Tätigkeit des Sprecherausschusses entstehenden Kosten trägt der Arbeitgeber. Für die Sitzungen und die laufende Geschäftsführung hat der Arbeitgeber in erforderlichem Umfang Räume, sachliche Mittel und Büropersonal zur Verfügung zu stellen.

Die Regelungen entsprechen grundsätzlich § 37 Abs. 2 und § 40 BetrVG.

Versammlung der leitenden Angestellten

§ 15
Zeitpunkt, Einberufung und Themen der Versammlung

(1) Der Sprecherausschuß soll einmal im Kalenderjahr eine Versammlung der leitenden Angestellten einberufen und in ihr einen Tätigkeitsbericht erstatten. Auf Antrag des Arbeitgebers oder eines Viertels der leitenden Angestellten hat der Sprecherausschuß eine Versammlung der leitenden Angestellten einzuberufen und den beantragten Beratungsgegenstand auf die Tagesordnung zu setzen.

(2) Die Versammlung der leitenden Angestellten soll während der Arbeitszeit stattfinden. Sie wird vom Vorsitzenden des Sprecherausschusses geleitet. Sie ist nicht öffentlich.

(3) Der Arbeitgeber ist zu der Versammlung der leitenden Angestellten unter Mitteilung der Tagesordnung einzuladen. Er ist berechtigt, in der Versammlung zu sprechen. Er hat über Angelegenheiten der leitenden Angestellten und die wirtschaftliche Lage und Entwicklung des Betriebs zu berichten, soweit dadurch nicht Betriebs- oder Geschäftsgeheimnisse gefährdet werden.

(4) Die Versammlung der leitenden Angestellten kann dem Sprecherausschuß Anträge unterbreiten und zu seinen Beschlüssen Stellung nehmen. § 2 Abs. 4 gilt entsprechend.

Die Regelungen entsprechen weitgehend § 42 Abs. 1, § 43 Abs. 1 und 2, § 44 Abs. 1, § 45 und § 46 Abs. 1 BetrVG. **1**

Die Teilnahme eines Gew.-Beauftragten ist jedoch ausgeschlossen. **2**

Im Gegensatz zu den Betriebsversamml., die in jedem Kalendervierteljahr stattzufinden haben (vgl. § 43 Abs. 1 BetrVG), ist eine Versamml. der leit. Ang. nur **einmal im Kalenderjahr** vorgesehen. Es liegt lediglich eine Sollvorschrift vor. **3**

Zur Durchführung von Versamml. leit. Ang. ist grundsätzlich die Frage aufzuwerfen, wie ein UN überhaupt geführt werden kann, wenn seine Führungsspitze auf die Erfüllung gesetzlicher Informationspflichten durch den AG angewiesen ist (vgl. auch Spieker, NZA 85, 683 Fn. 9). **4**

Vierter Abschnitt

Gesamtsprecherausschuß

§ 16
Errichtung, Mitgliederzahl und Stimmengewicht

(1) Bestehen in einem Unternehmen mehrere Sprecherausschüsse, ist ein Gesamtsprecherausschuß zu errichten.

(2) In den Gesamtsprecherausschuß entsendet jeder Sprecherausschuß eines seiner Mitglieder. Satz 1 gilt entsprechend für die Abberufung. Durch Vereinbarung zwischen Gesamtsprecherausschuß und Arbeitgeber kann die Mitgliederzahl des Gesamtsprecherausschusses abweichend von Satz 1 geregelt werden.

(3) Der Sprecherausschuß hat für jedes Mitglied des Gesamtsprecherausschusses mindestens ein Ersatzmitglied zu bestellen und die Reihenfolge des Nachrückens festzulegen; § 10 Abs. 3 gilt entsprechend.

(4) Jedes Mitglied des Gesamtsprecherausschusses hat so viele Stimmen, wie in dem Betrieb, in dem es gewählt wurde, leitende Angestellte in der Wählerliste der leitenden Angestellten eingetragen sind. Ist ein Mitglied des Gesamtsprecherausschusses für mehrere Betriebe entsandt worden, hat es so viele Stimmen, wie in den Betrieben, für die es entsandt ist, leitende Angestellte in den Wählerlisten eingetragen sind. Sind für einen Betrieb mehrere Mitglieder des Sprecherausschusses entsandt worden, stehen diesen die Stimmen nach Satz 1 anteilig zu.

Die Regelungen entsprechen weitgehend § 47 BetrVG.

§ 17
Ausschluß von Mitgliedern und Erlöschen der Mitgliedschaft

(1) Mindestens ein Viertel der leitenden Angestellten des Unternehmens, der Gesamtsprecherausschuß oder der Arbeitgeber können beim Arbeitsgericht den Ausschluß eines Mitglieds aus dem Gesamtsprecherausschuß wegen grober Verletzung seiner gesetzlichen Pflichten beantragen.

(2) Die Mitgliedschaft im Gesamtsprecherausschuß endet mit Erlöschen der Mitgliedschaft im Sprecherausschuß, durch Amtsniederlegung, durch Ausschluß aus dem Gesamtsprecherausschuß aufgrund einer gerichtlichen Entscheidung oder Abberufung durch den Sprecherausschuß.

1 Die Regelungen entsprechen weitgehend den §§ 48 und 49 BetrVG.

2 Ein Ausschlußantragsrecht der im UN vertretenen Gew. ist nicht vorgesehen.

§ 18
Zuständigkeit

(1) Der Gesamtsprecherausschuß ist zuständig für die Behandlung von Angelegenheiten, die das Unternehmen oder mehrere Betriebe des Unternehmens betreffen und nicht durch die einzelnen Sprecherausschüsse innerhalb ihrer Betriebe behandelt werden können. Er ist den Sprecherausschüssen nicht übergeordnet.

(2) Der Sprecherausschuß kann mit der Mehrheit der Stimmen seiner Mitglieder den Gesamtsprecherausschuß schriftlich beauftragen, eine Angelegenheit für ihn zu behandeln. Der Sprecherausschuß kann sich dabei die Entscheidungsbefugnis vorbehalten. Für den Widerruf der Beauftragung gilt Satz 1 entsprechend.

(3) Die Vorschriften über die Rechte und Pflichten des Sprecherausschusses und die Rechtsstellung seiner Mitglieder gelten entsprechend für den Gesamtsprecherausschuß.

Die Regelungen entsprechen weitgehend § 50 und § 51 Abs. 6 BetrVG.

§ 19
Geschäftsführung

(1) Für den Gesamtsprecherausschuß gelten § 10 Abs. 1, die §§ 11, 13 Abs. 1, 3 bis 5 und § 14 entsprechend.

(2) Ist ein Gesamtsprecherausschuß zu errichten, hat der Sprecherausschuß der Hauptverwaltung des Unternehmens oder, sofern ein solcher nicht besteht, der Sprecherausschuß des nach der Zahl der leitenden Angestellten größten Betriebs zu der Wahl des Vorsitzenden und des stellvertretenden Vorsitzenden des Gesamtsprecherausschusses einzuladen. Der Vorsitzende des einladenden Sprecherausschusses hat die Sitzung zu leiten, bis der Gesamtsprecherausschuß aus seiner Mitte einen Wahlleiter zur Wahl des Vorsitzenden und seines Stellvertreters bestellt hat. § 12 Abs. 2 bis 5 gilt entsprechend.

(3) Der Gesamtsprecherausschuß ist nur beschlußfähig, wenn mindestens die Hälfte seiner Mitglieder an der Beschlußfassung teilnimmt und die Teilnehmenden mindestens die Hälfte aller Stimmen vertreten. Stellvertretung durch Ersatzmitglieder ist zulässig.

Die Regelungen entsprechen weitgehend § 51 Abs. 1 bis 5 BetrVG.

315

Fünfter Abschnitt

Unternehmenssprecherausschuß

§ 20
Errichtung

(1) Sind in einem Unternehmen mit mehreren Betrieben in der Regel insgesamt mindestens zehn leitende Angestellte beschäftigt, kann abweichend von § 1 Abs. 1 und 2 ein Unternehmenssprecherausschuß der leitenden Angestellten gewählt werden, wenn dies die Mehrheit der leitenden Angestellten des Unternehmens verlangt. Die §§ 2 bis 15 gelten entsprechend.

(2) Bestehen in dem Unternehmen Sprecherausschüsse, hat auf Antrag der Mehrheit der leitenden Angestellten des Unternehmens der Sprecherausschuß der Hauptverwaltung oder, sofern ein solcher nicht besteht, der Sprecherausschuß des nach der Zahl der leitenden Angestellten größten Betriebs einen Unternehmenswahlvorstand für die Wahl eines Unternehmenssprecherausschusses zu bestellen. Die Wahl des Unternehmenssprecherausschusses findet im nächsten Zeitraum der regelmäßigen Wahlen im Sinne des § 5 Abs. 1 Satz 1 statt. Die Amtszeit der Sprecherausschüsse endet mit der Bekanntgabe des Wahlergebnisses.

(3) Besteht ein Unternehmenssprecherausschuß, können auf Antrag der Mehrheit der leitenden Angestellten des Unternehmens Sprecherausschüsse gewählt werden. Der Unternehmenssprecherausschuß hat für jeden Betrieb, der die Voraussetzungen des § 1 Abs. 1 erfüllt, einen Wahlvorstand nach § 7 Abs. 1 zu bestellen. Die Wahl von Sprecherausschüssen findet im nächsten Zeitraum der regelmäßigen Wahlen im Sinne des § 5 Abs. 1 Satz 1 statt. Die Amtszeit des Unternehmenssprecherausschusses endet mit der Bekanntgabe des Wahlergebnisses eines Sprecherausschusses.

(4) Die Vorschriften über die Rechte und Pflichten des Sprecherausschusses und die Rechtsstellung seiner Mitglieder gelten entsprechend für den Unternehmenssprecherausschuß.

1 Im BetrVG sind keine entsprechenden Regelungen enthalten.

2 Die Bestimmungen ermöglichen abweichend von der Bildung von SpA nach § 1 Abs. 1 und 2 die Errichtung eines **UN-SpA.** Der UN-SpA hat einen doppelten Zweck. Es soll zum einen die Errichtung einer Kollektivvertretung für leit. Ang. erleichtert werden. So kann es UN geben, in denen in den Betrieben jeweils weniger als zehn leit. Ang. beschäftigt sind und deshalb grundsätzlich kein Betriebs-SpA gebildet werden kann (vgl. aber § 1 Abs. 2). Es ist dann auf der Grundlage dieser Vorschrift die Errichtung eines UN-SpA möglich, sofern im **UN insgesamt 10 leit. Ang.** vorhanden sind.

Zum anderen will es die Vorschrift ermöglichen, den SpA so zu ge- **3** stalten, wie es die Verhältnisse im UN erfordern. Deshalb kann selbst in einem UN, in dem auf Betriebsebene SpA gebildet worden sind, auf das Weiterbestehen dieser Betriebs-SpA verzichtet und statt dessen ein UN-SpA nach § 20 eingerichtet werden.

Die Errichtung des UN-SpA bedarf der **Mehrheit der Stimmen aller** **4** **leit. Ang.** des UN. Der Wechsel von Betriebs-SpA zum UN-SpA ist allerdings nur zum Zeitpunkt der regelmäßigen Wahlen nach § 5 Abs. 1 Satz 1 möglich. Auch der umgekehrte Weg ist zulässig. Es kann somit der UN-SpA auf Antrag der Mehrheit der leit. Ang. durch Betriebs-SpA ersetzt werden. Im übrigen gelten für den UN-SpA die Vorschriften über die Rechte und Pflichten sowie die Rechtsstellung des Betriebs-SpA entsprechend.

Sechster Abschnitt

Konzernsprecherausschuß

§ 21
Errichtung, Mitgliederzahl und Stimmengewicht

(1) Für einen Konzern (§ 18 Abs. 1 des Aktiengesetzes) kann durch Beschlüsse der einzelnen Gesamtsprecherausschüsse ein Konzernsprecherausschuß errichtet werden. Die Errichtung erfordert die Zustimmung der Gesamtsprecherausschüsse der Konzernunternehmen, in denen insgesamt mindestens 75 vom Hundert der leitenden Angestellten der Konzernunternehmen beschäftigt sind. Besteht in einem Konzernunternehmen nur ein Sprecherausschuß oder ein Unternehmenssprecherausschuß, tritt er an die Stelle des Gesamtsprecherausschusses und nimmt dessen Aufgaben nach den Vorschriften dieses Abschnitts wahr.

(2) In den Konzernsprecherausschuß entsendet jeder Gesamtsprecherausschuß eines seiner Mitglieder. Satz 1 gilt entsprechend für die Abberufung. Durch Vereinbarung zwischen Konzernsprecherausschuß und Arbeitgeber kann die Mitgliederzahl des Konzernsprecherausschusses abweichend von Satz 1 geregelt werden.

(3) Der Gesamtsprecherausschuß hat für jedes Mitglied des Konzernsprecherausschusses mindestens ein Ersatzmitglied zu bestellen und die Reihenfolge des Nachrückens festzulegen; nimmt der Sprecherausschuß oder der Unternehmenssprecherausschuß eines Konzernunternehmens die Aufgaben des Gesamtsprecherausschusses nach Absatz 1 Satz 3 wahr, gilt § 10 Abs. 3 entsprechend.

(4) Jedes Mitglied des Konzernsprecherausschusses hat so viele Stimmen, wie die Mitglieder des Gesamtsprecherausschusses, von dem es

entsandt wurde, im Gesamtsprecherausschuß Stimmen haben. Ist ein Mitglied des Konzernsprecherausschusses von einem Sprecheraus- schuß oder Unternehmenssprecherausschuß entsandt worden, hat es so viele Stimmen, wie in dem Betrieb oder Konzernunternehmen, in dem es gewählt wurde, leitende Angestellte in der Wählerliste der lei- tenden Angestellten eingetragen sind. § 16 Abs. 4 Satz 2 und 3 gilt entsprechend.

Die Regelungen entsprechen weitgehend den §§ 54 und 55 BetrVG.

§ 22
Ausschluß von Mitgliedern und Erlöschen der Mitgliedschaft

(1) Mindestens ein Viertel der leitenden Angestellten der Konzernun- ternehmen, der Konzernsprecherausschuß oder der Arbeitgeber kön- nen beim Arbeitsgericht den Ausschluß eines Mitglieds aus dem Kon- zernsprecherausschuß wegen grober Verletzung seiner gesetzlichen Pflichten beantragen.

(2) Die Mitgliedschaft im Konzernsprecherausschuß endet mit dem Erlöschen der Mitgliedschaft im Gesamtsprecherausschuß, durch Amtsniederlegung, durch Ausschluß aus dem Konzernsprecheraus- schuß aufgrund einer gerichtlichen Entscheidung oder Abberufung durch den Gesamtsprecherausschuß.

1 Die Regelungen entsprechen weitgehend den §§ 56 und 57 BetrVG.

2 Das Ausschlußantragsrecht der im Konzern vertretenen Gew. ent- sprechend § 56 BetrVG ist nicht vorgesehen.

§ 23
Zuständigkeit

(1) Der Konzernsprecherausschuß ist zuständig für die Behandlung von Angelegenheiten, die den Konzern oder mehrere Konzernunter- nehmen betreffen und nicht durch die einzelnen Gesamtsprecheraus- schüsse innerhalb ihrer Unternehmen geregelt werden können. Er ist den Gesamtsprecherausschüssen nicht übergeordnet.

(2) Der Gesamtsprecherausschuß kann mit der Mehrheit der Stim- men seiner Mitglieder den Konzernsprecherausschuß schriftlich be- auftragen, eine Angelegenheit für ihn zu behandeln. Der Gesamtspre- cherausschuß kann sich dabei die Entscheidungsbefugnis vorbehalten. Für den Widerruf der Beauftragung gilt Satz 1 entsprechend.

Die Regelungen entsprechen weitgehend § 58 BetrVG.

§ 24
Geschäftsführung

(1) Für den Konzernsprecherausschuß gelten § 10 Abs. 1, die §§ 11, 13 Abs. 1, 3 bis 5, die §§ 14, 18 Abs. 3 und § 19 Abs. 3 entsprechend.

(2) Ist ein Konzernsprecherausschuß zu errichten, hat der Gesamtsprecherausschuß des herrschenden Unternehmens oder, sofern ein solcher nicht besteht, der Gesamtsprecherausschuß des nach der Zahl der leitenden Angestellten größten Konzernunternehmens zu der Wahl des Vorsitzenden und des stellvertretenden Vorsitzenden des Konzernsprecherausschusses einzuladen. Der Vorsitzende des einladenden Gesamtsprecherausschusses hat die Sitzung zu leiten, bis der Konzernsprecherausschuß aus seiner Mitte einen Wahlleiter zur Wahl des Vorsitzenden und seines Stellvertreters bestellt hat. § 12 Abs. 2 bis 5 gilt entsprechend.

Die Regelungen entsprechen weitgehend § 59 BetrVG.

Dritter Teil
Mitwirkung der leitenden Angestellten

Erster Abschnitt
Allgemeine Vorschriften

§ 25
Aufgaben des Sprecherausschusses

(1) Der Sprecherausschuß vertritt die Belange der leitenden Angestellten des Betriebs (§ 1 Abs. 1 und 2). Die Wahrnehmung eigener Belange durch den einzelnen leitenden Angestellten bleibt unberührt.

(2) Der Sprecherausschuß ist zur Durchführung seiner Aufgaben nach diesem Gesetz rechtzeitig und umfassend vom Arbeitgeber zu unterrichten. Auf Verlangen sind ihm die erforderlichen Unterlagen jederzeit zur Verfügung zu stellen.

Die Regelungen entsprechen teilweise § 80 Abs. 2 BetrVG. **1**

Der allgemeine Aufgabenbereich des SpA wird umschrieben. Dabei **2** wird klargestellt, daß dem leit. Ang. die individuelle Wahrnehmung seiner Interessen unbenommen bleibt.

§ 26
Unterstützung einzelner leitender Angestellter

(1) Der leitende Angestellte kann bei der Wahrnehmung seiner Belange gegenüber dem Arbeitgeber ein Mitglied des Sprecherausschusses zur Unterstützung und Vermittlung hinzuziehen.

(2) Der leitende Angestellte hat das Recht, in die über ihn geführten Personalakten Einsicht zu nehmen. Er kann hierzu ein Mitglied des Sprecherausschusses hinzuziehen. Das Mitglied des Sprecherausschusses hat über den Inhalt der Personalakten Stillschweigen zu be-

wahren, soweit es von dem leitenden Angestellten im Einzelfall nicht von dieser Verpflichtung entbunden wird. Erklärungen des leitenden Angestellten zum Inhalt der Personalakten sind diesen auf sein Verlangen beizufügen.

Die Regelungen entsprechen weitgehend § 82 Abs. 2 und § 83 BetrVG.

§ 27
Grundsätze für die Behandlung der leitenden Angestellten

(1) Arbeitgeber und Sprecherausschuß haben darüber zu wachen, daß alle leitenden Angestellten des Betriebs nach den Grundsätzen von Recht und Billigkeit behandelt werden, insbesondere, daß jede unterschiedliche Behandlung von Personen wegen ihrer Abstammung, Religion, Nationalität, Herkunft, politischen oder gewerkschaftlichen Betätigung oder Einstellung oder wegen ihres Geschlechts unterbleibt. Sie haben darauf zu achten, daß leitende Angestellte nicht wegen Überschreitung bestimmter Altersstufen benachteiligt werden.

(2) Arbeitgeber und Sprecherausschuß haben die freie Entfaltung der Persönlichkeit der leitenden Angestellten des Betriebs zu schützen und zu fördern.

Die Regelungen entsprechen weitgehend § 75 BetrVG.

§ 28
Richtlinien und Vereinbarungen

(1) Arbeitgeber und Sprecherausschuß können Richtlinien über den Inhalt, den Abschluß oder die Beendigung von Arbeitsverhältnissen der leitenden Angestellten schriftlich vereinbaren.

(2) Der Inhalt der Richtlinien gilt für die Arbeitsverhältnisse unmittelbar und zwingend, soweit dies zwischen Arbeitgeber und Sprecherausschuß vereinbart ist. Abweichende Regelungen zugunsten leitender Angestellter sind zulässig. Werden leitenden Angestellten Rechte nach Satz 1 eingeräumt, so ist ein Verzicht auf sie nur mit Zustimmung des Sprecherausschusses zulässig. Vereinbarungen nach Satz 1 können, soweit nichts anderes vereinbart ist, mit einer Frist von drei Monaten gekündigt werden.

1 Die Regelungen entsprechen teilweise § 77 Abs. 4 und 5 BetrVG.

2 Werden zwischen AG und SpA Richtlinien über Inhalt, Abschluß oder Beendigung von Arbeitsverhältnissen der leit. Ang. vereinbart, gelten sie nur **insoweit zwingend,** als dies zwischen dem Ausschuß und dem AG **vereinbart worden ist.** Ist eine zwingende Geltung nicht vereinbart worden, kann der Inhalt solcher Richtlinien aufgrund privatrechtlicher Vereinbarungen wirksam sein.

§ 29
Geheimhaltungspflicht

(1) Die Mitglieder und Ersatzmitglieder des Sprecherausschusses sind verpflichtet, Betriebs- oder Geschäftsgeheimnisse, die ihnen wegen ihrer Zugehörigkeit zum Sprecherausschuß bekanntgeworden und vom Arbeitgeber ausdrücklich als geheimhaltungsbedürftig bezeichnet worden sind, nicht zu offenbaren und nicht zu verwerten. Dies gilt auch nach dem Ausscheiden aus dem Sprecherausschuß. Die Verpflichtung gilt nicht gegenüber Mitgliedern des Sprecherausschusses, des Gesamtsprecherausschusses, des Unternehmenssprecherausschusses, des Konzernsprecherausschusses und den Arbeitnehmervertretern im Aufsichtsrat.

(2) Absatz 1 gilt entsprechend für die Mitglieder und Ersatzmitglieder des Gesamtsprecherausschusses, des Unternehmenssprecherausschusses und des Konzernsprecherausschusses.

Die Regelungen entsprechen weitgehend § 79 BetrVG.

Zweiter Abschnitt

Mitwirkungsrechte

§ 30
Arbeitsbedingungen und Beurteilungsgrundsätze

Der Arbeitgeber hat den Sprecherausschuß rechtzeitig in folgenden Angelegenheiten der leitenden Angestellten zu unterrichten:

1. Änderungen der Gehaltsgestaltung und sonstiger allgemeiner Arbeitsbedingungen;

2. Einführung oder Änderung allgemeiner Beurteilungsgrundsätze.

Er hat die vorgesehenen Maßnahmen mit dem Sprecherausschuß zu beraten.

Die hier und in weiteren Bestimmungen (vgl. §§ 31 und 32) vorgesehenen Beteiligungsrechte des SpA bringen für diesen **keinerlei MBR.** Sie sind vielmehr so konzipiert, daß der SpA bei der Vertretung der Interessen der leit. Ang. auf die freiwillige Zustimmung des AG angewiesen ist. Deshalb ist auch an keiner Stelle eine verbindliche Entscheidung der ESt. vorgesehen. Aus diesen Gründen kann ein Vergleich mit betriebsverfassungsrechtlichen Bestimmungen bzw. Rechten des BR nur eingeschränkt vorgenommen werden.

§ 31
Personelle Maßnahmen

(1) Eine beabsichtigte Einstellung oder personelle Veränderung eines leitenden Angestellten ist dem Sprecherausschuß rechtzeitig mitzuteilen.

(2) Der Sprecherausschuß ist vor jeder Kündigung eines leitenden Angestellten zu hören. Der Arbeitgeber hat ihm die Gründe für die Kündigung mitzuteilen. Eine ohne Anhörung des Sprecherausschusses ausgesprochene Kündigung ist unwirksam. Bedenken gegen eine ordentliche Kündigung hat der Sprecherausschuß dem Arbeitgeber spätestens innerhalb einer Woche, Bedenken gegen eine außerordentliche Kündigung unverzüglich, spätestens jedoch innerhalb von drei Tagen, unter Angabe der Gründe schriftlich mitzuteilen. Äußert er sich innerhalb der nach Satz 4 maßgebenden Frist nicht, so gilt dies als Einverständnis des Sprecherausschusses mit der Kündigung.

(3) Die Mitglieder des Sprecherausschusses sind verpflichtet, über die ihnen im Rahmen personeller Maßnahmen nach den Absätzen 1 und 2 bekanntgewordenen persönlichen Verhältnisse und Angelegenheiten der leitenden Angestellten, die ihrer Bedeutung oder ihrem Inhalt nach einer vertraulichen Behandlung bedürfen, Stillschweigen zu bewahren; § 29 Abs. 1 Satz 2 und 3 gilt entsprechend.

1 Die Regelungen entsprechen teilweise § 99 Abs. 1 Satz 3 und § 102 Abs. 1 BetrVG.

2 Im übrigen wird auch bei diesen Regelungen deutlich, daß der SpA keinerlei Rechte erhält, die über eine bloße Unterrichtung und Beratung hinausgehen (vgl. auch die Erl. zu § 30).

§ 32
Wirtschaftliche Angelegenheiten

(1) Der Unternehmer hat den Sprecherausschuß mindestens einmal im Kalenderhalbjahr über die wirtschaftlichen Angelegenheiten des Betriebs und des Unternehmens im Sinne des § 106 Abs. 3 des Betriebsverfassungsgesetzes zu unterrichten, soweit dadurch nicht die Betriebs- oder Geschäftsgeheimnisse des Unternehmens gefährdet werden. Satz 1 gilt nicht für Unternehmen und Betriebe im Sinne des § 118 Abs. 1 des Betriebsverfassungsgesetzes.

(2) Der Unternehmer hat den Sprecherausschuß über geplante Betriebsänderungen im Sinne des § 111 des Betriebsverfassungsgesetzes, die auch wesentliche Nachteile für leitende Angestellte zur Folge haben können, rechtzeitig und umfassend zu unterrichten. Entstehen leitenden Angestellten infolge der geplanten Betriebsänderung wirtschaftliche Nachteile, hat der Unternehmer mit dem Sprecherausschuß über Maßnahmen zum Ausgleich oder zur Milderung dieser Nachteile zu beraten.

1 Die Regelungen entsprechen teilweise § 106 Abs. 1 und 2 und § 111 BetrVG.

Wiederum liegen lediglich Unterrichtungs- und Beratungsrechte **2**
vor. Es ist daher auch nicht möglich, ohne die Zustimmung des AG
für leit. Ang. Sozialplanregelungen aufzustellen.

Vierter Teil
Besondere Vorschriften

§ 33
Seeschiffahrt

(1) Auf Seeschiffahrtsunternehmen (§ 114 Abs. 2 des Betriebsverfassungsgesetzes) und ihre Betriebe ist dieses Gesetz anzuwenden, soweit sich aus den Absätzen 2 bis 4 nichts anderes ergibt.

(2) Sprecherausschüsse werden nur in den Landbetrieben von Seeschiffahrtsunternehmen gewählt.

(3) Leitende Angestellte im Sinne des § 1 Abs. 1 dieses Gesetzes sind in einem Seebetrieb (§ 114 Abs. 3 und 4 des Betriebsverfassungsgesetzes) nur die Kapitäne. Sie gelten für die Anwendung dieses Gesetzes als leitende Angestellte des Landbetriebs. Bestehen mehrere Landbetriebe, so gelten sie als leitende Angestellte des nach der Zahl der leitenden Angestellten größten Landbetriebs.

(4) Die Vorschriften über die Wahl des Sprecherausschusses finden auf Sprecherausschüsse in den Landbetrieben von Seeschiffahrtsunternehmen mit folgender Maßgabe Anwendung:

1. Die in § 7 Abs. 1 genannte Frist wird auf sechzehn Wochen verlängert.

2. Die Frist für die Wahlanfechtung nach § 8 Abs. 1 Satz 3 beginnt für die leitenden Angestellten an Bord, wenn das Schiff nach Bekanntgabe des Wahlergebnisses erstmalig einen Hafen im Geltungsbereich dieses Gesetzes oder einen Hafen, in dem ein Seemannsamt seinen Sitz hat, anläuft. Nach Ablauf von drei Monaten seit Bekanntgabe des Wahlergebnisses ist eine Wahlanfechtung unzulässig. Die Wahlanfechtung kann auch zu Protokoll des Seemannsamtes erklärt werden. Die Anfechtungserklärung ist vom Seemannsamt unverzüglich an das für die Anfechtung zuständige Arbeitsgericht weiterzuleiten.

Die Regelungen entsprechen teilweise den §§ 114–116 BetrVG.

Fünfter Teil
Straf- und Bußgeldvorschriften

§ 34
Straftaten gegen Vertretungsorgane der leitenden Angestellten und ihre Mitglieder

(1) Mit Freiheitsstrafe bis zu einem Jahr oder mit Geldstrafe wird bestraft, wer

1. eine Wahl des Sprecherausschusses oder des Unternehmenssprecherausschusses behindert oder durch Zufügung oder Androhung von Nachteilen oder durch Gewährung oder Versprechen von Vorteilen beeinflußt,

2. die Tätigkeit des Sprecherausschusses, des Gesamtsprecherausschusses, des Unternehmenssprecherausschusses oder des Konzernsprecherausschusses behindert oder stört oder

3. ein Mitglied oder ein Ersatzmitglied des Sprecherausschusses, des Gesamtsprecherausschusses, des Unternehmenssprecherausschusses oder des Konzernsprecherausschusses um seiner Tätigkeit willen benachteiligt oder begünstigt.

(2) Die Tat wird nur auf Antrag des Sprecherausschusses, des Gesamtsprecherausschusses, des Unternehmenssprecherausschusses, des Konzernsprecherausschusses, des Wahlvorstands oder des Unternehmers verfolgt.

1 Die Regelungen entsprechen weitgehend § 119 BetrVG.

2 Ein Strafantragsrecht der im Betrieb vertretenen Gew. entsprechend § 119 Abs. 2 BetrVG ist ausgeschlossen.

§ 35
Verletzung von Geheimnissen

(1) Wer unbefugt ein fremdes Betriebs- oder Geschäftsgeheimnis offenbart, das ihm in seiner Eigenschaft als Mitglied oder Ersatzmitglied des Sprecherausschusses, des Gesamtsprecherausschusses, des Unternehmenssprecherausschusses oder des Konzernsprecherausschusses bekanntgeworden und das vom Arbeitgeber ausdrücklich als geheimhaltungsbedürftig bezeichnet worden ist, wird mit Freiheitsstrafe bis zu einem Jahr oder mit Geldstrafe bestraft.

(2) Ebenso wird bestraft, wer unbefugt ein fremdes Geheimnis eines leitenden Angestellten oder eines anderen Arbeitnehmers, namentlich ein zu dessen persönlichen Lebensbereich gehörendes Geheimnis, offenbart, das ihm in seiner Eigenschaft als Mitglied oder Ersatzmitglied des Sprecherausschusses oder einer der in Absatz 1 genannten

Vertretungen bekanntgeworden ist und über das nach den Vorschriften dieses Gesetzes Stillschweigen zu bewahren ist.

(3) Handelt der Täter gegen Entgelt oder in der Absicht, sich oder einen anderen zu bereichern oder einen anderen zu schädigen, so ist die Strafe Freiheitsstrafe bis zu zwei Jahren oder Geldstrafe. Ebenso wird bestraft, wer unbefugt ein fremdes Geheimnis, namentlich ein Betriebs- oder Geschäftsgeheimnis, zu dessen Geheimhaltung er nach den Absätzen 1 oder 2 verpflichtet ist, verwertet.

(4) Die Absätze 1 bis 3 sind auch anzuwenden, wenn der Täter das fremde Geheimnis nach dem Tode des Betroffenen unbefugt offenbart oder verwertet.

(5) Die Tat wird nur auf Antrag des Verletzten verfolgt. Stirbt der Verletzte, so geht das Antragsrecht nach § 77 Abs. 2 des Strafgesetzbuches auf die Angehörigen über, wenn das Geheimnis zum persönlichen Lebensbereich des Verletzten gehört; in anderen Fällen geht es auf die Erben über. Offenbart der Täter das Geheimnis nach dem Tode des Betroffenen, so gilt Satz 2 entsprechend.

Die Regelungen entsprechen weitgehend § 120 BetrVG.

§ 36
Bußgeldvorschriften

(1) Ordnungswidrig handelt, wer eine der in § 30 Satz 1, § 31 Abs. 1 oder § 32 Abs. 1 Satz 1 oder Abs. 2 Satz 1 genannten Unterrichtungs- oder Mitteilungspflichten nicht, wahrheitswidrig, unvollständig oder verspätet erfüllt.

(2) Die Ordnungswidrigkeit kann mit einer Geldbuße bis zu 20 000 Deutsche Mark geahndet werden.

Die Regelungen entsprechen weitgehend § 121 BetrVG.

Sechster Teil
Übergangs- und Schlußvorschriften

§ 37
Erstmalige Wahlen nach diesem Gesetz

(1) Die erstmaligen Wahlen des Sprecherausschusses oder des Unternehmenssprecherausschusses finden im Zeitraum der regelmäßigen Wahlen nach § 5 Abs. 1 im Jahre 1990 statt. § 7 Abs. 2 und 3 findet Anwendung.

(2) Auf Sprecherausschüsse, die aufgrund von Vereinbarungen gebildet worden sind und bei Inkrafttreten dieses Gesetzes bestehen, findet

dieses Gesetz keine Anwendung. Sie bleiben bis zur Wahl nach Absatz 1, spätestens bis zum 31. Mai 1990, im Amt.

1 Die Wahlen des SpA oder des UN-SpA finden **erstmalig** in der Zeit vom **1. März bis 31. Mai 1990** statt. Wahlen, die vorher erfolgen, sind **unwirksam.**

2 Darüber hinaus wird festgelegt, daß vor Inkrafttreten dieses Gesetzes **freiwillig gebildete SpA** bis zur erstmaligen Wahl von SpA bzw. UN-SpA nach diesem Gesetz im Amt bleiben. Die Amtszeit der freiwillig gebildeten SpA endet spätestens am 31. 5. 1990, und zwar auch dann, wenn es nicht zur Wahl eines SpA bzw. UN-SpA nach diesem Gesetz kommt.

§ 38

Ermächtigung zum Erlaß von Wahlordnungen

Der Bundesminister für Arbeit und Sozialordnung kann durch Rechtsverordnung zur Regelung des Wahlverfahrens Vorschriften über die in den §§ 3 bis 8, 20 und 33 bezeichneten Wahlen erlassen, insbesondere über

1. die Vorbereitung der Wahl, insbesondere die Aufstellung der Wählerlisten;

2. die Frist für die Einsichtnahme in die Wählerlisten und die Erhebung von Einsprüchen gegen sie;

3. die Vorschlagslisten und die Frist für ihre Einreichung;

4. das Wahlausschreiben und die Fristen für seine Bekanntmachung;

5. die Stimmabgabe;

6. die Feststellung des Wahlergebnisses und die Fristen für seine Bekanntmachung;

7. die Aufbewahrung der Wahlakten.

§ 39
Berlin-Klausel

Dieses Gesetz gilt nach Maßgabe des § 13 Abs. 1 des Dritten Überleitungsgesetzes auch im Land Berlin. Rechtsverordnungen, die aufgrund dieses Gesetzes erlassen werden, gelten im Land Berlin nach § 14 des Dritten Überleitungsgesetzes.

2. Wahlordnung Betriebsverfassungsgesetz*

Inhaltsübersicht

---

* vom 16. 1. 1972 (BGBl. I S. 49), zuletzt geändert durch Zweite Verordnung zur Änderung der Ersten Verordnung zur Durchführung des Betriebsverfassungsgesetzes vom 28. 9. 1989 (BGBl. I S. 1793)

Erster Teil
Wahl des Betriebsrats

Erster Abschnitt
Allgemeine Vorschriften

§ 1
Wahlvorstand

(1) Die Leitung der Wahl obliegt dem Wahlvorstand.

(2) Der Wahlvorstand kann sich eine schriftliche Geschäftsordnung geben. Er kann wahlberechtigte Arbeitnehmer als Wahlhelfer zu seiner Unterstützung bei der Durchführung der Stimmabgabe und bei der Stimmenzählung heranziehen.

(3) Die Beschlüsse des Wahlvorstands werden mit einfacher Stimmenmehrheit seiner stimmberechtigten Mitglieder gefaßt. Über jede Sitzung des Wahlvorstands ist eine Niederschrift aufzunehmen, die mindestens den Wortlaut der gefaßten Beschlüsse enthält. Die Niederschrift ist vom Vorsitzenden und einem weiteren stimmberechtigten Mitglied des Wahlvorstands zu unterzeichnen.

§ 2
Wählerliste

(1) Der Wahlvorstand hat für jede Betriebsratswahl eine Liste der Wahlberechtigten (Wählerliste), getrennt nach den Gruppen der Arbeiter (§ 6 Abs. 1 des Gesetzes) und der Angestellten (§ 6 Abs. 2 des Gesetzes), aufzustellen. Die Wahlberechtigten sollen mit Familienname, Vorname, Geburtsdatum und innerhalb der Gruppen in alphabetischer Reihenfolge aufgeführt werden.

(2) Der Arbeitgeber hat dem Wahlvorstand alle für die Anfertigung der Wählerliste erforderlichen Auskünfte zu erteilen und die erforderlichen Unterlagen zur Verfügung zu stellen. Er hat den Wahlvorstand insbesondere bei Feststellung der in § 5 Abs. 3 des Gesetzes genannten Personen zu unterstützen.

(3) Das aktive und passive Wahlrecht steht nur Arbeitnehmern zu, die in die Wählerliste eingetragen sind.

(4) Ein Abdruck der Wählerliste und ein Abdruck dieser Verordnung sind vom Tage der Einleitung der Wahl (§ 3 Abs. 1) bis zum Abschluß der Stimmabgabe an geeigneter Stelle im Betrieb zur Einsichtnahme auszulegen. Der Abdruck der Wählerliste soll die Geburtsdaten der Wahlberechtigten nicht enthalten.

(5) Der Wahlvorstand soll dafür sorgen, daß ausländische Arbeitnehmer, die der deutschen Sprache nicht mächtig sind, vor Einlei-

tung der Betriebsratswahl über Wahlverfahren, Aufstellung der Wähler- und Vorschlagslisten, Wahlvorgang und Stimmabgabe in geeigneter Weise unterrichtet werden.

§ 3
Wahlausschreiben

(1) Spätestens sechs Wochen vor dem ersten Tag der Stimmabgabe erläßt der Wahlvorstand ein Wahlausschreiben, das vom Vorsitzenden und von mindestens einem weiteren stimmberechtigten Mitglied des Wahlvorstands zu unterschreiben ist. Mit Erlaß des Wahlausschreibens ist die Betriebsratswahl eingeleitet. Der erste Tag der Stimmabgabe soll spätestens eine Woche vor dem Tag liegen, an dem die Amtszeit des Betriebsrats abläuft.

(2) Das Wahlausschreiben muß folgende Angaben enthalten:

1. das Datum seines Erlasses;

2. die Bestimmung des Orts, an dem die Wählerliste und diese Verordnung ausliegen;

3. daß nur Arbeitnehmer wählen oder gewählt werden können, die in die Wählerliste eingetragen sind, und daß Einsprüche gegen die Wählerliste (§ 4) nur vor Ablauf von zwei Wochen seit dem Erlaß des Wahlausschreibens schriftlich beim Wahlvorstand eingelegt werden können; der letzte Tag der Frist ist anzugeben;

4. die Zahl der zu wählenden Betriebsratsmitglieder (§§ 9 und 11 des Gesetzes) und ihre Verteilung auf die Gruppen der Arbeiter und der Angestellten (§§ 10 und 12 Abs. 1 des Gesetzes);

5. ob die Arbeiter und die Angestellten ihre Vertreter in getrennten Wahlgängen wählen (Gruppenwahl) oder ob vor Erlaß des Wahlausschreibens gemeinsame Wahl beschlossen worden ist (§ 14 Abs. 2 des Gesetzes);

6. die Mindestzahl von Arbeitnehmern, von denen ein Wahlvorschlag unterzeichnet sein muß (§ 14 Abs. 6 und 7 des Gesetzes);

6a. daß der Wahlvorschlag einer im Betrieb vertretenen Gewerkschaft von zwei Beauftragten unterzeichnet sein muß;

7. daß Wahlvorschläge vor Ablauf von zwei Wochen seit dem Erlaß des Wahlausschreibens beim Wahlvorstand, wenn für eine Gruppe mehrere Vertreter oder wenn in gemeinsamer Wahl mehrere Betriebsratsmitglieder zu wählen sind, in Form von Vorschlagslisten einzureichen sind; der letzte Tag der Frist ist anzugeben;

8. daß die Stimmabgabe an die Wahlvorschläge gebunden ist und

daß nur solche Wahlvorschläge berücksichtigt werden dürfen, die fristgerecht (Nr. 7) eingereicht sind;

9. die Bestimmung des Orts, an dem die Wahlvorschläge bis zum Abschluß der Stimmabgabe aushängen;

10. Ort, Tag und Zeit der Stimmabgabe sowie die Betriebsteile und Nebenbetriebe, für die schriftliche Stimmabgabe (§ 26 Abs. 3) beschlossen ist;

11. den Ort, an dem Einsprüche, Wahlvorschläge und sonstige Erklärungen gegenüber dem Wahlvorstand abzugeben sind (Betriebsadresse des Wahlvorstands).

(3) Sofern es nach Größe, Eigenart oder Zusammensetzung der Arbeitnehmerschaft des Betriebs zweckmäßig ist, soll der Wahlvorstand im Wahlausschreiben darauf hinweisen, daß bei der Aufstellung von Wahlvorschlägen die Betriebsabteilungen, die unselbständigen Nebenbetriebe, die verschiedenen Beschäftigungsarten und die Geschlechter nach Maßgabe des § 15 des Gesetzes berücksichtigt werden sollen.

(4) Eine Abschrift oder ein Abdruck des Wahlausschreibens ist vom Tage seines Erlasses bis zum letzten Tage der Stimmabgabe an einer oder mehreren geeigneten, den Wahlberechtigten zugänglichen Stellen vom Wahlvorstand auszuhängen und in gut lesbarem Zustand zu erhalten.

§ 4
Einspruch gegen die Wählerliste

(1) Einsprüche gegen die Richtigkeit der Wählerliste können mit Wirksamkeit für die Betriebsratswahl nur vor Ablauf von zwei Wochen seit Erlaß des Wahlausschreibens beim Wahlvorstand schriftlich eingelegt werden.

(2) Über Einsprüche nach Absatz 1 hat der Wahlvorstand unverzüglich zu entscheiden. Der Einspruch ist ausgeschlossen, soweit er darauf gestützt wird, daß die Zuordnung nach § 18 a des Gesetzes fehlerhaft erfolgt sei. Satz 2 gilt nicht, soweit die nach § 18 a Abs. 1 oder 4 Satz 1 und 2 des Gesetzes am Zuordnungsverfahren Beteiligten die Zuordnung übereinstimmend für offensichtlich fehlerhaft halten. Wird der Einspruch für begründet erachtet, so ist die Wählerliste zu berichtigen. Die Entscheidung des Wahlvorstands ist dem Arbeitnehmer, der den Einspruch eingelegt hat, unverzüglich schriftlich mitzuteilen; die Entscheidung muß dem Arbeitnehmer spätestens am Tage vor dem Beginn der Stimmabgabe zugehen.

(3) Nach Ablauf der Einspruchsfrist soll der Wahlvorstand die Wählerliste nochmals auf ihre Vollständigkeit hin überprüfen. Im übrigen kann nach Ablauf der Einspruchsfrist die Wählerliste nur

bei Schreibfehlern, offenbaren Unrichtigkeiten, in Erledigung rechtzeitig eingelegter Einsprüche oder bei Eintritt eines Arbeitnehmers in den Betrieb bis zum Tage vor dem Beginn der Stimmabgabe berichtigt oder ergänzt werden.

§ 5
Verteilung der Sitze auf die Gruppen

(1) Der Wahlvorstand errechnet die Verteilung der Betriebsratsmitglieder auf die Gruppen (§§ 10 und 12 Abs. 1 des Gesetzes) nach den Grundsätzen der Verhältniswahl. Zu diesem Zweck werden die Zahlen der am Tage des Erlasses des Wahlausschreibens im Betrieb beschäftigten Arbeiter und Angestellten in einer Reihe nebeneinander gestellt und beide durch 1, 2, 3, 4 usw. geteilt. Die ermittelten Teilzahlen sind nacheinander reihenweise unter den Zahlen der ersten Reihe aufzuführen, bis höhere Teilzahlen, als aus früheren Reihen für die Zuweisung von Sitzen in Betracht kommen, nicht mehr entstehen.

(2) Unter den so gefundenen Teilzahlen werden so viele Höchstzahlen ausgesondert und der Größe nach geordnet, wie Betriebsratsmitglieder zu wählen sind. Jede Gruppe erhält so viele Mitgliedersitze zugeteilt, wie Höchstzahlen auf sie entfallen. Wenn die niedrigste in Betracht kommende Höchstzahl auf beide Gruppen zugleich entfällt, so entscheidet das Los darüber, welcher Gruppe dieser Sitz zufällt.

(3) Würden nach den Vorschriften des Absatzes 2 der Minderheitsgruppe weniger Sitze zufallen, als in § 10 Abs. 2 des Gesetzes vorgeschrieben ist, so erhält sie die dort vorgesehene Vertreterzahl; die Zahl der Sitze der Mehrheitsgruppe vermindert sich entsprechend.

(4) Gehört beiden Gruppen die gleiche Zahl von Arbeitnehmern an, so entscheidet das Los darüber, welcher Gruppe die höhere Zahl von Sitzen zufällt.

Wahl mehrerer Betriebsratsmitglieder oder Gruppenvertreter

Einreichung und Bekanntmachung von Vorschlagslisten

§ 6
Vorschlagslisten

(1) Sind bei Gruppenwahl für eine Gruppe mehrere Vertreter oder bei gemeinsamer Wahl mehrere Betriebsratsmitglieder zu wählen, so erfolgt die Wahl aufgrund von Vorschlagslisten. Die Vorschlagslisten sind von den wahlberechtigten Arbeitnehmern vor Ablauf von zwei Wochen seit Erlaß des Wahlausschreibens beim Wahlvorstand einzureichen.

(2) Beschließen die wahlberechtigten Angehörigen beider Gruppen nach Erlaß des Wahlausschreibens, aber vor Ablauf der in Absatz 1 Satz 2 genannten Frist, die gemeinsame Wahl (§ 14 Abs. 2 des Gesetzes), so hat der Wahlvorstand eine Nachfrist von einer Woche für die Einreichung neuer Vorschlagslisten zu setzen und dies in gleicher Weise bekanntzumachen wie das Wahlausschreiben (§ 3 Abs. 4). Vorher eingereichte Wahlvorschläge verlieren ihre Gültigkeit.

(3) Jede Vorschlagsliste soll mindestens doppelt so viele Bewerber aufweisen, wie in dem Wahlvorgang Betriebsratsmitglieder zu wählen sind.

(4) In jeder Vorschlagsliste sind die einzelnen Bewerber in erkennbarer Reihenfolge unter fortlaufender Nummer und unter Angabe von Familienname, Vorname, Geburtsdatum, Art der Beschäftigung im Betrieb und Arbeitnehmergruppe aufzuführen. Die schriftliche Zustimmung der Bewerber zur Aufnahme in die Liste ist beizufügen.

(5) Wenn kein anderer Unterzeichner der Vorschlagsliste ausdrücklich als Listenvertreter bezeichnet ist, wird der an erster Stelle Unterzeichnete als Listenvertreter angesehen. Der Listenvertreter ist berechtigt und verpflichtet, dem Wahlvorstand die zur Beseitigung von Anständen erforderlichen Erklärungen abzugeben sowie Erklärungen und Entscheidungen des Wahlvorstands entgegenzunehmen.

(6) Die Unterschrift eines Wahlberechtigten zählt nur auf einer Vorschlagsliste. Hat ein Wahlberechtigter mehrere Vorschlagslisten

unterzeichnet, so hat er auf Aufforderung des Wahlvorstands binnen einer ihm gesetzten angemessenen Frist, spätestens jedoch vor Ablauf von drei Arbeitstagen, zu erklären, welche Unterschrift er aufrechterhält. Unterbleibt die fristgerechte Erklärung, so wird sein Name auf der zuerst eingereichten Vorschlagsliste gezählt und auf den übrigen Listen gestrichen; sind mehrere Vorschlagslisten, die von demselben Wahlberechtigten unterschrieben sind, gleichzeitig eingereicht worden, so entscheidet das Los darüber, auf welcher Vorschlagsliste die Unterschrift gilt.

(7) Eine Verbindung von Vorschlagslisten ist unzulässig.

(8) Ein Bewerber kann nur auf einer Vorschlagsliste vorgeschlagen werden. Ist sein Name mit seiner schriftlichen Zustimmung auf mehreren Vorschlagslisten aufgeführt, so hat er auf Aufforderung des Wahlvorstands vor Ablauf von drei Arbeitstagen zu erklären, welche Bewerbung er aufrechterhält. Unterbleibt die fristgerechte Erklärung, so ist der Bewerber auf sämtlichen Listen zu streichen.

§ 7
Prüfung der Vorschlagslisten

(1) Der Wahlvorstand hat dem Überbringer der Vorschlagsliste oder, falls die Vorschlagsliste auf eine andere Weise eingereicht wird, dem Listenvertreter den Zeitpunkt der Einreichung schriftlich zu bestätigen.

(2) Der Wahlvorstand hat die eingereichten Vorschlagslisten, wenn die Liste nicht mit einem Kennwort versehen ist, mit Familienname und Vorname der beiden in der Liste an erster Stelle benannten Bewerber zu bezeichnen. Er hat die Vorschlagsliste unverzüglich, möglichst binnen einer Frist von zwei Arbeitstagen nach ihrem Eingang, zu prüfen und bei Ungültigkeit oder Beanstandung einer Liste den Listenvertreter unverzüglich schriftlich unter Angabe der Gründe zu unterrichten.

§ 8
Ungültige Vorschlagslisten

(1) Ungültig sind Vorschlagslisten,

1. die nicht fristgerecht eingereicht worden sind,

2. auf denen die Bewerber nicht in erkennbarer Reihenfolge aufgeführt sind,

3. die bei der Einreichung nicht die erforderliche Zahl von Unterschriften (§ 14 Abs. 6 und 7 des Gesetzes) aufweisen. Die Rücknahme von Unterschriften auf einer eingereichten Vorschlagsliste beeinträchtigt deren Gültigkeit nicht; § 6 Abs. 6 bleibt unberührt.

(2) Ungültig sind auch Vorschlagslisten,

1. auf denen die Bewerber nicht in der in § 6 Abs. 4 bestimmten Weise bezeichnet sind,

2. wenn die schriftliche Zustimmung der Bewerber zur Aufnahme in die Vorschlagsliste nicht vorliegt,

3. wenn die Vorschlagsliste infolge von Streichung gemäß § 6 Abs. 6 nicht mehr die erforderliche Zahl von Unterschriften aufweist,

falls die Mängel trotz Beanstandung nicht binnen einer Frist von drei Arbeitstagen beseitigt werden.

§ 9
Nachfrist für Vorschlagslisten

(1) Ist nach Ablauf der in § 6 Abs. 1 und 2 genannten Fristen für einen Wahlgang keine gültige Vorschlagsliste eingereicht, so hat dies der Wahlvorstand sofort in der gleichen Weise bekanntzumachen, wie das Wahlausschreiben und eine Nachfrist von einer Woche für die Einreichung von Vorschlagslisten zu setzen. In der Bekanntmachung ist darauf hinzuweisen, daß der Wahlgang nur stattfinden kann, wenn innerhalb der Nachfrist mindestens eine gültige Vorschlagsliste eingereicht wird.

(2) Findet gemäß § 14 Abs. 2 des Gesetzes Gruppenwahl statt und wird für eine Gruppe eine gültige Vorschlagsliste nicht eingereicht, so hat der Wahlvorstand bei Festsetzung der Nachfrist darauf hinzuweisen, daß, wenn für die andere Gruppe mindestens ein gültiger Wahlvorschlag eingereicht ist, der Betriebsrat nur aus Vertretern dieser Gruppe bestehen würde, wenn die Nachfrist ungenützt verstreicht.

(3) Wird trotz Bekanntmachung nach den Absätzen 1 und 2 eine gültige Vorschlagsliste nicht eingereicht, so hat der Wahlvorstand sofort bekanntzumachen, daß der Wahlgang nicht stattfindet.

§ 10
Bekanntmachung der Vorschlagslisten

(1) Nach Ablauf der in § 6 Abs. 1 und 2, §§ 8 und 9 genannten Fristen ermittelt der Wahlvorstand durch das Los die Reihenfolge der Ordnungsnummern, die den eingereichten Vorschlagslisten zugeteilt werden (Liste 1 usw.). Die Listenvertreter sind zu der Losentscheidung rechtzeitig einzuladen.

(2) Spätestens eine Woche vor Beginn der Stimmabgabe hat der Wahlvorstand die als gültig anerkannten Vorschlagslisten bis zum Abschluß der Stimmabgabe in gleicher Weise bekanntzumachen wie das Wahlausschreiben (§ 3 Abs. 4).

334

Wahlverfahren bei mehreren Vorschlagslisten

§ 11
Stimmabgabe

(1) Der Wähler kann seine Stimme nur für eine der als gültig anerkannten Vorschlagslisten abgeben. Die Stimmabgabe erfolgt durch Abgabe von Stimmzetteln in den hierfür bestimmten Umschlägen (Wahlumschlägen).

(2) Auf den Stimmzetteln sind die Vorschlagslisten nach der Reihenfolge der Ordnungsnummern sowie unter Angabe der beiden an erster Stelle benannten Bewerber mit Familienname, Vorname, Art der Beschäftigung im Betrieb und Arbeitnehmergruppe untereinander aufzuführen; bei Listen, die mit Kennworten versehen sind, ist auch das Kennwort anzugeben. Die Stimmzettel, die für eine Gruppe Verwendung finden, oder bei gemeinsamer Wahl die Stimmzettel für die Betriebsratswahl, müssen sämtlich die gleiche Größe, Farbe, Beschaffenheit und Beschriftung haben. Das gleiche gilt für die Wahlumschläge.

(3) Der Wähler kennzeichnet die von ihm gewählte Vorschlagsliste durch Ankreuzen an der im Stimmzettel hierfür vorgesehenen Stelle.

(4) Stimmzettel, die mit einem besonderen Merkmal versehen sind oder aus denen sich der Wille des Wählers nicht unzweifelhaft ergibt oder die andere Angaben als die in Absatz 1 genannten Vorschlagslisten, einen Zusatz oder sonstige Änderungen enthalten, sind ungültig.

§ 12
Wahlvorgang

(1) Der Wahlvorstand hat geeignete Vorkehrungen für die unbeobachtete Bezeichnung der Stimmzettel im Wahlraum zu treffen und für die Bereitstellung einer Wahlurne oder mehrerer Wahlurnen zu sorgen. Die Wahlurne muß vom Wahlvorstand verschlossen und so eingerichtet sein, daß die eingeworfenen Wahlumschläge nicht herausgenommen werden können, ohne daß die Urne geöffnet wird.

(2) Während der Wahl müssen mindestens zwei stimmberechtigte Mitglieder des Wahlvorstands im Wahlraum anwesend sein; sind Wahlhelfer bestellt (§ 1 Abs. 2), so genügt die Anwesenheit eines stimmberechtigten Mitglieds des Wahlvorstands und eines Wahlhelfers.

(3) Der Wähler händigt den Wahlumschlag, in den der Stimmzettel eingelegt ist, dem mit der Entgegennahme der Wahlumschläge betrauten stimmberechtigten Mitglied des Wahlvorstands aus, wobei er seinen Namen angibt. Der Wahlumschlag ist in Gegenwart des Wählers in die Wahlurne einzuwerfen, nachdem die Stimmabgabe in der Wählerliste vermerkt worden ist.

(4) Wenn nicht gemeinsame Wahl stattfindet, so erfolgt die Stimmabgabe nach Gruppen getrennt.

(5) Nach Abschluß der Stimmabgabe ist die Wahlurne zu versiegeln, wenn die Stimmenzählung nicht unmittelbar nach Beendigung der Wahl durchgeführt wird.

§ 13
Öffentliche Stimmauszählung

Unverzüglich nach Abschluß der Wahl nimmt der Wahlvorstand öffentlich die Auszählung der Stimmen vor und gibt das auf Grund der Auszählung sich ergebende Wahlergebnis bekannt.

§ 14
Verfahren bei der Stimmauszählung

(1) Nach Öffnung der Wahlurne entnimmt der Wahlvorstand die Stimmzettel den Wahlumschlägen und zählt die auf jede Vorschlagsliste entfallenden Stimmen zusammen. Dabei ist die Gültigkeit der Stimmzettel zu prüfen.

(2) Befinden sich in einem Wahlumschlag mehrere gekennzeichnete Stimmzettel (§ 11 Abs. 3), so werden sie, wenn sie vollständig übereinstimmen, nur einfach gezählt, andernfalls als ungültig angesehen.

§ 15
Verteilung der Sitze bei Gruppenwahl

(1) Hat Gruppenwahl stattgefunden, so werden die den einzelnen Vorschlagslisten der Gruppe zugefallenen Stimmenzahlen in einer Reihe nebeneinandergestellt und sämtlich durch 1, 2, 3, 4 usw. geteilt. Die ermittelten Teilzahlen sind nacheinander reihenweise unter den Zahlen der ersten Reihe aufzuführen, bis höhere Teilzahlen, als aus früheren Reihen für die Zuweisung von Sitzen in Betracht kommen, nicht mehr entstehen.

(2) Unter den so gefundenen Teilzahlen werden so viele Höchstzahlen ausgesondert und der Größe nach geordnet, wie Betriebsratsmitglieder für die Gruppe zu wählen sind. Jede Vorschlagsliste erhält so viele Mitgliedersitze zugeteilt, wie Höchstzahlen auf sie entfallen. Wenn die niedrigste in Betracht kommende Höchstzahl auf

mehrere Vorschlagslisten zugleich entfällt, so entscheidet das Los darüber, welcher Vorschlagsliste dieser Sitz zufällt.

(3) Wenn eine Vorschlagsliste weniger Bewerber enthält, als Höchstzahlen auf sie entfallen, so gehen die überschüssigen Mitgliedersitze auf die folgenden Höchstzahlen der anderen Vorschlagslisten über.

(4) Die Reihenfolge der Bewerber innerhalb der einzelnen Vorschlagslisten bestimmt sich nach der Reihenfolge ihrer Benennung.

§ 16
Verteilung der Sitze bei gemeinsamer Wahl

(1) Hat gemeinsame Wahl stattgefunden, so werden zunächst die Arbeitersitze, sodann in gesonderter Rechnung die Angestelltensitze verteilt. Jede Vorschlagsliste erhält so viele Mitgliedersitze von jeder Arbeitnehmergruppe zugeteilt, wie bei der gesonderten Berechnung Höchstzahlen auf sie entfallen. § 15 Abs. 2 Satz 3 gilt entsprechend.

(2) Bei der Verteilung der Arbeitersitze sind nur die der Arbeitergruppe, bei der Verteilung der Angestelltensitze nur die der Angestelltengruppe der einzelnen Listen zugehörigen Bewerber zu berücksichtigen. § 15 Abs. 3 und 4 gilt entsprechend.

§ 17
Wahlniederschrift

(1) Nachdem ermittelt ist, welche Arbeitnehmer als Betriebsratsmitglieder gewählt sind, hat der Wahlvorstand in einer Niederschrift festzustellen:

1. bei Gruppenwahl die Gesamtzahl der von jeder Arbeitnehmergruppe abgegebenen Wahlumschläge und die Zahl der für jede Gruppe abgegebenen gültigen Stimmen;

2. bei gemeinsamer Wahl die Gesamtzahl der abgegebenen Wahlumschläge und die Zahl der abgegebenen gültigen Stimmen;

3. die jeder Liste zugefallenen Stimmenzahlen;

4. die berechneten Höchstzahlen;

5. die Verteilung der berechneten Höchstzahlen auf die Listen;

6. die Zahl der ungültigen Stimmen;

7. die Namen der in den Betriebsrat gewählten Bewerber;

8. gegebenenfalls besondere während der Betriebsratswahl eingetretene Zwischenfälle oder sonstige Ereignisse.

(2) Die Niederschrift ist vom Vorsitzenden und von mindestens ei-

nem weiteren stimmberechtigten Mitglied des Wahlvorstands zu unterschreiben.

§ 18
Benachrichtigung der Gewählten

(1) Der Wahlvorstand hat die als Betriebsratsmitglieder gewählten Arbeitnehmer unverzüglich schriftlich von ihrer Wahl zu benachrichtigen. Erklärt der Gewählte nicht binnen drei Arbeitstagen nach Zugang der Benachrichtigung dem Wahlvorstand, daß er die Wahl ablehne, so gilt die Wahl als angenommen.

(2) Lehnt ein Gewählter die Wahl ab, so tritt an seine Stelle der in derselben Vorschlagsliste in der Reihenfolge nach ihm benannte, nicht gewählte Bewerber.

§ 19
Bekanntmachung der Gewählten

Sobald die Namen der Betriebsratsmitglieder endgültig feststehen, hat der Wahlvorstand sie durch zweiwöchigen Aushang in gleicher Weise bekanntzumachen wie das Wahlausschreiben (§ 3 Abs. 4). Je eine Abschrift der Wahlniederschrift (§ 17) ist dem Arbeitgeber und den im Betrieb vertretenen Gewerkschaften unverzüglich zu übersenden.

§ 20
Aufbewahrung der Wahlakten

Der Betriebsrat hat die Wahlakten mindestens bis zur Beendigung seiner Amtszeit aufzubewahren.

Dritter Unterabschnitt

Wahlverfahren bei nur einer Vorschlagsliste

§ 21
Stimmabgabe

(1) Ist für einen Wahlgang nur eine gültige Vorschlagsliste eingereicht, so kann der Wähler seine Stimme nur für solche Bewerber abgeben, die in der Vorschlagsliste aufgeführt sind.

(2) Auf den Stimmzetteln sind die Bewerber unter Angabe von Familienname, Vorname, Art der Beschäftigung im Betrieb und Arbeitnehmergruppe in der Reihenfolge aufzuführen, in der sie auf der Vorschlagsliste benannt sind.

(3) Der Wähler kennzeichnet die von ihm gewählten Bewerber durch Ankreuzen an der hierfür im Stimmzettel vorgesehenen Stelle; er darf nicht mehr Bewerber ankreuzen, als Betriebsratsmitglieder in dem Wahlgang zu wählen sind. § 11 Abs. 1 Satz 2, Abs. 2 Satz 2 und 3, Abs. 4, §§ 12 und 13 gelten entsprechend.

§ 22
Stimmauszählung

Nach Öffnung der Wahlurne entnimmt der Wahlvorstand die Stimmzettel den Wahlumschlägen und zählt die auf jeden Bewerber entfallenden Stimmen zusammen; § 14 Abs. 1 Satz 2 und Abs. 2 gilt entsprechend.

§ 23
Ermittlung der Gewählten

(1) Gewählt sind die Bewerber, die die meisten Stimmen erhalten haben. Bei Stimmengleichheit entscheidet das Los.

(2) Hat gemeinsame Wahl stattgefunden, so können jeder Gruppe nur so viele Betriebsratsmitglieder angehören, als ihr nach § 10 oder § 12 Abs. 1 des Gesetzes Vertreter im Betriebsrat zustehen. Befindet sich unter den nach Absatz 1 Gewählten nicht die erforderliche Zahl von Angehörigen der beiden Gruppen, so tritt an die Stelle des oder der im Verhältnis zuviel gewählten Angehörigen der durch den Wahlausgang begünstigten Gruppen die entsprechende Zahl von Bewerbern mit der verhältnismäßig höchsten Stimmenzahl, die der anderen Gruppe angehören. Haben für den zuletzt zu vergebenden Betriebsratssitz mehrere Bewerber die gleiche Stimmenzahl erhalten, so entscheidet das Los darüber, welcher Bewerber gewählt ist.

§ 24
Wahlniederschrift, Bekanntmachung

(1) Nachdem ermittelt ist, welche Arbeitnehmer als Betriebsratsmitglieder gewählt sind, hat der Wahlvorstand eine Niederschrift anzufertigen, in der außer den Angaben nach § 17 Abs. 1 Nr. 1, 2, 6 bis 8 die jedem Bewerber zugefallenen Stimmenzahlen festzustellen sind. § 17 Abs. 2, § 18 Abs. 1, §§ 19 und 20 gelten entsprechend.

(2) Lehnt ein Gewählter die Wahl ab, so tritt an seine Stelle der nicht gewählte Bewerber mit der nächsthöchsten Stimmenzahl, der der gleichen Gruppe angehört.

Wahl nur eines Mitglieds des Betriebsrats oder nur eines Gruppenvertreters

§ 25
Verfahren

(1) Ist nur ein Mitglied des Betriebsrats oder bei Gruppenwahl nur ein Vertreter für eine Gruppe zu wählen, so erfolgt die Wahl auf Grund von Wahlvorschlägen; § 6 Abs. 1 Satz 2, Abs. 2 bis 6, §§ 7 bis 9 und § 10 Abs. 2 gelten für die Wahlvorschläge entsprechend.

(2) Der Wähler kann seine Stimme nur für solche Bewerber abgeben, die in einem Wahlvorschlag nach Absatz 1 benannt sind.

(3) Auf den Stimmzetteln sind die Bewerber in alphabetischer Reihenfolge unter Angabe von Familienname, Vorname, Art der Beschäftigung im Betrieb und Arbeitnehmergruppe aufzuführen. Der Wähler kennzeichnet den von ihm gewählten Bewerber durch Ankreuzen an der im Stimmzettel hierfür vorgesehenen Stelle. § 21 Abs. 3 und § 22 gelten entsprechend.

(4) Gewählt ist der Bewerber, der die meisten Stimmen erhalten hat; § 24 Abs. 1 gilt entsprechend. Bei Stimmengleichheit entscheidet das Los.

Lehnt ein Gewählter die Wahl ab, so tritt an seine Stelle der nichtgewählte Bewerber mit der nächsthöchsten Stimmenzahl.

(5) Das Ersatzmitglied des Betriebsrats oder bei Gruppenwahl des Vertreters der Gruppe ist in einem getrennten Wahlgang zu wählen (§ 14 Abs. 4 des Gesetzes). Auf die Wahl finden die Absätze 1 bis 4 Anwendung.

(6) Wahlvorschläge müssen bei ihrer Einreichung für die Wahl nach Absatz 1 oder für die Wahl nach Absatz 5 gekennzeichnet sein. Wahlberechtigte können sowohl einen Wahlvorschlag nach Absatz 1 als auch einen Wahlvorschlag nach Absatz 5 unterzeichnen. Ein Bewerber kann sowohl für eine Wahl nach Absatz 1 als auch für eine Wahl nach Absatz 5 vorgeschlagen werden.

(7) Die Bewerber für die Wahl nach Absatz 1 sind getrennt von den Bewerbern für die Wahl nach Absatz 5 auf demselben Stimmzettel aufzuführen. Der Wähler darf bei der Wahl nach Absatz 1 und Absatz 5 seine Stimme nicht demselben Wahlbewerber geben; hierauf ist auf dem Stimmzettel hinzuweisen. Gibt der Wähler bei der Wahl nach Absatz 1 und Absatz 5 seine Stimme demselben Bewerber, so ist nur die für die Wahl nach Absatz 1 abgegebene Stimme gültig.

(8) Das Wahlausschreiben muß unbeschadet der Vorschrift des § 3 auch die Angabe enthalten, daß

1. das Ersatzmitglied des Betriebsrats oder bei Gruppenwahl des Vertreters der Gruppe in einem getrennten Wahlgang gewählt wird,

2. Wahlvorschläge bei ihrer Einreichung für die Wahl nach Absatz 1 oder für die Wahl nach Absatz 5 zu kennzeichnen sind,

3. Wahlberechtigte sowohl einen Wahlvorschlag nach Absatz 1 als auch einen Wahlvorschlag nach Absatz 5 unterzeichnen können,

4. ein Bewerber sowohl für die Wahl nach Absatz 1 als auch für die Wahl nach Absatz 5 vorgeschlagen werden kann,

5. der Wähler bei der Wahl nach Absatz 1 und Absatz 5 seine Stimme nicht demselben Wahlbewerber geben darf.

Vierter Abschnitt
Schriftliche Stimmabgabe

§ 26
Voraussetzungen

(1) Einem wahlberechtigten Arbeitnehmer, der im Zeitpunkt der Wahl wegen Abwesenheit vom Betrieb verhindert ist, seine Stimme persönlich abzugeben, hat der Wahlvorstand auf sein Verlangen

1. das Wahlausschreiben,

2. die Vorschlagslisten,

3. den Stimmzettel und den Wahlumschlag,

4. eine vorgedruckte vom Wähler abzugebende Erklärung, in der dieser gegenüber dem Wahlvorstand versichert, daß er den Stimmzettel persönlich gekennzeichnet hat, sowie

5. einen größeren Freiumschlag, der die Anschrift des Wahlvorstands und als Absender den Namen und die Anschrift des Wahlberechtigten sowie den Vermerk „Schriftliche Stimmabgabe" trägt,

auszuhändigen oder zu übersenden. Der Wahlvorstand soll dem Wähler ferner ein Merkblatt über die Art und Weise der schriftlichen Stimmabgabe (§ 27) aushändigen oder übersenden. Der Wahlvorstand hat die Aushändigung oder die Übersendung der Unterlagen in der Wählerliste zu vermerken.

(2) Wahlberechtigte, von denen dem Wahlvorstand bekannt ist, daß sie im Zeitpunkt der Wahl nach der Eigenart ihres Beschäftigungsverhältnisses voraussichtlich nicht im Betrieb anwesend sein werden (insbesondere in Heimarbeit Beschäftigte und Außenarbeiter), erhalten die in Absatz 1 bezeichneten Unterlagen, ohne daß es eines Verlangens des Wahlberechtigten bedarf.

(3) Für Betriebsteile und Nebenbetriebe, die räumlich weit vom Hauptbetrieb entfernt sind, kann der Wahlvorstand die schriftliche Stimmabgabe beschließen. Absatz 2 gilt entsprechend.

§ 27
Stimmabgabe

Der Wähler gibt seine Stimme in der Weise ab, daß er

1. den Stimmzettel unbeobachtet persönlich kennzeichnet und in dem Wahlumschlag verschließt,

2. die vorgedruckte Erklärung unter Angabe des Orts und Datums unterschreibt und

3. den Wahlumschlag und die unterschriebene vorgedruckte Erklärung in dem Freiumschlag verschließt und diesen so rechtzeitig an den Wahlvorstand absendet oder übergibt, daß er vor Abschluß der Stimmabgabe vorliegt.

§ 28
Verfahren bei der Stimmabgabe

(1) Unmittelbar vor Abschluß der Stimmabgabe öffnet der Wahlvorstand in öffentlicher Sitzung die bis zu diesem Zeitpunkt eingegangenen Freiumschläge und entnimmt ihnen die Wahlumschläge sowie die vorgedruckten Erklärungen. Ist die schriftliche Stimmabgabe ordnungsgemäß erfolgt (§ 27), so legt der Wahlvorstand den Wahlumschlag nach Vermerk der Stimmabgabe in der Wählerliste ungeöffnet in die Wahlurne.

(2) Verspätet eingehende Briefumschläge hat der Wahlvorstand mit einem Vermerk über den Zeitpunkt des Eingangs ungeöffnet zu den Wahlunterlagen zu nehmen. Die Briefumschläge sind einen Monat nach Bekanntgabe des Wahlergebnisses ungeöffnet zu vernichten, wenn die Wahl nicht angefochten worden ist.

Fünfter Abschnitt
Wahlvorschläge der Gewerkschaften

§ 29
Voraussetzungen, Verfahren

(1) Für den Wahlvorschlag einer im Betrieb vertretenen Gewerkschaft (§ 14 Abs. 5 des Gesetzes) gelten die §§ 6 bis 28 entsprechend.

(2) Der Wahlvorschlag einer Gewerkschaft ist ungültig, wenn er nicht von zwei Beauftragten der Gewerkschaft unterzeichnet ist (§ 14 Abs. 8 des Gesetzes).

(3) Der an erster Stelle unterzeichnete Beauftragte gilt als Listenvertreter. Die Gewerkschaft kann einen Arbeitnehmer des Betriebs, der Mitglied der Gewerkschaft ist, als Listenvertreter benennen.

Zweiter Teil
Wahl der Jugend- und Auszubildendenvertretung

§ 30
Wahlvorstand, Wahlvorbereitung

Für die Wahl der Jugend- und Auszubildendenvertretung gelten die Vorschriften der §§ 1 bis 4 über den Wahlvorstand, die Wählerliste und das Wahlausschreiben entsprechend mit der Maßgabe, daß die Wahl als gemeinsame Wahl stattfindet. Dem Wahlvorstand muß mindestens ein nach § 8 des Gesetzes wählbarer Arbeitnehmer angehören.

§ 31
Durchführung der Wahl

(1) Sind mehrere Jugend- und Auszubildendenvertreter zu wählen, so erfolgt die Wahl aufgrund von Vorschlagslisten. § 6 Abs. 1 Satz 2, Abs. 3 und 5 bis 8, die §§ 7, 8 und 9 Abs. 1 und 3 sowie §§ 10 und 29 gelten entsprechend. § 6 Abs. 4 gilt entsprechend mit der Maßgabe, daß in jeder Vorschlagsliste auch der Ausbildungsberuf der einzelnen Bewerber aufzuführen ist.

(2) Sind mehrere gültige Vorschlagslisten eingereicht, so kann der Wähler seine Stimme nur für eine Vorschlagsliste abgeben. § 11 Abs. 1 Satz 2, Abs. 3 und 4, § 12 Abs. 1 bis 3 und 5, die §§ 13, 14 und 17 Abs. 1 Nr. 2 bis 8 und Abs. 2 sowie §§ 18 bis 20 gelten entsprechend. § 11 Abs. 2 gilt entsprechend mit der Maßgabe, daß auf den Stimmzetteln auch der Ausbildungsberuf der einzelnen Bewerber aufzuführen ist. § 15 gilt entsprechend mit der Maßgabe, daß die Verteilung der Sitze ausschließlich auf die Vorschlagslisten erfolgt und jede Vorschlagsliste so viele Sitze zugeteilt erhält, wie Höchstzahlen auf sie entfallen.

(3) Ist nur eine gültige Vorschlagsliste eingereicht, so kann der Wähler seine Stimme nur für solche Bewerber abgeben, die in der Vorschlagsliste aufgeführt sind. § 21 Abs. 3, die §§ 22, 23 Abs. 1 und § 24 gelten entsprechend. § 21 Abs. 2 gilt entsprechend mit der Maßgabe, daß auf den Stimmzetteln auch der Ausbildungsberuf der einzelnen Bewerber aufzuführen ist.

(4) Ist nur ein Jugend- und Auszubildendenvertreter zu wählen, so

erfolgt die Wahl auf Grund von Wahlvorschlägen. § 25 Abs. 2 und 4 bis 8 sowie § 29 gelten entsprechend. § 25 Abs. 1 und 3 gilt entsprechend mit der Maßgabe, daß auf jedem Wahlvorschlag und den Stimmzetteln auch der Ausbildungsberuf der einzelnen Bewerber aufzuführen ist.

(5) Für die schriftliche Stimmabgabe gelten die §§ 26 bis 28 entsprechend.

Dritter Teil
Übergangs- und Schlußvorschriften

§ 32
Berechnung der Fristen

Für die Berechnung der in dieser Verordnung festgelegten Fristen finden die §§ 186 bis 193 des Bürgerlichen Gesetzbuches entsprechende Anwendung.

§ 33
Bereich der Seeschiffahrt

Die Regelung der Wahlen für die Bordvertretung und den Seebetriebsrat (§§ 115 und 116 des Gesetzes) bleibt einer besonderen Rechtsverordnung vorbehalten.

§ 34
Berlin-Klausel

Diese Verordnung gilt nach § 14 des Dritten Überleitungsgesetzes vom 4. Januar 1952 (Bundesgesetzbl. I S. 1) in Verbindung mit § 131 des Betriebsverfassungsgesetzes auch im Land Berlin.

§ 35
Inkrafttreten

(1) Diese Verordnung tritt am Tage nach ihrer Verkündung in Kraft.

(2) Mit dem Inkrafttreten dieser Verordnung finden die Vorschriften der Ersten Rechtsverordnung zur Durchführung des Betriebsverfassungsgesetzes vom 18. März 1953 (Bundesgesetzbl. I S. 58), geändert durch die Verordnung zur Änderung der Ersten Rechtsverordnung zur Durchführung des Betriebsverfassungsgesetzes vom 7. Februar 1962 (Bundesgesetzbl. I S. 64), nur noch auf die in den §§ 76 und 77 des Betriebsverfassungsgesetzes 1952 bezeichneten Wahlen Anwendung.

Stichwortverzeichnis

Die halbfett gedruckten Zahlen beziehen sich auf die jeweiligen Paragraphen des Betriebsverfassungsgesetzes, die mager gedruckten Zahlen auf die jeweiligen Randnummern. Die Hinweise auf das Sprecherausschußgesetz sind mit dem Zusatz SprAuG versehen.

349

Hinweise auf Gesetzesänderungen,
wichtige Gerichtsentscheidungen usw.:

Hinweise auf Gesetzesänderungen,
wichtige Gerichtsentscheidungen usw.:

Hinweise auf Gesetzesänderungen,
wichtige Gerichtsentscheidungen usw.:

Arbeits- und Sozialrecht

Wolfgang Apitzsch,
Thomas Klebe,
Manfred Schumann (Hrsg.)
BetrVG '90
Der Konflikt um eine andere
Betriebsverfassung
1988. 280 Seiten

Heinz Bethmann u. a.
Schwerbehindertengesetz –
Basiskommentar
Zweite, überarbeitete Auflage
1988. 224 Seiten

Rudolf Buschmann,
Jürgen Ulber
Flexibilisierung:
Arbeitszeit – Beschäftigung
Basiskommentar
1989. 272 Seiten

Heinz-G. Dachrodt,
Volker Engelbert
Musterschreiben
für Arbeitnehmer
1989. 188 Seiten

Wolfgang Däubler
Gläserne Belegschaften?
Zweite, überarbeitete Auflage
Datenschutz für Arbeiter,
Angestellte und Beamte
1990. Ca. 330 Seiten

Horst Föhr,
Manfred H. Bobke
Arbeitsrecht
für Arbeitnehmer
Vierte, vollständig überarbeite
Auflage
1989. 398 Seiten

Albert Gnade u. a.
BetrVG –
Betriebsverfassungsgesetz –
Kommentar für die Praxis
mit Erläuterung der
Wahlordnung
Dritte, völlig überarbeitete und
erweiterte Auflage
1990. Ca. 800 Seiten

Joachim Heilmann (Hrsg.)
Gefahrstoffe
am Arbeitsplatz
Basiskommentar
Gefahrstoffverordnung
1988. 264 Seiten

Gilbert Kempff
Grundrechte im
Arbeitsverhältnis
Zum Grundrechtsverständnis
des Bundesarbeitsgerichts
1987. 167 Seiten

Michael Kittner
Arbeits- und
Sozialordnung
Ausgewählte und eingeleitete
Gesetzestexte
15., überarbeitete und
erweiterte Auflage
1990. Ca. 1190 Seiten

Michael Schoden
Betriebliche
Altersversorgung –
Leitfaden und Kommentar
für die Praxis
Zweite, völlig überarbeitete
und erweiterte Auflage
1986. 416 Seiten

Bund-Verlag

Reihe: Handbücher für den Betriebsrat

Bund-Verlag